全国高等教育自学考试指定教材

经济学原理（初级）

[含：经济学原理（初级）自学考试大纲]　课程代码　13886

（2024年版）

全国高等教育自学考试指导委员会　组编

主　编　周业安

副主编　何召鹏　连洪泉　黄纯纯

中国人民大学出版社

·北京·

中国人民大学出版社自考数字教材配套数字资源使用指南

凡是购买正版教材的考生，可凭封面的兑换码免费兑换教材配套数字资源。
数字资源获取方法和使用说明如下：
(1) 扫描并关注“人大社 e 自考”微信公众号。
(2) 点击“课程中心”中的子菜单“兑换中心”。
(3) 刮开本书所附卡片涂层，获取数字资源兑换码，即可兑换教材配套数字资源。
(4) 在“课程中心”中的子菜单“我的课程”里找到已兑换的课程进行学习。
如兑换码有误或有其他问题，请关注“人大社 e 自考”微信公众号并留言。

组编前言

21世纪是一个变幻莫测的世纪，是一个催人奋进的时代。科学技术飞速发展，知识更替日新月异。希望、困惑、机遇、挑战，随时随地都有可能出现在每一个社会成员的生活之中。抓住机遇，寻求发展，迎接挑战，适应变化的制胜法宝就是学习——依靠自己学习、终身学习。

作为我国高等教育组成部分的自学考试，其职责就是在高等教育这个水平上倡导自学、鼓励自学、帮助自学、推动自学，为每一个自学者铺就成才之路。组织编写供读者学习的教材就是履行这个职责的重要环节。毫无疑问，这种教材应当适合自学，应当有利于学习者掌握和了解新知识、新信息；有利于学习者增强创新意识，培养实践能力，形成自学能力；也有利于学习者学以致用，解决实际工作中所遇到的问题。具有如此特点的书，我们虽然沿用了“教材”这个概念，但它与那种仅供教师讲、学生听，教师不讲、学生不懂，以“教”为中心的教科书相比，已经在内容安排、编写体例、行文风格等方面都大不相同了。希望读者对此有所了解，以便从一开始就树立起依靠自己学习的坚定信念，不断探索适合自己的学习方法，充分利用自己已有的知识基础和实际工作经验，最大限度地发挥自己的潜能，达到学习的目标。

欢迎读者提出意见和建议。

祝每一位读者自学成功。

全国高等教育自学考试指导委员会

2022年12月

目　录

微观经济学原理

宏观经济学原理

全国高等教育自学考试

经济学原理（初级）
自学考试大纲

全国高等教育自学考试指导委员会　制定

大纲前言

为了适应社会主义现代化建设事业的需要，鼓励自学成才，我国在 20 世纪 80 年代初建立了高等教育自学考试制度。高等教育自学考试是个人自学、社会助学和国家考试相结合的一种高等教育形式。应考者通过规定的专业课程考试并经思想品德鉴定达到毕业要求的，可获得毕业证书；国家承认学历并按照规定享有与普通高等学校毕业生同等的有关待遇。经过 40 多年的发展，高等教育自学考试为国家培养造就了大批专门人才。

课程自学考试大纲是规范自学者学习范围、要求和考试标准的文件。它是按照专业考试计划的要求，具体指导个人自学、社会助学、国家考试及编写教材的依据。

为更新教育观念，深化教学内容方式、考试制度、质量评价制度改革，使自学考试更好地提高人才培养的质量，全国考委各专业委员会按照专业考试计划的要求，组织编写了课程自学考试大纲。

新编写的大纲，在层次上，本科参照一般普通高校本科水平，专科参照一般普通高校专科或高职院校的水平；在内容上，及时反映学科的发展变化以及自然科学和社会科学近年来研究的成果，以更好地指导应考者学习使用。

全国高等教育自学考试指导委员会

2023 年 12 月

Ⅰ 课程性质与课程目标

一、课程性质和特点

“经济学原理（初级）”课程是全国高等教育自学考试经济管理类专业新开设的必修课，是为培养自学考试考生掌握和运用经济学的基本原理和方法、领会经济学的基本理论知识、解释和解决现实经济问题而设置的一门专业基础课程，为经济学和管理学的相关学科提供基础的经济学理论和方法指导。

二、课程目标

学习本课程的主要目标是：通过学习和掌握现代经济学的基本理论和方法，形成经济学独特的分析视角与专业思维，提升对经济政策的理解力和执行力，帮助个人和经济组织提高各种经济决策能力，为个人进一步学习经济管理类专业课程以及自身的实际工作奠定扎实的专业基础。课程的具体目标是：

1. 帮助考生理解和掌握经济学的基本思想、基本理论和基本分析方法，对政治经济学、微观经济学、宏观经济学各个领域都有比较熟悉的识记和比较深刻的认识。

2. 强化考生理论联系实际的能力，一方面通过理论学习，全面理解和掌握经济学的基本理论和方法；另一方面通过系统训练，能够比较深刻地观察、解释和推断真实世界的各种经济现象与经济问题，并提高解决问题的专业能力。

3. 提高考生在经济管理类及相关社会科学领域的专业素养，为进一步学习其他专业课程打下必要的基础。

三、与相关课程的联系与区别

“经济学原理（初级）”是所有经济管理类专业课程的基础课程，也是学习经济管理类专业的入门课程。学完本课程，就可以进一步学习政治经济学、西方经济学、微观经济学、宏观经济学以及其他经济管理类专业课程。

四、课程的重点和难点

“经济学原理（初级）”课程的学习内容包括政治经济学原理、微观经济学原理和宏观经济学原理三部分，学习重点包括这三部分的基本概念、基本思想、基本理论和基本方法，并初步学会理论联系实际。

（一）本课程的重点

1. 政治经济学原理的重点包括：商品二因素理论和劳动二重性理论；货币的职能；

价值规律的基本内容和作用；剩余价值生产的基本方法；资本循环正常进行的条件；资本周转的影响因素；社会总资本简单再生产和扩大再生产的实现条件；工资的本质；价值转化为生产价格；商业利润、利息和地租的本质；资本积累的两大社会经济后果；经济危机和经济周期；社会主义基本经济制度；经济增长与经济发展；新发展格局；新发展理念；高质量发展；中国式现代化；宏观调控的依据、目标和手段；经济全球化的内容和本质等。

2. 微观经济学原理的重点包括：供求的均衡分析和供求变动的比较静态分析；消费者均衡的静态分析和消费者均衡的比较静态分析；生产的最优化决策、各类成本函数的曲线形状；完全竞争市场的决策原则、完全竞争市场的企业短期和长期供给决策；垄断、垄断竞争和寡头市场的最优化决策；劳动力市场的供求变动和均衡工资变化、土地地租和资本利率的决定；垄断、外部性、信息不对称和公共物品的治理政策。

3. 宏观经济学原理的重点包括：国民经济核算的基本原理；GDP、CPI 等主要宏观经济指标的内涵及测算方法；长期经济增长的基本事实和主要思想；经济增长的主要理论模型及其政策含义；货币、金融系统与利率的决定；可贷资金市场均衡及其变化；总需求的内涵及构成；简单国民收入的决定；产品市场均衡与 *IS* 曲线；货币市场均衡与 *LM* 曲线；运用 IS-LM 模型分析宏观经济的运行；总需求曲线的决定；消费、储蓄和投资行为的刻画；短期总供给曲线和长期总供给曲线的决定；不同的宏观经济理论对总供给行为的解释；运用总供求模型分析宏观经济运行；宏观经济政策的主要内容和基本政策目标；失业和通货膨胀的权衡；财政政策、货币政策及两种政策搭配使用的条件、机理和效果。

（二）本课程的难点

1. 政治经济学原理的难点包括：商品内在矛盾；剩余价值生产的基本方法；资本循环正常进行的条件；资本周转的影响因素；社会总资本简单再生产和扩大再生产的实现条件；商业利润、利息和地租的本质；资本积累的两大社会经济后果；经济危机和经济周期；新发展格局；新发展理念；高质量发展；中国式现代化；人类命运共同体等。

2. 微观经济学原理的难点包括：供求分析的具体应用；低档商品和吉芬商品的替代效应和收入效应；企业的边界问题、成本函数和生产函数的对应关系；企业短期供给曲线和行业长期供给曲线的推导；不完全竞争市场类型和完全竞争市场的差异比较；生产要素的供给和需求原则；价格歧视和社会福利损失分析，垄断、外部性、信息不对称和公共物品导致的市场失灵结果。

3. 宏观经济学原理的难点包括：宏观经济指标的基本含义及局限；长期经济增长中的基础理论模型；凯恩斯主义的 IS-LM 模型的主要思想；总供求模型及其运用；不同宏观经济学理论流派之间的分歧；宏观经济政策的运用；宏观经济学中长期和短期之间的逻辑关系等。

Ⅱ　考核目标

本大纲在考核目标中，按照识记、领会和应用三个层次考核考生对知识点的学习和掌握情况：

识记（Ⅰ）：要求考生全面学习和识记教材的内容与知识点，对相关概念、理论、方法有初步的认识，能够复述重要的概念和理论观点。

领会（Ⅱ）：要求考生深入理解和掌握教材中的重要思想和理论。

应用（Ⅲ）：要求考生在识记和领会的基础上，对不同理论思想相互之间的关联性、一些理论思想的局限性、理论与实际的关联性，以及经济现象背后的理论推断等都有一个综合性的认识。

Ⅲ　课程内容与考核要求

政治经济学原理

第一章　导论

一、学习目的与要求

通过本章的学习，理解政治经济学的定义，掌握政治经济学的产生和发展历程，理解物质资料的生产是政治经济学研究的出发点；熟悉物质资料生产的三个基本要素，了解生产力是由多要素构成的，理解和掌握生产力和生产关系的关系、经济基础和上层建筑的关系，掌握政治经济学的研究对象，在此基础上理解政治经济学的研究任务，熟悉经济规律的客观性、特点和类型，认识政治经济学的研究意义。

二、课程内容

1. 政治经济学的产生和发展。
2. 政治经济学的研究对象。
3. 政治经济学的研究任务和意义。

三、考核知识点与考核要求

第一节　政治经济学的产生和发展

识记：政治经济学的定义及政治经济学的产生；政治经济学的发展历程。

领会：马克思主义政治经济学的创立以及其与时俱进的理论品质。

应用：马克思主义政治经济学是不断发展的理论。

第二节　政治经济学的研究对象

识记：物质资料的生产是政治经济学研究的出发点；物质资料生产的三个基本要素。

领会：社会生产关系是政治经济学的研究对象；生产资料所有制是生产关系的基础。

应用：在社会矛盾运动中研究生产关系。

第三节　政治经济学的研究任务和意义

识记：政治经济学的研究任务；经济规律的客观性。

领会：经济规律的特点及类型；政治经济学的研究意义。

应用：政治经济学的研究任务在于揭示经济运行过程中的客观经济规律。

四、本章重点与难点

本章重点：政治经济学的研究对象；物质资料生产的基本要素；生产力和生产关系的关系；经济规律的客观性；经济规律的特点和类型。

本章难点：政治经济学的研究对象；生产力和生产关系的关系；经济规律的客观性。

第二章　商品和货币

一、学习目的与要求

通过本章的学习，能够掌握商品二因素，理解商品的使用价值与一般商品使用价值的差别，掌握商品的使用价值和价值、交换价值和价值的关系；理解和掌握劳动二重性，掌握简单劳动和复杂劳动及其关系，理解和掌握社会必要劳动时间决定商品的价值量，掌握劳动生产率及其与商品价值量的关系；理解价值形式发展经历的四个阶段，掌握货币的定义及其本质，掌握货币的职能，理解和掌握市场经济和资源配置，掌握价值规律的基本内容和作用等。

二、课程内容

1. 商品及其价值量。
2. 货币的起源与职能。
3. 市场经济和价值规律。

三、考核知识点与考核要求

第一节　商品及其价值量

识记：商品；商品二因素；劳动二重性；社会必要劳动时间；简单劳动；复杂劳动。

领会：使用价值与价值的关系；具体劳动与抽象劳动的关系；商品价值量由生产商品的社会必要劳动时间决定；社会必要劳动时间随劳动生产率的变化而变化，从而影响价值量发生变化。

应用：商品的内在矛盾；商品生产中的劳动二重性决定商品二因素；单位商品的价值量与生产该商品的劳动生产率成反比。

第二节　货币的起源与职能

识记：价值形式；简单的或偶然的价值形式；总和的或扩大的价值形式；一般价值形式；货币形式；相对价值形式；等价形式；货币的职能。

领会：价值形式发展所经历的四阶段；相对价值形式与等价形式的关系；货币是固定充当一般等价物的商品，体现商品生产者之间的社会经济关系；货币的职能。

应用：运用货币的职能分析现实经济现象。

第三节　市场经济和价值规律

识记：市场经济；市场经济配置资源的方式；价值规律的基本内容。

领会：价值规律是商品经济的基本规律；价值规律发生作用的表现形式。

应用：价值规律的作用。

四、本章重点与难点

本章重点：商品二因素；劳动二重性；社会必要劳动时间与商品价值量的决定；货币的起源；货币的职能；价值规律的基本内容和作用。

本章难点：商品二因素；劳动二重性；社会必要劳动时间与商品价值量的决定；货币的起源。

第三章　资本主义的生产过程

一、学习目的与要求

通过本章的学习，能够区分商品流通与资本流通，掌握资本的定义与特点，理解并掌握货币转化为资本的前提条件，以及劳动力成为商品的条件；理解剩余价值的生产过程是劳动过程和价值增殖过程的统一，理解不变资本和可变资本的区别；掌握绝对剩余价值生产和相对剩余价值生产是剩余价值生产的两种基本方法，熟悉绝对剩余价值生产与相对剩余价值生产的区别，理解剩余价值规律是资本主义生产方式的基本经济规律。

二、课程内容

1. 货币转化为资本。
2. 剩余价值的生产过程。
3. 剩余价值生产的基本方法。

三、考核知识点与考核要求

第一节　货币转化为资本

识记：资本；剩余价值；货币转化为资本；劳动力成为商品的条件。

领会：商品流通和资本流通的区别；资本的特点；劳动力商品价值的决定及其特殊性。

应用：货币转化为资本的条件；劳动力成为商品的条件。

第二节　剩余价值的生产过程

识记：劳动过程；价值增殖过程；必要劳动时间；剩余劳动时间；不变资本；可变资本；剩余价值率。

领会：价值形成过程是如何变成价值增殖过程的；不变资本和可变资本的区分及意义。

应用：资本主义生产过程是劳动过程与价值增殖过程的统一。

第三节　剩余价值生产的基本方法

识记：绝对剩余价值；相对剩余价值；超额剩余价值。

领会：工作日与绝对剩余价值的关系；如何获取绝对剩余价值；如何获取相对剩余价值；如何获取超额剩余价值；超额剩余价值与相对剩余价值的关系。

应用：相对剩余价值的形成过程；绝对剩余价值生产和相对剩余价值生产之间的关系。

四、本章重点与难点

本章重点：商品流通与资本流通的区别；资本的定义及特点；货币转化为资本；劳动力成为商品；价值形成过程是如何变成价值增殖过程的；剩余价值生产的两种基本方法；剩余价值规律是资本主义生产方式的基本经济规律。

本章难点：劳动力成为商品是货币转化为资本的前提；劳动力商品价值的决定及其特殊性；价值形成过程是如何变成价值增殖过程的；剩余价值生产的两种基本方法。

第四章　资本主义的流通过程

一、学习目的与要求

通过本章的学习，熟悉产业资本循环的三个阶段，掌握产业资本循环的三种职能形式，熟悉产业资本循环正常进行的条件；理解并掌握资本周转时间和资本周转速度，掌握影响资本周转时间的因素，区分固定资本和流动资本，区分固定资本的无形损耗和有形损耗，了解固定资本的折旧，掌握预付资本总周转速度的影响因素；理解并掌握社会总资本再生产的核心问题，掌握简单再生产的实现条件，掌握扩大再生产的实现条件。

二、课程内容

1. 资本循环。
2. 资本周转。
3. 社会总资本再生产。

三、考核知识点与考核要求

第一节　资本循环

识记：产业资本；资本循环。

领会：产业资本循环依次经过的三个阶段；产业资本循环采取的三种职能形式；产业资本循环是三种循环形式的统一；产业资本循环是生产过程和流通过程的统一。

应用：产业资本循环正常进行的条件。

第二节　资本周转

识记：资本周转；资本周转时间；生产时间；流通时间；固定资本；流动资本；折

旧；预付资本总周转。

领会：资本周转速度同资本周转时间和资本周转次数的关系；生产时间和流通时间对资本周转速度的影响；生产资本的构成对资本周转速度的影响；划分固定资本与流动资本的依据；固定资本与流动资本的区别；有形损耗和无形损耗的区别；计算预付资本总周转速度的公式。

应用：固定资本和流动资本的划分；如何加快资本周转速度。

第三节　社会总资本再生产

识记：社会总资本；社会总产品及其实现；社会生产的两大部类；简单再生产；扩大再生产。

领会：社会总资本再生产的核心问题；简单再生产与扩大再生产的实现条件及其含义。

应用：简单再生产与扩大再生产的实现条件。

四、本章重点与难点

本章重点：产业资本循环正常进行的条件；影响资本周转的因素；固定资本与流动资本的区别；社会总资本再生产的核心问题；简单再生产和扩大再生产的实现条件。

本章难点：产业资本循环正常进行的条件；固定资本与流动资本的区别；无形损耗和有形损耗的区别；社会总资本再生产的核心问题；扩大再生产的实现条件。

第五章　资本主义的分配过程

一、学习目的与要求

通过本章的学习，理解和掌握工资的本质是劳动力的价值，熟悉工资的基本形式，了解资本主义工资的变动趋势；理解影响利润率变动的因素，理解平均利润的形成，掌握价值转化为生产价格；理解并掌握商业利润、利息及资本主义地租，区分级差地租和绝对地租。

二、课程内容

1. 工资。
2. 平均利润和生产价格。
3. 剩余价值的分割。

三、考核知识点与考核要求

第一节　工资

识记：工资；计时工资；计件工资；名义工资；实际工资。

领会：资本主义工资的本质和基本形式。

第二节　平均利润和生产价格

识记：成本价格；利润；利润率；平均利润；平均利润率；生产价格。

领会：剩余价值与利润的关系；影响利润率的因素；不同生产部门利润率的差别和部门之间的竞争形成平均利润率；平均利润的形成是全社会的剩余价值在各部门资本家之间重新分配的结果；生产价格的形成；生产价格形成后价值规律的作用形式。

应用：利润掩盖了剩余价值的来源；平均利润掩盖了资本主义经济关系的实质；平均利润的形成过程与资本转移。

第三节　剩余价值的分割

识记：商业资本；商业利润；借贷资本；利息；利息率；资本主义地租。

领会：商业利润的本质；利息的本质；资本主义地租的形式及产生原因。

应用：商业利润的计算。

四、本章重点与难点

本章重点：工资的本质；平均利润的形成；商品的价值转化为生产价格；商业利润、借贷利息和地租的本质及其形成；级差地租和绝对地租的区别。

本章难点：工资的本质；平均利润的形成；商品的价值转化为生产价格；级差地租和绝对地租的区别。

第六章　资本积累与资本主义的发展趋势

一、学习目的与要求

通过本章的学习，掌握资本积累及其影响因素，理解和掌握资本有机构成及其变动趋势，掌握资本积累的两大社会经济后果，理解相对人口过剩与平均利润率下降；理解和掌握资本主义经济危机是生产相对过剩的危机，了解经济周期的四个阶段及各自特点，理解固定资本更新是资本主义经济危机周期性存在的物质基础；掌握资本主义发展经历的几个阶段，理解资本主义必然被社会主义所取代的发展趋势。

二、课程内容

1. 资本积累。
2. 经济危机和经济周期。
3. 资本主义的发展趋势。

三、考核知识点与考核要求

第一节　资本积累

识记：资本积累；影响资本积累的因素；资本有机构成。

领会：资本积累的本质；资本有机构成提高的趋势；相对过剩人口既是资本主义积累

的必然产物，也是资本主义生产方式存在和发展的必要条件；资本积累的两大社会经济后果。

应用：资本积累的两大社会经济后果。

第二节　经济危机和经济周期

识记：资本主义经济危机的实质；资本主义经济危机爆发的根源；资本主义经济危机的周期性；资本主义再生产周期。

领会：资本主义再生产周期的物质基础。

应用：经济危机的阶段特征。

第三节　资本主义的发展趋势

识记：资本主义的发展趋势。

领会：社会主义取代资本主义的客观必然性。

应用：垄断资本主义的发展。

四、本章重点与难点

本章重点：资本积累及其影响因素；资本有机构成及其变动趋势；资本积累的两大社会经济后果；资本主义经济危机和经济周期；资本主义发展经历的几个阶段；资本主义必然被社会主义所取代。

本章难点：资本积累的两大社会经济后果；资本主义经济危机和经济周期；资本主义必然被社会主义所取代。

第七章　社会主义的基本经济制度

一、学习目的与要求

通过本章的学习，了解我国处于社会主义初级阶段的依据以及社会主义初级阶段的主要矛盾，理解公有制经济与非公有制经济的关系，掌握社会主义初级阶段基本分配制度的内涵与形成依据，理解并掌握社会主义市场经济的特点。

二、课程内容

1. 社会主义初级阶段。
2. 公有制为主体、多种所有制经济共同发展。
3. 社会主义分配制度。
4. 社会主义市场经济。

三、考核知识点与考核要求

第一节　社会主义初级阶段

识记：社会主义初级阶段的内涵。

领会：我国社会主义经济制度的建立与发展；我国处于社会主义初级阶段的依据。

应用：社会主义初级阶段的主要矛盾。

第二节 公有制为主体、多种所有制经济共同发展

识记：我国社会主义初级阶段以公有制为主体、多种所有制并存的基本经济制度；坚持公有制主体地位的主要体现。

领会：坚持公有制主体地位的原因；公有制经济与非公有制经济的关系。

应用：正确处理公有制经济与非公有制经济的关系。

第三节 社会主义分配制度

识记：按劳分配。

领会：社会主义初级阶段实行以按劳分配为主体、多种分配方式并存的分配制度的客观必然性；社会主义初级阶段的其他分配方式。

应用：如何推进共同富裕。

第四节 社会主义市场经济

识记：社会主义市场经济。

领会：我国实行社会主义市场经济的原因；社会主义市场经济的特点。

应用：构建高水平社会主义市场经济体制。

四、本章重点与难点

本章重点：社会主义初级阶段；我国社会主要矛盾的新变化；社会主义初级阶段的基本经济制度；以公有制为主体、多种所有制并存的基本经济制度；按劳分配为主体、多种分配方式并存的分配制度；共同富裕；社会主义市场经济及其特点。

本章难点：社会主义初级阶段；我国社会主要矛盾的新变化；社会主义初级阶段的基本经济制度。

第八章 社会主义的经济发展

一、学习目的与要求

通过本章的学习，理解和区分经济增长与经济发展，熟悉新发展理念；掌握经济结构的特征以及产业结构、城乡结构、区域结构优化的基本规律，掌握供给侧结构性改革的内涵；理解和掌握新发展格局；理解和掌握高质量发展，理解和掌握中国式现代化。

二、课程内容

1. 经济增长与经济发展。
2. 经济结构。
3. 新发展格局。
4. 以高质量发展推进中国式现代化。

三、考核知识点与考核要求

第一节　经济增长与经济发展

识记：经济增长；经济发展。

领会：一国经济增长状况是多种因素综合作用的结果；经济发展与经济增长的关系；影响经济发展的主要因素。

应用：新发展理念的内容和基本要求。

第二节　经济结构

识记：三次产业的划分及其变化。

领会：城乡人口结构和工农业生产结构的优化；影响区域经济发展不平衡的主要因素。

应用：供给侧结构性改革的基本要求。

第三节　新发展格局

识记：国内大循环；国内国际双循环。

领会：新发展格局的必要性和内涵。

应用：构建新发展格局的重要举措。

第四节　以高质量发展推进中国式现代化

识记：高质量发展。

领会：中国式现代化。

应用：全力推动高质量发展的具体要求。

四、本章重点与难点

本章重点：经济增长与经济发展；新发展理念；供给侧结构性改革；新发展格局；高质量发展；中国式现代化。

本章难点：供给侧结构性改革；新发展格局；高质量发展；中国式现代化。

第九章　社会主义宏观调控与宏观经济治理

一、学习目的与要求

通过本章的学习，掌握政府宏观调控的依据与目标；掌握宏观调控的手段，包括经济政策、经济计划以及法律手段和行政手段；掌握经济政策中的货币政策与财政政策；掌握如何完善宏观经济治理。

二、课程内容

1. 宏观调控的依据。
2. 宏观调控的目标。

3. 宏观调控的手段。
4. 完善宏观经济治理。

三、考核知识点与考核要求

第一节 宏观调控的依据

识记：宏观调控。
领会：宏观调控是社会主义经济管理重要手段的依据。
应用：宏观调控是社会主义经济管理的重要手段。

第二节 宏观调控的目标

识记：经济增长；充分就业；物价稳定；收入分配公平。
领会：社会主义经济宏观调控的目标。
应用：社会主义经济宏观调控。

第三节 宏观调控的手段

识记：货币政策；财政政策。
领会：社会主义经济宏观调控的手段；经济计划；法律手段；行政手段。
应用：经济政策。

第四节 完善宏观经济治理

识记：宏观经济治理。
领会：宏观调控新机制；现代财税制度。
应用：如何完善宏观经济治理。

四、本章重点与难点

本章重点：政府宏观调控的依据与目标；宏观调控的手段；完善宏观经济治理。
本章难点：宏观调控的手段；完善宏观经济治理。

第十章 经济全球化与对外开放

一、学习目的与要求

通过本章的学习，理解经济全球化的产生及主要内容，掌握经济全球化的本质；理解中国在经济全球化条件下实行对外开放的必然性，正确处理对外开放与独立自主、自力更生之间的关系；掌握全面提高对外开放水平的举措。

二、课程内容

1. 经济全球化的内容和本质。
2. 中国的对外开放。
3. 全面提高对外开放水平。

三、考核知识点与考核要求

第一节　经济全球化的内容和本质

识记：经济全球化的主要内容。

领会：经济全球化的产生；经济全球化的本质。

应用：生产全球化；贸易全球化；资本全球化。

第二节　中国的对外开放

识记：中国实行对外开放的必要性。

领会：对外开放与独立自主、自力更生的关系。

应用：如何处理对外开放与独立自主、自力更生的关系。

第三节　全面提高对外开放水平

识记：“一带一路”倡议。

领会：高水平对外开放；人类命运共同体。

应用：推进高水平对外开放。

四、本章重点与难点

本章重点：经济全球化的主要内容与本质；中国实行对外开放的必然性；正确处理对外开放与独立自主、自力更生的关系；“一带一路”倡议；高水平对外开放；人类命运共同体。

本章难点：正确处理对外开放与独立自主、自力更生的关系，全面提高对外开放水平。

微观经济学原理

第十一章　供求理论

一、学习目的与要求

通过本章的学习，能够识记需求、供给、弹性和均衡的概念，识记需求和供给的影响因素，领会供给变动和需求变动、供给量变动和需求量变动的差异，会简单运用供求工具分析实际经济活动，能够综合运用供求和弹性知识分析具体经济活动和评价政府政策。

二、课程内容

1. 需求。
2. 供给。
3. 市场均衡。

4. 弹性。
5. 供求分析的应用。

三、考核知识点与考核要求

第一节 需求

识记：需求的概念和表达式。
领会：需求的影响因素。
应用：需求变动和需求量变动在图形上的区别和联系。

第二节 供给

识记：供给的概念和表达式。
领会：供给的影响因素。
应用：供给变动和供给量变动的在图形上的区别和联系。

第三节 市场均衡

识记：均衡的概念和类别。
领会：价格变化导致的供求量变化和市场均衡决定。
应用：价格之外的其他因素变化导致的供求变化和市场均衡决定。

第四节 弹性

识记：弹性的概念。
领会：需求的价格弹性、收入弹性、交叉弹性和供给弹性。
应用：识别、分类、运用和分析不同弹性类型的数值区间。

第五节 供求分析的应用

识记：最高限价和最低限价的定义和具体事例。
领会：最高限价和最低限价的市场均衡结果。
应用：分析不同税收类型的税收负担、最低工资和失业之间的可能关系。

四、本章重点与难点

本章重点：供求的均衡分析和供求变动的比较静态分析。
本章难点：供求分析的具体应用。

第十二章 消费者选择理论

一、学习目的与要求

通过本章的学习，能够识记效用、偏好、无差异曲线、预算约束线、边际替代率、消费者均衡、收入效应和替代效应的概念，能够领会基数效用论和序数效用论观点，了解边际效用递减规律、戈森第一定律和戈森第二定律，能够简单运用既定收入约束条件求解消费者最优消费组合，通过综合运用不同无差异曲线类型和预算约束线变化分析不同商品类型的收入效应和替代效应变化，并了解吉芬商品在现实经济活动中的存在性问题。

二、课程内容

1. 效用理论概述。
2. 消费者均衡的静态分析。
3. 消费者均衡的比较静态分析。

三、考核知识点与考核要求

第一节　效用理论概述

识记：总效用和边际效用的概念，基数效用和序数效用的观点。

领会：消费者偏好的三个基本假定，戈森第一定律和戈森第二定律。

应用：利用戈森第一定律和戈森第二定律推导需求曲线，计算消费者剩余。

第二节　消费者均衡的静态分析

识记：无差异曲线的概念和特点，商品边际替代率的概念和表达式，预算约束线的含义。

领会：商品边际替代率递减规律，商品边际替代率递减和边际效用递减规律的关系。

应用：既定收入预算约束下的消费者均衡选择结果。

第三节　消费者均衡的比较静态分析

识记：总效应、替代效应和收入效应的概念，消费均衡的比较静态分析内容。

领会：收入变化和价格变化对于消费者均衡变化的影响。

应用：综合运用预算约束线和无差异曲线分析正常商品、低档商品和吉芬商品的替代效应、收入效应和总效应，了解吉芬商品的存在性问题。

四、本章重点与难点

本章重点：消费者均衡的静态分析和消费者均衡的比较静态分析。

本章难点：正常商品、低档商品和吉芬商品的替代效应、收入效应和总效应。

第十三章　企业生产理论

一、学习目的与要求

通过本章的学习，能够识记企业不同组织形式和生产要素、总产量、平均产量和边际产量、等产量线和等成本线的概念，能够领会影响企业和市场边界的因素、分析边际报酬递减规律、生产函数和成本函数的对应关系，熟悉商人眼中的成本图形，掌握企业的短期和长期成本类型、关系和图形，通过简单和综合运用等产量线和等成本线求解生产的最优化决策。

二、课程内容

1. 企业的形式和边界。
2. 生产决策。
3. 成本函数。

三、考核知识点与考核要求

第一节　企业的形式和边界

识记：独资企业、合伙企业和公司的含义。
领会：独资企业、合伙企业和公司各自的特点。
应用：科斯和威廉姆森对于企业边界看法。

第二节　生产决策

识记：柯布-道格拉斯生产函数，总产量、平均产量和边际产量概念、等产量线和等成本线的概念。

领会：规模报酬不变、规模报酬递增和规模报酬递减的概念和函数表达式，总产量、平均产量和边际产量之间的变动关系，等产量线的特点。

应用：运用边际报酬递减规律解释边际产量和总产量变动，基于等产量线和等成本线分析生产的最优化决策。

第三节　成本函数

识记：成本的概念，短期和长期成本的各种类别、表达式和图形。
领会：短期和长期的总成本、平均成本和边际成本之间的关系。
应用：产量和成本曲线的对应关系，长期平均成本先下降后上升的原因。

四、本章重点与难点

本章重点：生产的最优化决策、各类成本函数的曲线形状。
本章难点：企业的边界问题、成本函数和生产函数的对应关系。

第十四章　完全竞争市场理论

一、学习目的与要求

通过本章的学习，能够识记完全竞争市场、边际收益、平均收益、停止营业点和盈亏平衡点的概念，能够领会完全竞争企业的主要特征及其市场含义、企业实现利润最大化的原则条件，能够简单运用利润最大化原则确定企业的短期供给曲线，通过简单和综合运用分析企业和行业的关系，推导行业短期和长期供给曲线。

二、课程内容

1. 完全竞争市场理论概述。

2. 完全竞争市场的企业供给决策。
3. 完全竞争市场的行业供给决策。

三、考核知识点与考核要求

第一节　完全竞争市场理论概述

识记：完全竞争市场的相关概念和四个特征，需求曲线、收益曲线和平均收益曲线图形。

领会：完全竞争市场四个特征的市场含义。

应用：完全竞争市场的决策原则。

第二节　完全竞争市场的企业供给决策

识记：完全竞争企业的盈亏平衡点和停止营业点。

领会：完全竞争企业短期均衡的五种情形，长期均衡的条件。

应用：完全竞争企业的短期供给曲线的推导过程。

第三节　完全竞争市场的行业供给决策

识记：行业短期供给曲线和长期供给曲线。

领会：由企业的短期供给曲线推导行业短期供给曲线。

应用：长期供给曲线形状的推导和图形分析。

四、本章重点与难点

本章重点：完全竞争市场的决策原则、完全竞争市场的企业短期和长期供给决策。

本章难点：企业短期供给曲线和行业长期供给曲线的推导。

第十五章　不完全竞争市场理论

一、学习目的与要求

通过本章的学习，能够识记垄断、垄断竞争和寡头的概念，领会垄断市场、垄断竞争市场和寡头市场的最优化决策，掌握和综合运用分析不完全竞争市场和完全竞争市场的差异比较和不完全竞争市场类型的差异比较。

二、课程内容

1. 垄断市场。
2. 垄断竞争市场。
3. 寡头市场。
4. 不同市场类型差异比较。

三、考核知识点与考核要求

第一节　垄断市场

识记：垄断市场的概念、特征和原因。

领会：垄断企业的需求曲线和收益曲线。
应用：垄断的最优化决策。

第二节　垄断竞争市场

识记：垄断竞争市场的概念。
领会：垄断竞争的需求曲线和收益曲线。
应用：垄断竞争企业的短期和长期均衡。

第三节　寡头市场

识记：寡头市场的含义。
领会：寡头市场的特征。
应用：寡头企业的最优反应函数和纳什均衡解。

第四节　不同市场类型差异比较

识记：不同市场的价格制定能力、市场需求曲线和供给曲线。
领会：不同市场的长短期均衡条件。
应用：不同市场的经济效率排序。

四、本章重点与难点

本章重点：垄断市场、垄断竞争市场和寡头市场的最优化决策。
本章难点：不完全竞争市场类型和完全竞争市场的差异比较。

第十六章　生产要素市场理论

一、学习目的与要求

通过本章的学习，能够识记完全竞争市场的生产要素供给原则和需求原则，能够领会个体劳动力供给和资金供给曲线与市场的劳动力供给和资本供给曲线的联系和差异，能够简单运用供求理论确定劳动力、土地和资本的价格，能够综合运用供求变化分析劳动力的均衡工资变化、地租变化和利率变化。

二、课程内容

1. 劳动力和工资。
2. 土地地租和资本利率。
3. 生产要素的供求理论分析。

三、考核知识点与考核要求

第一节　劳动力和工资

识记：个体的劳动力供给的权衡取舍难题和曲线形状。
领会：个体劳动力供给曲线和市场劳动力供给曲线的关系，市场劳动力供求均衡和工资决定。

应用：劳动力市场的供求变化导致的均衡工资和就业人数变化。

第二节　土地地租和资本利率

识记：土地供给数量固定和可变的供给曲线形状，利率的替代效应和收入效应。

领会：地租和利率是如何决定的，居民的资金供给曲线和市场的资金供给曲线的关系。

应用：土地供求均衡及其地租决定，土地供求变化导致的地租变化，资本市场供求变动导致的利率变化。

第三节　生产要素的供求理论分析

识记：生产要素的供给原则、生产要素的需求原则。

领会：生产要素的供给或者需求发生变化的市场均衡结果。

应用：生产要素的供给和需求同时发生变化的市场均衡结果。

四、本章重点与难点

本章重点：劳动力市场的供求变动和均衡工资变化、土地地租和资本利率的决定。

本章难点：生产要素的供给和需求原则。

第十七章　市场失灵和政府政策

一、学习目的与要求

通过本章的学习，能够识记垄断、价格歧视、外部性、信息不对称、公地悲剧、公共物品和公共资源等概念，领会四种不同市场失灵导致的经济效率问题，掌握和应用四种不同的市场失灵类型的社会治理政策。

二、课程内容

1. 垄断。
2. 外部性。
3. 信息不对称。
4. 公共物品和公共资源。

三、考核知识点与考核要求

第一节　垄断

识记：垄断和价格歧视的概念。

领会：垄断导致的低效率和三种价格歧视的社会福利分析。

应用：垄断的价格管制方法。

第二节　外部性

识记：外部性的含义和分类。

领会：外部性导致的资源配置失灵。

应用：外部性的社会治理政策。

第三节　信息不对称

识记：信息不对称的概念。

领会：二手车市场模型和具有柠檬市场特征的市场。

应用：信息不对称的社会治理机制。

第四节　公共物品和公共资源

识记：公共物品和公共资源的概念，公地悲剧问题。

领会：公共物品导致的资源配置失灵情况。

应用：公共物品和公共资源的治理政策，公共物品的私人供给和政府供给问题。

四、本章重点与难点

本章重点：垄断、外部性、信息不对称和公共物品的治理政策。

本章难点：价格歧视和社会福利损失分析；垄断、外部性、信息不对称和公共物品导致的市场失灵结果。

宏观经济学原理

第十八章　国民收入核算概述

一、学习目的与要求

通过本章的学习，识记宏观经济学的概念和范畴，并在此基础上建立宏观经济学的基本逻辑思维；通过学习国民收入核算的基本知识，掌握 GDP 和物价等关键宏观经济指标的主要内容、计算方法和局限，并据此建立一个关于宏观经济学以及真实世界宏观经济的总体印象。

二、课程内容

1. 宏观经济学的概念、范畴与主要内容。
2. 宏观经济的运行原理。
3. 读懂宏观经济——从国民经济核算出发。
4. 物价。

三、考核知识点与考核要求

第一节　宏观经济学的概念、范畴与主要内容

识记：宏观经济学的范畴与主要内容。

领会：宏观经济学的概念。

应用：宏观经济学与微观经济学的关系、与其他相关经济学科的关系；宏观经济学的现实意义。

第二节 宏观经济的运行原理

识记：宏观经济的运行原理。

领会：两部门经济模型；三部门经济模型；宏观经济的收支平衡原理。

应用：尝试扩展到四部门模型；尝试运用宏观经济模型去分析刻画真实世界的宏观经济。

第三节 读懂宏观经济——从国民经济核算出发

识记：宏观经济指标；国民经济核算；各种国民收入的统计口径与计算方法。

领会：支出法 GDP 的测算。

应用：比较不同测算方法的优劣，对照国家统计局的核算数据进一步加深理解。

第四节 物价

识记：各种物价指标的统计口径与计算方法。

领会：CPI 的测算。

应用：比较不同测算方法的优劣，对照国家统计局的核算数据进一步加深理解。

四、本章重点与难点

本章重点：理解宏观经济学的范畴和主要内容；宏观经济学的基本理论逻辑和分析思路；两部门模型和三部门模型的原理；主要宏观经济指标的含义及统计方法。

本章难点：对于宏观经济学的总体分析思维的把握；对宏观经济系统收支平衡原理的领会；对不同宏观经济指标测算方法的理解。

第十九章 长期经济增长

一、学习目的与要求

通过本章的学习，识记经济增长的含义，把握哈罗德-多马模型与新古典增长模型的假设条件、主要结论以及政策含义，并识记影响经济增长的因素，最后对中国长期经济增长有一个初步印象。

二、课程内容

1. 有关长期经济增长的基本观点。
2. 哈罗德-多马模型。
3. 新古典增长模型。
4. 如何理解真实世界的经济增长。

三、考核知识点与考核要求

第一节　有关长期经济增长的基本观点

识记：长期经济增长的基本内容。

领会：长期经济增长的概念、基本思想和基本逻辑。

应用：长期经济增长与宏观经济学其他部分的关系。

第二节　哈罗德-多马模型

识记：哈罗德-多马模型的来龙去脉和基本观点。

领会：哈罗德-多马模型的核心思想。

应用：哈罗德-多马模型的局限及对真实世界经济增长实践的解释。

第三节　新古典增长模型

识记：新古典增长模型的来龙去脉和基本观点。

领会：新古典增长模型的核心思想。

应用：新古典增长模型的局限及对真实世界经济增长实践的解释。

第四节　如何理解真实世界的经济增长

识记：经济增长的来源。

领会：测算经济增长来源的方法。

应用：理解中国的长期经济增长。

四、本章重点与难点

本章重点：掌握长期经济增长的内涵；各国和地区长期经济增长的共同特征事实；两个主要的长期经济增长模型的假定条件、简要推导过程以及主要结论。

本章难点：哈罗德-多马模型和新古典增长模型的推导；资本存量黄金律水平的计算方法；对处于稳态的经济体进行比较静态分析。

第二十章　货币、金融系统与利率的决定

一、学习目的与要求

通过本章的学习，能够简要识记宏观经济从长期到短期的转换，在这个转换过程中，利率扮演核心角色。实际利率的决定取决于可贷资金市场的供求关系，可贷资金市场均衡的关键在于储蓄等于投资。家庭进行消费与储蓄的权衡，决定了储蓄的供给；储蓄与投资相等，决定了可贷资金市场的均衡。在识记金融系统和货币的基本知识的基础上，进一步引入货币，理解货币的本质、功能以及货币的创造过程；掌握货币需求的决定、货币乘数、货币供给以及中央银行的货币政策的主要内容；初步识记通货膨胀以及货币政策对通货膨胀的调节作用和机制。货币市场的供求关系决定了均衡的名义利率水平，实际利率就是名义利率减去通货膨胀率。

二、课程内容

1. 总需求的微观基础。
2. 金融系统与总需求。
3. 货币与金融系统。
4. 银行体系和货币创造。
5. 中央银行的货币政策、货币供给与通货膨胀。

三、考核知识点与考核要求

第一节　总需求的微观基础

识记：家庭的跨期决策。

领会：各种消费理论；投资需求的决定；政府购买的决定。

应用：理解家庭消费与储蓄决策的理论与现实意义。

第二节　金融系统与总需求

识记：金融系统；储蓄与投资；可贷资金供给与需求；可贷资金市场均衡。

领会：储蓄＝投资；均衡利率；投资需求的决定。

应用：用可贷资金市场分析经济波动。

第三节　货币与金融系统

识记：货币的基本知识；中央银行与银行体系的基本知识。

领会：货币的定义、本质与功能；中央银行；货币供给与货币政策。

应用：理解不同国家和地区的中央银行设置与政策差异。

第四节　银行体系和货币创造

识记：银行体系与货币创造的过程。

领会：货币乘数。

应用：了解真实世界的银行体系与货币创造过程。

第五节　中央银行的货币政策、货币供给与通货膨胀

识记：中央银行的货币政策；货币需求；货币供给；货币供给与通货膨胀的长期与短期关系。

领会：货币市场的均衡；货币数量论；货币政策的作用机理及效果。

应用：理解货币市场对宏观经济影响的长期和短期观点。

四、本章重点与难点

本章重点：理解总需求的内涵以及所包含的消费、投资、政府购买与净出口的各自含义；领会储蓄与投资恒等式以及可贷资金市场均衡原理；了解货币、货币发行及银行体系的基础知识；了解货币政策的制定和实施过程；推导货币的创造过程以及货币乘数；理解货币供求模型、货币政策及其后果。

本章难点：可贷资金市场的均衡原理；货币创造过程；货币政策作用于宏观经济的机制；货币数量论。

第二十一章　国民收入的决定与总需求分析

一、学习目的与要求

通过本章的学习，识记消费函数、储蓄函数和投资函数的决定，把握国民收入决定的基本方法和均衡条件，掌握影响均衡国民收入的因素，理解这些因素的变动对均衡国民收入的乘数效应以及乘数效应发挥作用的条件；能够使用 IS-LM 模型探讨产品和货币市场的一般均衡，全面理解和掌握作为宏观经济理论基础之一的凯恩斯主义理论的基本框架，并学会运用这一框架来讨论分析真实世界的宏观经济波动与宏观经济政策。

二、课程内容

1. 总需求的构成。
2. 简单的国民收入决定理论。
3. 产品市场均衡：*IS* 曲线。
4. 货币市场均衡：*LM* 曲线。
5. 产品与货币市场的一般均衡：IS-LM 模型。

三、考核知识点与考核要求

第一节　总需求的构成

识记：总需求的构成；消费需求与投资需求的一般知识。

领会：消费函数；平均消费倾向和边际消费倾向；投资函数。

应用：理解消费函数与投资函数背后的理论逻辑。

第二节　简单的国民收入决定理论

识记：均衡国民收入的决定理论。

领会：均衡国民收入的决定；消费变动的影响；投资变动的影响；投资乘数。

应用：不同的消费与投资变动对均衡国民收入的影响。

第三节　产品市场均衡：*IS* 曲线

识记：*IS* 曲线的基本内容。

领会：产品市场均衡与 *IS* 曲线；*IS* 曲线的推导。

应用：阐述 *IS* 曲线的形状与位置的经济学解释。

第四节　货币市场均衡：*LM* 曲线

识记：*LM* 曲线的基本内容。

领会：货币需求函数、货币供给、货币市场均衡、均衡利率的决定；货币供求变化对货币市场均衡的影响；*LM* 曲线的推导。

应用：阐述 *LM* 曲线的形状与位置的经济学解释。

第五节 产品与货币市场的一般均衡：IS-LM 模型

识记：产品市场与货币市场同时均衡。

领会：产品市场与货币市场同时均衡与国民收入的决定；*IS* 曲线和 *LM* 曲线各自的变动及其对均衡的影响。

应用：理解 IS-LM 模型的局限性；应用 IS-LM 模型进行分析。

四、本章重点与难点

本章重点：总需求的构成；消费函数与投资函数的含义；简单国民收入决定的原理和模型；消费、储蓄和投资的变化对均衡国民收入的影响；产品市场均衡以及 *IS* 曲线的形状与位置的决定；货币需求函数的推导；货币市场均衡以及 *LM* 曲线的形状与位置的决定；产品与货币市场的一般均衡及 IS-LM 模型的各种变化。

本章难点：*IS* 曲线和 *LM* 曲线各自的变化；一般均衡时 *IS* 曲线和 *LM* 曲线的变化；宏观经济政策及其后果在模型中的体现。

第二十二章 总需求与总供给分析

一、学习目的与要求

通过本章的学习，识记宏观经济学对总需求曲线和总供给曲线的分析，理解曲线背后的含义，能够利用总需求和总供给分析短期与长期中均衡国民收入和价格总水平的决定，解释经济围绕长期均衡的短期波动，掌握 AD-AS 模型的政策含义。

二、课程内容

1. 总需求理论：总需求曲线。
2. 总供给理论：总供给曲线。
3. 宏观经济一般均衡：总需求与总供给的均衡。

三、考核知识点与考核要求

第一节 总需求理论：总需求曲线

识记：总需求曲线的含义。

领会：总需求曲线形状的决定；财富效应、利率效应与汇率效应；总需求曲线位置的决定。

应用：总需求曲线背后的理论逻辑。

第二节 总供给理论：总供给曲线

识记：总供给曲线的含义。

领会：长期总供给曲线；短期总供给曲线；两种曲线的形状及其背后的决定因素。

应用：理解总供给曲线背后的宏观经济理论分歧及其所代表的各自流派。

第三节　宏观经济一般均衡：总需求与总供给的均衡

识记：总供求均衡的含义。

领会：总供求短期均衡；总供求长期均衡；外部冲击与短期均衡及长期均衡的变动；短期均衡向长期均衡的变动。

应用：理解不同流派对总供求均衡模型的解释；运用总供求模型进行分析。

四、本章重点与难点

本章重点：总需求曲线的推导以及三种效应的理解；总需求曲线的形状与位置的决定；短期和长期总供给曲线的形状和位置及其背后的决定因素；总供求模型及宏观经济短期和长期均衡；不同宏观经济理论的分歧。

本章难点：总需求曲线的形状与位置的决定机制；短期和长期总供给曲线的形状与位置的决定机制；总供求短期和长期均衡所体现的背后的不同宏观经济理论的分歧。

第二十三章　宏观经济政策

一、学习目的与要求

通过本章的学习，识记政府宏观调控时对失业与通货膨胀的权衡，理解财政与货币政策的作用原理，掌握政府采取的各种财政政策和货币政策手段，能够对具体经济问题进行分析并给出相应的政策建议。

二、课程内容

1. 宏观经济政策概述。
2. 失业与通货膨胀的权衡。
3. 财政政策。
4. 货币政策。
5. 财政政策与货币政策的配合。

三、考核知识点与考核要求

第一节　宏观经济政策概述

识记：宏观经济政策的基本内容。

领会：宏观经济政策目标，即充分就业、物价稳定、经济增长和国际收支平衡。

应用：宏观经济政策目标之间的关系。

第二节　失业与通货膨胀的权衡

识记：失业和通货膨胀的基本情况。

领会：失业的定义、类型与度量；失业率；摩擦性失业；结构性失业；自然失业率；周期性失业；通货膨胀的后果；成本推动型通货膨胀；需求拉动型通货膨胀；需求与成本共同推动型通货膨胀；失业与通货膨胀之间的权衡；长期菲利普斯曲线和短期菲利普斯曲线。

应用：理解真实世界中失业与通货膨胀关系的复杂性。

第三节　财政政策

识记：财政政策的含义；支出政策；收入政策；财政政策的效果。

领会：支出与收入政策的内容；乘数效应；挤出效应；自动稳定器；财政政策的效果。

应用：理解财政政策有效性的前提及局限。

第四节　货币政策

识记：货币政策的含义；货币政策的效果。

领会：货币政策的内容；货币政策的作用机理。

应用：理解货币政策有效性的前提及局限。

第五节　财政政策与货币政策的配合

识记：财政政策与货币政策的配合。

领会：财政政策与货币政策不同组合的效果。

应用：理解财政政策与货币政策组合的有效性的前提及局限。

四、本章重点与难点

本章重点：领会宏观经济政策的主要内容及主要政策目标；失业和通货膨胀的定义、主要内容及两者之间的权衡关系；财政政策的基本内容、乘数效应、挤出效应及财政政策的效果；货币政策的基本内容及其效果；财政政策与货币政策配合使用的作用机理及效果。

本章难点：理解财政政策、货币政策及两类政策搭配使用的作用机理、有效性的前提及各自的局限。

Ⅳ　关于大纲的说明与考核实施要求

一、课程自学考试大纲的目的和作用

“经济学原理（初级）”课程自学考试大纲根据专业自学考试计划的要求，结合自学考试的特点而确定。其目的是对个人自学、社会助学和课程考试命题进行指导和规定。

“经济学原理（初级）”课程自学考试大纲明确了课程学习的内容以及深度和广度，规定了课程自学考试的范围和标准。因此，它是编写本课程自学考试教材和辅导书的依据，是社会助学组织自学辅导的依据，是自学者学习教材、掌握课程内容知识范围和程度的依据，也是进行自学考试命题的依据。

二、课程自学考试大纲与教材的关系

“经济学原理（初级）”课程自学考试大纲是进行学习和考核的依据，教材是学习掌握课程知识的基本内容与范围，教材的内容是大纲所规定的课程知识和内容的扩展与发挥。课程内容在教材中可以体现一定的深度或难度，但在大纲中对考核的要求一定要适当。

大纲与教材所体现的课程内容应基本一致；大纲里面的课程内容和考核知识点，教材里一般也要有。反过来，教材里有的内容，大纲里就不一定体现。如果教材是推荐选用的，其中有的内容与大纲要求不一致的地方，应以大纲为准。

三、关于自学教材

《经济学原理（初级）》，全国高等教育自学考试指导委员会组编，周业安主编，中国人民大学出版社，2024 年版。

四、关于自学要求和自学方法的指导

本大纲的课程基本要求是依据专业基本规范和专业培养目标而确定的。课程基本要求还明确了课程的基本内容，以及对基本内容掌握的程度。基本要求中的知识点构成了课程内容的主体部分。因此，课程基本内容掌握程度、课程考核知识点是高等教育自学考试考核的主要内容。

为有效地指导个人自学和社会助学，本大纲已指明了课程的重点和难点，在章节的基本要求中一般也指明了章节内容的重点和难点。

本课程共 5 学分。

在自学本课程的过程中，建议学生能够结合教材学习内容，完成课后习题，并适当选做一些其他相关的习题；建议学生能够学以致用，尝试运用所学原理分析真实世界的经济事件和案例，这样有助于加深对课程内容的认识。

五、对考核内容的说明

1. 本课程要求考生学习和掌握的知识点内容都作为考核的内容。课程中各章的内容均由若干知识点组成，在自学考试中成为考核知识点。因此，课程自学考试大纲中所规定的考试内容是以分解为考核知识点的方式给出的。由于各知识点在课程中的地位、作用以及知识自身的特点不同，自学考试对各知识点分别按三个认知层次确定考核要求。

2. 考试之日前 6 个月，由全国人民代表大会和国务院制定或修订的法律、法规都将列入相应课程的考试范围。凡大纲、教材内容与现行法律、法规不符的，应以现行法律、法规为准。

六、关于考试方法和试卷结构的说明

1. 本课程的考试方式为闭卷，笔试，满分 100 分，60 分为及格。考试时间为 180 分钟。

2. 本课程在试卷中对不同能力层次要求的分数比例大致为：识记占 30%，领会占 30%，应用占 40%。

3. 要合理安排试题的难易程度，试题的难度可分为易、较易、较难和难四个等级。必须注意试题的难易程度与能力层次有一定的联系，但二者不是等同的概念。在各个能力层次中对于不同的考生都存在着不同的难度。在大纲中要特别强调这个问题，应告诫考生切勿混淆。

4. 课程考试命题的主要题型一般有单项选择题、多项选择题、计算题、简答题、论述题等题型。

在命题工作中必须按照本课程大纲中所规定的题型命制，考试试卷使用的题型可以略少，但不能超出本课程大纲对题型的规定范围。

附录：题型举例

一、单项选择题：在每小题列出的备选项中只有一项是最符合题目要求的，请将其选出。

1. 商品需求与消费者收入呈现正相关的商品称为

A. 正常商品　　B. 低档商品

C. 吉芬商品　　D. 奢侈商品

2. 某人消费苹果和香蕉。假定他的收入增加了一倍，苹果与香蕉的价格也上涨了一倍，那么他的预算线将

A. 仍然不变

B. 向外移动，但斜率不变

C. 向外移动，但更陡峭了

D. 向外移动，但更平坦了

二、多项选择题：在每小题列出的备选项中至少有两项是符合题目要求的，请将其选出，错选、多选或少选均无分。

1. 影响需求变动的因素主要包括

A. 价格　　B. 收入

C. 预期　　D. 消费者偏好

E. 相关产品价格

2. 垄断市场的形成原因主要有

A. 资源垄断　　B. 专利垄断

C. 特许垄断　　D. 自然垄断

E. 自由市场

三、计算题

1. 已知某商品的需求函数和供给函数分别为：$Q_d = 14 - 3P$，$Q_s = 6P + 2$。试求：

（1）该商品的均衡价格和均衡数量；

（2）均衡点的需求价格弹性和供给价格弹性。

2. 假设某银行吸收存款 200 万元，按规定要留存准备金 20 万元，请计算：

（1）银行体系用这 200 万元存款一共能创造多少货币？

（2）若银行吸收存款增至 500 万元（准备金仍为 20 万元），此时能创造多少货币？

（3）若银行吸收存款 200 万元保持不变，但准备金增至 25 万元，此时能创造多少货币？

四、简答题

1. 简述使用 CPI 衡量居民生活成本的变化存在哪些不足。
2. 为什么说固定资本更新是资本主义经济危机周期性存在的物质基础？

五、论述题

1. 试述三类不完全竞争市场类型存在的差异。
2. 试述新发展理念的主要内容。

大纲后记

《经济学原理（初级）自学考试大纲》是根据《高等教育自学考试专业基本规范（2021年）》的要求，由全国高等教育自学考试指导委员会经济管理类专业委员会组织制定的。

全国考委经济管理类专业委员会对本大纲组织审稿，根据审稿会意见由编者做了修改，最后由经济管理类专业委员会定稿。

本大纲由中国人民大学经济学院周业安教授负责编写。参加审稿并提出修改意见的有中国人民大学谢富胜教授、北京交通大学周耀东教授、中国人民大学范志勇教授。

对参与本大纲编写和审稿的各位专家表示感谢。

全国高等教育自学考试指导委员会
经济管理类专业委员会
2023年12月

全国高等教育自学考试指定教材

经济学原理（初级）

全国高等教育自学考试指导委员会　组编

编者的话

党的二十大报告指出:“教育、科技、人才是全面建设社会主义现代化国家的基础性、战略性支撑。”要深入实施科教兴国战略、人才强国战略、创新驱动发展战略,哲学社会科学的教学体系、人才培养体系以及教材体系建设是重要一环。2016 年 5 月 17 日,习近平总书记在哲学社会科学工作座谈会上指出:“必须高度重视哲学社会科学,结合中国特色社会主义伟大实践,加快构建中国特色哲学社会科学。”2022 年 4 月 25 日,习近平总书记在中国人民大学考察时指出:“加快构建中国特色哲学社会科学,归根结底是建构中国自主的知识体系。”从这一指导思想出发,由全国高等教育自学考试指导委员会组编《经济学原理(初级)》这本教材,使用对象是参加全国高等教育自学考试的考生。本教材对应“经济学原理(初级)”课程,该课程是全国高等教育自学考试经济管理类专业新开设的课程,是为培养自学考试考生掌握和运用经济学的基本原理和方法、领会经济学的基本理论知识、解释和解决现实经济问题而设置的一门专业基础课程,为各经济学和管理学的相关学科提供基础的经济学理论和方法指导。

通过学习本课程,考生可掌握现代经济学的基本理论和方法,领悟经济学的基本思想和内在的理论逻辑,学会分析和理解真实世界各种经济现象和经济问题,形成经济学独特的分析视角与专业思维,提高从经济现象推断其背后的因果关系的专业能力,提升对经济政策的理解力和执行力,为进一步学习经济管理类专业课程以及做好自身的实际工作奠定扎实的专业基础。

“经济学原理(初级)”是所有经济管理类专业课程的基础课程,也是经济管理类专业学习的入门课程。考虑到全国高等教育自学考试的特点以及考生的实际情况,首先,在内容上,本教材涵盖了政治经济学、微观经济学和宏观经济学三个方面,即“政治经济学原理”、“微观经济学原理”和“宏观经济学原理”三个部分,每个部分既相互关联又相对独立。全国高等教育自学考试指导委员会规定“经济学原理(初级)”课程总学分为 5 学分。通常的高等学校经济管理类专业课程设置中,“经济学原理”课程分为独立的三门课程,分别是“政治经济学原理”、“微观经济学原理”和“宏观经济学原理”。本教材综合考虑各高校的学分设置模式,从全国高等教育自学考试的实际出发,进行了 2∶1.5∶1.5 的合理配置。

从课程内容的难度上,考虑到专升本的情况,本教材设计的内容难度高于一般的经济学原理教材,但低于中级教材,其中部分内容接近中级水平。这样做的目的是尽可能满足各类考生的实际需求。完全没有接触过经济学的考生通过自学也可以掌握课程的内容;而已经接触过经济学的考生通过学习能够获得提升。

本教材体现了三个特点：首先，将政治经济学原理、微观经济学原理和宏观经济学原理统一设计在“经济学原理（初级）”课程当中，政治经济学原理作为教材的指导理论和统领思想，微观经济学原理和宏观经济学原理作为对市场经济的具体解释。其次，教材所有内容都坚持以习近平新时代中国特色社会主义思想为指导，立足中国国情，讲好中国故事，为中国经济学自主知识体系的大厦添砖加瓦，为高水平社会主义市场经济服务。最后，本教材没有沿袭传统的政治经济学和西方经济学的两分法，而是把微观经济学、宏观经济学作为解释和解决高水平社会主义市场经济具体运行的理论知识，对西方经济学的相关理论与方法进行批判性转化，站在中国经济学自主知识体系构建的高度和视角来编写相应的内容。

本教材的具体编写分工如下：中央财经大学经济学院的何召鹏副教授负责“政治经济学原理”的编写工作；华南师范大学经济管理学院的连洪泉副教授负责“微观经济学原理”的编写工作；中国农业大学经济管理学院的黄纯纯副教授与中国人民大学经济学院的周业安教授负责“宏观经济学原理”的编写工作，最后由周业安教授负责教材的统筹。参与“政治经济学原理”部分编写的有中央财经大学经济学院研究生李浩、肖畅、高晓明、黑敏楠，欧翊、区路骐负责辅助编写工作；参与“微观经济学原理”部分编写的有华南师范大学经济与管理学院研究生梁俪千、孟华仪，程诺负责辅助编写工作；参与“宏观经济学原理”部分编写的有中国人民大学经济学院研究生刘坤瓒，吕婧、冯依彤、廖嘉琪负责辅助编写工作。在此特别感谢这些同学所付出的努力。

由于“经济学原理（初级）”课程是一门新课，教材的编写是编写组的一个初步探索过程，无论是体系构思还是内容设计都还有非常多的不足，敬请专家学者以及考生们批评指正。非常感谢中国人民大学经济学院的谢富胜教授、北京交通大学经济管理学院的周耀东教授、中国人民大学经济学院的范志勇教授的指导。没有这些老师的帮助，本教材很难顺利完成。

编者

2023 年 12 月

政治经济学原理

第一章　导论

第一节　政治经济学的产生和发展

一、什么是政治经济学

政治经济学是研究一定社会经济活动中的经济关系和经济规律的科学，是马克思主义理论体系的三大组成部分之一，是马克思主义理论最深刻最全面的证明和运用。

14 至 15 世纪，随着贸易特别是海外贸易的快速发展，重商主义思想崛起。重商主义者的研究聚焦于经济流通领域，特别是商业和对外贸易。法国重商主义者蒙克莱田最早在 1615 年出版的《献给国王和王太后的政治经济学》一书中使用了“政治经济学”这个名词。

政治经济学中的“政治”，不同于我们现在所说的“政治”，它是指国家范围。政治经济学不同于此前的“经济学”，后者只研究家庭或庄园的经济管理，而前者涉及一国范围内的经济管理问题。因此，不能把政治经济学理解成既研究“政治”又研究“经济”的学科。后来，政治经济学也被简称为经济学，政治经济学和经济学是通用的。在我国，政治经济学一般是指马克思主义政治经济学。

二、马克思主义政治经济学的产生

马克思主义政治经济学是在批判地继承古典政治经济学的基础上创立的。17 世纪中叶以后，古典政治经济学由威廉·配第创始。亚当·斯密被认为是古典政治经济学的集大成者，大卫·李嘉图是最终完成者。古典政治经济学代表资产阶级的利益，提出了劳动价值论，并探讨了剩余价值的问题，古典政治经济学的发展奠定了现代经济学的基础，并对后世的经济学发展产生了深远影响。但古典政治经济学并未深入考察剩余价值的来源和本质，具有一定的局限性。

马克思和恩格斯在 19 世纪中叶创立了马克思主义政治经济学，他们批判地继承了英国古典政治经济学的科学成分，明确指出政治经济学的研究对象是生产关系，并提出了生产力与生产关系矛盾运动的历史唯物主义分析方法。马克思主义政治经济学建立了科学的劳动价值论和剩余价值理论，发现了资本积累的一般规律，指出了资本主义必然被社会主义所代替的历史必然性。马克思主义政治经济学对政治经济学进行了根本的改造，代表了无产阶级的利益，并为社会经济分析提供了重要的理论基础。

三、马克思主义政治经济学是不断发展的理论

马克思主义政治经济学不是封闭的、僵化的理论，而是开放的、发展的、与时俱进的。19 世纪末 20 世纪初，列宁分析了资本主义在帝国主义阶段的特征，创立了帝国主义理论，并提出了资本主义向社会主义过渡的理论。他强调了发展生产力的重要性，以及资本主义向社会主义过渡的两种途径。列宁还领导了苏联的社会主义实践，为社会主义经济的发展做出了贡献，把马克思主义政治经济学发展到了新的阶段。斯大林继承了列宁的事业，领导苏联进行了社会主义建设，并总结了一系列社会主义建设的规律。这一时期，《苏联社会主义经济问题》《政治经济学教科书》等著作对资本主义和社会主义两种生产关系进行了深入的分析，这些理论在社会主义国家广泛传播。

新中国成立后，毛泽东等中国共产党人探索出一条适合中国国情的社会主义建设道路，并形成了一系列影响深远的理论观点，比如，强调生产力和生产关系、经济基础和上层建筑的矛盾是社会主义社会的基本矛盾；指出人民对经济文化发展需求与当前状况之间的矛盾是国内的主要矛盾；强调发展生产力是根本任务；强调把工作重点转向技术革命和社会主义建设；坚持以农业为基础和工业为主导，走中国工业化道路等。这些经验总结和理论观点是中国共产党的宝贵财富，也是中国特色社会主义政治经济学的重要思想来源。

自 1978 年党的十一届三中全会以来，中国开始了广泛而深远的改革开放。在邓小平理论、“三个代表”重要思想和科学发展观的指导下，中国逐步摆脱了苏联斯大林模式的束缚，走上了建设中国特色社会主义的道路，开创了富起来的时代。随着社会主义初级阶段的提出，中国加快了改革开放的步伐，实现了从单一公有制向多种所有制经济共同发展，从计划经济向社会主义市场经济，从封闭、半封闭经济向开放型经济的历史性转变。中国实现了从农业大国向新兴工业化国家、从低收入国家向中等收入国家的转变，开启了全面建设小康社会和加速社会主义现代化建设的进程。

党的十八大以来，在以习近平同志为核心的党中央坚强领导下，中国全面建成了小康社会，并开启了建设社会主义现代化强国的新征程。我们提出了坚持和加强党对经济工作的全面领导、以人民为中心的发展思想、发挥市场在资源配置中的决定性作用和更好发挥政府作用、推进供给侧结构性改革、把握新发展阶段、贯彻新发展理念、构建新发展格局、推动高质量发展、中国式现代化、新质生产力等一系列重要理论观点和战略方针。这一时期形成的习近平经济思想丰富和发展了中国特色社会主义政治经济学，成为马克思主义政治经济学中国化、时代化的最新成果。中国的伟大实践极大地推动了社会主义政治经济学的完善和发展，为中国特色社会主义理论体系的形成和马克思主义政治经济学的发展创新做出了历史性的贡献。

第二节　政治经济学的研究对象

一、政治经济学研究的出发点

物质资料的生产是人们改造自然和创造物质资料的过程，是人类社会存在和发展的基

础。只有通过物质资料的生产，才能满足人类生存的基本需要。只有物质资料生产发展了，人类社会的政治、科技、文化、教育才能发展，人类社会才能发展。可见，物质资料的生产是人类社会存在和发展的基础，是政治经济学研究的出发点。

人类在进行物质资料生产时，必须具备三个基本要素，即劳动、劳动对象和劳动资料。

劳动是指人类利用自身的体力和脑力，参与生产活动的过程。劳动是生产过程中不可或缺的要素，它包括人们的劳动能力、技能、经验和创造力等方面。在劳动过程中，人们通过组织和运用自己的劳动，将自然界的物质转化为有用的产品，满足自身和社会的各种需要。劳动是生产力的决定性要素。

劳动对象是指人类在生产过程中直接改造和加工的客观物质。劳动对象可以是各种自然资源，如土地、水域、矿产、森林、动植物等，也可以是人类已经创造出来的产品和设施等。劳动对象经过劳动过程，被转化为各种有用的产品和服务，满足人类的各种物质和文化需求。

劳动资料是人们在劳动过程中用来改变或影响劳动对象的一切物质资料或物质条件，包括各种生产工具、设备、建筑物等，其中最重要的是生产工具。生产工具的变革是社会生产力发展的主要标志，也是划分经济发展时期的主要标志。各种经济时代的区别，不在于生产什么，而在于怎么生产、用什么工具进行生产。

这三个基本要素相互作用，构成了人类的生产活动的基本框架。这三个要素是物质资料生产的核心要素，也是劳动过程的最一般、最基本、最具有普遍性的要素。不管是生产力极端落后的原始社会，还是发达的现代社会，物质资料的生产都离不开这三个基本要素。只有这三个要素协同合作，人类才能进行高效、有序的物质生产，满足社会的各种需求。应当注意，随着人类社会的发展，一些新的要素会加入物质资料的生产过程，比如科学技术、经营管理、数据信息等。

二、生产力和生产关系

在物质资料的生产过程中，人与自然发生关系，同时人与人之间也必然发生一定的关系。前者表现为生产力，后者表现为生产关系。任何社会的物质资料生产过程都包括生产力和生产关系两个方面。

生产力是人们在生产过程中利用自然、改造自然的能力，反映了人和自然的关系。生产力被看作人类社会的最终决定力量，其发展状况反映了社会的进步程度和对自然资源利用的广度和深度。生产力的构成包括人的因素和物的因素。其中，人的因素是指具有一定生产经验、劳动技能和科学知识的劳动者，物的因素是指生产资料，生产资料包括劳动对象和劳动资料。

现代社会，生产力的构成还包括科学技术、管理、数据等要素，科学技术是生产力中的第一要素。科学技术作为生产力的核心之一，是人们在生产实践和科学实验中得出的系统经验的体现。一旦融入生产过程，科学技术便与人和物的要素相结合，转化为实际的生产力。管理在生产过程中发挥重要作用，包括微观管理（如劳动管理、设备管理）和宏观管理（如资源配置、宏观治理），对社会生产力产生深远影响。数据在生产中也是至关重要的，通过各种载体和通信手段，数据将不同要素、单位和系统连接在一起，直接影响着生产的效率和质量。因此，生产力不仅包括了人和物这两个基本要素，还涵盖了科学技术、管理和数据等多个方面，它们通过相互作用共同推动着社会的发展。

在物质资料的生产中，人们结合起来进行生产必然发生一定的关系，即生产关系，它是各种社会关系中最基本的关系。物质资料的生产过程表现为在生产活动中人与人之间发生生产关系的过程。

生产关系首先涉及生产资料的所有制，即人们在生产资料所有、占有、支配和使用等方面所结成的经济关系。生产资料所有制是生产关系的基础。历史上存在两种基本类型的生产关系：一种是以生产资料私有制为基础的，如奴隶社会、封建社会和资本主义社会；另一种是以生产资料公有制为基础的，如原始社会、社会主义社会和共产主义社会。生产关系关乎着人们在生产资料占有关系、劳动者与生产资料的结合方式以及社会物质财富的分配关系等方面的基本规定。

三、社会的矛盾运动

在物质资料的生产过程中，生产力和生产关系是不可分割的两个方面，生产力是生产的物质内容，生产关系是生产的社会形式，两者辩证统一，构成生产方式。生产力与生产关系的辩证统一关系是：生产力决定生产关系，生产关系反作用于生产力。

生产力决定生产关系。有什么样的生产力，就要求有什么样的生产关系与之相适应。人类社会不同发展阶段的社会形态、制度变迁，都由生产力的发展必然决定。生产力的发展变化决定生产关系的发展变化。生产力是最活跃、最革命的因素，常常处于变动之中。当生产力发展到新的水平时，旧的生产关系不再适应，必然发生变革，被适应新的生产力性质的生产关系所取代。在生产力和生产关系的辩证统一关系中，生产力决定生产关系是最根本的方面。

生产关系对生产力有反作用。当生产关系适应生产力发展水平时，就能推动生产力发展。当生产关系滞后或超前于生产力发展水平时，就会阻碍生产力的发展。生产力决定了生产关系，而生产关系必须适应生产力的发展水平。这是推动人类社会发展的基本规律。

生产力和生产关系的辩证关系，决定了政治经济学必须从生产力和生产关系的矛盾运动中研究生产关系。因此，政治经济学非常重视对生产力性质和水平的研究，既要分析生产力在不同历史时期的变化特征，还要研究其发展变化对生产关系的影响。

在一定社会形态中，占主导地位的生产关系的总和，构成该社会的经济基础；建立在其上并与之相适应的政治、法律制度和社会意识形态等，是社会的上层建筑。这两者之间存在紧密的关系，经济基础对上层建筑具有决定性影响，即经济基础的性质决定了上层建筑。随着经济基础的变革，上层建筑也会相应地发生变化。上层建筑对经济基础有反作用，新的上层建筑能够促进和保护新的经济基础的发展，而旧的上层建筑则可能阻碍新经济基础的形成和发展，维护旧的经济基础。

由于生产关系与生产力、经济基础与上层建筑有着紧密的联系，因此，政治经济学研究社会生产关系，必须在生产力与生产关系、经济基础与上层建筑的矛盾运动中进行。

第三节　政治经济学的研究任务和意义

一、研究任务

政治经济学的研究任务在于揭示经济运行过程中的客观经济规律。经济规律是经济现象内在的、本质的、必然的联系，体现着经济过程的必然趋势。经济规律是客观的，人们是可以通过发挥主观能动性来认识和利用的。

（一）经济规律的客观性

经济规律是经济运行中的内在的固有规律，反映了经济活动中的客观规律性和稳定性，对经济主体的行为和决策产生重要影响。这些规律是独立于人的主观意志和态度而客观存在，无论人们是否认知或理解这些规律，它们都会在经济活动中起作用。

经济规律具有客观性，主要有以下原因：第一，基于客观经济现实。经济规律的形成是基于人类社会经济活动的客观实践和经验总结的结果。这些规律反映了经济活动中普遍存在的规律性和稳定性，与特定的经济条件和社会形态密切相关。第二，独立于个体意志。经济规律不受任何个体或集体的主观意志所左右，而是独立于个人意愿和利益的客观存在。第三，人们从事经济活动必须按照客观经济规律的要求办事，否则就会受到经济规律的惩罚。

经济规律的客观性意味着我们可以通过对规律性的经济现象进行分析和研究，认识和把握经济规律，进而自觉、熟练地运用规律。承认经济规律的客观性有助于我们建立正确的经济理论，深入理解经济运行的内在规律，有利于指导经济政策制定和实施，促进经济发展和稳定。

（二）经济规律的特点

与自然规律相比，经济规律具有以下三个特点：第一，经济规律总是和人们的经济活动相联系。自然界物质运动的各种规律，是完全离开人们的活动而独立存在和发生作用的。经济规律是人们社会活动和生产关系运动的规律，离开经济活动，也就不存在经济规律。第二，不同历史发展阶段存在特定的经济运行规律。自然界物质运动规律大多是长久不变的，而绝大多数经济规律并不是长久不变的。第三，不同阶级或集体对利用经济规律的态度存在差别。在阶级社会中，认识和利用经济规律总是存在着阶级背景。经济规律的作用结果，对不同的阶级或集体利益的影响是不同的。

（三）经济规律的类型

根据经济规律赖以存在的经济条件的不同，可以把它分为三种类型：第一，一般经济规律。这些规律是人类社会发展的各个阶段所共有的，它们展现了社会生产中某种共同本质的联系。这些规律与特定的历史和社会条件无关，而是适用于不同的经济制度和组织形式。比如生产力决定生产关系的规律。第二，共同的社会形态经济规律。这些规律是几种社会形态共有的，它们揭示了在生产关系方面几个社会之间的共同本质联系。不同社会形态下的经济规律可能存在差异，但也有一些普遍适用的规律。比如价值规律。第三，特定社会形态经济规律。这些规律是某种社会形态特有的，它们反映了该社会形态下的生产关系的特殊本质联系。不同的社会形态具有不同的经济规律，这些规律在特定社会形态下起作用。比如剩余价值规律。

二、研究意义

总的来看，学习政治经济学的重要意义主要体现在以下三个方面：

第一，是树立科学世界观的思想武器。通过深入剖析经济社会的生产关系，揭示了社会发展的历史必然性和社会主义取代资本主义的必然性，为正确认识和对待资本主义、树立社会主义必胜的信念提供了强大的思想支持。

第二，是进行我国经济建设的理论依据。通过学习社会主义初级阶段的基本经济制度、社会主义经济发展的规律以及经济高质量发展等理论原则，为发展和完善我国的社会主义经济制度提供了现实的理论依据。

第三，为学习其他经济学科提供了重要的理论基础。通过研究经济现象的本质，提升经济理论素养，增强在经济工作中的适应能力和创新能力。

思考题

1. 马克思主义政治经济学是怎样产生的？
2. 为什么说马克思主义政治经济学是不断发展的理论？
3. 简述人类进行物质资料生产必须具备的三个基本要素。
4. 政治经济学的研究对象是什么？
5. 简述生产力与生产关系的辩证关系。
6. 简述经济规律的特点及类型。
7. 政治经济学的任务是什么？学习政治经济学有哪些意义？

在线自测

扫一扫　练一练

第二章　商品和货币

第一节　商品及其价值量

一、商品二因素：使用价值和价值

现代社会中，我们几乎每天都要和商品打交道。作为消费者，我们消费的是商品；作为生产者，我们生产的也是商品。无论是资本主义国家还是社会主义国家，商品都是财富的元素形式，社会财富表现为庞大的商品堆积。因此，对复杂经济现象和经济规律的研究，应当从商品关系这个最普遍、最一般的经济关系着手。

商品是用来交换的劳动产品。商品包含使用价值和价值两个要素，是使用价值和价值的统一。

（一）商品的使用价值

使用价值是商品或服务所具有的满足人们实际需求、提供实际效用的能力。例如，一件衣服的使用价值在于它能够保暖和遮风挡雨；一辆汽车的使用价值在于它能够提供交通便利。商品的使用价值是由它的自然属性决定的，商品的自然属性不同，它的使用价值也会不同。同种商品可能还具有多种使用价值，如煤既可以用作燃料，也可以用作化工原料。

作为商品的使用价值与一般物品的使用价值存在着差别：

第一，商品的使用价值必须是劳动产品的使用价值。作为商品的使用价值，它必须是通过人类劳动加工或制造而成的产品或服务的使用价值。一些自然物如空气、阳光等虽然对人有用，但它们并不是通过劳动加工或制造而成的劳动产品，因此不属于商品的使用价值范畴。

第二，商品的使用价值是针对他人、针对社会有用。商品的使用价值不是针对生产者自己的个人需求，而是针对其他人、针对社会的实际需求和实际效用。商品是为了满足他人的需求而生产的，它具有社会性。

第三，商品具有使用价值，必须通过交换让渡给他人才能进入消费，因此，商品的使用价值是交换价值的物质承担者。

（二）商品的交换价值与价值

商品的交换价值是指通过买卖可以与其他商品进行交换的属性。交换价值体现为一种使用价值与另一种使用价值相交换的比例关系。比如，用一只羊交换两把斧子，那么两把斧子就是一只羊的交换价值。

不同使用价值的商品之间能够按照一定的比例进行交换，是因为它们之间存在着一种共同的东西——劳动所凝结的价值。价值是凝结在商品中的抽象的、无差别的一般人类劳动。这种劳动价值是通过商品生产过程中投入的人的体力和脑力所体现的。不同形式的劳动在价值上是相同的，因此才能够进行比较和交换。任何有用的物品都具有使用价值，但只有当它们作为商品时，才具有价值。因此，价值是商品的本质属性。

（三）商品的交换价值、使用价值与价值的关系

第一，价值和交换价值的关系：商品的价值是一种内在的抽象属性，只能通过与其他商品进行交换来表现，而交换价值则是价值的外在具体表现形式。因此，价值是交换价值的内在基础，交换价值是价值的外在表现。

第二，使用价值和价值的关系：商品作为使用价值在质上各不相同，在量上难以比较，而作为价值在质上是相同的，在量上是可以比较的。因此，不同的商品可以按一定的比例进行交换。使用价值和价值是统一的、互相依存的关系，缺一不可。价值的存在以使用价值的存在为前提，使用价值是价值的物质载体。

第三，商品的使用价值与价值是相互对立、相互排斥的关系，这被称为商品的内在矛盾。对于商品生产者而言，他们生产商品并不是为了取得使用价值，而是为了取得价值。因此，在交换过程中，使用价值和价值进行着相反的运动。只有通过交换，商品的内在矛盾才能得到解决。而一旦交换失败，商品的内在矛盾不能得到解决，就会使商品生产者陷入困境。

二、劳动二重性：具体劳动和抽象劳动

商品的价值和使用价值是由生产商品的具体劳动和抽象劳动决定的，即劳动二重性决定商品二因素。具体劳动和抽象劳动是同一劳动的两个属性，或者说同一商品的生产劳动可以从具体形态和抽象形态两个方面进行考察。

具体劳动是指在特定形式下进行的劳动，它与生产特定商品的使用价值直接相关。不同的具体劳动形式创造了不同的使用价值，反映了社会分工的存在。例如，木匠的劳动是为了制作木器，使用的工具是斧子、锯子、刨子等，而瓦匠的劳动则涉及瓦片和泥浆的加工和安装等过程。不同的劳动形式对应着不同的操作方法、劳动对象和劳动成果。

具体劳动是人与自然相互作用的过程，只有与自然物质结合，才能创造出使用价值。因此，具体劳动反映了人与自然的关系。它是人类社会存在和发展的基础条件之一。不同商品之所以具有不同的使用价值，除了其构成的物质要素各有特殊的自然属性外，还因为生产它们的劳动各有特殊的具体形式。各种不同的具体劳动生产不同质的使用价值，各种使用价值的总和表现了各种具体劳动的总和，即表现了社会分工。具体劳动的种类和形式随着社会生产力的发展、科学技术的进步和人们需要的改变相应地发生变化。

抽象劳动是从劳动的抽象形态考察的劳动，当撇开劳动的具体形式时，所有劳动都可以视作人们的体力和脑力的支出，即无差别的一般人类劳动。不论是木匠还是裁缝，在劳

动过程中都要消耗劳动力，消耗自身的体力和脑力。这种撇开劳动的特定性质的无差别一般人类劳动被称为抽象劳动，它是同质的、无差别的形成商品价值的劳动。

抽象劳动形成了商品的价值实体，因为商品的价值体现了人类劳动本身，是一般人类劳动的耗费。然而，仅仅将抽象劳动理解为生理意义上的人类劳动力支出是不全面的。因为生产商品的异质的具体劳动被转化成同质的抽象劳动是由商品经济关系决定的。抽象劳动形成了商品价值的唯一源泉，在价值中不包含任何非劳动的自然物质的原子。人类劳动的质的同一性决定了抽象劳动在商品交换中只能在量上起作用。

具体劳动和抽象劳动是生产商品过程中同一劳动的两个方面，它们在时间和空间上是不可分割的。劳动一方面是指人类劳动力在生理学意义上的耗费，即相同或抽象的人类劳动属性形成了商品的价值；另一方面是指人类劳动力在特定有目的形式上的耗费，即具体的有用劳动属性生产了使用价值。

具体劳动是人类社会生存和发展的必要条件，它是劳动的自然属性，是一个永恒性的概念。而抽象劳动则是劳动的社会属性，是商品生产特有的概念。商品生产的历史性决定了形成价值的抽象劳动也具有历史性。只有在商品生产和商品交换的经济关系中，具体劳动才需要被还原为抽象劳动，才能使人类的脑力和体力耗费形成价值。在没有商品经济存在的情况下，人们的劳动产品不用于交换，劳动仅表现为具体劳动，并不需要将其还原为同一的抽象劳动来计算劳动量。

三、商品的价值量

（一）简单劳动和复杂劳动

不同生产者的劳动不是均质的。商品生产的劳动可以区分为简单劳动和复杂劳动。简单劳动是指不需要专门训练和学习就能够胜任的劳动，而复杂劳动是指需要经过专门训练和学习才能够胜任的具有一定技术专长的劳动。

尽管在相同的劳动时间内创造的价值是相同的，但是复杂劳动在同一时间内能够创造更多的价值，即在同一劳动时间内创造的价值量可以多倍于简单劳动。换句话说，复杂劳动在同一时间内能够生产出更多的商品价值，一小时复杂劳动的商品比一小时简单劳动的商品能高出若干倍的价值。复杂劳动转化为简单劳动的比例是由社会过程决定的，并且是在反复的交换实践中自发形成的。

简单劳动与复杂劳动的区别是由社会条件、科技发展水平和生产中的应用程度决定的，同时也会因时、因地而变化。复杂劳动者与简单劳动者在收入分配中存在差别，主要是因为复杂劳动者需要经过学习和训练，掌握多门科技知识并不断更新知识，同时消耗更多的智力。因此，复杂劳动的培养和教育费用较高，劳动者在学习过程中的脑力支出也必然越多，所以复杂劳动的报酬会比简单劳动的报酬高。

（二）社会必要劳动时间

个别劳动时间指的是一个生产者为生产特定商品所需的实际劳动时间。这包括了生产过程中所耗费的直接人力、间接人力和所需的劳动条件等。每种商品的生产都需要一定的劳动时间，这取决于生产该商品所需的复杂程度、技术水平和生产者的个人能力等因素。

社会必要劳动时间是指在现有的社会正常的生产条件下，在社会平均的劳动熟练程度和劳动强度下制造某种使用价值所需要的时间。社会必要劳动时间是一个相对稳定的概念，它受到整个社会生产力水平和技术发展水平的影响。

在商品生产中，商品的价值取决于其中包含的劳动量，即劳动价值。个别劳动时间决定了商品的个别价值，而社会必要劳动时间则反映了整个社会对该商品的价值认定。如果一个生产者在生产某种商品时所花费的劳动时间超过了社会必要劳动时间，那么这个商品的个别价值就会高于市场上同类商品的价值。这样的情况下，生产者可能会亏损。相反，如果一个生产者在生产某种商品时所花费的劳动时间低于社会必要劳动时间，而商品是按照社会必要劳动时间决定的价值销售，那么这个商品生产者可能会获取超额利润。

因此，个别劳动时间和社会必要劳动时间之间的关系体现了商品生产中的价值规律和竞争机制。生产者需要不断调整自身的生产方式和劳动时间，使之与社会必要劳动时间相适应，才能确保商品的价值得到实现。

（三）劳动生产率和价值量

劳动生产率是指劳动者在一定时间内生产某种使用价值的效率。劳动生产率可由单位劳动时间内生产的产品数量来表示，也可以由生产单位产品所耗费的劳动时间来表示。用公式表示为：

劳动生产率＝产品量/劳动时间

劳动生产率的高低是由众多因素决定的，主要包括：劳动者的平均熟练程度；科学技术的发展水平及其在生产中的应用程度；生产过程的社会结合（分工协作、劳动组织、生产管理）形式；劳动对象的状况以及自然条件等。这些因素在不同生产部门、企业和不同时期，对生产劳动的作用程度是不一样的。

劳动生产率和商品的价值量之间存在密切关系。尽管提高劳动生产率可以在同样的劳动时间内创造更多的使用价值，但并不意味着较高生产率的劳动能够创造更多的价值。这是因为提高劳动生产率只是指在同一劳动时间内创造了更多的使用价值，而在同一劳动时间内凝结的价值总量仍然相同。因此，虽然单位时间内生产的商品数量增加，但单位商品的价值量则会减少。换句话说，劳动生产率的提高会降低单位商品的价值量，而劳动生产率的降低会增加单位商品的价值量。比如，原来生产 1 双鞋子需要 10 小时，每双鞋子的价值是 10 小时劳动，而当生产率提高时，10 小时能够生产 2 双鞋子，使用价值增加了 1 倍。从价值总量来看，没有发生变化，仍然是 10 小时的活劳动，但是，每双鞋子的个别价值下降了，它已经不再是 10 小时劳动，而只有 5 小时劳动。因此，劳动生产率同商品的使用价值成正比，同单位商品的价值量成反比。这是商品价值量同劳动生产率之间最基本的关系。

需要注意的是，假设生产鞋子的社会必要劳动时间不变，那么提高生产效率的商品生产者在销售鞋子时，将按照社会必要劳动时间决定的价值销售，因此，每销售一双鞋子都会赚取一定的利润。

第二节 货币的起源与职能

一、货币的起源

货币是商品交换发展的产物，是在商品交换过程中从商品世界分离出来的固定地充当一般等价物的商品。

货币的产生过程就是价值形式的发展过程。价值形式是指商品价值的表现形式，即交换价值形式。商品有使用价值和价值二因素，也就具有两种表现形式。商品使用价值的表现形式就是商品的自然形式，它可以被直观地感受到。但商品的价值，作为抽象劳动的凝结，是看不见摸不着的。孤立的一个商品不可能表现自己的价值，只有通过商品之间的交换，即交换价值才能相对地表现出来。与商品交换发展相适应，价值形式的发展经历了简单的或偶然的价值形式、总和的或扩大的价值形式、一般价值形式，最后发展为货币形式。

第一，简单的或偶然的价值形式。简单的或偶然的价值形式产生于原始社会后期部落之间偶然地出现剩余产品的交换，是指一种商品的价值偶然地、简单地表现在与它相交换的另一种商品上。用公式表示：

1 只绵羊＝2 把斧子

在公式中，等号左边的商品绵羊主动地要表现价值，并通过商品斧子相对地表现出来，商品绵羊处在相对价值形式的位置，起主动的作用。等号右边的商品斧子作为价值的表现材料，证明商品绵羊具有同自身相等的价值，处于等价形式的位置，起被动的作用。

相对价值形式和等价形式是价值形式的两极，二者之间既相互依存，又相互排斥。处在相对价值形式上的商品，只代表使用价值，它的价值是通过另外一个商品表现出来的。处在等价形式上的商品，只当作价值，它的使用价值成为表现另外一个商品价值的材料。这样，一个商品内在的使用价值和价值的矛盾就表现为两个商品之间的外在对立。

简单的或偶然的价值形式虽然使商品价值得到了一定的表现，但它表现价值的质和量还很不完善、不充分。价值作为无差别一般人类劳动的凝结的这一本质还没有充分地表现出来。从量上看，商品交换的比例还很不稳定。随着商品交换的范围和种类的扩大，价值的表现必然由简单的价值形式过渡到扩大的价值形式。

第二，总和的或扩大的价值形式。总和的或扩大的价值形式，是指一种商品的价值表现在与它相交换的一系列商品上。用公式表示：

$$1\text{ 只绵羊}\begin{cases}=2\text{ 把斧子}\\=40\text{ 千克小麦}\\=2\text{ 匹布}\\=1\text{ 克黄金}\\=\text{一定量其他商品}\end{cases}$$

这一价值形式与简单的价值形式相比，发生了很大变化。从质上看，在总和的或扩大的价值形式上，某种商品的价值已经不是通过一种商品的使用价值表现出来，而是通过许多起等价物作用的商品的使用价值表现出来，作为等价形式的已经不是一种商品，而是一系列起等价物作用的商品的使用价值，这时绵羊的价值能够比较充分地表现为无差别的人类劳动的凝结，它已经不是偶然地同某一种具体劳动所创造的商品相等，而是和各种具体劳动所创造的商品相等；从量上看，各种商品相交换的比例就自然地和它们各自的价值更为接近。这样，商品的价值量能够更为准确地反映出来。

虽然总和的或扩大的价值形式中的商品价值的表现比简单的或偶然的价值形式更加充分，但仍存在许多缺陷。从相对价值形式方面看，商品的价值表现是一个无穷的系列，还没有一个统一的表现；从等价形式方面看，没有形成一个大家公认的统一等价物，商品交换仍然是物物交换。这些缺陷经常使交换发生困难。因此，总和的或扩大的价值形式必然逐渐过渡到一般价值形式。

第三，一般价值形式。一般价值形式是指一切商品的价值，都表现在从商品世界分离出来充当一般等价物的某一种商品上。用公式表示：

2 把斧子＝
40 千克小麦＝
2 匹布＝ } 1 只绵羊
1 克黄金＝
一定量其他商品＝

在这一价值形式中，所有商品的价值都通过同一种商品（绵羊）表现出来，这是价值形式发展中的质变。一般价值形式使物与物的直接交换发展成为以一般等价物为媒介的间接交换。其特征表现在：(1) 商品价值的表现是单一的，即一种商品的价值只表现在一种商品上。(2) 商品价值的表现是统一的，一切商品的价值都统一表现在一种商品上。一切商品的价值都是同质的，在量上可以互相比较。

但等价物因时因地而变，没有固定在一种商品上，这对商品生产的进一步发展不利。客观上要求一般等价物相对地固定在某一种商品上，一般等价形式便过渡到货币形式。

第四，货币形式。当某种商品（主要是金和银）从商品世界中分离出来，固定地充当一般等价物时，这种商品就成为货币，这种形式就是货币形式。用公式表示：

2 把斧子＝
40 千克小麦＝
2 匹布＝ } 1 克黄金
1 只绵羊＝
一定量其他商品＝

货币形式替代一般价值形式并没有发生本质的变化，唯一的区别只是一般等价物固定于金、银商品上。金、银之所以能够取得货币商品的特权地位，是因为其自然属性，使其成为最适宜充当货币的材料。金、银的特点是：质地均匀，便于分割计算；质地坚固，不易损坏，宜于长期保存；体积小、价值大，便于携带。所以，马克思说：“金银天然不是货币，但货币天然是金银”[①]。

货币形式是最发达的价值形式，是商品交换发展过程中自发形成的产物，是商品内在矛盾发展的必然结果。货币的出现使得商品世界分裂为对立的两极：一极是表示各种特殊使用价值的商品；另一极是表示商品价值的货币。结果，商品内在的使用价值和价值之间的矛盾外化为商品和货币的对立。

价值形式的发展过程，揭示了货币的起源，同时也揭示了货币的本质。货币是固定充当一般等价物的商品，体现商品生产者之间的社会经济关系。这一本质说明，货币也是一种商品，具有使用价值和价值；但货币又不是普通商品，而是固定地起一般等价物作用的商品。一般商品只具有自然属性决定的使用价值，货币除此外还有一般等价物的特殊使用价值。普通商品的价值要通过货币才能表现出来，而货币自身作为直接的价值体现而存在，是价值的一般代表。

自货币产生以后，货币的具体形式随着社会生产力和商品经济的发展而不断发生变化。作为流通手段的货币，最初是以贵金属的条块形式出现的。由于金属条块的成色重量不同，每次交换都要查成色、称重量，给商品交换带来了不便，于是就逐渐产生了具有一定形状、重量、成色和面额价值的金属货币，即铸币。铸币在流通中不断磨损，减轻了分量，成为不足值的铸币，但仍可以充当流通手段。因为在商品流通中，货币只是媒介物，它在商品生产者手中只作短暂停留。商品生产者所关心的不是货币是否足值，而是能否用货币换回他所需要的东西。这种情况表明，金属货币可以用一种价值符号来代替，于是产生了纸币。纸币是由国家发行并强制流通的价值符号。它本身没有价值，不能执行价值尺度的职能，只能代替金属货币充当流通手段。在商品经济的进一步发展过程中，出现了商业银行，随之产生了信用货币。信用货币是代替金属货币充当流通手段和支付手段的信用证券。20 世纪 70 年代又出现需借助计算机进行电子自动转账业务的电子货币，而今，数字货币已经开始进入越来越多的交易场景中。尽管货币的形式发生了很大变化，但货币的本质和基本功能没有改变。

二、货币的职能

货币的本质是通过货币职能表现的。货币具有价值尺度、流通手段、贮藏手段、支付手段、世界货币五种职能。其中，价值尺度、流通手段是基本职能。

第一，价值尺度。价值尺度是指货币表现商品的价值（质的方面）、衡量商品价值量的大小（量的方面）的尺度。商品的价值只有用具有价值的商品才能衡量。货币能够充当价值尺度，是因为货币本身也是商品，具有价值。货币执行价值尺度职能时，可以是观念上或想象中的货币。商品价值的货币表现就是商品价格。为了衡量和表现各种不同商品价值量，货币本身必须要确定一个计量单位。这个货币单位可以分为若干等份。这种包含一定贵金属重量的货币单位及其等份叫作价格标准。如：我国的元、角、分；英国的英镑、先令、便士。

第二，流通手段。流通手段是指货币起着商品交换媒介的作用。货币执行流通职能必

① 马克思，恩格斯．马克思恩格斯文集：第 5 卷．北京：人民出版社，2009：108.

须是现实的货币，不能是观念上的货币。以货币为媒介的商品交换，叫作商品流通。物与物交换时，卖和买在时空上是统一的。商品流通中卖和买在时空上是分开的，这促进了商品生产与流通的发展，但同时也使商品内在矛盾有了进一步的发展，潜伏着发生危机的可能性。不过在简单商品经济阶段，这种可能性还不会成为现实。

第三，贮藏手段。贮藏手段是指商品所有者卖出商品，不再购买，而把货币作为社会财富的一般代表，贮存起来。货币随时可以换成任何商品。执行贮藏职能的货币，不能是观念上的货币，也不能是价值符号，必须是足值的金属货币，或是金银制品。货币作为贮藏手段具有自发调节货币流通量的功能。

第四，支付手段。支付手段是指商品赊购到期偿还债款以及支付租金、工资、利息、税款时，货币所起的作用。支付手段职能节约了流通中的货币量，促进商品经济发展，同时扩大了商品经济的矛盾，使危机的可能性进一步加大。

第五，世界货币。世界货币是指货币越出国界，在世界市场发生作用。作为世界货币的货币不能是纸币，必须是黄金或白银等贵金属。主要作用：（1）作为购买手段，买外国商品；（2）作为支付手段，清偿债务；（3）作为财富代表在国家间转移。

第三节　市场经济和价值规律

一、市场经济

市场经济是一种经济体制，其中资源的配置和商品的交换主要通过市场机制来实现。在市场经济中，生产、投资、价格等方面的决策往往是由供求关系和价格机制来引导和调节的。市场经济通常以私有财产、竞争和盈利为基础，政府的作用相对较小，主要是在维护市场秩序、保障产权和提供公共产品方面发挥作用。在市场经济中，企业和个人可以根据市场需求和供给自由地进行生产和交易活动，价格由市场供求关系决定，资源配置更多地依赖于市场竞争和价格信号。市场经济强调市场的效率和灵活性，注重个体的自主选择和经济自由，同时也面临着市场失灵、资源不均等问题，因此需要政府进行适当的干预和监管。

资源配置是指社会上有限的资源如何被分配和利用以满足不同的需求和目标。这些资源包括劳动力、原材料、资本、技术、数据和自然资源等各种生产要素。资源配置涉及哪些产品和服务应该生产、生产多少、如何生产以及谁来享用这些产品和服务。资源配置的最优化或最优效率是在给定的资源约束条件下，实现对所生产产品或提供服务的最佳组合，以最大化实现社会福利或满足特定目标。这种最优效率通常是在经济学和管理学中讨论的重要议题之一。

在现代经济中，资源配置有两种不同的方式：计划配置方式和市场配置方式。计划配置方式是指中央计划机构通过行政指令层层下达计划指标，企业作为行政机构的附属物，只需完成中央下达的计划指标。市场配置方式则是指独立的市场主体通过市场供求关系进行分散决策，资源配置是通过市场价格与竞争机制进行调节的。在计划配置方式中，中央计划机构是资源配置的直接决策者，信息传导通过行政渠道纵向实现；而在市场配置方式中，独立的市场主体是资源配置的直接决策者，各个市场主体的分散决策通过市场供求关系联系起来。

市场机制在市场经济中扮演着至关重要的角色。主要的市场机制包括价格机制、供求机制和竞争机制。价格机制是市场机制中最基础的机制。通过价格，市场能够传递信息，反映资源的稀缺性和价值。供求机制体现了商品的供给量和需求量之间的平衡。供求关系反映了买卖双方对商品或服务的需求和供应情况。竞争机制是市场机制中的另一个重要组成部分，它通过促进企业之间的竞争，推动着技术的创新和效率的提高。

市场配置方式的明显优势在于，市场通过价格机制传递供求信息，反映了资源的稀缺性。价格的上升或下降可以引导生产者和消费者的行为，使他们更加理性地决策和调整。市场参与者可以根据价格变化做出生产、投资或消费的选择，从而实现资源的合理配置。但是市场配置方式也有局限性，市场机制的自发性使得市场主体的分散决策难以自动实现整个国民经济的发展战略和目标，可能导致宏观经济总量和结构的失衡；市场配置方式难以直接对需求总量和结构进行调控，可能导致经济周期波动和需求结构失衡；市场机制在调节负外部性上显得乏力，如生态失衡、环境污染等问题，需要政府加强监管和干预；市场机制可能刺激生产经营者的短期行为，导致产业结构的失衡和资源的浪费。所以，现实的经济运行中，资源配置需要政府干预，对经济进行宏观调控。因此现代市场经济的完整定义是：市场经济是在政府的宏观调控下，以市场为基础进行资源配置的经济。

二、价值规律及其作用

价值规律既是价值量如何决定的规律，也是价值量如何实现的规律。价值规律的基本内容是：商品的价值是由生产商品的社会必要劳动时间决定，商品以此进行等价交换。价值规律对市场经济中的个别劳动耗费和社会劳动的使用都具有制约作用：（1）单个商品的价值量是由生产该商品的社会必要劳动时间决定的；（2）一种商品的总价值量是由生产该商品总量的社会必要劳动时间决定的。

价值规律的作用主要体现在以下几个方面：

第一，自发地调节生产资料和劳动力在社会各部门之间的分配。市场通过价格围绕价值上下波动和市场竞争来调节社会资源在各经济部门之间的合理分配。由于商品生产内在矛盾的存在，生产者无法事先准确掌握市场的供求状况，只能依靠商品价格的涨落来获取信息反馈，从而调节生产。当商品价格上涨时，生产者会追加投资以获取更多利润；当商品价格下跌时，生产者会转移资本到其他更有利可图的部门。因此，价值规律像一只看不见的手，调节着生产资料和劳动力在各个生产部门之间的转移，使社会生产各部门保持大体协调的比例关系。在任何商品经济中，价值规律的作用总是客观存在的，只是在程度、范围和方式上有所不同。

第二，刺激生产者的积极性。根据价值规律，商品的价值量由生产商品所需的社会必要劳动时间决定，而商品的价值量与劳动生产率呈反比例变化。因此，技术水平高、生产管理好、劳动生产率高的商品生产者，可以在单位商品中耗费较少的个别劳动时间，从而使其商品的个别价值低于社会价值，从而获取较多的利润；反之则亏损。价值规律的刺激作用既是获取利润的巨大动力，又是避免被淘汰的巨大压力。为了获得更多利润，商品生产者必须不断进行技术创新，加强经营管理，提高劳动生产率，并在竞争中努力降低商品价格。这种刺激作用不仅推动了技术进步，也促进了整个社会生产力的发展。

第三，优胜劣汰，导致生产者两极分化。在商品经济条件下，商品生产者之间的差异性，包括生产条件、经营管理水平和劳动生产率，导致它们的竞争能力和发展水平不同。具备良好条件的生产者会获得更多利润，快速发展，而条件较差的生产者则面临利润减少甚至破产的风险。价值规律的作用导致了优胜劣汰，进而造成了商品生产者之间的两极分化。

价值规律发挥作用的形式是价格围绕价值波动。价值规律调节着商品生产者和商品流通者，价值规律采取市场价格与市场价值不断相背离的形式，调节着商品的供给与需求。市场价格对价值的偏离可能受到货币价值变化和市场供求关系变动的影响。货币价值变化会导致商品价格的偏离，而市场供求关系的变动也会影响商品的市场价格。

思考题

1. 简述商品二因素、劳动二重性及两者之间的关系。
2. 商品的价值量是如何决定的？劳动生产率是如何影响商品价值量的？
3. 货币是怎样产生的？它的本质和职能是什么？
4. 如何理解“金银天然不是货币，但货币天然是金银”？
5. 简述价值规律的基本内容和作用。

在线自测

扫一扫　练一练

第三章 资本主义的生产过程

第一节 货币转化为资本

一、商品流通与资本流通

货币是商品经济发展到一定阶段的产物。货币产生之后，物物交换转变成以货币为媒介的商品流通。货币是固定的充当一般等价物的商品，商品流通依靠货币做媒介而流行。但货币不等于资本，货币只有在一定的条件下，才成为资本。

作为货币的货币和作为资本的货币是有区别的。在商品流通中，货币的流通公式是“商品—货币—商品”（$W-G-W$）。在资本流通过程中，资本流通的公式是“货币—商品—更多的货币”（$G-W-G'$，其中 $G'=G+\Delta G$，ΔG 表示更多的货币，即资本的增殖额）。商品流通和资本流通的区别在于：

一是流通的形式不同。前者的起点和终点都是商品，货币只是商品交换过程的媒介，在交换过程中，货币并没有改变自身的形态；后者的起点和终点都采取货币的形式，商品则一方面作为资本运动过程中所采取的转换形态，另一方面又表现为取得更多货币的媒介。

二是流通的目的不同。前者是为买而卖，货币媒介是不同的即异质的使用价值之间的交换，但它们在价值量上是相等的，交换的目的是获得用于消费的使用价值；后者是为卖而买，流通的目的是追求质上相同但量上更多的货币，即追求资本价值在量上的增殖。

三是流通的限度不同。前者是以使用价值为目的，其运动的终点便是商品的使用价值进入消费，进而运动停止；后者以价值增殖为目的，资本对这一目的的追求是无止境的，尽管资本在这一过程中可以转换它的具体形态，但不会停止它的运动，因而它的运动必须是连续的、周而复始的。

二、资本及其特点

资本是价值的一种特殊形式，是不断地在运动中谋求自身增殖的价值。从物质形态看，资本可以表现为生产经营过程的一切要素，如生产资料、劳动力、专利设计等。但政治经济学对资本的研究，不是研究其物质形态，而是研究其价值形态。从价值形态上看，资本是一种特殊的价值形式，资本的运动是价值运动。资本具有如下基本特点：

（1）资本的增殖性。这是资本区别于一般商品和货币的根本特征。一般商品和货币，在等价交换的条件下，是不可能发生价值增殖的，而资本总是不断地追求自身的价值增殖。

（2）资本的运动性。资本的生命在于运动。资本只有在生产过程和流通过程相统一的运动过程中才可能增殖。资本一旦停止运动，价值增殖也就停止了；时间就是金钱，资本运动快慢影响资本增殖能力的大小。

（3）资本的返还性。资本的价值增殖，是以垫付一定量的货币资本为前提的。投资者投入预付资本的目的是价值增殖，价值增殖表现为预付资本带着增殖额回到资本所有者的手中。

（4）资本的风险性。资本的收益和风险是并存。一般情况下，收益越大，风险也可能越大。市场的各种不确定性并不以投资者个人的意愿为转移。

资本的运动是为了价值的增殖，因而资本运动本质上是特殊的价值运动。马克思把资本价值的增殖额叫作剩余价值。需要研究的问题是这个剩余价值是从何而来的。根据马克思的劳动价值论，劳动是价值的唯一源泉，资本要想价值增殖，必须在市场上购买到能够创造价值的商品，这一特殊商品是劳动力。也就是说，购买到劳动力商品是货币转化为资本的前提条件。

三、劳动力成为商品

劳动力是指人的劳动能力，是人的体力和脑力的总和。劳动力在任何社会中都是生产的基本要素。劳动力成为商品必须具备两个基本条件：一是劳动者有人身自由，可以自由地出卖自己的劳动力；二是劳动者丧失了一切生产资料和生活资料，除了自己的劳动力以外一无所有，必须靠出卖劳动力谋生。劳动力成为商品的这两个条件，是在封建社会末期资本原始积累过程中逐渐形成的。通过剥夺农民的土地，迫使劳动者与生产资料相分离，创造出劳动力成为商品的基本条件。

像任何商品一样，劳动力商品也具有价值和使用价值。但是，劳动力是特殊商品，它的价值和使用价值具有不同于普通商品的特点。劳动力商品使用价值的特殊性在于其可以创造价值。劳动力商品的价值是由生产和再生产劳动力所需要的社会必要劳动时间决定的。由于劳动力存在于人的身体之中，因而劳动力的生产和再生产，是人的身体的生产和再生产，需要消耗必要的生活资料。所以生产和再生产劳动力所需要的社会必要劳动时间，可以还原为维持劳动者自身生存所需要的生活资料价值。这包括：（1）维持劳动者自身生存所必需的生活资料价值，这用于再生产劳动力；（2）劳动者繁育后代所必需的生活资料价值，这用于延续劳动力的供给；（3）劳动力接受教育和培训所必需的生活资料的价值，这用于再生产出社会需要的劳动力。

需要注意的是，劳动力商品的价值决定具有特殊性。劳动者必要的生活资料不是仅仅指满足劳动者生理需要的生活资料，而是指在一定社会历史条件下维持劳动者正常生活需要的生活资料，这会受到一定历史条件下的经济和文化发展水平以及各个国家风俗习惯的影响。随着社会经济和文化的发展，必要的生活资料的种类和数量会增加，质量和结构也会发生变化，再生产劳动力所需物质资料的内容也会不断扩大。但是，在一定国家的一定历史时期，必要的生活资料有一个可以确定的量，它是决定劳动力价值的基本标准。

第二节　剩余价值的生产过程

一、劳动过程和价值增殖过程

资本家购买到劳动力商品后，将其投入生产过程。资本主义的生产过程具有二重性。一方面是生产使用价值的劳动过程，有使用价值的商品在劳动过程中被生产出来；另一方面是生产剩余价值的价值增殖过程，这是资本主义生产最根本的目的。可见，资本主义生产过程是劳动过程与价值增殖过程的统一。

劳动过程是指劳动者运用劳动资料，作用于劳动对象，有目的地生产出满足人们某种需要的使用价值的过程。资本主义制度下劳动过程一切要素都归资本家所有。在劳动过程中，资本家使用其在市场上购买的劳动力商品，生产出劳动产品。整个劳动过程都在资本家的监督和控制下进行，劳动产品也全部归资本家所有。

在劳动过程中，使用价值被生产出来。但生产使用价值并不是资本家的目的，资本家的目的是获取剩余价值。为了更好地获取剩余价值，资本家必须生产出能够满足他人需要的使用价值，因为使用价值是价值和剩余价值的物质承担者。在生产过程中，剩余价值是如何被生产出来的呢？根据劳动二重性理论，劳动者的具体劳动创造商品的使用价值，劳动者的抽象劳动创造商品的价值。当劳动者在生产过程中创造的新价值等于资本家购买劳动力所支付的价值的时候，资本家的投入等于产出，没有剩余价值，这一过程仅仅属于价值形成过程。

例如，假设生产一件衣服耗费的生产资料价值为 10 元，劳动力商品一天的价值是 4 元，劳动者一天劳动 6 小时创造的价值是 4 元，生产一件衣服。那么这件衣服的价值就是由等价转移的生产资料价值 10 元和劳动者新创造的价值 4 元组成，共计 14 元。资本家按照价值出售这件衣服，收获 14 元，这与其投入的资本价值相同。这是价值形成过程。

价值形成过程是如何变成了价值增殖过程的呢？价值增殖过程不外是超过一定时点而延长了的价值形成过程。这个“一定时点”就是雇佣工人的活劳动所创造的新价值等于劳动力本身价值所需的时间。价值增殖过程，就是超过劳动力价值的那部分新价值的形成过程。因此，可以把劳动者的劳动时间分成两部分，一部分是必要劳动时间，用于再生产劳动力的价值；另一部分是剩余劳动时间，用于无偿地为资本家生产剩余价值。因此，剩余价值就是劳动者创造的被资本家无偿占有的超过劳动力价值的那部分价值，它是劳动者在剩余劳动时间支出的剩余劳动的凝结。

如果资本家把劳动者的劳动时间从 6 个小时延长到 12 个小时，生产了两件衣服。那么生产两件衣服消耗的生产资料的价值是 20 元，资本家购买劳动力支付的价值仍然是 4 元，资本家的预付资本是 24 元，但两件衣服的价值是 28 元，即生产资料等价转移来的价值 20 元加上劳动者劳动 12 小时形成的价值 8 元。资本家按照这一价值把这两件衣服销售出去即可获得 4 元的剩余价值。可见，资本家购买了劳动力这一特殊商品之后，在生产过程中，劳动力的使用创造了价值量大于劳动力价值的商品，资本家按商品价值出卖商品，不仅收回了资本价值，而且获得了剩余价值。

二、不变资本和可变资本

资本主义的生产过程，一方面需要投入生产资料，另一方面需要投入劳动力。根据两者在价值增殖过程中的作用不同，可以区分为不变资本和可变资本。

不变资本是以生产资料的形式存在，它在生产过程中被消耗，生产出新产品。生产资料的价值是通过工人的具体劳动等价转移到新产品中。不变资本价值的转移方式不同，有的是在一次生产过程中全部转移，有的是在多次生产过程中逐渐转移。以生产资料形式存在的资本在生产过程中不改变自己的价值量，所以叫作不变资本（c）。

可变资本是用来购买劳动力的那部分资本。可变资本的价值在生产过程中不是转移到新产品中去，因为资本家购买劳动力支付的价值被工人用于购买生活资料，在生产过程以外消费掉了。劳动力的价值是由工人的劳动创造的新价值的一部分来补偿的。而劳动力在生产过程中发挥作用的结果，不仅生产出劳动力的价值，而且生产出剩余价值。以劳动力形式存在的这部分资本价值，在生产过程中发生了量的变化，即发生了价值增殖，所以叫作可变资本（v）。

马克思把资本区分为不变资本和可变资本具有重要的意义。这进一步揭示了剩余价值产生的源泉。剩余价值不是由全部资本产生的，也不是由不变资本产生的，而是由可变资本产生的，即雇佣工人的剩余劳动是剩余价值产生的唯一源泉。

三、剩余价值率

在资本主义生产过程中，资本家投入不变资本和可变资本（$c+v$），生产出价值为$c+v+m$的产品，其中 m 为剩余价值。剩余价值是可变资本产生的。用剩余价值（m）和可变资本（v）相比，即为剩余价值率（m'），可表示资本家对工人的剥削程度。其表示方法为：$m'=\frac{\text{剩余价值}}{\text{可变资本}}=\frac{m}{v}$。该公式表示在雇佣工人的劳动所创造的价值中，资本家和工人各占多少份额。剩余价值率的高低是决定资本家获得剩余价值量多少的一个重要因素。

第三节　剩余价值生产的基本方法

一、绝对剩余价值生产

资本主义制度下，工人的工作日分为必要劳动时间和剩余劳动时间两部分。在必要劳动时间一定的条件下，工作日越长，剩余劳动时间也就越长，资本家获取的剩余价值也就越多，从而剩余价值率也就越高。

绝对剩余价值生产是在雇佣工人必要劳动时间不变的情况下，通过延长工作日而进行的剩余价值生产。通过提高工人劳动强度、变相延长工人劳动时间的办法进行生产，也属于绝对剩余价值生产。

因为工作日是变量，可以在一定限度内变动，所以，资本家能够通过延长工作日获取更多剩余价值。但工作日是有界限的，工作日的最低界限在必要劳动时间以上，否则资本家就什么也得不到了。工作日的最高界限取决于两个因素：第一，生理的因素。工人在一天之内必须要有吃饭、休息、恢复体力的时间。第二，社会道德的因素。由于上述两个因素都具有相当大的伸缩性，资本家可以通过延长工人的工作日来获取更多的剩余价值。

二、相对剩余价值生产

延长工作日会遭到工人的反抗。为了攫取更多的剩余价值，资本家还通过缩短必要劳动时间从而相对延长剩余劳动时间的方式来实现。在工作日长度不变的条件下，由于缩短必要劳动时间，相应延长剩余劳动时间而生产的剩余价值，叫作相对剩余价值。

为了生产相对剩余价值，必须缩短必要劳动时间。要缩短必要劳动时间就要降低劳动力价值，就要提高生活资料生产部门的劳动生产率，以降低生活资料价值；生产资料部门也要提高劳动生产率，以降低生产资料的价值，这样就降低了生活资料生产部门的成本。各部门劳动生产率提高，单位商品价值下降，劳动力价值便下降，再生产劳动力的社会必要时间便会缩短，从而缩短必要劳动时间，生产出相对剩余价值。由此可见，相对剩余价值生产是以社会劳动生产率提高为前提条件的。

现实生活中，劳动生产率的提高总是从个别企业开始，企业的直接动机并不是降低劳动力价值，而是追求超额剩余价值。超额剩余价值是指个别资本家提高劳动生产率，使自己商品的个别价值低于社会必要劳动时间决定的价值，但商品仍按社会必要劳动时间决定的价值出售，从而使资本家每销售一件商品都能多获得一部分剩余价值。超额剩余价值是个别资本家获得的，是一种暂时的现象。当整个部门劳动生产率提高了，个别价值与社会必要劳动时间决定的价值的差额就不存在了，超额剩余价值就消失了。

当整个社会劳动生产率提高后，必要劳动时间缩短，剩余劳动时间相对延长。就是说，超额剩余价值在个别资本家那里消失了，但是所有资本家却获得相对剩余价值。可见，追求超额剩余价值，是个别资本主义企业改进生产技术、提高劳动生产率的直接动机，而各个资本主义企业竞相追求超额剩余价值的结果，则是相对剩余价值的形成。这是超额剩余价值与相对剩余价值的关系。

三、绝对剩余价值生产和相对剩余价值生产的关系

绝对剩余价值生产和相对剩余价值生产是生产剩余价值的两种基本方法。它们既有联系又有区别。其联系表现在：(1) 两者本质上是一致的。不论是延长工作日，还是缩短必要劳动时间，结果都延长了剩余劳动时间，增加了剩余价值量。(2) 绝对剩余价值生产是资本主义剥削的一般基础，也是相对剩余价值生产的起点。

两者区别表现在：第一，物质技术不同，绝对剩余价值生产无须技术变革，而相对剩余价值生产是以生产技术的提升为条件的。第二，在资本主义发展的各个历史阶段起的作用不同。简单协作阶段，资本家主要采用绝对剩余价值生产；工场手工业阶段，劳动生产率的提高为相对剩余价值生产创造了条件；机器大工业出现后，相对剩余价值生产的意义越来越大。

四、剩余价值规律是资本主义生产方式的基本经济规律

在一个社会经济形态的经济规律体系中起主导作用的经济规律，就是基本经济规律。资本主义的基本经济规律是剩余价值规律，剩余价值规律的基本内容是：资本主义的生产目的和动机是追求尽可能多的剩余价值，达到这一目的的手段是不断扩大和加强对雇佣劳动的剥削。

剩余价值规律决定着资本主义生产的实质。资本主义生产的实质就是实现资本的价值增殖或者说生产剩余价值。资本家从事一切生产经营活动的决定性动机，就是为了获取尽可能多的剩余价值。对剩余价值的追求是资本主义生产发展的动力。

剩余价值规律决定着资本主义生产发展的一切主要方面和主要过程；资本主义的生产、流通、分配和消费等主要方面和主要过程，都是以获取剩余价值为出发点和归宿点的。主要表现在：资本主义的生产过程是剩余价值的创造过程；资本主义的流通过程是剩余价值生产的准备过程和剩余价值的实现过程；资本主义的分配过程实质上是分割剩余价值的过程；资本家的个人消费是消费无偿占有的剩余价值，雇佣工人的个人消费是劳动力再生产过程，它是资本家剥削工人剩余劳动的必要条件。

剩余价值规律还决定着资本主义生产方式的发展及其历史趋势，表现在：资产阶级为了追求更多的剩余价值，总是设法进行技术创新，不断扩大生产规模和销售市场，从而推动了资本主义经济的发展；正是由于资产阶级为了追求剩余价值，不断扩大和加强对工人阶级和其他劳动群众的剥削，从而不断激化和深化资本主义社会的生产力和生产关系的矛盾，而这种矛盾的发展决定了资本主义生产方式最终必然为更适应生产力发展要求的新的生产方式代替。

思考题

1. 简述商品流通与资本流通的区别。
2. 简述资本的定义及特点。
3. 劳动力成为商品为什么是货币转化为资本的前提？
4. 劳动力成为商品需要具备的条件是什么？
5. 价值形成过程是如何变成价值增殖过程的？
6. 简述剩余价值生产的两种基本方法。
7. 为什么剩余价值规律是资本主义生产方式的基本经济规律？

在线自测

扫一扫　练一练

第四章　资本主义的流通过程

第一节　资本循环

一、产业资本循环

资本是能够带来剩余价值的价值，资本只有在不断运动中才能增殖，资本的运动过程就是它周而复始的循环过程。资本循环的方式与资本的形态有关，产业资本的循环形式最为典型，在此以产业资本为例。

产业资本是指投在工业、农业、建筑业等物质生产部门的资本。产业资本循环是指产业资本依次经过购买、生产、销售三个阶段，采取货币资本、生产资本、商品资本三种职能形式，实现了价值的增殖，并回到原出发点的全部运动过程。

资本循环的第一阶段是购买阶段。在这一阶段，货币资本的职能是通过购买生产资料和劳动力商品，为资本价值增殖做准备。一般用 G 代表资本的货币形态，用 A 代表劳动力商品，用 Pm 代表生产资料，而劳动力和生产资料都是以商品形态（W）出现在市场上的。购买阶段资本的循环公式可以表示为：$G-W\begin{cases}Pm\\A\end{cases}$。在购买阶段，货币资本执行货币的流通手段和支付手段的职能，购买生产资料和支付劳动者工资；同时，货币资本作为一种资本职能形态，购买生产资料和劳动力商品都要根据有利于资本价值增殖的原则而定，它不仅要确定所购买的生产要素的种类、规模、质量，而且要注意保持各种要素在结构上的合理化，即各种要素要保持恰当的比例。

资本循环的第二阶段是生产阶段。在这一阶段，资本的职能形态从货币资本转化成生产资本。进入生产阶段的生产资料和劳动力作为生产要素，生产出使用价值，同时，资本作为生产资本，生产出剩余价值。通过生产阶段，资本生产出包含剩余价值的商品 W'，资本的职能形态由生产资本转化成商品资本。一般用 P 表示生产过程，生产阶段资本的循环公式可表述为 $W\begin{cases}Pm\\A\end{cases}\cdots P\cdots W'$。

资本循环的第三阶段是销售阶段。通过商品销售，资本的职能形态从商品资本转化成货币资本。在销售阶段，本质上销售的不是一般商品，而是包含了剩余价值的商品资本，商品资本的目的是实现价值的增殖，收回更多的货币，即收回预付资本和利润。销售阶段的资本循环的公式可以表述为 $W'-G'$。

通过以上分析可知，产业资本的循环由一个生产阶段和两个流通阶段（购买阶段和销售阶段）组成，产业资本的循环是生产过程和流通过程的统一。三个阶段是相互依存、缺一不可的，任何一个阶段出现停滞，都会影响资本的正常循环。生产阶段非常重要，关系到资本剩余价值能否生产出来以及生产多少；流通阶段，尤其是商品销售阶段也非常重要，资本生产出来的商品如果销售不出去，资本的循环过程就会中断，前期资本的投入将无法获取任何回报。如果只能销售出去一部分，也就意味着只有一部分预付资本得到了补偿。另外，商品销售的快慢，也会影响到资本在一定时期内增殖的多少。

二、资本循环的三种职能形式

从产业资本周而复始的循环中，我们不仅可以看到它所转换的三种职能形式，而且也可以看到它的三种职能形式各自的循环。从以下连续的循环公式中，我们可以分别从 G 到 G' 来观察货币资本的循环；从 P 到 P 来观察生产资本的循环；从 W' 到 W' 来观察商品资本的循环。

|←—生产资本的循环—→|

$$G-W\begin{cases}Pm\\A\end{cases}\cdots P\cdots W'-G'\cdot G-W\begin{cases}Pm\\A\end{cases}\cdots P\cdots W'-G'\cdot G-W\begin{cases}Pm\\A\end{cases}\cdots P\cdots W'$$

|←货币资本的循环→|　　　　|←—商品资本的循环—→|

货币资本循环的起点和终点都是货币，但终点的货币量大于起点的货币量，因此它的循环形式最有利于表明资本循环的目的是价值增殖；生产资本循环的起点和终点都是生产过程，它的循环形式最能表明生产实际上就是接连不断的再生产；商品资本循环的起点和终点都是包含了剩余价值的待售商品，它的循环形式最能反映生产、销售和消费的内在联系，表明实现过程对于生产和再生产的重要性。可见，产业资本循环中的每种循环形式都从一个方面表现资本运动的特征，所以，把三种循环形式统一起来考察，可以更全面地了解资本的运动。事实上，任何处于正常运动中的产业资本都同时处在这三种循环形式中，同时它们各自的循环运动也要连续不断地进行下去。

三、资本循环正常进行的条件

要使资本循环正常进行，必须具备两个条件：

第一，产业资本的三种职能形式在空间上同时并存。全部产业资本必须按一定比例分为相应的三个部分，它们同时并存于货币资本、生产资本、商品资本这三种职能形式上，各自执行相应的职能。否则，就不能实现三种循环形式的相互交错和相互衔接，资本的循环运动就会发生停顿。

第二，产业资本三种职能形式的循环在时间上相互继起。三种职能形式的资本在循环中必须各自相继地经历三个阶段并相应转换为其他形式，最后又回到原来的出发点。并且各自形式的转换过程能够前后衔接、相互更替，且在时间上能够前后紧密地衔接。其中任何一种形式的资本不能及时转化为其他形式，都会造成循环过程的中断。

产业资本的三种资本形式在循环中的同时并存及相互继起，是互为条件、互相制约的。并存是继起得以形成的前提，没有并存，就不可能有不同形式各自的循环，也就不存在它们之间的相互继起；继起是并存得以维持的保证，没有继起，资本形式的转换到了某一阶段就会停滞下来，不同形式的并存就不会继续存在。

第二节　资本周转

一、资本周转速度

资本是在运动中增殖的，资本只有不断地、周而复始地循环，才能不断地带来剩余价值。资本这种连续不断的、周而复始的循环运动就称为资本周转。若每次周转带来的利润量一定，那么资本周转越快，在一定时期内带来的利润总量就越多。资本周转的快慢，用资本周转速度来表示。资本周转一次所需的时间越长，资本的周转速度越慢；反之，资本周转一次所需的时间越短，则资本的周转速度越快。

资本周转时间是指预付资本以一定的形式为起点，到它带着利润以同样的形式返回出发点所耗费的时间。周转时间由生产时间与流通时间所构成。

资本的生产时间是指资本处于生产领域中的时间，它包括：一是劳动时间，即劳动者为生产产品而运用劳动资料作用于劳动对象的时间，劳动时间的长短主要受产品性质和生产技术与效率高低的影响；二是劳动过程的正常中断时间，主要包括劳动对象受自然力独立作用而发生物理的、化学的、生物的变化过程所需要的时间，以及正常的休工时间（设备的正常保养期、节假日或其他正常的劳动间歇期等）；三是生产要素的储备时间，主要是指生产资料等已经购买但尚未投入生产过程的时间。在这三部分时间中，劳动时间始终是生产时间中最重要的部分。

资本的流通时间是指资本处于流通领域中的时间，它包括：一是购买时间，即货币资本转化为生产资本所需要的时间，主要受生产要素供应条件的影响；二是售卖时间，即商品资本转化为货币资本的时间，主要受市场需求与竞争状况的制约。

资本的周转速度可用一定时期内（一般以年为单位）一定量资本的周转次数来表示。设 n 代表资本的周转次数，U 表示“年”，u 表示一定量资本周转一次的时间，则：

$$n=\frac{U}{u}$$

资本的周转速度和周转次数成正比，和周转时间成反比。资本要加快周转速度，就要设法缩短周转时间。

二、固定资本和流动资本

生产资本可以根据其价值流通和周转方式的不同，划分为固定资本和流动资本。固定资本和流动资本各自比重的大小，影响预付资本的周转速度。

固定资本是指以厂房、机器设备、工具等劳动资料形式存在的生产资本。这部分资本在使用价值形态上全部投入生产过程，并可以较长期地在多个生产过程中发挥作用，直至其使用价值需要更新为止，它们的价值也就根据其使用价值的逐渐损耗而一部分一部分地逐次转移到所生产的产品中去，并随着商品的出售而以货币形式逐渐收回，直至使用价值使用寿命的结束，其价值才全部转移完毕。

流动资本是指以原料、燃料及动力、辅助材料等劳动对象形式存在的以及用于购买劳动力的资本。购买劳动对象的资本的周转，是采取原有价值一次转移的方式；购买劳动力的资本的价值周转则是以新价值的再创造来补偿劳动力价值的耗费，但形式上也是价值的一次性回收和补偿。

固定资本和流动资本不仅在周转方式上不同，在物资更新方式和价值周转时间上也不同。固定资本价值是在多个生产过程中分批转移，并逐渐地分批加以回收；流动资本价值是在一个生产过程中一次全部转移，并通过产品出售而全部回收。固定资本在其跨越多个生产周期的较长的有效使用期内不必进行物质更新；流动资本则需在每一生产周期开始前都及时更新。固定资本是预付量大，且分批转移，因而价值回收较为缓慢，周转期长；流动资本是一次预付，一次全部回收其价值，因而价值回收期短，周转期短。因此，在其他条件不变的情况下，固定资本的比重越大，全部资本的周转越慢；流动资本所占比重越大，全部资本的周转就越快。

固定资本的价值周转与它的损耗有密切关系。固定资本的损耗包括有形损耗和无形损耗两类。固定资本的有形损耗是指厂房、机器设备等固定资本在物质形态上的损耗，它是由使用价值的损耗引起的，又称物质磨损。造成有形损耗的原因有两种：一种是因使用而引起的物质要素的损耗，如机器的使用频率越高、强度越大、年限越长，一般来说磨损程度就越大；另一种是因自然力的作用而引起的物质要素的损耗，如建筑物砖石的风化、木料的腐朽、机器设备上金属部件的生锈、非金属部件的老化等。固定资本的无形损耗是指机器设备在其有效使用期内，由于技术进步引起的资本价值的贬值。它与固定资本的使用价值是否磨损无关，因而又称为精神磨损。造成无形损耗的原因有两种：一是由于生产技术进步，生产效率提高，生产同类机器设备的社会必要劳动时间减少，使原有机器设备贬值；二是由于科技创新的作用，市场上出现了质量和功效更好的机器设备，使原有的机器设备的经济效能相对下降，从而导致原机器设备贬值。

固定资本的损耗，使固定资本的使用具有一定的年限。到了一定年限，固定资本就必须更新。折旧是实现固定资本更新的基本途径，是固定资本价值周转所采取的特殊形式。折旧是指对固定资本价值转移量的计算以及从商品销售中逐步提取和回收这部分价值的方式。按照固定资本使用年限而逐年提取的固定资本价值额，就是折旧费或折旧基金。固定资本价值转移回收年限叫折旧年限。每年提取的固定资本折旧额与固定资本总价值的比率叫折旧率。折旧率低，表明固定资本使用年限长，它可以降低分摊到每一产品上的固定资本费用，但会减慢固定资本的周转速度，不利于及时采用新技术和减少无形损耗；折旧率高，有利于较快采用新技术，减少无形损耗带来的损失，但可能会暂时增加单位产品分摊的固定资本费用（若加快机器设备更新能使效率大幅度提高，也可能有利于在较长时期里使生产成本降低）。

固定资本的损耗是一种客观存在。为减轻固定资本损耗的不利影响，企业可以加强对机器设备的维护和保养，使机器设备维持良好的效能，从而减少固定资本的有形损耗；还可以通过提高机器设备利用率和提高折旧率的办法，来减少固定资本无形损耗可能带来的损失。

三、预付资本的总周转

考虑了固定资本与流动资本价值转移的方式和速度的不同以后，我们就可以得出预付资本的总周转速度的概念和计算公式。预付资本的总周转速度是指包括固定资本、流动资本在内的预付资本的不同组成部分的平均周转速度。其计算公式是：

$$预付资本的总周转速度=\frac{固定资本年周转价值总额+流动资本年周转价值总额}{预付资本总量}$$

预付资本的总周转速度，与固定资本和流动资本各自所占的比重有关，也和固定资本、流动资本各自的周转速度有关。资本周转速度的快慢对于资本具有重要的影响和意义，一方面它会影响投资中所需要的预付货币资本量的大小，另一方面它会影响一定数量的资本在一年中生产的剩余价值量的多少。

资本周转速度对于预付资本量的影响，主要是由资本周转时间，尤其是生产时间和销售时间来决定的。一般来说，资本周转时间越长，资本周转速度也就越慢，需要的预付资本量就越大；反之，资本周转时间越短，资本周转速度也就越快，则需要的预付资本量就越小。

资本周转速度对剩余价值生产的影响，主要体现为可变资本的周转对年剩余价值量和年剩余价值率的影响。加快资本周转，可以在一定时期内（比如一年）产生更多的剩余价值，假设一定量资本周转一次带来的剩余价值一定，而在一定时期内（比如一年）同一预付资本周转次数越多，带来的年剩余价值量就越大，年剩余价值率也就越高。

可见，对于资本家而言，时间就是金钱，资本家会采取各种办法加速资本周转。

第三节　社会总资本再生产

一、社会总资本再生产的核心问题

在资本主义社会中，每个企业的资本再生产过程中都独立地进行循环和周转，实现价值的增殖。这些独立发挥资本职能的资本就是单个资本。由于资本主义生产是社会化大生产，各个企业间存在着分工协作关系，因此单个资本又是相互联系、相互依存的。这种相互联系、相互依存的单个资本的总和，就是社会总资本。

单个资本与社会总资本既有联系又有区别。其联系主要表现在：一方面，单个资本是社会总资本的组成部分；单个资本是社会总资本的基础；社会总资本制约着单个资本，没有社会总资本，就没有单个资本。另一方面，二者运动存在共同点，也有区别。两者的共同点主要表现在：内容上都要价值增殖；运动过程都要经历购买、生产、销售三个阶段；运动形式都要采取货币资本、生产资本、商品资本三种资本形式。其区别主要表现在：单个资本运动只包括生产消费以及与此相联系的资本流通，社会总资本运动既包括生产消费也包括个人生活消费；既包括与生产消费相适应的资本流通，又包括与个人生活消费相适应的一般商品流通。

既然社会总资本运动包括生产消费和个人生活消费两方面，因而考察社会总资本的运动就应以社会总产品为出发点。社会总产品是社会在一定时期内（通常为一年）所生产的全部物质资料的总和。社会总产品的构成按其最终用途，可分为生产资料和消费资料两大类，整个社会生产划分为生产生产资料的第一部类（Ⅰ）和生产消费资料的第二部类（Ⅱ）两大部类。社会总产品在价值形态上划分为包含在产品中的生产资料的转移价值（c），凝结在产品中的由工人必要劳动创造的价值（v），以及凝结在产品中的由工人在剩余劳动时间里创造的价值（m）。

以社会总产品为出发点来研究社会总资本再生产，核心问题就是社会总产品的实现和补偿问题。社会总资本的再生产过程，是社会总产品不断实现以及它的组成部分不断得到补偿的过程。社会总产品的实现，是指社会商品资本到货币资本的转化，也就是社会总产品在价值上的补偿，即社会总产品各个组成部分的价值如何通过商品的出售以货币形式回流，用于补偿在生产中的预付资本，并且取得剩余价值。价值补偿完成以后，还有一个实物补偿问题，即社会总产品各个组成部分转化为货币以后，必须进一步转化为所需要的物质产品，其中，相当于不变资本价值的部分，如何重新取得所需要的生产资料；相当于可变资本价值的部分以及资本家用于个人消费的剩余价值部分，如何重新取得所需要的生活资料。社会总产品的价值补偿是物质补偿的前提，只有预付的不变资本和可变资本价值都得到补偿，同时获得剩余价值，才能重新购买再生产所需要的生产资料和劳动力，社会再生产才能重新进行。

二、社会总资本简单再生产

（一）简单再生产条件下两大部类各自的实现条件

社会总资本简单再生产，指社会剩余产品是用于消费而不是用于积累，生产维持原来的规模上重复进行的再生产。为有利于揭示再生产的核心问题，我们在以下的分析中假定：生产周期为一年，全部生产资料价值在一个生产周期内一次性消耗掉，消费资料也在一年内被消费，没有外贸和储蓄。

社会总资本再生产问题，本质上是社会经济运行的比例关系问题。要使社会总资本再生产能够实现，也就是要使社会总产出全部经过交换进入消费，实际上就是要使社会的总供给符合有支付能力的总需求。在简单再生产条件下，为使下一年的再生产能够在维持原有规模上重复进行，社会生产两大部类的全部产出都必须通过交换得到实现。

把社会生产分为两大部类（Ⅰ、Ⅱ），把社会产出从价值形式上分为 c、v、m 三个部分，社会总产出的价值构成和使用价值构成如下：

Ⅰ $(c+v+m)$

Ⅱ $(c+v+m)$

其中，第一部类是为全社会提供生产资料产品和生产服务的，它的全部产出（即第一部类的 $c+v+m$）必须和当年社会两大部类维持社会总资本简单再生产而需要补偿的生产资料和生产服务的总和（即第一部类的 c 与第二部类的 c 之和）相等。这一关于生产资料和生产服务的供应与需求间的平衡关系可用公式表示为：

$$\text{Ⅰ}(c+v+m)=\text{Ⅰ}c+\text{Ⅱ}c$$

这是第一部类产出的实现条件。如果社会的经济活动不符合这个实现条件的要求，在Ⅰ $(c+v+m)$ 大于Ⅰc+Ⅱc 的情况下，社会的生产资料和生产服务的总供给超过了总需求，第一部类产出不能全部实现，它获得的补偿就不充分，它的再生产就会陷入萎缩状态；若Ⅰ $(c+v+m)$ 小于Ⅰc+Ⅱc，即生产资料和生产服务的全部供给不能完全补偿两大部类在这方面的已有耗费，两大部类或者至少其中一个部类的再生产就不能维持原来的规模，也会发生再生产的萎缩。

第二部类是为全社会提供消费资料和生活服务的，它的全部产出（即第二部类的 $c+v+m$）必须和社会当年所需要的维持两大部类劳动者和资本所有者既有规模的消费需求（即第一部类的 $v+m$ 和第二部类的 $v+m$ 之和）相等。这一关于消费资料和生活服务的供给与需求间的平衡关系可用公式表示为：

$$\text{Ⅱ}(c+v+m)=\text{Ⅰ}(v+m)+\text{Ⅱ}(v+m)$$

这是第二部类产出的实现条件。如果社会的经济活动不符合这个实现条件的要求，在Ⅱ $(c+v+m)$ 大于Ⅰ $(v+m)$ +Ⅱ $(v+m)$ 的情况下，社会的消费资料和生活服务的总供给超过了总需求，第二部类产出不能全部实现，它获得的补偿也就不充分，它的再生产就会陷入萎缩状态；若Ⅱ $(c+v+m)$ 小于Ⅰ $(v+m)$ +Ⅱ $(v+m)$，即消费资料和生活服务的全部供给不能完全补偿两大部类在这方面的原有需求，两大部类或者其中一个部类的再生产也将发生萎缩。

（二）社会总资本简单再生产的实现过程和基本实现条件

以上两个公式分别表述了两大部类产品各自的供求平衡关系。在此基础上，可以导出两大部类之间的平衡关系式。我们把两个公式的两端分别移项，就可得出同一个简约的公式：Ⅰ $(v+m)$ =Ⅱc，这个公式把两大部类之间的交换关系简洁地概括出来了。具体地说，全部社会总产出的交换过程可以分为三个基本的方面：

(1) 第一部类产出中用Ⅰc 表示的部分。因为是第一部类的产品，所以其使用价值采取生产资料和生产服务的形态，而在价值上又表示本部类在生产中所消耗的需要补偿的那部分生产资料和生产服务。这部分产品和服务的供求都发生在第一部类内部，因此是通过第一部类内部的相互交换而实现。

(2) 第二部类产出中用Ⅱ $(v+m)$ 表示的部分。因为是第二部类的产品，其使用价值采取了消费资料和生活服务的形态，而在价值上又表示本部类劳动者和资本所有者所需要的消费资料和生活服务。这部分产品和服务的供求都发生在第二部类内部，因此是通过第二部类内部的相互交换而实现。

(3) 经过上述交换，第一部类还有以Ⅰ$(v+m)$ 表示的产品有待和Ⅱc 交换。其中，Ⅰ$(v+m)$ 在价值上表示第一部类劳动者和资本所有者所需要的消费资料和生活服务的价值，而其使用价值形态却仍然是生产资料，因而供求在使用价值形态上不一致，无法在本部类内部通过交换而满足需要；Ⅱc 则在价值上表示第二部类生产中所消耗的需要补偿的生产资料和生产性服务的价值，但其产品的使用价值形态是消费资料和生活服务，因而其供求在使用价值形态上也不一致，同样无法在本部类内部通过交换而满足需要。这样，就发生了两大部类之间相互交换的需要，即Ⅰ$(v+m)$ 和Ⅱc 的交换，使第一部类的消费需求得到补偿、第二部类的生产耗费得到替换。

通过以上三方面的交换，全部社会总产出都得到了实现，简单再生产得以继续进行。

从以上分析可见，在社会总资本简单再生产的实现中，最关键的问题在于两大部类之间的平衡关系是否可以得到保持，即上述交换中的Ⅰ$(v+m)$ 能否等于Ⅱc。所以，社会总资本简单再生产的基本实现条件就是：

$$\text{Ⅰ}(v+m)=\text{Ⅱ}c$$

如果该公式的两端不平衡，或者是第一部类产出相对过剩，或者是第二部类产出相对过剩，社会总资本简单再生产就不能正常进行。所以，这一公式不仅反映两大部类之间的平衡关系，也包含了两大部类产出各自的实现要求，从而也隐含在两大部类各自的平衡式内，成为一个共同的简约的平衡式。

三、社会总资本扩大再生产

（一）社会总资本扩大再生产的前提

社会总资本扩大再生产是指社会生产在社会总资本循环运动中不断扩大规模。它可以通过生产要素投入的增加或生产要素产出效率的提高或二者同时发生而得到实现。

在扩大再生产的情况下，追加资本应该转化为实际的生产要素。其中一部分追加资本应当追加到不变资本中，用于购买追加的生产资料和生产服务；另一部分则追加到可变资本中，并转化为工资形态，用于购买追加的劳动力，而劳动力所有者将把其所得的工资用于购买消费资料和生活服务。因此，在社会总产出中，在补偿了两大部类原有的耗费以后，还必须有一定的剩余产品和服务，以满足扩大再生产所要求追加生产资料、生产服务和消费资料、生活服务的需要。

（二）社会总资本扩大再生产的实现条件

根据再生产正常运行所提出的总量平衡和结构平衡的基本要求，首先，第一部类全部产出（供给）必须在总量和结构上都符合两大部类对生产资料、生产服务的补偿需要和扩大再生产的追加需要；其次，第二部类全部产出（供给）必须在总量和结构上都符合两大部类对生活资料、生活服务的补偿需要和扩大再生产的追加需要。设剩余价值中用于积累的部分（即 $m-m/x$ 的余额，其中 x 大于 1）按一定的比例分为追加的不变资本（用 Δc 表示）和追加的可变资本（用 Δv 表示），即 $m-m/x=\Delta c+\Delta v$。上述这两方面的供求平衡要求可以分别用以下两个公式表示：

（1）扩大再生产条件下第一部类产出的实现条件：Ⅰ$(c+v+m)$ ＝Ⅰ$(c+\Delta c)$ ＋Ⅱ$(c+\Delta c)$。

同简单再生产相比，扩大再生产条件下，第一部类的产出增加的部分为ⅠΔc ＋ⅡΔc，ⅠΔc ＋ⅡΔc 代表了两大部类扩大再生产对追加生产资料和生产服务的需要。

（2）扩大再生产条件下第二部类产出的实现条件：Ⅱ$(c+v+m)$=Ⅰ$(v+\Delta v+m/x)$+Ⅱ$(v+\Delta v+m/x)$。

同简单再生产相比，扩大再生产条件下，第二部类的产出增加的部分为ⅠΔv+ⅡΔv，ⅠΔv+ⅡΔv代表了两大部类扩大再生产追加劳动力对生活资料和生活服务的需要。

对上述两大部类产出各自的平衡式分别约简，因为$m-m/x=\Delta c+\Delta v$，即$m=m/x+\Delta c+\Delta v$，将$m=m/x+\Delta c+\Delta v$代入等式左端，从第一部类的平衡式的两端消去Ⅰ$(c+\Delta c)$，因为它代表的需求是由第一部类的供给来满足的，它的实现由第一部类内部交换解决；将$m=m/x+\Delta c+\Delta v$代入第二部类平衡式的左端，从等式的两端消去Ⅱ$(v+\Delta v+m/x)$，因为它代表的需求可以在本部类内部通过交换而解决。然后我们可以得出一个能够反映两大部类交换关系的简约的公式，它是扩大再生产基本的实现条件：

Ⅰ$(v+\Delta v+m/x)$=Ⅱ$(c+\Delta c)$

在这个公式里，Ⅰ$(v+\Delta v+m/x)$这部分在供给的实物形态上是生产资料和生产服务，所需要的则是生活资料和生活服务；而Ⅱ$(c+\Delta c)$的供给和需求恰好相反，它供给的是生活资料和生活服务，需求的是生产资料和生产服务。因此，Ⅰ$(v+\Delta v+m/x)$就需要和Ⅱ$(c+\Delta c)$进行交换，并且彼此的价值量相等，两大部类的产出才能都得到实现。

扩大再生产条件下两大部类之间的产出交换仍包括三个基本的方面：一是Ⅰ$(c+\Delta c)$在第一部类内部通过交换而实现；二是Ⅱ$(v+\Delta v+m/x)$在第二部类内部通过交换而实现；三是两大部类之间的交换，即Ⅰ$(v+\Delta v+m/x)$和Ⅱ$(c+\Delta c)$交换，使第一部类在扩大再生产情况下的消费需求得到解决，使第二部类在扩大再生产情况下所增加的生产资料和生产服务也得到满足。

思考题

1. 什么是产业资本循环？产业资本循环正常进行的条件是什么？
2. 影响资本周转的因素有哪些？
3. 如何理解固定资本与流动资本的区别？
4. 怎样认识社会总资本再生产的核心问题？
5. 简单再生产的实现条件是什么？
6. 扩大再生产的实现条件是什么？

在线自测

扫一扫　练一练

第五章　资本主义的分配过程

第一节　工资

一、工资的本质

在资本主义社会里，从现象上看，雇佣工人在资本家的工厂里劳动一天，资本家付给一天的工资；劳动一个月，付给一个月的工资；或者按照生产的合格产品件数付给工资。这样，就给人们造成一种假象，好像工人出卖给资本家的是劳动，而不是劳动力，工人的全部劳动都得到了报酬。资本家支付的工资似乎是劳动的价值或价格，而不是劳动力的价值或价格。

实际上，工人在市场上出卖的不是劳动而是劳动力。劳动力是潜藏在人身体内的劳动能力。劳动是劳动力的使用，劳动力在生产中发挥作用时才是劳动。劳动力的存在以健康人的生存为条件，而劳动的实现则必须以生产资料与劳动力相结合为条件。劳动不是商品，但劳动力在一定历史条件下则可以成为商品，它具有价值和使用价值。工人在出卖劳动力时，同任何商品出卖者一样，实现劳动力商品的价值，同时让渡劳动力的使用价值，即让渡进行生产劳动的能力。由此可见，资本主义工资不是劳动的价值或价格，而是劳动力的价值或价格，但工资在现象上却表现为劳动的价值或价格。所以，资本主义工资是劳动力价值或价格的转化形式。劳动力价值与工人的必要劳动相对应，由工人在生产过程中付出的必要劳动凝结而成，由生产、发展、维持和延续劳动力所必需的生活资料的价值决定。

在资本主义社会，资本家和工人阶级的利益冲突，最直接地表现在工资问题上。为了追求价值增殖，资本家有将工人工资尽量压低至劳动力价值之下的内在冲动。工人则力图维护自己的工资，使之至少不低于由必需的生活资料的价值所决定的劳动力商品的价值。

二、工资的基本形式

资本主义工资的基本形式主要有两种：计时工资和计件工资。

计时工资是按一定的劳动时间来支付的工资，其实质是劳动力的月价值、周价值、日价值的转化形式。实行计时工资对资本家有利。资本家可以根据自己的实际需要和经营状况，自由调整工作日时长；并可以在不降低工资额，甚至在提高工资额的情况下，采取延长劳动时间和提高劳动强度的办法来变相压低工人的计时工资。计时工资目前是资本主义工资的主要形式。

计件工资是按工人完成的产品数量或完成的工作量来支付的工资，它是计时工资的转化形式。计件工资的制定是以计时工资为基础的，资本家是用日工资除以每个工作日的产量定额的办法，来确定每件产品的工资单价。工作日的产量一般是依照劳动力较强、技术较熟练的工人的日产量来制定。

在实行计件工资的情况下，按产品数量支付工资造成了一种假象，即工人出卖的不是劳动力，而是劳动。此外，在实行计件工资的条件下，工人劳动的质量、数量以及强度是由产品来控制的，这使资本家节约了监督工人劳动的费用。随着生产自动化的发展，劳动强度和劳动质量受到流水线等自动机器的控制，多数生产部门已不再采用计件工资。

三、名义工资与实际工资

为研究工资的数量变化规律，需要引入名义工资和实际工资两个概念。

名义工资即货币工资，是指工人出卖劳动力所得到的货币数量。实际工资是指工人用货币工资实际买到的各类生活资料和服务的数量。名义工资和实际工资有着密切的联系，在其他条件不变的情况下，两者的变动是一致的，即名义工资越高，实际工资也就越高；反之亦然。但两者也常常不一致，即名义工资虽然不变甚至提高，实际工资却可能降低。这是因为，实际工资的多少不仅取决于名义工资的高低，而且取决于物价的高低。如果名义工资不变，物价水平上涨，或者名义工资的增长速度赶不上物价的增长速度，实际工资就会降低。

资本主义工资的变动趋势具有以下特征：第一，名义工资一般呈增加趋势。因为货币工资是劳动力价值的货币表现，而货币由于存在通货膨胀而不断贬值，致使物价不断上涨，从而使名义工资不能不有所增加。第二，从资本主义发展的历史过程来看，实际工资则有时降低有时提高。在经济危机和战争时期，实际工资是下降的；在经济高涨时期，则有所提高。

第二节　平均利润和生产价格

一、剩余价值转化为利润

商品的价值（W）包括三个部分：不变资本的价值（c）、可变资本的价值（v）和剩余价值（m）。用公式表示就是：$W=c+v+m$。这是按劳动耗费计算的生产商品的实际耗费，即它包括物化劳动耗费（c）和活劳动耗费（$v+m$）两个部分。但是，商品生产中实际耗费的劳动量，同资本家在生产商品时所耗费的费用是两个完全不同的量。对于资本家来说，生产商品所耗费的只是他的资本价值（$c+v$），剩余价值（m）是资本家无偿获得的。因此，$c+v$ 构成商品的生产成本或成本价格，用 K 来表示。由于商品价值中的 $c+v$ 转化为成本价格，商品价值就等于成本价格与剩余价值之和。显然，成本价格小于商品的价值，两者之间的差额为剩余价值。

成本价格这一范畴抹杀了不变资本和可变资本之间的区别，掩盖了它们在价值增殖过程中的不同作用。剩余价值的源泉是可变资本，但当不变资本和可变资本被归结为成本价格这一范畴时，剩余价值就被看作商品价值在成本以上的增加额，即资本家所费资本的产物。不仅如此，对资本家来说，剩余价值不仅是作为所消耗资本的一个增加额，而且是资本家全部预付资本的一个增加额。因为预付资本中未被消耗的那部分不变资本虽然不构成成本，但同样参加了商品生产过程，同样也是剩余价值生产不可缺少的物质因素，因而也被看作剩余价值的源泉。

资本主义生产的目的就是以最小的预付资本取得最大限度的利润。如果资本量一定，利润的大小就取决于利润率的高低。影响利润率变动的因素主要有以下几个：

（1）剩余价值率。在预付资本量和资本有机构成不变的条件下，利润率与剩余价值率成正比例变化。剩余价值率越高，利润率就越高。

（2）资本的有机构成，即不变资本与可变资本的比例（$c:v$）。在剩余价值率和劳动力价值不变的条件下，利润率与资本有机构成成反比例变化。资本有机构成越低，同量资本所使用的劳动力越多，创造的剩余价值也就越多，从而利润率也就越高。

（3）资本周转速度。在其他条件不变时，在一年中资本周转的次数越多，其中可变资本周转次数也就越多，同量资本所带来的剩余价值量就越大，年利润率也就越高。

（4）不变资本的节省状况。在剩余价值率和剩余价值量不变的情况下，利润率的高低和不变资本的节省程度成正比例变化。不变资本越节省，预付资本也就越少，同量的剩余价值与较少量的预付资本相比，利润率就越高。

二、利润转化为平均利润

在不同的生产部门中，如果剩余价值率相同，由于资本有机构成和资本周转速度不同，其利润率高低不同。那些资本有机构成低或资本周转速度快的生产部门，利润率比较高，反之亦然。即同量资本由于投在不同的生产部门而有不同的利润率，获得数量不等的利润。在资本主义发展的早期阶段，不同部门的利润率高低差别确实存在。但是随着资本主义生产发展到较高阶段出现了这样的趋势：等量资本获取等量利润。在现实经济中，各部门的资本家，无论从事哪一种商品生产，都能够大体上获得与他们的资本量相应比例的利润，即平均利润。于是，我们遇到了似乎互相矛盾的现象：一方面，商品如果按照价值出卖，各部门便会有高低不同的利润率；另一方面，各部门的利润率如果是平均的，商品则不应该按照价值出卖。那么，如何在劳动价值论的基础上解释平均利润的形成呢？

平均利润的形成是部门之间竞争的结果。投资于不同生产部门的资本家为了获得更高的利润率，相互之间必然展开激烈的竞争。比如甲、乙两个部门，甲部门利润率高，乙部门利润率低。乙部门的资本家为了获取更高的利润率，同甲部门的资本家展开竞争。这种竞争是围绕争得有利的投资场所而展开的。竞争的手段是进行资本转移，即把资本从利润率低的部门撤出，转移到利润率高的部门。这样，原先利润率高的部门由于大量资本的涌入，商品供过于求，价格就会下降，利润率也就相应下降；而原先利润率低的部门由于大量资本撤出，会发生相反的变化。不同生产部门之间这种以资本转移为特点的竞争引起供求关系的变化，导致价值和价格偏离。上述资本转移的过程以及由此而产生的价格和利润率的变动要一直到两个部门的利润率大体平均的时候才暂时停止下来。这样，便形成了平均利润。

由此可见，平均利润是不同部门的资本家通过竞争重新瓜分剩余价值的结果。平均利润率实质上是把社会总资本作为一个整体看待时所得到的利润率，可用公式表示为：

平均利润率＝剩余价值总额/社会总资本

在利润率平均化的条件下，各部门的资本家便可以根据平均利润率获得与其投资量大小相适应的平均利润，即：

平均利润＝预付资本×平均利润率

平均利润率的高低取决于两个因素：第一，各部门的利润率水平。如果各个部门的利润率水平比较高，则平均利润率也比较高；反之如果各个部门的利润率水平比较低，则平均利润率也比较低。第二，社会总资本在各部门之间的分配，即投在各部门的资本在社会总资本中所占比重的大小。如果投入利润率高的部门的资本在社会总资本中所占的比重大，平均利润率水平就较高；反之如果投入利润率低的部门的资本在社会总资本中所占的比重大，则平均利润率水平就较低。总之，平均利润率的形成不是各个部门利润率的简单的和绝对的平均，而是一种利润率平均化的总的趋势。平均利润率规律是资本主义的客观经济规律。随着社会生产力的发展，社会总资本的平均有机构成也会提高，在其他条件不变的情况下，平均利润率会下降。

平均利润的形成过程，实际上是全社会的剩余价值在各部门的资本家之间重新分配的过程。由于平均利润率的形成，各部门资本家所得到的利润量和该部门所生产的剩余价值量就不一定相等。按资本有机构成高于、等于、低于社会平均资本有机构成和资本周转慢于、等于、快于社会平均资本周转速度的情况，这些部门所获得的利润会高于、等于、低于本部门所创造的剩余价值。但从整个社会来看，利润总量和剩余价值总量是完全相等的。

剩余价值转化为利润，掩盖了剩余价值的真正来源，但利润量与剩余价值量是一致的。在利润转化为平均利润后，许多部门的利润量与剩余价值量就不一致了。等量资本获取等量利润，似乎利润的多少只和资本量有关，这就完全掩盖了利润的本质和来源。

等量资本获得等量利润，是剩余价值在各生产部门资本家之间重新分配的结果。在利润的分配过程中，整个资本主义经济恰如一个庞大的股份公司，所有的资本家都是这个公司的股东，各个部门所创造的剩余价值汇集在一起，按照各自所占股份分配利润。所以，在资本主义社会中，工人不仅受本部门资本家的剥削，而且受整个资本家阶级的剥削。

三、价值转化为生产价格

在平均利润形成以前，商品按照价值出售。随着利润转化为平均利润，商品的价值就转化为生产价格，即商品不再按照成本价格加剩余价值的价值出售，而是按照生产成本加平均利润的价格来出售了。这种由商品的成本价格（K）和平均利润（p）构成的价格就是生产价格，用公式表示为：

生产价格＝$K+p$

生产价格的形成是以平均利润率的形成为前提的。利润转化为平均利润，商品价值便转化为生产价格。生产价格和价值之间存在一定的差额。在质的方面，生产价格只是同资本相联系，同活劳动没有联系。因为从生产价格的构成来看，生产成本是由耗费的资本构成的，平均利润也是按预付资本的比例分得的利润，所以它只是同耗费的资本和预付资本相联系。在量的方面，生产价格和价值经常不一致。生产价格相关概念示例如表 5－1 所示。

表 5－1　生产价格相关概念示例

生产部门	有机构成	剩余价值	平均利润	价值	生产价格	生产价格与价值之差
食品工业	$70c+30v$	30	20	130	120	−10
纺织工业	$80c+20v$	20	20	120	120	0
机器制造业	$90c+10v$	10	20	110	120	10
合计	$240c+60v$	60	60	360	360	0

资本有机构成高的部门，如机器制造业，其产品的生产价格高于价值。资本有机构成低的部门，如食品工业，其产品的生产价格低于价值。只有资本有机构成相当于社会平均资本有机构成的部门，其产品的生产价格正好同价值相等。生产价格是价值的转化形式。商品按照生产价格出售，绝不是对价值规律的违背，而只是价值规律起作用的形式发生了变化。因为，第一，虽然从个别部门来看，资本家阶级获得的平均利润总额与本部门工人创造的剩余价值不一致，但从全社会来看，整个资本家阶级获得的利润总额与工人阶级所创造的剩余价值总额还是相等的。第二，从个别部门来看，商品的生产价格同价值不一致，但从全社会来看，商品的生产价格总额也必然和价值总额相等。第三，生产价格随着平均利润率的变动而变动，平均利润率下降了，生产价格就会降低；反之，平均利润率上升了，生产价格就会提高。

生产价格形成以前，价值规律作用的形式是市场价格围绕价值上下波动。生产价格形成以后，生产价格成为商品交换的基础，市场价格这时已不再以价值为中心，而是以生产价格为中心上下波动。价值规律作用形式的这种变化，是由于受到平均利润率规律的影响。在资本主义以前的简单商品经济中，商品按价值出卖，对小商品生产者来说符合等量劳动相交换的原则。但在资本主义社会，按照平均利润率规律的要求，商品不是按价值出售，而是按生产价格出售。这作为一种客观的必然趋势，使生产价格成为商品交换的基础。生产价格不是市场价格，它是一种相对稳定的、具有内在标准的价格。市场价格以它为中心，受供求关系的影响而波动，所以，价值规律现在不是直接通过价值，而是通过生产价格起作用。但这并没有否定价值规律，不过是价值规律作用形式的变化。

第三节　剩余价值的分割

资本主义经济运行中存在多种资本形式，如产业资本、商业资本、借贷资本、农业资本，剩余价值也就分割为产业利润、商业利润、利息、资本主义地租。

一、商业资本和商业利润

在资本主义初期，由于企业规模不大，市场范围比较小，一般由产业资本家独立完成生产和销售的职能。随着生产的发展和市场的扩大，产业资本家用于商品销售的流通资本日益增大。由于流通资本是对原有或追加生产资本的一种扣除，增加流通资本在产业资本中所占比重，就意味着预付资本的利润率降低；如果仍然自产自销，必然影响市场的发展和剩余价值的增加。因此，客观上要求把实现商品资本的职能交由专门的资本家去完成，使商品资本的职能从产业资本中独立出来。商业资本是从产业资本中分离出来、专门从事商品买卖的以获取商业利润为目的的资本。

商品资本的职能是在流通领域中专门从事商品买卖的活动，完成从商品资本到货币资本转化职能，也就是实现剩余价值的职能。商业资本有利于缩短流通时间、节约流通费用、减少流通中的资本，增加直接用于生产的那部分资本。

商业资本家也是为了获取利润，而且不能低于平均利润，否则商业资本会转移到生产部门中去。商业资本的运动主要处在流通领域。流通领域不能产生价值增殖。商业资本的利润是生产领域中产业工人创造的剩余价值的一部分，是由产业资本家转让给商业资本家的。产业资本家按照低于生产价格的价格把商品让渡给商业资本家，然后商业资本家再按照生产价格把商品卖给消费者，售价大于买价之差，就是商业资本家所获得的商业利润。

例如，假定产业资本是 $720c+180v=900$，剩余价值率为 100%，一年内生产的商品总价值则为 $720c+180v+180m=1\,080$（假定不变资本的价值全部转移），利润率是 20%。为了销售商品，流通领域内还必须垫支一定量的资本。假定是由商业资本垫支了 100，这时社会总资本就不是 900，而是 $900+100=1\,000$。现在，180 的剩余价值必须在 1 000 的社会总资本之间平均分配，平均利润率就变为 18%。按照这个平均利润率，产业资本的利润 $=900\times 18\%=162$；商业资本的利润 $=100\times 18\%=18$。在这种情况下，产业资本家就不是按照生产价格将商品卖给商业资本家，而是按生产成本加产业利润的价格，即 $900+162=1\,062$ 的价格把商品卖给商业资本家。商业资本家再加上商业利润，按照 $1\,062+18=1\,080$ 的价格，即按照生产价格把商品卖给消费者，从而获得产业资本家让渡给他的那部分剩余价值。

二、借贷资本和利息

借贷资本是为了取得利息而暂时借给职能资本家（工业、农业和商业资本家）使用的闲置货币资本，是生息资本的一种形式，是从职能资本中游离出的闲置货币资本转化来的特殊资本形式。借贷资本的形成和产业资本的循环过程有着直接的联系。借贷资本的供给来自固定资本折旧费、卖出商品暂时闲置的货币资本、尚未投资的积累资本（剩余价值）等；借贷资本的需求来自商品未销售急需购进生产资料、固定资本提前更新、追加资本而积累资金不足等。这样，持有闲置货币资本的资本家贷款给急需货币资本的资本家，产生借贷关系。借贷资本的借贷对象主要是职能资本家：产业资本家和商业资本家。借贷资本在职能资本运动的基础上产生、独立出来，为其服务，是从属于职能资本的。

货币资本所有者将闲置的资本贷给职能资本家是有条件的，需定期偿还，还要获取报酬。利息就是借贷资本家让渡资本使用权的报酬。借贷资本的出现使资本取得双重的存在，即发生了资本所有权与资本使用权的分离。职能资本家将这部分资本用于生产商品，而借贷资本家获取利息收入。与此相对应，职能资本家获得的平均利润分割为：利息＋企业利润。利息是使用资本的报酬。因此，职能资本家不能独占所获得的平均利润，要以利息的形式让给借贷资本家，余下的部分作为企业利润归自己占有。

利息本质上是产业工人创造的剩余价值的转化。利息率是一定时期利息量与借贷资本量的比例。利息率不能超过或等于平均利润率，否则职能资本家就不借款了。利息率也不能等于零，否则借贷资本家无利可图，就不向外贷款了。

三、资本主义地租

资本主义地租是农业资本家租种土地所有者的土地而缴纳给土地所有者的、超过平均利润的那部分剩余价值，即超额利润。它体现了农业资本家和土地所有者共同剥削农业工人的经济关系。资本主义地租主要有级差地租和绝对地租。

级差地租是与土地的不同等级相联系的地租，它是租种较优和中等土地的农业资本家获得的、归土地所有者占有的农业超额利润，是农产品的个别生产价格低于社会生产价格差额所形成的。优等和中等土地，相较于劣等土地，劳动生产率高，产量大，农产品的价格自然低于由劣等土地决定的社会生产价格，能够产生超额利润，形成不同等级的地租。级差地租产生的原因，是土地的资本主义经营垄断。农产品社会生产价格是由劣等土地所生产的农产品的个别生产价格以及由距离交通线和市场最远土地所生产的农产品的个别生产价格所决定的。

级差地租由于形成的条件不同而分为两种形态：级差地租Ⅰ和级差地租Ⅱ。级差地租Ⅰ是由于土地肥沃程度和地理位置不同而产生的级差地租。在租期内规定，级差地租Ⅰ由土地所有者占有。级差地租Ⅱ是由于在同一块土地上连续追加投资的资本生产率不同而产生的级差地租。级差地租Ⅱ在租期内由农业资本家占有；签订新约后通过提高地租额由土地所有者占有。级差地租Ⅰ是级差地租Ⅱ的基础。农业资本家和土地所有者的斗争，体现在租约长短和租金多少上，反映了两者在瓜分剩余价值上的矛盾。

绝对地租是由于土地私有权的垄断，租种任何土地的农业资本家都要向土地所有者缴纳的地租，它是农产品价值超过生产价格的余额。农业部门资本有机构成低于工业部门，是绝对地租形成的条件。由于资本有机构成低，剩余价值率相同的情况下等量资本在农业部门获得更多的剩余价值，使农产品的价值高于生产价格，差额就构成了绝对地租。

绝对地租和级差地租，本质上是一致的，是超过平均利润的部分，是农业工人创造的。在资本主义制度下，大土地所有者不仅能凭借土地私有权获取地租，而且还可以通过出卖土地获得高额的土地价格。土地不是劳动产品，没有价值，但在土地私有的制度下，土地所有者拥有地租收入，因而土地可以买卖，实质上是地租的资本化。

思考题

1. 如何理解工资的本质是劳动力的价值或价格，而不是劳动的价值或价格？
2. 影响利润率变动的因素有哪些？
3. 平均利润是如何形成的？
4. 如何理解等量资本获取等量利润？
5. 商品的价值是如何转化为生产价格的？
6. 商业利润、借贷利息和地租的本质是什么？它们是如何形成的？
7. 简述级差地租和绝对地租的区别。

在线自测

扫一扫　练一练

第六章　资本积累与资本主义的发展趋势

第一节　资本积累

一、资本积累及其影响因素

资本主义的生产，不是生产过程在原有规模上的简单再生产，而是生产规模不断扩大的扩大再生产。在扩大再生产需要增加投资的情况下，把剩余价值转化为资本，叫作资本积累。资本积累是资本扩大再生产的重要源泉，剩余价值或利润是资本积累的唯一源泉。

在资本主义经济制度下，资本积累具有客观必然性，这是由两方面的因素决定的：一方面，追求剩余价值是资本主义生产的目的，这种绝对的致富欲是无止境和无限制的；另一方面，竞争作为资本主义生产方式的内在规律从外部强制支配着每一个资本家，迫使他们不断积累，进行扩大再生产，力图在竞争中获得生存和发展。不断进行资本积累和扩大再生产是资本主义生产方式的不可抑制的内在冲动。

从量的方面看，一定时期内利润量的大小和积累率的高低影响着资本积累的量。其中基本的影响因素有：(1) 利润率的高低。在其他因素不变的情况下，利润率越高，利润量越大，可用于资本积累的量也越多。(2) 预付资本的多少。在利润率等其他条件不变的情况下，预付资本越多，利润量越大，可用于资本积累的量越多。(3) 在利润量一定的情况下，积累率的高低，即利润中用于积累的部分所占比重的高低影响着资本积累的绝对量的大小。(4) 生产要素效率的提高。其中最重要的是科技在生产中的运用，其带来的劳动生产率的提高和生产成本的下降等，都能提高利润率，增加可用于资本积累的量。而且由于生产要素效率提高，使包括生产资料和消费资料在内的产品的社会生产成本下降，从而使这些产品的价格得以下降，同量的资本积累额可以购买更多的生产要素，使资本积累的实际效果提高。

二、资本有机构成

在资本积累过程中，资本在数量上不断扩大，在构成上也发生变化。资本的构成包括两个方面：技术构成和价值构成。从物质方面看，资本是由一定数量的生产资料和劳动力构成的，它们之间有一定的比例。一般说，这个比例是由生产技术水平决定的。生产的技术水平越高，每个工人所使用的生产资料就越多。这种反映生产技术水平的生产资料和劳动力之间的比例称为资本的技术构成。从价值方面看，资本是由购买生产资料的价值和支付劳动力的工资两部分构成的。这两部分价值之间也有一定的比例。这种比例称为资本的价值构成。

资本的技术构成和价值构成之间有着密切的联系。资本的价值构成以资本的技术构成为基础，资本的技术构成决定资本的价值构成。这种由资本技术构成决定并反映资本技术构成变化的价值构成就称作资本有机构成，用 $c:v$ 来表示。

在资本主义制度下，资本有机构成有不断提高的趋势。这是因为，资本主义生产的目的是无止境地追求剩余价值。资本家通过不断地提高劳动生产率，获取更多剩余价值。在其他条件不变的情况下，劳动生产率的提高，表现为劳动的量比它所推动的生产资料的量相对减少。资本技术构成的这一变化反映在资本的价值构成上，是资本价值的不变部分的增加和可变部分的减少。例如，资本家投入的预付资本，按百分比计算，起初50%投在生产资料上，50%投在劳动力上，随着劳动生产率的提高，80%投在生产资料上，20%投在劳动力上。资本价值构成对于资本技术构成的反映虽然只是近似的，不完全是按比例的，但是，从总体和长期的趋势看，资本的有机构成随着劳动生产率的提高具有不断上升的趋势。而劳动生产率和有机构成的提高同时也就是加速资本积累的方法。剩余价值不断转化为资本，表现为进入生产过程的资本量的不断增长。这种增长又成为不断扩大生产规模和提高劳动生产率的基础。

三、资本积累的两大社会经济后果

随着资本有机构成的不断提高，资本积累导致了以下两大重要的社会经济后果。

（一）相对人口过剩

随着资本积累的发展和资本有机构成的提高，社会总资本中不变部分和可变部分的比例会发生变化，可变资本部分相对减少，不变资本部分相对增加。假定原来的比例是1∶1，后来变成2∶1、3∶1、4∶1等，因而，随着资本的增长，资本总价值中转化为劳动的部分不是1/2，而是1/3、1/4、1/5等，转化为生产资料的部分则递增为2/3、3/4、4/5、5/6、6/7等。因为对劳动的需求不是由总资本的大小决定的，而是由总资本中可变部分的大小决定的，所以在资本有机构成提高的条件下，它随着总资本的增长而按比例地减少。对劳动的需求，同资本量相比相对地减少，并且随着总资本量的增长以递减的速度减少。从表面上看，总资本的可变部分的相对减少，好像是由于工人人口的绝对增长总是比可变资本增长得快。但事实是，资本主义积累不断地并且同它的能力和规模成比例地生产出相对的，即超过资本增殖的平均需要的，因而是过剩的工人人口。这种人口过剩既不是绝对的，也不是自然的，而是由资本主义制度造成的相对于资本增殖需要而言的人口过剩。

相对人口过剩是资本积累的必然产物，同时反过来又成为资本积累的杠杆，甚至成为资本主义生产方式存在的一个条件。劳动力商品是资本主义经济存在的前提，这种特殊的商品同样也要受价值规律和市场机制的调节。相对过剩人口的存在构成了劳动力市场和剩余价值规律发生作用的机制和条件。原因是：第一，现代资本主义经济的运动是繁荣、危机、萧条和复苏等阶段组成的周期性的波动过程，资本增殖对于劳动力的需要随着经济的周期性波动而在不断发生变化，相对过剩人口的存在可以随时调节和满足不同时期资本对劳动力的需要，从而起到劳动力蓄水池的作用。第二，过剩人口形成一支可供支配的产业后备军，它绝对地隶属于资本，不仅可以随时为资本增殖的需要提供劳动力资源，而且通过劳动力市场的竞争，对工人的就业和工资水平的形成施加压力，从而把劳动力市场的作用范围限制在符合资本增殖需要的界限之内。

相对过剩人口的存在意味着，在资本主义经济制度下，失业问题是制度性的、内生的，是资本主义制度的顽症。

（二）平均利润率的下降趋势

资本积累一方面导致了相对人口过剩和两极分化，另一方面导致了平均利润率的下降趋势。获得更多的剩余价值是资本主义生产的全部目的。在现实的生产和流通过程中，剩余价值表现为利润。为了追求更多的剩余价值，资本家必须不断地积累，不断地把剩余价值转化为资本，这必然会导致劳动生产率和资本有机构成的不断提高。在其他条件相同的情况下，资本有机构成的提高，同样的剩余价值率必然表现为不断下降的利润率。

由于在资本积累的过程中，劳动生产率的提高和有机构成的变化不仅仅发生在个别生产部门，而是在一切生产部门或有决定意义的生产部门发生，因而，在剩余价值率不变的情况下，资本有机构成的提高必然导致平均利润率的下降，平均利润率的下降是资本主义内在矛盾的基本表现形式。

平均利润率的下降趋势并不排斥利润总量的绝对增加。一方面，是因为在有机构成提高的同时存在着其他一些起反作用的因素阻碍着平均利润率的下降，如剩余价值率的提高、工资被压到劳动力价值以下、不变资本各要素变得便宜、相对人口过剩而更多地使用劳动者、对外贸易等；另一方面，更重要的是，在利润率的下降和利润总量的增加之间存在着一种十分密切的内在联系，它们实际上是同一规律的不同表现形式。这是因为，资本积累与有机构成的提高是相伴而生的，这种情况必然会造成平均利润率的下降。为了抵消利润率下降造成的损失，资本家只得提高积累率，增大积累量，从而使总资本极速地增大，结果使得利润率下降的同时利润总量却增加了。积累的不断增大、有机构成的不断提高又会进一步造成利润率下降的压力，为了减少这种压力，资本家只得更多地积累。正是这样一种机制推动着资本主义经济的不断发展，同时又不断加剧着资本主义经济制度的内在矛盾。

第二节　经济危机和经济周期

一、经济危机

所谓资本主义经济危机，是指与资本主义经济制度直接有关，由资本主义经济制度因素引起的经济危机，即生产相对过剩的经济危机。每当这种危机发生时，“剩余”商品堆积仓库，成千上万的企业倒闭，失业人数激增，信用关系破坏，股票、债券和其他有价证券的行情暴跌。与上述现象相伴随的另一种现象是：在危机时期，由于工厂倒闭、工人失业，劳动群众感到必需品极端缺乏，他们的需要比其他任何时候更难得到满足。这些现象说明，生活资料和现有人口相比不是生产得太多了。正好相反，要使大量人口能够体面地、像人一样地生活，生活资料还是生产得太少了。由此可见，资本主义经济危机的实质是生产相对过剩的危机。

生产相对过剩的危机是资本主义基本矛盾的集中表现。从一般意义上说，只要存在私有制和商品生产，就有经济危机发生的可能性。因为，货币出现之后，商品交换的公式由直接的物物交换即 $W-W$ 转变为了 $W-G-W$，在这个过程中，每个商品生产者都必须将自己的商品卖出，变为货币，然后才能用货币购买自己需要的其他商品，买和卖在时间和空间上都分成了两个独立的行为，流通过程就有出现中断的可能性。不过，尽管在简单商品生产中就已经包含了经济危机的萌芽，但是在资本主义以前的经济形态中，经济危机主要是由于自然灾害、瘟疫或战争等天灾人祸造成的生产不足，生产的普遍过剩只有在资本主义社会中才成为一种经常的规律性的现象。

由于资本主义生产的目的是追求价值的增殖而不是使用价值，因而，资本主义生产就突破了资本家自身消费的限制而具有无限扩大的趋势。在资本主义生产方式中，雇佣工人既是生产者，又是自主的消费者。每个资本家自己雇用的工人是生产者，但别的工厂的工人对这个资本家来说则是消费者。工人阶级在资本主义社会中的这种双重地位，带来了资本主义生产方式的一个矛盾——每个资本家在自己的工厂内部剥削工人越成功，对总体资本家而言，其商品实现越是困难，因为工人阶级作为自主的消费者是有效需求的重要来源。劳动与资本之间的这种对抗关系随着资本积累的发展而日益严重，资本积累的发展使社会财富日益集中在少数人手中，工人阶级在社会总财富中所占份额相对资本家阶级在不断缩小，社会财富分配中的两极分化现象日益严重，有支付能力的购买力跟不上生产能力的增长。生产和需要的这对矛盾发展到一定程度之后，就会导致生产普遍过剩的经济危机发生。经济危机既是资本主义基本矛盾的表现形式，又是这一矛盾得以强制性缓解的方式。

二、经济周期

资本主义再生产过程的危机在马克思生活的年代平均 10 年左右爆发一次，在以后的发展中有逐渐缩短的趋势。从一次危机的开始到下一次危机的开始为一个再生产周期，也称为经济周期。一般情况下，一个再生产周期包括危机、萧条、复苏和高涨四个阶段，其中危机是再生产周期的决定性阶段，它既是上一周期的结束点，又是新周期的起点。

一般情况下，再生产周期的各个阶段具有以下特征：

危机阶段，作为生产周期的开始阶段，生产力的破坏以暴风骤雨般的形式表现出来，与此相伴随的特征突出地表现在：商品生产过剩，没有销路，价格猛跌，利息率上升，支付手段奇缺，信用关系遭到破坏，交易所倒闭并造成大量破产，生产急剧缩小，失业急剧增长，工资下降。生产力遭到的这种大规模的破坏，强制性地使生产力和生产关系中已经遭到破坏的均衡得到暂时恢复。

萧条阶段，生产的下降、商品价格的下跌、企业的倒闭、失业人数的增加等都已停止，但是，社会购买力水平仍然很低，商品销售仍然困难。与此同时，游资充斥，利率低下，社会信贷关系处于停滞的状态。在生产下降已达谷底并经历了一段时间的停滞后，当过剩的商品在市场上已被清除，竞争力差的和经济实力差的厂商因破产或被兼并而消失后，这时市场（国内的和国外的）上对商品的需求开始出现增加的趋向。这样，在危机中幸存下来的经过调整的企业就开始恢复生产，有的甚至开始扩大生产规模。于是生产周期逐渐由萧条阶段进入复苏阶段。

复苏阶段，实现了经济的全面恢复。市场的销售量全面恢复，物价开始回升，生产逐步扩大，就业人数逐渐增加，有支付能力的需求随之提高。随着企业利润的增长，信贷关系也活跃起来，促使资本家进一步扩大生产经营。当社会生产达到并超过危机前所达到的最高点时，经济周期的复苏阶段就进入了高涨阶段。

高涨阶段，消费日渐旺盛，市场容量增加迅猛，推动着生产迅速膨胀，新建企业层出不穷，工人就业人数也随之增加；尽管商品大量增加，但价格也在逐步上升；在资本家的利润急剧增长的同时，工人的收入也有所增长，但相对于前者，后者的收入相对减少了；金融市场活跃，信用膨胀，证券价格上升，证券市场活跃，利率虽有上升但只是缓慢上升。由于整个生产过程呈现出购销两旺的势头，这种情况诱使资本家把生产的增长推到狂热的程度。这一切使生产和商业规模的扩大又大大地超出了有支付能力的需求，为下一次生产过剩危机的到来提供了条件。

三、固定资本更新与经济周期

资本主义经济危机之所以能以周期性的方式进行，原因在于再生产周期中存在着推动危机周期性发生的物质基础，这个物质基础就是固定资本的更新。固定资本更新之所以能够成为经济危机周期性发生的物质基础，其原因主要表现在以下两个方面：

第一，固定资本的大规模更新为暂时摆脱危机，促进复苏和高涨阶段的到来准备了物质条件。当经济进入停滞阶段，出于竞争的需要，资本家开始了新一轮投资，对原有设备进行大规模的技术改造，并大量增加新的技术含量更高的技术设备。大规模的投资带动了经济的增长，从而使生产摆脱危机，但是，随着经济的复苏，投资以加速的方式进行，把经济迅速推向繁荣的极限，从而为下一次经济的全面失衡创造了条件。

第二，固定资本的大规模更新，在推动生产增长的同时，又为下一次危机的到来准备了物质条件。大规模的技术更新为资本主义基本矛盾在更进一步的层次上激化创造了条件，这表现在：一方面，新的、效率更高的技术设备的采用，进一步推动了生产社会化水平的提高；另一方面，日益提高的资本有机构成使资本对劳动力的需求相对或绝对减少，这又进一步推动了相对过剩人口的增加，从而使劳动者有支付能力的需求进一步减少。这两方面因素的发展，使资本主义基本矛盾日趋尖锐化，并孕育着下一次危机的到来。

第三节　资本主义的发展趋势

一、资本主义的发展

资本主义制度像人类社会所有的制度一样，是在生产力与生产关系的矛盾运动中向前发展的。

自由放任的资本主义是资本主义制度的最初形态。在自由放任的资本主义经济中，经济运行完全是靠市场价格来调节的。国家的作用仅限于维护法律和秩序，至多也只是承担某些公共工程及最低限度的社会保障，而不是对经济运行过程进行干预。自由放任的资本主义对于打破封建制度的束缚，促进市场经济和生产力的发展，起到了积极的推动作用。但是，随着机器大工业的产生和社会化大生产的发展，自由市场经济的问题就逐步暴露出来了。

19 世纪 70 年代发生的以电力和化工为先导的工业革命，使冶金业、机械制造业、交通运输业等一系列新兴工业部门兴起，推动了生产规模的进一步扩大和生产社会化程度的进一步提高，为生产和资本的迅速集中奠定了物质技术基础。19 世纪末 20 世纪初垄断组织迅速发展，并在各资本主义国家里占据了统治地位。自由竞争的资本主义变成了垄断的资本主义。垄断是生产社会化的产物。一方面，它可以在更大程度上适应生产社会化的发展；另一方面，它的存在又造成了财富的高度集中，导致金融寡头在经济和政治上的统治地位，阻碍社会生产力的发展。

20 世纪 70 年代以后，以信息技术为先导的新的科技革命迅猛发展，对当代资本主义制度产生了巨大影响。不少学者注意到了经济信息化对资本主义社会的影响，并用知识经济、信息经济、网络经济、符号经济、虚拟经济、数字经济、后工业社会、后资本主义社会等不同的提法来概括当代资本主义社会。向信息社会的转变，是资本主义社会经济的一个阶段性变化，并没有改变资本主义的基本制度，资本主义各种固有矛盾仍将存在，还产生了种种新的矛盾和问题，如劳动者不适应这一转变而失业；劳动者因知识水平高低不同工资差距扩大而发生新的分化；大企业集团利用信息技术加强对社会经济的垄断和支配；社会两极分化加剧；效率与公平之间反差更加突出等。资本主义基本规律仍在起作用，而且有些规律如资本积累规律、价值规律、发展不平衡规律等的作用将更加突出。

二、垄断资本主义的发展

当生产和资本集中发展到一定程度时，就会自然而然地走向垄断。垄断是指一个或几个大型企业为获取高额垄断利润，而控制和占有一个经济部门的全部或绝大部分的商品生产和市场销售。19 世纪末 20 世纪初，主要资本主义国家相继出现垄断现象，在社会经济生活中，无论是在经济发展、生产关系变化还是市场经济体制演变方面，垄断成为常态，资本主义社会进入了垄断阶段。

大资本对社会经济生活的垄断主要是通过一定的垄断组织实现的。垄断组织是指若干资本主义大企业，联合起来操纵和控制某一部门或几个部门绝大多数产品生产和销售及原料市场，以保证获得高额垄断利润的经济组织。最初的垄断组织形式较为简单，也不固定，垄断统治的力量还不很强。当时主要是通过一些临时的、短期的垄断协议，例如以价格协定暂时地控制某地某种商品的市场销售或收购价格，以期获得高额垄断利润。随着生产和资本的进一步集中，垄断势力的增强，垄断组织也逐步发展、规范和完善起来。到 20 世纪上半期，较为重要的垄断组织形式有卡特尔、辛迪加、托拉斯和康采恩。

当生产领域中的生产与资本集中不断增强，垄断逐渐形成时，在金融领域里，银行业的集中也在同步进行。随着银行垄断的形成，银行特别是大银行的作用就日益重要，甚至到了可以左右生产企业命运的程度。在这种条件下，垄断资本主义国家内出现了一种新的资本形式——金融资本，它是由垄断的工业资本和垄断的银行资本融合或混合生长构成的一种新的资本形式，是垄断资本主义国家中社会经济生活各个方面实际上的统治者。

资本主义生产关系从自由竞争阶段到垄断阶段是有所发展变化的，归根到底这种变化是生产力发展的要求和产物。在资本主义的发展过程中，生产社会化的程度不断提高，而这种高度社会化的生产力同资本主义私有制经济制度的矛盾也在加深，资本主义必须找到一个在其自身范围内调整的方式，来适应生产力新发展的要求，从而使资本主义制度能够继续生存和发展下去。从自由竞争资本主义发展到垄断资本主义，就是资本主义社会在其内部的一次局部调整，也是资本主义生产关系的部分质变。

1929 年至 1933 年震撼世界的资本主义经济大危机，迫使资本主义国家进行局部的调整。第二次世界大战后，资本主义社会出现了一系列靠私人垄断资本无法解决的问题，如新兴产业的投资问题、公共产品的生产问题、产品销售市场问题、基础性先导性的科学研究问题、国民经济协调发展问题、国民收入再分配和利益协调问题等，社会化生产的进一步发展使垄断资本主义国家持续地、全面地、稳定地介入资本主义经济生活。第二次世界大战后，私人垄断资本主义被国家垄断资本主义代替。虽然国家垄断资本主义在某些方面突破了私人垄断资本的局限性，实现了资本主义生产关系内部的质变，但它并没有从根本上改变资本主义经济的性质，资本主义基本矛盾依然存在并支配着资本主义发展过程。

随着资本主义过渡到垄断阶段，垄断资本主义国家所出现的大量“过剩资本”输出到国外，在世界各地寻找有利的投资场所。这时，货币资本的国际化已不再仅仅是为了与商品资本的国际化相适应，而是走上了独立发展的道路，而且其重要性超过了商品资本的国际化，同时更超过了生产资本的国际化，因而货币资本的国际化成为垄断资本主义时期资本国际化的一个重要经济特征。

三、资本主义向社会主义过渡

社会主义是资本主义基本矛盾长期运动的产物。马克思、恩格斯作为科学社会主义的创始人，与历史上空想社会主义者有着根本不同，他们不是从人类公平、正义等理性原则出发来批判资本主义，并在此基础上构想未来的理性王国，而是依据历史唯物主义的科学方法，通过对资本主义生产方式内在矛盾和运动规律的深刻分析，从中发现否定资本主义。

马克思和恩格斯认为：生产的社会化与生产资料的私人占有是矛盾的，生产资料的社会占有是解决这一矛盾的基本途径。生产的社会化发展到一定程度必然导致资本的社会化，资本的社会化是生产的社会化在资本主义占有方式内部的必然表现，同时，它又进一步证明了资本主义占有方式的历史局限性。资本的社会化有两种基本的形式：一是股份公司；二是国有化。国有化是资本社会化的最高形式，它虽然没有最终解决生产的社会化与资本主义私人占有之间的矛盾，但是已经为这一矛盾的解决指明了基本方向和线索。而在股份公司中，一方面，资本已经突破了单个资本的局限，变成了联合起来的个人资本，与单个资本相比，资本在这里具有社会性，从而可以在更大程度上适应生产社会化或集中化的要求；另一方面，所有权与管理权分离了，资本的管理从资本的私人所有者手中转移到了管理者手中，资本的使用社会化了。

当资本家还在生产过程中承担某种社会职能的时候，他们还可以用节俭和积累、管理和监督来为自己的剥削辩护，但是，股份公司中出现的这种资本的社会化却使资本主义私人占有的财产制度失去了最后存在的理由。因为，“如果说危机暴露出资产阶级无能继续驾驭现代生产力，那么，大的生产机构和交通机构向股份公司、托拉斯和国家财产的转变就表明资产阶级在这方面是多余的。资本家的全部社会职能现在由领工薪的职员来执行了”①。“在股份公司内，职能已经同资本所有权相分离，因而劳动也已经完全同生产资料的所有权和剩余劳动的所有权相分离。资本主义生产极度发展的这个结果，是资本再转化为生产者的财产所必需的过渡点，不过这种财产不再是各个互相分离的生产者的私有财产，而是联合起来的生产者的财产，即直接的社会财产。另一方面，这是再生产过程中所有那些直到今天还和资本所有权结合在一起的职能转化为联合起来的生产者的单纯职能，转化为社会职能的过渡点。”②

马克思、恩格斯关于生产社会化的这种理论逻辑的科学性已经被现代资本主义混合经济的实际和社会主义经济发展的实践所证实。资本主义经济从自由竞争向垄断、从垄断向国家垄断、从国家垄断向国际垄断的发展表明，与生产的社会化相联系的生产的集中，代表着社会化大生产发展的主流。在马克思和恩格斯以后的100多年里，生产的社会化程度以前所未有的规模迅猛地发展起来了。在发达资本主义国家各个主要的生产部门中，垄断组织不仅在国内市场和生产过程中占据了绝对优势，而且已经逐步控制了整个世界市场的生产与销售，国家垄断资本主义已经发展到了国际垄断的新阶段。

马克思对资本积累的历史趋势曾经做过这样的概括：“从资本主义生产方式产生的资本主义占有方式，从而资本主义的私有制，是对个人的、以自己劳动为基础的私有制的第一个否定。但资本主义生产由于自然过程的必然性，造成了对自身的否定。这是否定的否定。这种否定不是重新建立私有制，而是在资本主义时代的成就的基础上，也就是说，在协作和对土地及靠劳动本身生产的生产资料的共同占有的基础上，重新建立个人所有制。”③ 联合起来的个人，在资本主义生产方式造就的社会化生产的基础上，在社会的计划的协调下按照他们共同的利益进行生产，这就是共产主义社会，社会主义是共产主义社会的第一阶段。社会主义取代资本主义，这是资本积累过程所具有的客观历史趋势。

思考题

1. 什么是资本积累？影响资本积累的因素有哪些？
2. 资本积累的两大社会经济后果是什么？
3. 为什么说资本主义经济危机是资本主义基本矛盾的必然产物？
4. 资本主义经济周期包括哪几个阶段？各自的特点是什么？

---

① 马克思，恩格斯．马克思恩格斯全集：第25卷．2版．北京：人民出版社，2001：407.
② 马克思，恩格斯．马克思恩格斯文集：第7卷．北京：人民出版社，2009：495.
③ 马克思，恩格斯．马克思恩格斯文集：第5卷．北京：人民出版社，2009：874.

5. 为什么说固定资本更新是资本主义经济危机周期性存在的物质基础？
6. 资本主义发展经历了几个阶段？为什么？
7. 如何理解资本主义必然被社会主义所取代？

在线自测

扫一扫　练一练

第七章　社会主义的基本经济制度

第一节　社会主义初级阶段

一、我国社会主义经济制度的建立与发展

旧中国是一个半殖民地半封建社会，在帝国主义、封建主义和官僚资本主义三座大山的压迫和剥削下，生产力发展受到阻碍和破坏。中国共产党领导的新民主主义革命，推翻了三座大山，建立了新中国，发展了生产力，走上了社会主义道路。

新中国成立以后，中国共产党对社会主义建设和发展的探索一直没有间断过。新中国成立之初，以毛泽东为代表的中国共产党对社会主义的认识，主要来自三个方面：一是马克思、恩格斯对未来社会的设想；二是苏联的社会主义实践；三是对中国国情的分析和对中国革命经验的总结。我国首先开始了建立适应生产力发展要求、适应中国国情的生产资料所有制结构和公有制实现形式的探索，经过几代人的努力，从没收官僚资本，对个体农业、手工业和资本主义工商业进行社会主义改造，到建立以公有制为主体的所有制结构；从对非公有制经济排斥、打压到确认非公有制经济是社会主义市场经济的重要组成部分；从追求单一的国有经济到强调公有制实现形式可以而且应当多样化。所有制的探索虽然历经曲折，但成绩斐然。

以什么样的经济管理体制促进和推动生产力的发展，一直是新中国成立以后需要探索和解决的重大课题。特殊的历史环境，特定的经济、政治任务的要求，苏联经济体制的影响，以及对社会主义理解上的某些偏差，曾经使我国在相当长的时间里实行了高度集中的计划经济体制，在当时的情况下，这一体制在建立独立的、完整的工业体系和国民经济体系，建立现代化的社会主义国家必不可少的物质基础等方面，起过许多积极的作用。但也存在政企职责不分、条块分割、国家对企业统得过死、忽视市场规律的作用和分配上平均主义等严重弊端。1978 年党的十一届三中全会召开，使中国走向了由计划经济体制向社会主义市场经济体制转变的改革之路。这一改革从农村到城市、从微观经济领域向宏观经济领域不断扩展，从着眼于“放权让利”向理顺体制关系、实现制度创新不断深化。经过 40 多年的改革，社会主义市场经济体制已建立起来。对社会主义的不断探索，促进了社会主义经济的不断发展，我国国民经济快速增长，综合国力大大增强。

党的十八大以来，以习近平同志为核心的党中央以巨大的政治勇气和强烈的责任担

当，提出一系列新理念新思想新战略，出台一系列重大方针政策，推出一系列重大举措，推进一系列重大工作，战胜一系列重大风险挑战，解决了许多长期想解决而没有解决的难题，办成了许多过去想办而没有办成的大事，推动党和国家事业取得历史性成就、发生历史性变革，彰显了中国特色社会主义的强大生机活力，党心军心民心空前凝聚振奋，为实现中华民族伟大复兴提供了更为完善的制度保证、更为坚实的物质基础、更为主动的精神力量。

经过长期努力，中国特色社会主义进入了新时代，这是我国发展新的历史方位。中国特色社会主义进入新时代，意味着近代以来久经磨难的中华民族迎来了从站起来、富起来到强起来的伟大飞跃，迎来了实现中华民族伟大复兴的光明前景；意味着科学社会主义在21世纪的中国焕发出强大生机活力，在世界上高高举起了中国特色社会主义伟大旗帜；意味着中国特色社会主义道路、理论、制度、文化不断发展，拓展了发展中国家走向现代化的途径，给世界上那些既希望加快发展又希望保持自身独立性的国家和民族提供了全新选择，为解决人类问题贡献了中国智慧和中国方案。这个新时代，是承前启后、继往开来、在新的历史条件下继续夺取中国特色社会主义伟大胜利的时代，是决胜全面建成小康社会、进而全面建设社会主义现代化强国的时代，是全国各族人民团结奋斗、不断创造美好生活、逐步实现全体人民共同富裕的时代，是全体中华儿女勠力同心、奋力实现中华民族伟大复兴中国梦的时代，是我国日益走近世界舞台中央、不断为人类做出更大贡献的时代。

二、社会主义初级阶段概述

社会主义发展要不要划分阶段、如何划分阶段，曾经经历了相当长的探索过程。早在社会主义制度建立之前，马克思、恩格斯就作过预测，认为从资本主义到共产主义，要经过从资本主义向共产主义的过渡时期和共产主义的第一阶段、共产主义的高级阶段。至于社会主义社会在其发展过程中还要经过哪些阶段，特别是经济文化相对落后国家建设社会主义要经过哪些阶段，马克思、恩格斯没有也不可能做出具体的回答。列宁曾依据从资本主义向社会主义过渡时期的实践，指出在向共产主义前进的过程中会出现若干重要阶段，并提出了“初级形式的社会主义”“发达的社会主义”“完全的社会主义”等概念。但是，这些思想仍然是一般的构想，当时还缺乏足够的实践经验来做出科学的概括。所以，列宁认为，人类社会要经过哪些阶段到达共产主义，需要实践来回答。

我国在几十年社会主义探索的基础上，提出了社会主义初级阶段的科学范畴，并做出中国仍处于社会主义初级阶段的论断，这是依据我国的基本国情提出来的。

我国提出的社会主义初级阶段，不是泛指任何国家进入社会主义社会都要经历的起始阶段，而是特指我们这样一个脱胎于半殖民地半封建社会的国家，在生产力落后、商品经济不发达条件下建设社会主义必然要经历的那个阶段。它有科学的规定性：

第一，从社会性质来说，我国已经进入社会主义社会，这是共产主义的初级阶段。我们必须坚持而不能离开社会主义，我们所进行的一切改革和建设事业都必须坚持社会主义的方向和道路，都要不断趋近而不是偏离共产主义的远大目标。

第二，从发育程度和发展水平来看，我国的社会主义制度还不完善，生产力与生产关系之间、经济基础与上层建筑之间还存在诸多不相适应的部分，社会主义社会还处在不发达阶段。我们必须从这个实际出发推进改革开放和现代化建设事业，而不能跨越这个阶段采取不合实际的路线和政策。

同时，确认我国处于社会主义初级阶段，有其客观的依据。

首先，是由我国生产力发展状况所决定的。在一个落后的半殖民地半封建国家，没有经过资本主义的充分发展而走上社会主义道路，这是马克思主义的基本原理同中国实际相结合而取得的重大历史性成功。但由此导致的是，我国生产力水平低、社会化大生产不发达、商品经济落后。这一历史事实决定了我国在生产资料私有制的社会主义改造基本完成以后的相当长历史时期内，生产力的落后仍然是主要的矛盾。从 1956 年确立社会主义制度后，虽然经过几十年的发展，我国社会生产力、综合国力、人民生活水平都有了很大提高，但我国生产力发展水平在总体上仍然处于中等，并且发展不平衡不充分。我国的经济增长方式比较粗放，劳动生产率、经济效益、经营管理水平不高；生产社会化程度低，市场经济还不够发达；产业结构不够合理，产业结构、城乡结构、地区结构也不够合理。由这些情况所决定，在相当长的时期内，我国的社会主义只能处于初级的、不发达的阶段。

其次，是由我国的生产关系和上层建筑性质决定的。从生产关系看，经过长时期的努力，社会主义生产资料公有制、按劳分配的主体地位已经确立，这使我国实现共同富裕、避免两极分化的社会主义目标有了根本保证，并由此确立了我国经济的社会主义性质。但我国对于公有制的实现形式、公有制的生产资料与劳动者的结合方式、按劳分配的具体实现形式等问题的认识还有待加深。由于生产力总体水平不够高和多层次、不平衡发展，在相当长的历史时期，我们还必须允许和鼓励多种非公有制经济成分发展，允许某些非劳动要素参与分配过程。从上层建筑看，社会主义的上层建筑已经确立，社会主义基本政治制度已处于社会统治地位，劳动人民成为国家主人，由此也确立了我国社会的社会主义性质。但我们的政治体制还有待改革，民主和法治两个方面都还有待进一步完善。在具体的领导制度、组织形式和工作方式上，还存在一些缺陷，官僚主义、腐败现象还时有发生。这些都说明，完善社会主义民主、健全社会主义法治、改革上层建筑中不适应经济基础的部分的任务仍是长期的、繁重的。

三、社会主义初级阶段的主要矛盾

任何社会都存在多种矛盾，其中有一种矛盾居于主要地位，决定并制约其他矛盾的发展，这种矛盾被称为主要矛盾。任何社会的主要矛盾都产生于社会基本矛盾，主要矛盾是社会基本矛盾在不同历史发展阶段的集中表现。

在我国，1956 年以后，随着生产资料的社会主义改造基本完成，剥削阶级作为一个完整的阶级已经退出了历史舞台，虽然生产力和生产关系、经济基础和上层建筑之间的矛盾仍然是社会基本矛盾，但其主要表现已不再是阶级矛盾。由我国社会主义初级阶段的国情所决定，人民不断增长的物质文化需要同落后的社会生产之间的矛盾日益突出，贯穿于我国社会主义初级阶段的整个过程和社会生活的各个方面，成为社会主义初级阶段的主要矛盾。在这个主要矛盾中，所谓落后的社会生产，一是特指我国社会生产力还不很发达，还没有实现现代化；二是相对于世界发达国家的生产力发展状况而言，我国的生产力水平还有相当大的差距。这就决定了我们必须把经济建设作为全国工作的中心，各项工作都要服从和服务于这个中心。只有牢牢抓住这个矛盾和工作中心，才能清醒地观察和把握社会矛盾的全局，有效地促进各种社会矛盾的解决。

党的十一届三中全会以后，我国在对社会主义发展阶段问题进行认识的同时，对社会主义社会的主要矛盾问题进行重新认识，在总结我国社会主义建设正反两方面经验的基础上，得出了科学、正确的结论。1981 年 6 月，党的十一届六中全会通过的《关于建国以来党的若干历史问题的决议》。在重新肯定党的八大的路线基础上，对我国社会的主要矛盾做出了新的概括，指出："在社会主义改造基本完成以后，我国所要解决的主要矛盾，是人民日益增长的物质文化需要同落后的社会生产之间的矛盾。"随着对社会主义社会主要矛盾正确认识的重新确立和工作中心转移到经济建设上来，我国的社会生产力迅速发展，综合国力不断增强，人民生活水平日益提高。改革开放以来的实践证明，我国对社会主义初级阶段主要矛盾的概括是符合当时我国实际的科学结论。

社会主要矛盾不是一成不变，而是随社会生产力的发展和生产关系、上层建筑的变化而发展变化的。经过长期努力，我国经济社会有了长足发展，稳定解决了 14 亿多人口的温饱问题，总体上实现了小康。近年来，人民美好生活需要日益广泛，不仅对物质文化生活提出了更高要求，而且在民主、法治、公平、正义、安全、环境等更高层次的要求日益增长。同时，我国社会生产力水平总体上显著提高，社会生产能力在很多方面进入世界前列，更加突出的问题是发展不平衡不充分，这已经成为满足人民日益增长的美好生活需要的主要制约因素。在这样的背景下，中国特色社会主义进入新时代，我国社会主要矛盾已经转化为人民日益增长的美好生活需要和不平衡不充分的发展之间的矛盾。

人民日益增长的美好生活需要和不平衡不充分的发展之间的矛盾的论断，具有重大理论意义和实践意义。第一，作为习近平新时代中国特色社会主义思想的重要组成部分，实现了马克思主义关于社会矛盾的基本原理与新时代中国实际相结合的新飞跃。第二，突出人民日益增长的美好生活多层次、多内涵需要，强化了以人民为中心的发展思想。第三，确认矛盾的一方从"落后的生产"转化为"不平衡不充分的发展"，不仅使理论更加符合实际，而且强化了创新、协调、绿色、开放、共享新发展理念。第四，为构建中国特色社会主义政治经济学理论体系、话语体系提供了创新的范畴和理论。第五，为在全面建成小康社会基础上，分两步走在 21 世纪中叶建成富强民主文明和谐美丽的社会主义现代化强国，提供了坚实的理论基础和行动指南。

第二节　公有制为主体、多种所有制经济共同发展

党的十九届四中全会提出："公有制为主体、多种所有制经济共同发展，按劳分配为主体、多种分配方式并存，社会主义市场经济体制等社会主义基本经济制度，既体现了社会主义制度优越性，又同我国社会主义初级阶段社会生产力发展水平相适应，是党和人民的伟大创造。"这一新的概括，标志着我国社会主义基本经济制度更加成熟、更加定型。

一、社会主义公有制

生产资料公有制是社会主义经济制度的基础，决定着社会主义生产关系的各个方面。生产资料公有制，意味着劳动者在公有的生产资料面前都是平等的主人。社会主义经济制度作为人类社会历史上前所未有的经济制度，并不是由主观愿望决定的，是生产关系一定要适合生产力状况规律的体现，是资本主义基本矛盾尖锐化的必然结果。

我国社会主义经济制度是在新民主主义革命取得胜利后，通过没收官僚资本、和平赎买资本等途径建立的。1956 年底对个体农业、个体手工业和资本主义工商业的改造基本完成，标志我国完成了从新民主主义到社会主义的过渡，建立了以公有制为基础的社会主义经济制度。

以公有制为主体、多种所有制经济共同发展的基本经济制度，是由社会主义性质和初级阶段国情决定的。第一，公有制是社会主义经济关系的基础，是社会主义经济与资本主义经济的本质区别。第二，社会主义初级阶段生产力发展状况，决定了多种所有制经济的存在。第三，一切符合“三个有利于”的所有制形式都可以而且应该用来为社会主义服务。

坚持公有制主体地位的原因具体如下：一是生产资料公有制是社会主义制度的根本特征。社会的性质是由占统治地位的所有制形式决定的。二是坚持公有制主体地位才能保证经济发展的社会主义方向。在多种所有制并存的条件下，公有制经济的发展，可以巩固社会主义经济制度，也为其他经济的发展创造了平台。三是坚持公有制主体地位是实现共同富裕的根本保证。

公有制经济的主体地位主要体现在：第一，公有资产在社会总资产中占优势。公有资产占优势，不仅指量的优势，更注重质的提高。第二，国有经济控制国民经济命脉，对整个经济发展起主导作用。国有经济的主导作用主要体现在控制力上。

社会主义初级阶段公有制经济不仅包括国有经济和集体经济，还包括混合所有制经济中的国有成分和集体成分。

国有经济即社会主义全民所有制经济，是由全体社会成员共同占有生产资料的公有制形式。社会主义全民所有制一般采取国家所有制。社会主义全体劳动人民不可能直接占有和支配生产资料，必须有一个社会中心代表来占有生产资料，社会化大生产也需要这个中心指挥和协调；只有代表劳动人民利益的社会主义国家才能为全体劳动者的根本利益服务。集体经济是由部分劳动群众共同占有一定范围生产资料和劳动产品的所有制形式，是与较低的生产社会化程度相适应的公有制形式。混合所有制经济是指不同性质的所有制经济混合而成的经济形式。其性质由控股主体的所有制形式决定，不能笼统地说混合所有制是公有制还是私有制。坚持公有制主体地位，不仅要认识公有制经济的内涵，而且要进一步探索公有制实现形式。公有制反映的是生产资料所有制的性质，解决的是生产资料归属问题，具有相对稳定性；公有制的实现形式反映的则是财产组织形式和经营方式，具有可变性和灵活性。

在我国的实践中，产生了股份制、股份合作制。股份制作为资本组织形式，有利于所有权和经营权的分离，有利于提高企业和资本的运作效率。资本主义、社会主义都可以用。股份制的性质，关键看控股权掌握在谁手里。股份合作制是一种兼股份制和合作制为一体，实现了劳动者劳动联合和资本联合相结合的集体所有制经济。

二、社会主义初级阶段的非公有制经济

非公有制经济包括个体经济、私营经济、外资经济等，都是社会主义市场经济的重要组成部分，是促进我国生产力发展的重要力量。

个体经济是劳动者在个人占有生产资料的基础上，从事个体劳动和经营的一种私有制经济。劳动者主要靠自己的劳动取得收入，是一种不带有剥削性质的私有经济。

私营经济是以生产资料私人占有和雇佣劳动为基础，以获取利润为生产经营目的的私有制经济，是资本主义性质的经济。

外资经济是通过引进境外资本在我国建立的中外合资经营企业（共同投资共同经营）、中外合作经营企业（是一种契约式经济，各方的权利和义务不取决于投资比例，而取决于合同的约定）和外商独资企业。外资经济不是一般的资本主义经济，是国家能够加以限制、规定其活动范围的资本主义经济。

非公有制经济是社会主义市场经济的重要组成部分，具有机制灵活、市场适应能力强、资源配置效率高的优势，在稳定增长、促进创新、增加就业、改善民生等方面发挥着重要作用，是稳定经济的重要基础，是国家税收的重要来源，是技术创新的重要主体，是金融发展的重要依托，是经济持续健康发展的重要力量。

必须积极营造支持非公有制经济高质量发展的制度环境。健全支持民营经济、外商投资企业发展的市场、政策、法治和社会环境，进一步激发活力和创造力。在要素获取、准入许可、经营运行、政府采购和招投标等方面对各类所有制企业平等对待，破除制约市场竞争的各类障碍和隐性壁垒，营造各种所有制主体依法平等使用资源要素、公开公平公正参与竞争、同等受到法律保护的市场环境。完善支持非公有制经济进入电力、油气等领域的实施细则和具体办法，大幅放宽服务业领域市场准入，向社会资本释放更大发展空间。健全支持中小企业发展制度，增加面向中小企业的金融服务供给，支持发展民营银行、社区银行等中小金融机构。完善民营企业融资增信支持体系，健全民营企业直接融资支持制度，健全清理和防止拖欠民营企业中小企业账款长效机制，营造有利于化解民营企业之间债务问题的市场环境。完善构建亲清政商关系的政策体系，建立规范化机制化政企沟通渠道，鼓励民营企业参与实施重大国家战略。

三、公有制经济与非公有制经济的关系

公有制经济与非公有制经济共同发展格局是在党的领导下形成的，二者构成社会主义市场经济的重要组成部分，为经济社会发展做出了巨大贡献。党的二十大报告指出，要坚持和完善社会主义基本经济制度，毫不动摇巩固和发展公有制经济，毫不动摇鼓励、支持、引导非公有制经济发展，充分发挥市场在资源配置中的决定性作用，更好发挥政府作用。深化国资国企改革，加快国有经济布局优化和结构调整，推动国有资本和国有企业做强做优做大，提升企业核心竞争力。优化民营企业发展环境，依法保护民营企业产权和企业家权益，促进民营经济发展壮大。

正确理解和把握“两个毫不动摇”对于坚持和完善社会主义基本经济制度、促进各类所有制经济共同发展具有重要意义。习近平总书记在全国政协十二届四次会议民建、工商联界委员联组会上强调，实行公有制为主体、多种所有制经济共同发展的基本经济制度，是中国共产党确立的一项大政方针，必须毫不动摇巩固和发展公有制经济，毫不动摇鼓励、支持和引导非公有制经济发展。把公有制经济巩固好、发展好，同鼓励、支持、引导非公有制经济发展不是对立的，而是有机统一的。公有制经济、非公有制经济应该相辅相成、相得益彰，而不是相互排斥、相互抵消。特别是针对国有经济和民营经济的发展问题，习近平总书记做出一系列重要论述，强调要做强做优做大国有经济和壮大民营经济，科学性、系统性、前瞻性地回答了如何推动公有制经济与非公有制经济共同发展、如何认识和处理公有制经济与非公有制经济之间关系等重大问题，促进了公有制经济与非公有制经济的发展。

第三节　社会主义分配制度

一、社会主义按劳分配与按要素参与分配

我国所处的社会主义初级阶段，与马克思设想的共产主义的第一阶段即社会主义阶段相比，无论是生产力的发达程度还是生产关系的完善程度都有差异。过去几十年社会主义建设实践和理论探索告诉我们，在社会主义初级阶段，个人收入分配既不能实行单一的按劳分配，也不能实行完全的按生产要素分配，而必须实行按劳分配为主体、多种分配方式并存的分配制度。

之所以要实行这样的分配制度，主要理由是：

第一，以公有制为主体、多种所有制经济共同发展的基本经济制度决定了必须坚持以按劳分配为主体、多种分配方式并存的分配制度。分配方式是由生产方式决定的。社会主义初级阶段实行以公有制为主体、多种所有制经济共同发展的基本经济制度，公有制为主体要求实行以按劳分配为主体的分配形式，多种所有制经济共同发展要求实行多种分配方式并存的分配方式。由此决定了社会主义初级阶段的分配制度必然是按劳分配为主体、多种分配方式并存的分配制度。

第二，社会主义市场经济的发展，要求实行按劳分配为主体、多种分配方式并存的分配制度。社会主义初级阶段的经济是市场经济，在社会主义市场经济条件下，需要发展劳动、资本、技术、信息等要素市场，以发挥市场对资源配置的决定性作用。由于在商品生产过程中，活劳动创造价值，而且随着科学技术和知识经济的发展，掌握了科学技术、拥有知识的劳动者创造价值的作用和创造的价值越来越大，这就要求实行以按劳分配为主体；同时，由于资本、技术、数据等生产要素是商品生产不可缺少的重要条件，这就要允许各种要素参与收入分配，把按劳分配与按生产要素分配结合起来。根据这样的分配制度，在社会主义初级阶段，除了按劳分配和个体劳动所得之外，国家和企业发行债券筹集资金，会出现凭债权获得利息；股份经济的产生和发展，会出现凭股权取得股息和红利；某些企业经营者的收入中，包括部分风险补偿；私营企业雇用一定数量的劳动力，会给企

业主带来部分非劳动收入；还有其他属于个人的资本、技术、数据等生产要素也参与分配。由此构成了社会主义初级阶段十分丰富的分配内容。

第三，社会主义初级阶段实行按劳分配为主体、多种分配方式并存的分配制度，归根到底是由生产力的发展状况决定的。社会主义初级阶段生产力发展不平衡、多层次和不充分的状况是分配方式呈现多样性的最深层次原因。

实行以按劳分配为主体、多种分配方式并存的分配制度，适合社会主义初级阶段的生产力发展水平，有利于调动社会广大成员的积极性，把分散的人力、物力、财力和技术动员起来进行现代化建设，实现社会资源的充分利用和合理配置。

生产要素参与分配是与按劳分配不同的一种分配方式。它的基本要求是：按照投入生产要素的多少而分配社会财富。一般来说，投入资本得到利润，投入土地得到地租，投入资金得到利息。生产要素参与分配是市场经济条件下的一种分配方式，是生产资料所有者的所有权在分配领域的实现，它是通过商品生产和商品交换实现的一种在多种社会制度中通行的分配方式。

二、扎实推进共同富裕

共同富裕是社会主义的本质要求，是中国式现代化的重要特征。我们说的共同富裕是全体人民共同富裕，是人民群众物质生活和精神生活都富裕，不是少数人的富裕，也不是整齐划一的平均主义。

改革开放后，我们深刻总结正反两方面历史经验，认识到贫穷不是社会主义，打破传统体制束缚，允许一部分人、一部分地区先富起来，推动解放和发展社会生产力。党的十八大以来，党中央把握发展阶段新变化，把逐步实现全体人民共同富裕摆在更加重要的位置上，推动区域协调发展，采取有力措施保障和改善民生，打赢脱贫攻坚战，全面建成小康社会，为促进共同富裕创造了良好条件。现在，已经到了扎实推动共同富裕的历史阶段。现在，我们正在向第二个百年奋斗目标迈进。适应我国社会主要矛盾的变化，更好满足人民日益增长的美好生活需要，必须把促进全体人民共同富裕作为为人民谋幸福的着力点，不断夯实党长期执政的基础。高质量发展需要高素质劳动者，只有促进共同富裕，提高城乡居民收入，提升人力资本，才能提高全要素生产率，夯实高质量发展的动力基础。当前，全球收入不平等问题突出，一些国家贫富分化，中产阶层塌陷，导致社会撕裂、政治极化、民粹主义泛滥，教训十分深刻，必须坚决防止两极分化，促进共同富裕，实现社会和谐安定。

同时，必须清醒认识到，我国发展不平衡不充分问题仍然突出，城乡区域发展和收入分配差距较大。新一轮科技革命和产业变革有力推动了经济发展，也对就业和收入分配带来深刻影响，包括一些负面影响，需要有效应对和解决。

推进共同富裕总的思路是，坚持以人民为中心的发展思想，在高质量发展中促进共同富裕，正确处理效率和公平的关系，构建初次分配、再分配、三次分配协调配套的基础性制度安排，加大税收、社保、转移支付等调节力度并提高精准性，提高中等收入群体比重，增加低收入群体收入，合理调节高收入，取缔非法收入，形成中间大、两头小的橄榄形分配结构，促进社会公平正义，促进人的全面发展，使全体人民朝着共同富裕目标扎实迈进。

第四节 社会主义市场经济

一、社会主义经济是市场经济

我国社会主义经济之所以是社会主义市场经济，是由以下因素决定的：

第一，生产力的发展水平和社会分工。我国社会主义社会的生产力，相对于发达国家的生产力，虽然无论是建立初期还是其后都有差距，但毕竟有了发展，社会分工比较细化，这是市场经济存在的前提。

第二，经济利益的差异。社会主义制度的建立，虽然使国家、集体、劳动者个人三者利益从根本上说具有一致性，但由于劳动还是谋生的基本手段，所有制也存在多种形式，物质利益的差别依然长期存在，这就决定了社会主义生产关系的各个环节，无论是生产、交换还是分配、消费，都必须采取商品生产、商品交换的形式即市场经济的形式。

第三，实践证明，社会主义发展市场经济可以极大地促进社会生产力的发展，极大地增强社会主义国家的综合国力，极大地提高人民的生活水平。所以，我国要大力发展社会主义市场经济。

二、社会主义市场经济的特点

市场经济是在几种不同社会制度下都存在的资源配置方式和经济体制，它有自身的本质规定性，如独立的自主经营、自负盈亏的市场主体，发达的市场和完善的市场体系，充分发挥作用的市场机制等，这些规定性是市场经济在不同社会制度下的共性或一般性。在不同的社会制度条件下，市场经济的发展又具有不同的特点，表现为市场经济在不同社会条件下的特殊性。由社会主义初级阶段生产力发展状况和基本经济制度所决定，我国社会主义市场经济具有以下特点：

第一，迄今为止的西方发达国家的市场经济，都是建立在生产资料的私有制基础上，而我国的社会主义市场经济，是建立在以公有制为主体、多种所有制经济共同发展的基本经济制度基础上。这是一个十分突出的特点。由此就产生了一个问题，即市场经济与公有制能否相容？回答是肯定的，因为就市场经济的一些本质要求而言，在生产资料公有制条件下，都是可以实现的；而公有制经济的本质要求，也可以通过发展市场经济得到满足。在公有制基础上可以造就市场经济发展所需要的经济主体。公有制的本质是劳动者共同占有生产资料并凭借这种占有获得经济利益，而如何实现这种本质，则完全可以而且应该根据生产力和社会化生产发展的要求选择必要的所有制实现形式和企业形式。这些适应社会化生产的经营方式和企业组织形式，既可在私有制条件下被采用，也可在公有制条件下被采用，与所有制的性质无关。

第二，我国社会主义市场经济与以按劳分配为主体、多种分配形式并存的分配制度结合在一起，实现共同富裕的社会主义目标。建立在私有制基础上的市场经济的分配关系，通行的是按资分配原则。由于承认财产初始占有不平等，因此按资分配的结果，往往容易导致收入分配的两极分化。而在我国发展社会主义市场经济，在收入分配中无论是初次分配还是再分配都要兼顾效率和公平，在再分配中更加注重公平。对由于种种原因出现的收入差距扩大的趋势，国家运用各种经济政策手段进行调节。由此可以保证在大力发展市场经济的同时，有效治理个人收入过分悬殊，逐步实现共同富裕。

第三，我国社会主义市场经济发展的方向服从社会主义发展的根本目的。社会主义的根本目的是发展生产力，满足人民日益增长的对美好生活的需要。社会主义国家将运用经济社会政策、经济法规、计划指导和必要的行政管理，创造良好的社会环境并对市场经济运行进行调节，使社会主义市场经济的发展服从社会主义发展的根本目的，为人民生活水平的提高服务，为社会主义制度的巩固和发展服务。

三、高水平社会主义市场经济体制

社会主义市场经济体制是中国特色社会主义的重大理论和实践创新，是社会主义基本经济制度的重要组成部分，是推动经济发展的重要制度保障。党的二十大报告明确将“构建高水平社会主义市场经济体制”作为加快构建新发展格局、着力推动高质量发展的重要战略任务。

构建高水平社会主义市场经济体制，必须坚持以习近平新时代中国特色社会主义经济思想为指导。坚持和加强党的全面领导，坚持和完善中国特色社会主义制度，强化问题导向，把握正确改革策略和方法，持续优化经济治理方式，着力构建市场机制有效、微观主体有活力、宏观调控有度的经济体制，使中国特色社会主义制度更加巩固、优越性充分体现。坚持解放和发展生产力。牢牢把握社会主义初级阶段这个基本国情，牢牢扭住经济建设这个中心，发挥经济体制改革牵引作用，协同推进政治、文化、社会、生态文明等领域改革，促进改革发展高效联动，进一步解放和发展社会生产力，不断满足人民日益增长的美好生活需要。坚持和完善社会主义基本经济制度。坚持和完善公有制为主体、多种所有制经济共同发展，按劳分配为主体、多种分配方式并存，社会主义市场经济体制等社会主义基本经济制度，把中国特色社会主义制度与市场经济有机结合起来，为推动高质量发展、建设现代化经济体系提供重要制度保障。坚持正确处理政府和市场关系。坚持社会主义市场经济改革方向，更加尊重市场经济一般规律，最大限度减少政府对市场资源的直接配置和对微观经济活动的直接干预，充分发挥市场在资源配置中的决定性作用，更好发挥政府作用，有效弥补市场失灵。坚持以供给侧结构性改革为主线。更多采用改革的办法，更多运用市场化法治化手段，在巩固、增强、提升、畅通上下功夫，加大结构性改革力度，创新制度供给，不断增强经济创新力和竞争力，适应和引发有效需求，促进更高水平的供需动态平衡。坚持扩大高水平开放和深化市场化改革互促共进。坚定不移扩大开放，推动由商品和要素流动型开放向规则等制度型开放转变，吸收借鉴国际成熟市场经济制度经验和人类文明有益成果，加快国内制度规则与国际接轨，以高水平开放促进深层次市场化改革。

思考题

1. 为什么说我国处于社会主义初级阶段?
2. 中国特色社会主义进入新时代，我国社会主要矛盾发生了什么新变化?
3. 我国社会主义初级阶段的基本经济制度是什么?
4. 简述公有制经济与非公有制经济的关系。
5. 我国实行按劳分配为主体、多种分配方式并存的分配制度的原因是什么?
6. 我国实行社会主义市场经济的原因是什么? 社会主义市场经济的特点是什么?
7. 如何构建高水平社会主义市场经济体制?

在线自测

扫一扫　练一练

第八章　社会主义的经济发展

第一节　经济增长与经济发展

社会主义经济发展的道路不仅仅是对经济效益的单纯追求，更是对经济社会科学发展的全面探索与实现。在社会主义理念的引导下，经济发展逐渐从单一的经济增长取向，转向更为综合、全面的经济社会科学发展模式。这一变革旨在超越传统的经济规模扩大观念，更加注重人民的全面发展和社会的整体进步。

一、经济增长

（一）经济增长的定义与测度

经济增长是指一个国家或地区在一段时间内生产的商品和服务总量的实际增加，反映了一个经济体相对于过去的扩张，它是衡量经济状况的重要指标之一。经济增长通常表现为实际的、持续的、长期的国民收入的增加，而不仅仅是通货膨胀导致价格水平的上涨。持续的经济增长对于提高生活水平、降低贫困率、创造就业机会等方面具有积极影响。

经济增长通常通过计算国内生产总值（Gross Domestic Product，GDP）的增长率来衡量。GDP是一个国家在一定时期内（通常是一年）所有最终商品和服务的市场价值的总和。

（二）经济增长的影响因素与局限性

经济增长受到多种因素影响，主要可分为以下几点：

第一，自然资源禀赋。拥有丰富的自然资源（如石油、天然气、矿产等）可以推动经济增长，因为这些资源可以用于生产和出口，提供了收入和就业机会。此外，拥有可持续利用的自然资源（如森林、水资源等）有助于建立可持续发展的经济模式，防止过度开采和环境破坏。

第二，劳动力。教育水平和技能水平的提高能够提高劳动力的生产率，从而促进经济增长。良好的教育体系和培训机制有助于塑造高素质的劳动力。高素质、受过良好教育的劳动力有助于提高生产率和推动技术创新，对经济增长有积极的影响。同时，人口规模适中，既可以提供足够的劳动力，又能够维持就业和社会福利体系的平衡。

第三，技术创新。技术创新是现代经济增长的引擎之一，对提高生产力、推动产业升级、创造就业、提升全球竞争力等方面都有着深远的积极影响。技术创新通常涉及生产过程的改进和新技术的引入，从而提高生产效率。更高的生产效率意味着更多的产品和服务可以以更低的成本生产，促使整体经济规模扩大。新技术的引入和应用往往导致产业结构的升级和变革。传统产业可能逐渐被更具创新性和高附加值的产业所替代，促进整体经济的结构调整和升级。技术创新能够创造全新的市场和行业。新产品、新服务以及基于新技术的商业模式能够满足不断变化的消费需求，促使市场的扩大和多元化。科研和发展投入、知识产权保护以及技术传播机制都是影响技术创新的因素。政府、企业和研究机构的鼓励和支持对技术创新的推动至关重要。

第四，资源配置效率。资源配置效率是指一个经济体在有限的资源条件下，如何将资源分配到不同的经济活动中，以实现最大化的生产效益。高效的资源配置意味着资源被有效地分配到最具生产力的领域。这有助于提高整体生产效率，使经济在相同资源条件下产生更多的产品和服务，从而推动经济增长。有效的资源配置有助于实现产业结构的优化和升级。通过将资源引导到具有创新性和高附加值的产业，经济可以更快地适应技术和市场变化，从而推动产业升级。总之，有效的资源配置和市场机制可以提高资源利用效率，促进产业结构的优化，从而推动整体经济的增长。

第五，制度和政策环境。制度和政策环境对经济增长有着深远的影响，涉及法制环境、产权制度、市场竞争机制、税收政策、治理结构和反腐倡廉等多方面。它们构成了经济运行的基本框架，直接塑造了企业活动、市场机制和资源配置。合理的税收政策对经济增长至关重要。适度的税收可以提供政府运作的资金，但高税负可能抑制企业投资和消费。税收的公平性和透明性也影响着经济主体的信心和积极性。稳定的法治环境、鼓励企业活动的政策和透明的市场规则对经济增长至关重要。良好的治理结构和减少官僚主义有助于提高经济效率。总之，稳健、透明、有利于市场竞争的制度和政策环境有助于激发经济主体的活力，促使资源得以有效配置，推动可持续和稳健的经济增长。

尽管经济增长是国家繁荣和人民生活水平提高的重要指标之一，但经济增长也存在一些局限性，这些局限性表明了仅仅追求经济增长并不足以全面评估一个国家的发展状况。以下是一些经济增长的局限性：第一，忽视环境和可持续性，高速经济增长通常伴随着资源过度消耗和环境污染。单纯追求数量的增长，往往会牺牲自然资源，导致生态破坏，对可持续发展构成威胁。第二，不平等问题，经济增长未必能够消除社会内部的不平等。在某些情况下，经济增长可能会加剧贫富差距，使社会分裂，造成社会不稳定。第三，失业和技能不匹配。经济增长不一定能够有效解决失业问题，尤其是在技术进步快速的时代，技能不匹配和结构性失业可能会威胁到人们的生计。第四，单一性指标。GDP 是通常用来衡量经济增长的主要指标，但它只反映了国家的总产出，未必代表个体的生活水平。因此，单一依赖 GDP 作为评价标准存在片面性。第五，质量问题，经济增长往往只强调产出的数量，而忽视了产品和服务的质量。在某些情况下，为了快速增长，可能会忽略产品安全和质量标准，对消费者和社会造成危害。第六，社会福利和幸福感，经济增长并不总能够直接转化为人们的生活满意度和幸福感。一些国家可能经济繁荣，但人民的生活质量和幸福感却并未显著提高。第七，金融稳定风险，过度追求经济增长可能导致金融系统的不稳定。金融泡沫、过度杠杆和不当的金融市场行为可能引发经济危机。

因此，综合考虑上述局限性，国家和社会在制定发展战略时，应该更注重质量、可持续性、社会公平和人民的全面幸福感，而不仅仅局限于经济增长的绝对数字。同时这也提醒我们，在经济增长的过程中，必须处理好两个方面的关系：

一是数量与质量的关系，数量是指经济增长通常关注产出和总体规模的扩大，这是数量的一面，包括 GDP 的增加、投资和就业的提升等。与数量相对应的是质量，即产品和服务的品质、技术水平、环保性等。关注质量意味着确保经济活动对环境的影响可持续，产品和服务能够满足人们的实际需求。处理好数量与质量的关系意味着在追求经济增长的同时，注重提升生产和服务的质量，推动科技创新，鼓励绿色发展，以确保经济增长是可持续和综合的。

二是速度与平衡的关系，经济增长的速度是关键因素，但过快的增长可能导致资源过度消耗、环境问题和社会不平等。速度快时，需要关注对社会和环境的长期影响。然而，经济各个方面的平衡包括城乡平衡、产业结构平衡、收入分配平衡等。平衡意味着经济增长应该有助于整个社会的均衡发展，而不是片面追求某个领域的增长。处理好速度与平衡的关系意味着在确保经济快速增长的同时，注重不同地区和不同行业之间的平衡，防止过度集中和不平等现象。

因此，在实践中，政府和企业需要通过合理的政策和战略来协调这两对关系，确保经济增长是全面、可持续和有利于社会的。这包括推动绿色经济、加强科技创新、改善教育体系、优化资源配置等方面的努力。

二、经济发展

（一）经济发展的内涵

经济发展是一个多维度的概念，不仅包括经济总量的增长，还包括经济结构的优化和升级，涵盖了社会各个方面的进步和改善，其综合考虑经济、社会和环境等多个层面，是实现全面可持续发展的目标。因此，社会主义经济发展的演变，不再仅仅将成功度量于国内生产总值的提升，而是更加关注全体人民的生活质量、社会公平和环境可持续性。这标志着社会主义国家的经济发展已经从追求狭义的经济效益逐步转向广义的经济社会科学发展，将人民的全面发展作为经济增长的本质目标。这一方向的变革，旨在实现社会主义制度下的独特优势，使全体人民能够在经济繁荣的同时共享社会进步的红利，推动社会主义经济由高效发展迈向科学发展。需要注意的是，经济增长并不等同于经济发展，经济发展的范围更广泛、要求更高。经济发展需要经济增长的同时，要求经济质量的提升等。因此，只有经济增长而没有经济结构的优化升级、经济质量的提高等，不能认为是严格意义上的经济发展。

（二）经济发展的影响因素

经济发展的前提是经济实现增长，因此，影响经济增长的因素均会对经济发展产生影响。此外，以下因素也会对经济发展产生影响：

第一，经济结构的优化升级。经济结构的优化升级是指通过调整和改善产业结构、提高生产要素的效率，推动经济向更高附加值和创新驱动型方向发展的过程。特别是产业结构，直接影响到经济发展的质量与效率。产业结构的合理调整和升级可以促进经济增长，发展高科技、高附加值产业，提高产品和服务的质量，有助于在全球市场中获得更有利的地位。通过调整产业结构，可以促进不同地区的协调发展，支持不同地区的特色产业，平衡城乡发展，有助于提高整体社会的稳定性。产业结构的多样性有助于提高经济的韧性，过度依赖某一特定产业可能使经济更加脆弱，而多元化的产业结构可以降低风险。合理的产业结构有助于提高社会的稳定性，经济中各个产业的平衡发展可以减缓社会结构变化和产业结构调整对社会的冲击，减少社会不平等问题。

第二，经济发展的主动力。推动经济发展的主动力是指在经济体系中发挥关键作用、推动生产和创新的因素。这些主动力在很大程度上决定了经济的增长速度、质量和可持续性。高水平的技术创新和科技水平有助于提高经济的竞争力，推动经济结构的升级，增强国家的创新能力。高水平的人力资本有助于提高生产力和创新能力，促使经济向高附加值产业发展，提高整体社会的文化水平。由于经济发展是多方面因素共同作用，因此，当经济发展的主动力为科技创新技术以及高素质的劳动生产力等，而不是生产要素数量的增加时，经济才属于高水平发展状态。

第三，对外开放与全球化。对外开放与全球化使国家更加融入全球经济体系，促进了要素的跨国流动，推动了经济的国际化和多元化发展。例如，对外开放可以扩大国家的市场规模，使国内企业有更大的销售市场。同时，国际贸易促使资源要素在全球范围内优化配置，使得各国能够更有效地利用彼此的优势资源。参与全球化可以促使技术和知识的跨国传播，国家通过国际合作和竞争，可以获得先进的技术和管理经验，推动科技创新，提高生产效率和竞争力。对外开放吸引外国直接投资，为国家引入资金和技术。资本在国际间的自由流动为企业提供了更多的融资渠道，促进了生产力的提高和产业的发展。参与全球化激发了创业和企业家精神，国际市场的机会推动了企业寻找新的增长点和市场，促进了创新和产业的多元发展。然而，这也需要国家制定合理的政策来应对全球化带来的挑战，确保国内经济的稳定和可持续发展。

三、新发展理念

党的十八届五中全会提出了新发展理念，即创新、协调、绿色、开放、共享。这些理念反映了在新时代背景下，经济发展需求的变化，被纳入国民经济社会发展的总体布局，为实现全面建设社会主义现代化国家目标提供了指导方针。新发展理念的主要内容与实践如下：

第一，创新发展。创新发展理念突出了创新在国家发展中的核心地位。该理念强调将创新贯穿于国家治理体系和治理能力现代化全过程，以推动科技创新、制度创新、文化创新为主要着力点。将创新作为引领经济发展的第一动力，通过推动产业技术升级、深化改革开放，不断强化创新基础，努力实现从传统增长模式向创新驱动发展的战略性跃升。

第二，协调发展。协调发展理念强调经济社会各方面的协同发展，通过城乡协调、区域协调、产业协调等手段，力求实现全面、平衡、可持续的发展。在实践中，致力于拉动中西部地区发展，提升农村地区基础设施水平，促进城乡发展协同。通过产业结构调整，推动第一、二、三产业协调发展，实现全国范围内各个领域的协同推进。

第三，绿色发展。绿色发展理念突出了建设生态文明和实现经济发展与环境保护的有机统一。在实践中，采取一系列生态环境保护措施，包括大力开展生态修复工程、推动绿色技术创新、倡导节约资源的生活方式等。通过推进绿色发展，旨在实现经济的可持续增长，提高资源利用效率，改善生态环境，打造富有活力的绿色经济。

第四，开放发展。开放发展理念强调更加主动参与国际合作，推动国内外经济、科技、文化等各方面交流与合作。在实践中，国家通过积极参与“一带一路”建设，加强与世界各国的贸易合作，构建开放型经济格局。通过自由贸易区建设等措施，促进国际贸易自由化，推动国际市场与国内市场的对接，提升中国在全球经济中的地位。

第五，共享发展。共享发展理念强调发展成果要更多更公平地惠及全体人民，实现全体人民共享发展成果。在实践中，通过深化收入分配制度改革，推动社会保障体系建设，实现更加公平的社会收入分配。通过扶贫攻坚、教育医疗改革等措施，力求让全体人民共享改革发展的红利，逐步实现全体人民共同富裕。

新发展理念的提出，标志着中国在经济社会发展中追求更高质量、更可持续的发展路径。这些理念在后续的国家发展规划和政策中得到贯彻实施，为中国的经济社会发展注入了新的动力，提供了新的方向。

第二节　经济结构

经济发展要求优化经济结构。社会主义经济发展的结构优化主要包括产业、城乡、区域经济三方面的结构优化。

一、产业结构

中国的三次产业主要包括农业、工业以及服务业。中国的产业结构经历了长期的调整和发展，从以前以农业为主导，逐渐向工业和服务业发展转变。产业结构调整是为了适应科技进步，提高经济效益，降低环境压力。从第一产业即传统的农业向第二、第三产业即制造业和现代服务业的转变是现代社会经济结构调整的一个显著特征。产业结构与经济发展水平提高之间呈现出的共同趋势是，从第一产业占主导地位逐渐演进为第二和第三产业占主导地位，这种演变是各国在生产力不断发展、技术水平提高以及劳动要素生产率变化等方面的共同体现。当第一产业占主导优势时，代表这个国家的生产力水平较低，称为农业社会；第二产业占优势时则为工业社会；生产力水平发展到一定阶段时，第三产业占主导优势的社会为服务型社会。因此，一国的产业结构状况能够反映其经济社会的发展程度与水平。产业结构调整旨在适应科技进步的要求，提高经济效益，同时要保障就业和社会公平，使全体人民能够共享经济发展的成果。

中国产业结构变动总体符合产业结构演变的一般规律。1952 年，中国的产业结构以第一产业（农业）为主导，占比较高，农业在当时是经济的支柱，绝大多数人口从事农业生产。1978 年，在改革开放政策推动下，中国的产业结构发生了显著变化，工业化加速，第二产业（工业）崛起，农业占比下降，工业开始成为主要的经济驱动力。1985 年，第三产业规模首次超过第一产业，三次产业比例实现“二一三”向“二三一”的重大转变。

2012年第三产业规模超过第二产业，成为推动国民经济发展的主导产业，形成“三二一”格局。党的十八大以来，我国经济发展步入新阶段，经济结构战略性调整和转型升级加快推进，“三二一”产业格局更加巩固，经济发展的全面性、协调性和可持续性显著增强（见表8-1）。

表8-1 我国产业结构比重变化

产业占比	1952年	1978年	1985年	2012年	2019年	2022年
第一产业	50.5%	27.7%	27.9%	9.1%	7.1%	7.3%
第二产业	20.8%	47.7%	42.7%	45.4%	39.0%	39.9%
第三产业	28.7%	24.6%	29.4%	45.5%	53.9%	52.8%

注：表中数据来源于《中国统计年鉴》。

在三次产业结构不断升级的同时，农业、工业和服务业的内部结构也在不断调整和优化：一是农业的基础地位得到巩固，农林牧渔业全面发展。在改革开放初期，我国的农业发展以种植业为主，产品种类较为单一，发展不平衡。随着农业政策的不断优化调整，农业的综合生产能力稳步提高，现代农业体系逐渐建立和完善。在农林牧渔业总产值中，传统农业的比重不断下降，而林业、牧业、渔业的比重逐步上升。二是工业发展逐步向中高端迈进，现代工业体系逐步建立。在改革开放初期，我国的工业主要以劳动密集型的一般加工制造为主导。随着工业化的快速发展，工业结构调整取得了明显成效，从结构简单逐步演变为门类齐全，从劳动密集型工业主导向劳动资本技术密集型工业共同发展。目前，我国已经成为拥有联合国产业分类中全部工业门类的国家，200多种工业产品的产量居世界第一，制造业增加值自2010年起一直稳居世界首位。三是服务业层次不断提升，现代服务业和新兴服务业迅猛发展。在改革开放初期，我国的服务业相对滞后，以批发零售、交通运输等传统服务业为主导。随着经济的发展和人民生活水平的提高，生产性和生活性服务需求迅速增长，现代服务业蓬勃发展，呈现出强劲的发展势头。

三次产业分别对经济结构的优化有着不同的作用与影响：

第一，农业的现代化发展有助于提高农业综合生产能力，促进农业经济的稳定增长。科技进步、种植业和畜牧业的发展可以提高农业的生产效率。农业的优化使得农民收入增加，农村经济得到改善。农业现代化还有助于提供原材料，支持食品加工业的发展，同时也缓解了农村劳动力的过剩问题。

第二，工业化是经济结构优化的关键推动力，提高了整体经济的产值和效益。工业的现代化发展推动了制造业的升级，提高了劳动生产率，促使产业结构朝着更高附加值的方向发展。工业的优化对国家经济增长具有显著贡献，提高了城市化水平，创造了更多的就业机会。同时，高技术产业的发展也推动了科技创新，增强了国家的竞争力。

第三，服务业的快速发展使得经济更加多元化，提高了国家整体的经济韧性。现代服务业，如金融、信息技术、医疗、教育等，成为经济的新增长点，推动了产业结构向高附加值、高效益方向调整。服务业的优化提高了就业水平，提升了劳动生产率。人们生活水平的提高也加速了服务需求的多样化，服务业成为国家经济中日益重要的组成部分。同时，服务业的发展有助于缓解城市压力，改善人们的生活质量。

总体来说，三次产业在优化经济结构中相辅相成。农业、工业和服务业的相互协调发展有助于实现经济的全面、协调和可持续增长。这也是现代国家经济发展战略中产业结构升级的重要组成部分。

二、城乡结构

社会主义国家的城乡结构调整旨在解决城乡差距问题，促进全面发展。政策需要注重推动农村经济发展，改善农民生活水平，同时推动城市化进程，促进城市和农村的协调发展。城市化的推进与农村发展之间存在的不平衡是社会主义国家需要面对的问题。

城乡结构的变化通常呈现出一定的规律：随着经济社会的不断发展，乡村人口比重和经济比重呈下降趋势，相应地，城市的比重逐渐上升，整体社会城市化程度逐步提高。城乡结构的优化问题实际上涉及城乡人口结构的优化、城市化水平的不断提高，以及工农业生产结构的调整变化。

在城乡人口结构方面，人口持续向城市集中是一种必然趋势。一方面，农业劳动生产率的提高导致农村剩余劳动力需要进城务工；另一方面，人口向城市集中有助于促进工业和服务业的发展，吸引更多人口流入城市。

农业剩余劳动力的转移应该是多层次、多渠道的，包括选择离土不离乡的方式，即农业剩余劳动力主要到城镇就业，以及离土又离乡的方式，即脱离农村成为城市人口。大、中、小城市的分布应该合理规划。

从工农业生产结构来看，农业作为基础满足人们的基本生活需求，而工业则起主导作用，决定着经济发展水平以及人民生活质量的提高。工业的发展明显超过了农业。

在农业与工业、其他产业的关系中，解决好农业现代化的问题至关重要。当前，我国仍处于传统农业阶段，科技水平和劳动生产率相对较低。推动传统农业向现代农业转变是我国实现国民经济现代化的首要任务。

现代农业的基本特征包括：一是较高的劳动生产率，实现农业生产的基本规模化经营；二是充分运用现代科学技术，提高农业机械化和生物化程度；三是基础设施得到根本性改变，不再完全依赖自然条件。

三、区域经济结构

社会主义国家区域发展不平衡的原因包括：资源分布不均、政策执行不力等。政策层面应通过调整资源配置、加强区域政策的执行力度等手段，促进区域均衡发展。区域资源分布的差异、政策执行的不均衡等因素导致了区域发展的不平衡。社会主义国家应通过调整政策，促进区域均衡发展。

从经济学的角度来看，区域经济指的是在经济上存在内在联系、生产力发展水平存在差异的某一地区，构成了一个国家经济发展的空间结构。通常，区域经济的划分是基于自然条件、资源禀赋、现有生产力发展水平等标准进行的。

我国目前东部、中部、西部和东北老工业基地的区域经济划分主要基于经济技术发展水平和地理位置的不同。在全球范围内，由于各种因素的影响，区域经济发展不平衡是一个客观存在的现象，尤其在发展中的大国更加显著。

造成区域经济发展不平衡的主要因素包括：第一，区域自然条件的差异，即自然条件的差异会导致经济差异；第二，资源禀赋的差异，包括区域拥有的生产要素的数量和质量，如自然资源、劳动力、资本、技术等；第三，分工水平的差异，基于资源禀赋不同，拥有科技优势的区域在分工上占有优势；第四，区域经济结构的差异是导致发展差异的原因之一；第五，社会历史的差异，包括文化、习惯、体制等因素都会对区域经济产生影响。

为了实现国家区域经济结构的优化，必须采取以下措施：首先，要利用各个经济区域自身的经济发展特点和优势，形成有利于区域发展的条件，使该区域的经济社会能够更好地发展。其次，在不同经济区域之间加强联系与合作，实现不同经济区域的共同发展，发挥各自的长处，避免短处。最后，国家需要根据经济发展总体规划，对欠发达地区实施特殊政策扶持，加速区域经济发展。

四、供给侧结构性改革

所谓供给侧结构性改革，即从提高供给质量出发，用改革的办法推进结构调整，矫正要素配置扭曲，扩大有效供给，提高供给结构对需求变化的适应性和灵活性，提高全要素生产率，更好满足广大人民群众的需要，促进经济社会持续健康发展。准确把握供给侧结构性改革的深刻内涵，需要把握“供给侧”“结构性”“改革”三大关键点。

“供给侧”是指经济运行的主要矛盾在供给侧。供给和需求是市场经济内在关系的两个基本方面。供给管理和需求管理是对市场经济运行进行宏观管理的两种基本方法，目的是保持社会总供给和社会总需求在总量和结构上达到基本平衡，从而促进经济持续健康发展。在实际经济运行中，如果主要矛盾出现在供给侧，则宏观经济管理方法以供给管理为主；如果主要矛盾出现在需求侧，则宏观经济管理方法以需求管理为主。2016 年 1 月 18 日，习近平总书记在省部级主要领导干部学习贯彻党的十八届五中全会精神专题研讨班上的讲话中指出：“需求侧管理，重在解决总量性问题，注重短期调控，主要是通过调节税收、财政支出、货币信贷等来刺激或抑制需求，进而推动经济增长。供给侧管理，重在解决结构性问题，注重激发经济增长动力，主要通过优化要素配置和调整生产结构来提高供给体系质量和效率，进而推动经济增长。”近年来，随着我国宏观经济运行中供求矛盾发生变化，主要矛盾在供给侧，宏观经济管理需要从注重需求管理转变为注重供给管理。

“结构性”是指供给侧的矛盾主要是“结构”而非“总量”。2017 年中央经济工作会议指出：“我国经济运行面临的突出矛盾和问题，虽然有周期性、总量性因素，但根源是重大结构性失衡。”解决结构性失衡，必须从供给侧、结构性改革上想办法、定政策，用改革的办法推进结构调整，减少无效和低端供给，扩大有效和中高端供给，增强供给结构对需求变化的适应性和灵活性。为此，习近平总书记在省部级主要领导干部学习贯彻党的十八届五中全会精神专题研讨班上的讲话中指出：“‘结构性’3 个字十分重要，简称‘供给侧改革’也可以，但不能忘了‘结构性’3 个字。”

“改革”是指解决供给侧结构性矛盾的途径是深化改革。经济运行之所以出现供给侧和结构性问题，根本原因是存在体制机制障碍，市场在配置资源中的决定性作用发挥不充分，政府干预过多。解决这些问题，必须依靠改革创新。一方面要发挥市场在资源配置中的决定性作用，积极稳妥地从广度和深度上推进市场化改革，大幅度减少政府对资源的直接配置，让市场在所有能够发挥作用的领域都充分发挥作用，推动资源配置实现效益最大化和效率最优化；另一方面市场在资源配置中起决定性作用，并不是全部作用。我国实行的是社会主义市场经济体制，仍然要坚持发挥我国社会主义制度的优越性、发挥党和政府的积极作用。要切实转变政府职能，明确界定政府和市场的边界，让政府在保持宏观经济稳定、加强和优化公共服务、保障公平竞争、加强市场监管、维护市场秩序、推动可持续发展、促进共同富裕、弥补市场失灵等方面发挥作用。必须深化行政体制改革、创新行政管理方式，优化政府发挥作用的方式，减少行政性命令，更多依靠市场手段和法律手段，在尊重市场规律的基础上，用改革激发市场活力，用政策引导市场预期，用规划明确投资方向，用法治规范市场行为。

推进供给侧结构性改革，要把握好三个基本要求：其一，最终目的是满足需求。要深入研究市场变化，理解现实需求和潜在需求，在解放和发展社会生产力中更好满足人民美好生活需要。其二，主攻方向是提高供给质量。要减少无效供给、扩大有效供给，着力提升整个供给体系质量，提高供给结构对需求结构的适应性。其三，根本途径是深化改革。要完善市场在资源配置中起决定性作用的体制机制，深化行政管理体制改革，打破垄断，构建更加完善的要素市场化配置体制机制，使价格机制真正引导资源配置。同时要加强激励、鼓励创新，增强微观主体内生动力，提高盈利能力，提高劳动生产率，提高全要素生产率，提高潜在增长率。

深化供给侧结构性改革，总的要求是“巩固、增强、提升、畅通”八字方针。要巩固“三去一降一补”成果，推动更多产能过剩行业加快出清，降低全社会各类营商成本，加大基础设施等领域补短板力度。要增强微观主体活力，发挥企业和企业家主观能动性，建立公平开放透明的市场规则和法治化营商环境，促进正向激励和优胜劣汰，发展更多优质企业。要提升产业链水平，注重利用技术创新和规模效应形成新的竞争优势，培育和发展新的产业集群。要畅通国民经济循环，加快建设统一开放、竞争有序的现代市场体系，提高金融体系服务实体经济能力，形成国内市场和生产主体、经济增长和就业扩大、金融和实体经济的良性循环。

第三节　新发展格局

在实现“两个一百年”奋斗目标的历史交汇点上，以习近平同志为核心的党中央根据我国发展阶段、环境、条件变化，特别是基于我国比较优势变化，审时度势做出了构建新发展格局的重大决策。习近平总书记在省部级主要领导干部学习贯彻党的十九届五中全会精神专题研讨班开班式上强调：“加快构建以国内大循环为主体、国内国际双循环相互促进的新发展格局，是‘十四五’规划《建议》提出的一项关系我国发展全局的重大战略任务，需要从全局高度准确把握和积极推进。”《中华人民共和国国民经济和社会发展第十四个五年规划和2035年远景目标纲要》提出：“‘十四五’时期推动高质量发展，必须立足新发展阶段、贯彻新发展理念、构建新发展格局”，并强调构建新发展格局是“应对新发展阶段机遇和挑战、贯彻新发展理念的战略选择”。

一、加快构建新发展格局的必要性

加快构建以国内大循环为主体、国内国际双循环相互促进的新发展格局，是立足实现第二个百年奋斗目标、统筹发展和安全做出的战略决策，也是贯彻新发展理念、推动高质量发展的重大举措，需要从全局高度准确把握和积极推进。

改革开放前，我国经济以国内循环为主，进出口占国民经济的比重很小。改革开放以来特别是加入世界贸易组织后，我国加入国际大循环，市场和资源“两头在外”，形成“世界工厂”发展模式，对我国快速提升经济实力、改善人民生活发挥了重要作用。但随着世界经济发展形势变化，逆全球化趋势加剧，国际大循环动能明显减弱，而国内大循环活力日益强劲，必须根据新的形势提出引领发展的新思路。同时，我国作为一个人口众多和超大市场规模的社会主义国家，在迈向现代化的历史进程中，必将改变世界现代化发展格局，必然要承受其他国家都不曾遇到的各种压力和严峻挑战，我们这个超大规模经济体可以也必须内部可循环，必须把发展的主导权牢牢掌握在自己手中。

习近平总书记在党的十九届五中全会第二次会议上指出，构建新发展格局是把握发展主动权的先手棋，不是被迫之举和权宜之计。只有加快构建新发展格局，充分发挥国内超大规模市场优势，通过繁荣国内经济、畅通国内大循环，夯实经济发展的根基、增强发展的安全性稳定性，才能在各种可以预见和难以预见的狂风暴雨、惊涛骇浪中增强我国的生存力、竞争力、发展力、持续力，确保中华民族伟大复兴进程不被迟滞甚至中断，胜利实现全面建成社会主义现代化强国目标。

二、准确把握新发展格局的内涵

深刻把握以国内大循环为主体的现实基础和内涵要求。习近平总书记在省部级主要领导干部学习贯彻党的十九届五中全会精神专题研讨班开班式上指出：“只有立足自身，把国内大循环畅通起来，才能任由国际风云变幻，始终充满朝气生存和发展下去。”我国有14亿多人口、4亿多中等收入群体，人均国内生产总值已经突破1万美元，市场规模巨大。随着我国向高收入国家迈进，强大国内市场加快形成，实现国内大循环具有坚实的需求基础。我国储蓄率仍然较高，拥有全球最完整、规模最大的工业体系和完善的配套能力，拥有1.8亿户市场主体和2.5亿多受过高等教育或拥有各种专业技能的人才①，研发能力不断提升，实现国内大循环具有坚实的供给基础。以国内大循环为主体，体现在经济运行上，就是深化对内经济联系、增加经济纵深，使国内市场主导国民经济循环、成为最终需求的主要来源，使供给体系对国内需求的适配性进一步提高，形成需求牵引供给、供给创造需求的更高水平动态平衡；体现在社会再生产上，就是打通生产、分配、流通、消费等各环节的堵点，在生产环节加强关键核心技术攻关、维护产业链供应链安全稳定，在分配环节优化收入分配结构、扩大中等收入群体，在流通环节建设现代流通体系、实现货畅其流，在消费环节优化消费环境、促进消费升级，从而实现经济循环流转和产业关联畅通。需要注意的是，国内循环是建立在国内统一大市场基础上的大循环，而不是每个地方

① 数据截至2024年7月。

都搞自我小循环，不是层层要搞省内循环、市内循环、县内循环，必须有效破除地方保护、行业垄断和市场分割。

深刻把握国内国际双循环相互促进的历史必然性和现实路径。习近平总书记在2020年8月24日的经济社会领域专家座谈会上强调："新发展格局决不是封闭的国内循环，而是开放的国内国际双循环。"习近平总书记在省部级主要领导干部学习贯彻党的十九届五中全会精神专题研讨班开班式上强调："构建新发展格局，实行高水平对外开放，必须具备强大的国内经济循环体系和稳固的基本盘。要塑造我国参与国际合作和竞争新优势，重视以国际循环提升国内大循环效率和水平，改善我国生产要素质量和配置水平，推动我国产业转型升级。"从长远看，经济全球化仍是历史潮流，各国分工合作、互利共赢是长期趋势。今天，我国已成为世界第一大货物贸易国、130多个国家和地区的主要贸易伙伴和重要出口市场，市场规模位居世界前列，是世界经济增长的重要稳定器和动力源，对世界经济增长贡献率连续多年保持在30%左右，中国制造已经深度融入全球产业链供应链，我国在国际大循环中的地位日益突出。构建新发展格局绝不意味着对外开放地位的下降，而是要进一步敞开开放的大门，实现国内国际双循环相互促进。要立足国内大循环，协同推进强大国内市场和贸易强国建设，形成全球资源要素强大引力场，促进内需和外需、进口和出口、引进外资和对外投资协调发展，使国内市场和国际市场更好联通，强化国内大循环的主导作用，以国际循环提升国内大循环效率和水平，从而为中国经济发展开辟空间，促进同各国互利共赢、共同繁荣发展，为世界经济复苏和增长增添动力。

三、构建新发展格局的重要举措

第一，更好统筹扩大内需和深化供给侧结构性改革，增强国内大循环动力和可靠性。构建新发展格局的关键在于实现经济循环的畅通无阻。能否实现，主要取决于供给和需求两端是否动力强劲、总体匹配，动态平衡、良性互动。这就需要把扩大内需战略同深化供给侧结构性改革有机结合起来，供需两端同时发力、协调配合，形成需求牵引供给、供给创造需求的更高水平动态平衡，实现国民经济良性循环。要坚决贯彻落实扩大内需战略规划纲要，尽快形成完整内需体系，着力扩大有收入支撑的消费需求、有合理回报的投资需求、有本金和债务约束的金融需求。要建立和完善扩大居民消费的长效机制，使居民有稳定收入能消费、没有后顾之忧敢消费、消费环境优获得感强愿消费。要完善扩大投资机制，拓展有效投资空间，适度超前部署新型基础设施建设，扩大高技术产业和战略性新兴产业投资，持续激发民间投资活力。要继续深化供给侧结构性改革，持续推动科技创新、制度创新，突破供给约束堵点、卡点、脆弱点，增强产业链供应链的竞争力和安全性，以自主可控、高质量的供给适应满足现有需求，创造引领新的需求。供给和需求严重失衡错位、循环不畅，是经济金融领域重大风险的根源之一，统筹好扩大内需和深化供给侧结构性改革也有助于防范化解经济金融领域风险。

第二，加快科技自立自强步伐，解决外国"卡脖子"问题。当今世界，科学技术是第一生产力、第一竞争力。我们要完善党中央对科技工作统一领导的体制，健全新型举国体制，强化国家战略科技力量，优化配置创新资源，使我国在重要科技领域成为全球领跑者，在前沿交叉领域成为开拓者，力争尽早成为世界主要科学中心和创新高地。要实现科教兴国战略、人才强国战略、创新驱动发展战略有效联动，坚持教育发展、科技创新、人才培养一体推进，形成良性循环；坚持原始创新、集成创新、开放创新一体设计，实现有效贯通；坚持创新链、产业链、人才链一体部署，推动深度融合。

第三，加快建设现代化产业体系，夯实新发展格局的产业基础。新发展格局以现代化产业体系为基础，经济循环畅通需要各产业有序链接、高效畅通。当前，全球产业体系和产业链供应链呈现多元化布局、区域化合作、绿色化转型、数字化加速的态势，这是经济发展规律和历史大趋势，不以人的意志为转移。我们要继续把发展经济的着力点放在实体经济上，扎实推进新型工业化，加快建设制造强国、质量强国、网络强国、数字中国，打造具有国际竞争力的数字产业集群。顺应产业发展大势，从时空两方面统筹抓好产业升级和产业转移。一方面，推动短板产业补链、优势产业延链，传统产业升链、新兴产业建链，增强产业发展的接续性和竞争力；另一方面，深化改革健全区域战略统筹、市场一体化发展等机制，优化生产力布局，推动重点产业在国内外有序转移，支持企业深度参与全球产业分工和合作，促进内外产业深度融合，打造自主可控、安全可靠、竞争力强的现代化产业体系。

第四，全面推进城乡、区域协调发展，提高国内大循环的覆盖面。只有实现了城乡、区域协调发展，国内大循环的空间才能更广阔、成色才能更足。乡村既是巨大的消费市场，又是巨大的要素市场，是国内大循环的重要组成部分。要充分发挥乡村作为消费市场和要素市场的重要作用，全面推进乡村振兴，推进以县城为重要载体的城镇化建设，推动城乡融合发展，增强城乡经济联系，畅通城乡经济循环。防止各地搞自我小循环，打消区域壁垒，真正形成全国统一大市场。推动区域协调发展战略、区域重大战略、主体功能区战略等深度融合，优化重大生产力布局，促进各类要素合理流动和高效集聚，畅通国内大循环。

第五，进一步深化改革开放，增强国内外大循环的动力和活力。要深化要素市场化改革，建设高标准市场体系，加快构建全国统一大市场。完善产权保护、市场准入、公平竞争、社会信用等市场经济基础制度，加强反垄断和反不正当竞争，依法规范和引导资本健康发展，为各类经营主体投资创业营造良好环境，激发各类经营主体活力。深化财政金融体制改革，完善现代财税金融体制，健全现代预算制度、优化税制结构、完善财政转移支付体系，建设现代中央银行制度、完善现代金融监管、强化金融稳定保障体系，健全资本市场功能、发挥现代资本市场积极作用。推进高水平对外开放，对标高标准国际贸易和投资通行规则，稳步扩大规则、规制、管理、标准等制度型开放，增强在国际大循环中的话语权。优化区域开放布局，加快建设西部陆海新通道，加快建设海南自由贸易港，实施自由贸易试验区提升战略，形成参与国际大循环的增长点。有序推进人民币国际化，依法保护外商投资权益，构建参与国际经济合作和竞争的新优势。推动共建“一带一路”高质量发展，积极参与国际经贸规则谈判，推动形成开放、多元、稳定的世界经济秩序，为实现国内国际两个市场两种资源联动循环创造条件。

第四节　以高质量发展推进中国式现代化

一、高质量发展的核心要义

党的二十大报告指出，发展是党执政兴国的第一要务，要着力推动高质量发展。在强国建设、民族复兴的新征程上，我们必须深刻领会高质量发展的内涵要求和重大意义，坚定不移推动高质量发展。

高质量发展是全面建设社会主义现代化国家的首要任务。习近平总书记在2023年全国“两会”期间指出，没有高质量发展，就谈不上社会主义现代化。党的十八大以来，以习近平同志为核心的党中央深入分析我国发展新的历史条件和阶段、全面认识和把握我国现代化建设实践历程以及各国现代化建设一般规律，做出推动高质量发展的重大决策部署。当前，我国正处在全面建设社会主义现代化国家开局起步的关键时期，新的使命任务和新的发展环境都对经济发展提出了更高的要求。推动高质量发展，必须更好统筹经济质的有效提升和量的合理增长。如果没有质的有效提升，量的合理增长将不可持续；如果没有量的合理增长，经济结构优化、产业转型升级、城乡区域协调发展、民生福祉改善都将是无本之木。新征程上，必须努力实现发展质量、结构、规模、速度、效益、安全相统一，通过质的有效提升，持续增强发展后劲，通过量的合理增长，为经济稳定运行和转型升级奠定坚实基础，推动中国式现代化建设不断取得新进展新突破。

高质量发展是体现新发展理念的发展。习近平总书记在党的十八届五中全会第二次全体会议讲话中指出，理念是行动的先导，发展理念是发展思路、发展方向、发展着力点的集中体现。2021年，习近平总书记在福建考察时指出，新发展理念和高质量发展是内在统一的。我国经济已由高速增长阶段转向高质量发展阶段，面对不稳定性不确定性明显上升的外部环境和深刻复杂变化的国内发展环境，传统发展模式难以为继，只有坚持创新成为第一动力、协调成为内生特点、绿色成为普遍形态、开放成为必由之路、共享成为根本目的的发展，加快推进质量变革、效率变革、动力变革，才能有效破解一系列结构性、周期性、体制性突出问题，才能有效应对外部环境变化带来的冲击挑战，保持经济平稳健康可持续发展。新征程上，必须完整、准确、全面贯彻新发展理念，始终以创新、协调、绿色、开放、共享的内在统一来把握发展、衡量发展、推动发展，坚定不移深化改革开放，深入转变发展方式，加快形成可持续的高质量发展体制机制，努力实现更高质量、更有效率、更加公平、更可持续、更为安全的发展。

高质量发展是能够很好满足人民日益增长的美好生活需要的发展。2018年，习近平总书记在山东考察时指出，增进民生福祉是发展的根本目的。做好经济工作、研究经济政策、推动经济发展，要把增进人民福祉、促进人的全面发展、朝着共同富裕方向稳步前进作为出发点和落脚点。我国社会主要矛盾已经转化为人民日益增长的美好生活需要和不平衡不充分的发展之间的矛盾，人民群众期盼有更好的教育、更稳定的工作、更满意的收入、更可靠的社会保障、更高水平的医疗卫生服务、更舒适的居住条件、更优美的环境、更丰富的精神文化生活。只有坚定不移走高质量发展之路，不断破解发展不平衡、不协调、不可持续问题，才能不断把人民对美好生活的向往变为现实。新征程上，必须始终坚持以人民为中心的发展思想，紧紧抓住人民最关心最直接最现实的利益问题，更好满足人民群众个性化、多样化、不断升级的需求，不断增强人民群众的获得感、幸福感、安全感，在现代化建设中更好推动人的全面发展、社会全面进步。

二、全力推动高质量发展的具体要求

一是创新完善宏观调控，持续扩大国内需求。增强宏观调控的前瞻性、针对性、协同性，充分发挥超大规模市场优势，有效释放内需潜力。优化宏观政策组合，促进财政、货币、就业、产业、投资、消费、价格、环保、区域等政策形成系统集成效应，做到科学精准、协同发力。综合施策释放消费潜力，充分发挥消费对经济增长的基础性作用，多渠道增加城乡居民收入，稳定汽车、住房等大宗消费，培育壮大绿色消费、服务消费等消费新热点，创新消费场景。积极扩大有效投资，有力有序推进“十四五”规划102项重大工程及其他经济社会重大项目建设，强化土地、用能、环评等要素保障。鼓励和吸引更多民间资本按市场化原则参与国家重大项目和补短板项目建设，激发民间投资活力。

二是坚持创新驱动发展，加快建设现代化产业体系。深入实施创新驱动发展战略，依靠科技创新提升产业发展水平，不断塑造发展新动能新优势。加快推动科技创新，全面提高知识产权创造、运用、保护和服务水平。强化企业创新主体地位，提高科技成果转化和产业化水平，深化国际科技合作。加快产业结构优化升级，培育壮大新兴产业，推进传统产业改造提升，推动制造业高端化、智能化、绿色化发展，促进现代服务业同先进制造业、现代农业深度融合。加快发展数字经济，大力推进产业数字化和数字产业化，支持平台企业在创造就业、拓展消费、国际竞争中大显身手。加快发展方式绿色转型，支持绿色低碳产业发展。积极稳妥推进碳达峰碳中和，在钢铁、石化、建材、交通运输、城乡建设等10个重点领域有计划分步骤实施碳达峰，协同推进降碳、减污、扩绿、增长。

三是全面深化改革开放，持续增强发展动力和活力。始终坚持社会主义市场经济改革方向，推动有效市场和有为政府更好结合，实施更大范围、更宽领域、更深层次对外开放，促进国际合作，实现互利共赢。深入推进重点领域改革，坚持“两个毫不动摇”，深化国资国企改革，加快国有经济布局优化和结构调整；优化民营企业发展环境，依法保护民营企业产权和企业家权益，从制度和法律上把对国企民企平等对待的要求落下来；依法保护外商投资权益，让国企敢干、民企敢闯、外企敢投。扎实推进高标准市场体系建设，深化要素市场化改革，加快建设全国统一大市场，营造市场化法治化国际化一流营商环境。持续推进高水平对外开放，稳步扩大规则、规制、管理、标准等制度型开放。合理缩减外资准入负面清单，引导外资更多投向先进制造业、现代服务业、高新技术、节能环保等领域和中西部、东北地区，推动外资标志性项目落地、建设和达产。促进外贸稳规模优结构，加快建设海南自由贸易港。推动共建“一带一路”高质量发展，巩固拓展与共建国家务实合作，保障中欧班列安全稳定畅通运行。

四是统筹推进城乡区域发展，提高发展平衡性协调性。坚持农业农村优先发展，扎实推进新型城镇化建设，健全区域协调发展体制机制，加快构建高质量发展的动力系统。全面推进乡村振兴，把产业振兴作为乡村振兴的重中之重，积极延伸和拓展农业产业链，培育农村产业新业态新模式。巩固拓展脱贫攻坚成果，稳步推进以人为核心的新型城镇化，加快农业转移人口市民化，以城市群、都市圈为依托构建大中小城市协调发展格局，深入推进以县城为重要载体的城镇化建设。推动区域协调发展战略、区域重大战略、主体功能区战略等深度融合，扎实推进京津冀协同发展，深入推动长江经济带生态环境保护修复和绿色高质量发展，推进粤港澳大湾区重大合作平台建设，促进长三角一体化发展，加大黄河流域生态保护和高质量发展力度，不断提升区域发展的协调性平衡性。

五是统筹发展和安全，以新安全格局保障新发展格局。坚持底线思维，防范化解重点领域风险挑战，切实维护经济安全，保障粮食、能源、产业链供应链、数据安全，完善粮食产购储加销体系，积极开展重要农产品国际合作。加强能源供应保障能力建设，加快规划建设新型能源体系。不断提升产业链供应链韧性和安全水平，建立健全数据安全治理体系，提高数据安全保障能力。保障重要基础设施安全，优化基础设施布局、结构、功能和系统集成，加快综合立体交通网建设。防范化解重大风险，促进房地产业平稳发展，支持刚性和改善性住房需求；平稳化解地方政府债务风险，深化金融体制改革，加快构建防范化解风险长效机制。

三、中国式现代化

中国式现代化是我们党深刻总结我国和世界其他国家现代化建设的历史经验，对我国这样一个东方大国如何加快实现现代化进行不断探索形成的思想理论结晶。党的二十大集中概括了中国式现代化的中国特色、本质要求和重大原则，初步构建起中国式现代化理论体系，使中国式现代化更加清晰、更加科学、更加可感可行。

中国式现代化的中国特色、本质要求和重大原则，是推进中国式现代化的最高顶层设计。中国式现代化具有五个方面的中国特色，包括人口规模巨大、全体人民共同富裕、物质文明和精神文明相协调、人与自然和谐共生、走和平发展道路。中国式现代化的本质要求是：坚持中国共产党领导，坚持中国特色社会主义，实现高质量发展，发展全过程人民民主，丰富人民精神世界，实现全体人民共同富裕，促进人与自然和谐共生，推动构建人类命运共同体，创造人类文明新形态。推进中国式现代化，必须牢牢把握五个重大原则，即坚持和加强党的全面领导、坚持中国特色社会主义道路、坚持以人民为中心的发展思想、坚持深化改革开放、坚持发扬斗争精神。

习近平总书记在学习贯彻党的二十大精神研讨班开班式上强调，一个国家走向现代化，既要遵循现代化一般规律，更要符合本国实际，具有本国特色。中国式现代化既有各国现代化的共同特征，更有基于自己国情的中国特色。

中国式现代化是人口规模巨大的现代化。中国 14 亿多人口整体迈入现代化，规模超过现有发达国家人口的总和，将极大改变现代化的世界版图。这是人类历史上规模最大的现代化，也是难度最大的现代化。必须从国情出发，首先要考虑人口基数问题，考虑我国城乡区域发展水平差异大等实际，既不能好高骛远，也不能因循守旧，始终保持历史耐心，坚持稳中求进、循序渐进、持续推进。

中国式现代化是全体人民共同富裕的现代化。这是区别于西方现代化的显著标志。西方现代化的最大弊端，就是以资本为中心而不是以人民为中心，追求资本利益最大化而不是服务绝大多数人的利益，导致贫富差距大、两极分化严重。中国式现代化坚守人民至上理念，突出现代化方向的人民性，坚持发展为了人民，发展依靠人民，发展成果由人民共享，不断推动全体人民共同富裕。必须把实现人民对美好生活的向往作为现代化建设的出发点和落脚点，在推动高质量发展的同时，自觉主动解决地区差距、城乡差距、收入分配差距，着力维护和促进社会公平正义，坚决防止两极分化。

中国式现代化是物质文明和精神文明相协调的现代化。物质贫困不是社会主义，精神贫乏也不是社会主义。物质富足、精神富有是社会主义现代化的根本要求。西方国家早期的现代化，一边是财富积累，一边是信仰缺失、物欲横流。今天，西方国家日渐陷入困境，一个重要原因就是无法遏制资本贪婪的本性，无法解决物质主义膨胀、精神贫乏等痼疾。中国式现代化既要物质财富极大丰富，也要精神财富极大丰富、在思想文化上自信自强。必须坚持两手抓、两手硬，不断厚植现代化的物质基础，夯实人民幸福生活的物质条件，同时大力发展社会主义先进文化，加强理想信念教育，传承中华文明，促进物的全面丰富和人的全面发展。

中国式现代化是人与自然和谐共生的现代化。在人与自然的关系问题上，西方现代化大都经历了对自然资源肆意掠夺和生态环境恶性破坏的阶段，在创造巨大物质财富的同时，往往造成环境污染、资源枯竭等严重问题。中国式现代化坚持可持续发展，统筹推进经济社会发展和生态环境保护。必须牢固树立和践行绿水青山就是金山银山的理念，坚持节约优先、保护优先、自然恢复为主的方针，坚定不移走生产发展、生活富裕、生态良好的文明发展道路，实现中华民族永续发展。

中国式现代化是走和平发展道路的现代化。中华民族经历了西方列强侵略、凌辱的悲惨历史，深知和平的宝贵。西方现代化充满战争、贩奴、殖民、掠夺等血腥罪恶，给广大发展中国家带来深重苦难。中国式现代化不走殖民掠夺的老路，不走国强必霸的歪路，而是坚持独立自主、自力更生，依靠全体人民的辛勤劳动和创新创造发展壮大自己。必须始终高举和平、发展、合作、共赢旗帜，在坚定维护世界和平与发展中谋求自身发展，又以自身发展更好维护世界和平与发展。

思考题

1. 影响经济增长的因素有哪些？
2. 影响经济发展的因素有哪些？
3. 新发展理念是什么？
4. 简述供给侧结构性改革的内涵。
5. 如何构建新发展格局？

6. 全力推动高质量发展的具体要求是什么？

7. 如何理解中国式现代化？

在线自测

扫一扫　练一练

第九章　社会主义宏观调控与宏观经济治理

第一节　宏观调控的依据

社会主义市场经济下的宏观调控是指在社会主义制度框架下，通过调整经济运行的总体方向和总量关系，采用一系列手段引导和影响市场经济的运行，以实现经济社会发展的稳定、有序、持续增长的目标。在社会主义市场经济中，市场在资源配置中起到决定性作用，但与此同时，由于市场经济的内在特点，如信息不对称、外部性、公共物品等问题，以及市场对收入分配的影响，可能导致经济运行中出现一些不利于社会公平和经济稳定的问题。因此，需要通过宏观调控手段来引导市场经济的运行，确保经济发展符合社会主义的基本要求。

宏观调控是社会主义经济管理的重要手段，其依据主要包括以下几个方面：

一是社会主义制度要求。社会主义经济体制下，国家拥有对生产资料的所有权，为实现全体人民的共同利益，需要通过宏观调控来引导和调整经济发展，这也是社会化大生产的客观要求。社会主义社会中存在着社会主义基本矛盾，即生产力和生产关系之间的矛盾。宏观调控的目标是通过统一领导和调度，解决这一基本矛盾，促进社会主义事业发展。

二是弥补市场失灵。市场失灵是指市场机制在资源配置和经济运行中存在缺陷，无法有效实现社会福利最大化，如信息不对称、外部性等问题。宏观调控可以通过加强监管、规范信息披露，以及提供公共信息服务等手段来减轻信息不对称问题，确保市场信息更加透明。政府可以通过税收、补贴等手段来纠正外部性问题，使市场能够更好地内部化外部效应，提高社会福利水平。宏观调控通过法律和行政手段来纠正这些市场失灵，确保市场经济在社会主义框架内更好地运行。

三是充分发挥国家经济职能。首先，国内经济的健康发展需要国家充分发挥经济职能。传统观念认为国家只在外交、军事和政治领域发挥作用，但实践证明这一观点并不准确。作为一个重要的经济主体，国家在社会经济活动中具有重要职能。国家掌握巨大的经济实力，承担着创造经济发展基础条件的责任。在没有国家进行宏观调控的情况下，正常经济发展难以想象。其次，国家经济职能的发挥在对外经济的发展中至关重要。随着经济全球化趋势的加强，各国经济联系日益紧密，贸易和投资合作不断增加。在这个背景下，国家为本国企业提高市场竞争力创造必要条件变得至关重要。国家的政策支持和经济职能的发挥对于本国企业占据优势地位至关重要。因此，市场调节与宏观调控相结合，方能形成现代市场经济体系。综合而言，宏观调控是为了确保国内经济的正常发展和促进本国企业在全球市场中取得竞争优势而必不可少的。国家作为一个重要的经济主体，其宏观调控职能的发挥对于经济体系的平稳运行和可持续发展具有重要意义。

第二节　宏观调控的目标

宏观调控作为国家经济管理的一种手段，旨在通过合理的政策干预和调整，达到一系列经济目标，以确保整体经济运行的稳定和可持续发展。宏观调控的目标涉及多方面，主要包括以下几个方面：

第一，经济增长：宏观调控的首要目标之一是实现稳健而持续的经济增长。通过设定适当的经济增长目标，国家可以引导和调整投资、消费、出口等经济活动，确保经济在一个可控的速度内发展，避免通货膨胀或经济滑坡。通过控制总需求，促使经济保持合理增长速度，避免过快或过慢的发展，实现经济的稳定增长。

第二，充分就业：充分就业是宏观调控的重要目标之一。通过采取适当的财政和货币政策，国家可以促进经济增长，创造更多的就业机会，减少失业率，提高社会就业水平。通过调整总需求，提高社会劳动力的就业率，保障人民群众的生计和社会稳定。

第三，物价稳定：通货膨胀和通货紧缩都可能对经济产生不利影响。宏观调控的手段之一是通过货币政策和财政政策来控制通货膨胀，维护货币的稳定价值，促进物价稳定，保障经济运行的良性循环，保障居民的购买力，确保社会经济的健康运行。

第四，收入分配公平：宏观调控也关注社会公平，通过调整收入分配和社会保障政策，促使社会财富更加均衡地分配，减少社会不平等现象。通过宏观调控，促进收入分配的公平正义，防止贫富差距过大，使全体人民共享社会发展成果，最终实现共同富裕。

第三节　宏观调控的手段

作为国家对经济的有计划、有组织地进行管理的手段，宏观调控涉及多种政策和措施。主要的宏观调控手段包括经济政策、经济计划，以及法律手段和行政手段。

一、经济政策

经济政策是国家通过货币政策、财政政策、汇率政策、收入政策以及产业政策等来调整总供给与总需求，实现宏观经济稳定的手段。具体包括：

第一，货币政策。货币政策通过调整利率、调控货币供应量等手段，影响市场流动性和金融体系，以达到控制通货膨胀、促进经济增长等目标。在中国，中国人民银行（即央行）负责实施货币政策。例如，通过调整存款准备金率，央行可以影响银行的贷款规模，从而调节市场资金的流动性。在经济增长较快时，央行可以通过提高利率，以抑制过快的信贷扩张，防止通货膨胀。

第二，财政政策。财政政策通过调整税收和政府支出，影响总需求，实现经济平稳增长和社会公平发展。在中国，财政部负责制定和执行财政政策。通过提高或降低税收，政府可以直接影响个人和企业的收入水平，从而调节整体经济活动。例如，在经济下行时，政府可以增加基础设施投资，通过增加支出来刺激经济增长。

第三，汇率政策。汇率政策是宏观调控中的重要手段，通过调整国家货币相对于其他货币的汇率，影响国际收支平衡和经济增长。在中国，这一政策主要由中国人民银行负责执行。汇率政策的调整可以通过多种方式灵活应对国际金融市场的波动，有助于维持国际收支平衡，推动国家的经济稳定和可持续发展。

第四，收入政策。收入政策是宏观调控的重要组成部分，通过调整和引导国民经济中的收入分配，实现促进经济平衡、社会公平和可持续发展的目标。比如，建立完善的社会保障体系，包括养老保险、医疗保险、失业保险等，通过提供社会福利，实现收入再分配，减轻弱势群体的经济负担。不断完善社会保障制度，加强医疗、养老等领域的保障水平，提高社会公平。实行最低工资政策，设定和调整最低工资标准，确保劳动者的基本生活水平，防止过低工资导致社会不稳定。各国普遍实行最低工资政策，中国也根据地区经济水平和生活成本制定最低工资标准。推行促进就业政策，通过促进就业，提高劳动力参与度，实现经济收入的全面提升，包括职业培训、就业创业支持等方面的政策。中国通过实施积极的就业政策，推动高校毕业生就业，鼓励农民工返乡创业，促进就业市场活跃。

第五，产业政策。产业政策是宏观调控的重要手段之一，旨在通过调整和引导产业结构，促进不同产业的协调发展，提高整体经济效益。优化产业结构指通过引导和支持战略性新兴产业的发展，调整传统产业结构，提高整体产业水平。推动技术创新，加大对科技创新的支持力度，促使产业实现技术升级，提高国家在全球产业链中的竞争力。鼓励产业集群发展，通过支持产业集群的形成和发展，提高产业集聚效应，促进创新和资源优化利用。加强对传统产业的改造，通过技术创新和结构调整，提高传统产业的效益和竞争力，防止产业滞后。促进产业国际竞争力，通过对外开放，鼓励企业参与全球产业分工，提高国内产业在国际市场的竞争力。产业政策的实施可以有效引导资源配置，提高产业整体效益，促进可持续发展。然而，产业政策的制定和执行需要谨慎，以免引发不必要的产能过剩或其他问题。

二、经济计划

经济计划是国家在宏观层面上对整体经济活动进行系统性、全面性安排和部署的一种管理手段。在社会主义国家，尤其是计划经济体制下，经济计划具有重要的地位，但即便在市场经济中，经济计划仍然扮演着协调和引导经济发展的角色。经济计划是国家通过设定发展目标、调控资源配置，以及指导各级经济主体行为的手段。具体包括：

第一，五年计划。五年计划是中国国家发展的长期规划，明确了未来五年内的主要发展目标和方向。通过五年计划，国家能够有针对性地制定宏观调控政策，引导经济向可持续增长的方向发展。

第二，年度计划。年度计划在五年计划的基础上更为具体，明确了当年的经济政策和发展目标。这有助于更灵活地应对当年的经济状况，如在年度计划中，政府可能根据实际情况调整财政支出，以适应当年的经济形势。

第三，宏观经济计划。设定国民经济发展总体目标、经济增长速度、就业目标等，为宏观调控提供依据。

第四，部门和地区经济计划。制订各行业、各地区的发展计划，统筹各方资源，实现全局平衡。

三、法律手段和行政手段

市场经济是法治经济。法律手段和行政手段是宏观调控中的两种重要手段，通过法律框架和行政手段的运用，国家可以规范市场行为，调整资源配置，维护经济运行的稳定性和公平性。

（一）法律手段

法律手段是指通过制定法律法规，规范市场行为，保护经济主体的权益，维护经济秩序。具体包括以下几个方面：

一是法规制定，通过立法形成相关法规，明确市场主体的权责，规范市场行为，为宏观调控提供法律依据。如我国制定《反垄断法》，规范市场竞争秩序，保护市场公平竞争。

二是知识产权保护，建立知识产权法律体系，保护创新成果，鼓励科技进步，推动经济创新。如《知识产权法》的制定，保护企业的创新成果，激发创新活力。

（二）行政手段

行政手段指通过政府行政机构的直接干预，实施一系列政策，如价格管理等，引导和调整市场行为。具体包括以下几方面内容：

一是价格管理，通过政府的价格干预，调整市场价格，防止价格波动对经济造成过大冲击。如政府对重要生活必需品的价格进行监管，确保物价稳定。

二是行政执法，对市场行为进行监督和管理，打击违法行为，维护市场秩序。如执法机构对市场违规行为进行调查和处理，确保市场公平竞争。

法律手段和行政手段在宏观调控中相辅相成，通过法治和行政手段的协同作用，国家可以更有效地引导经济运行，确保市场公平、有序、稳定地发展。这些手段的灵活运用，有助于实现社会主义经济的宏观调控目标，促进经济持续健康发展。

第四节　完善宏观经济治理

科学有效的宏观经济治理是实现国家治理体系和治理能力现代化的客观要求，也是构建高水平社会主义市场经济体制的重要组成部分。必须完善政府经济调节、市场监管、社会管理、公共服务、生态环境保护等职能，创新和完善宏观调控，进一步提高宏观经济治理能力。

一、构建有效协调的宏观调控新机制

加快建立与高质量发展要求相适应、体现新发展理念的宏观调控目标体系、政策体系、决策协调体系、监督考评体系和保障体系。健全以国家发展规划为战略导向，以财政

政策、货币政策和就业优先政策为主要手段，投资、消费、产业、区域等政策协同发力的宏观调控制度体系，增强宏观调控前瞻性、针对性、协同性。完善国家重大发展战略和中长期经济社会发展规划制度，科学稳健把握宏观政策逆周期调节力度，更好发挥财政政策对经济结构优化升级的支持作用，健全货币政策和宏观审慎政策双支柱调控框架。实施就业优先政策，发挥民生政策兜底功能。完善促进消费的体制机制，增强消费对经济发展的基础性作用。深化投融资体制改革，发挥投资对优化供给结构的关键性作用。加强国家经济安全保障制度建设，构建国家粮食安全和战略资源能源储备体系。优化经济治理基础数据库，强化经济监测预测预警能力，充分利用大数据、人工智能等新技术，建立重大风险识别和预警机制，加强社会预期管理。

二、加快建立现代财税制度

优化政府间事权和财权划分，建立权责清晰、财力协调、区域均衡的中央和地方财政关系，形成稳定的各级政府事权、支出责任和财力相适应的制度。适当加强中央在知识产权保护、养老保险、跨区域生态环境保护等方面的事权，减少并规范中央和地方的共同事权。完善标准科学、规范透明、约束有力的预算制度，全面实施预算绩效管理，提高财政资金使用效率。依法构建管理规范、责任清晰、公开透明、风险可控的政府举债融资机制，强化监督问责。清理规范地方融资平台公司，剥离政府融资职能。深化税收制度改革，完善直接税制度并逐步提高其比重，研究将部分品目消费税征收环节后移，建立和完善综合与分类相结合的个人所得税制度，稳妥推进房地产税立法。健全地方税体系，调整完善地方税税制，培育壮大地方税税源，稳步扩大地方税管理权。

三、强化货币政策、宏观审慎政策和金融监管协调

建设现代中央银行制度，健全中央银行货币政策决策机制，完善基础货币投放机制，推动货币政策从数量型调控为主向价格型调控为主转型；建立现代金融监管体系，全面加强宏观审慎管理，强化综合监管，突出功能监管和行为监管，制定交叉性金融产品监管规则；加强薄弱环节金融监管制度建设，消除监管空白，守住不发生系统性金融风险底线；依法依规界定中央和地方金融监管权责分工，强化地方政府属地金融监管职责和风险处置责任；建立健全金融消费者保护基本制度；有序实现人民币资本项目可兑换，稳步推进人民币国际化。

四、全面完善科技创新制度和组织体系

加强国家创新体系建设，编制新一轮国家中长期科技发展规划，强化国家战略科技力量，构建社会主义市场经济条件下关键核心技术攻关新型举国体制，使国家科研资源进一步聚焦重点领域、重点项目、重点单位。健全鼓励支持基础研究、原始创新的体制机制，在重要领域适度超前布局建设国家重大科技基础设施，研究建立重大科技基础设施建设运营多元投入机制，支持民营企业参与关键领域核心技术创新攻关。建立健全应对重大公共事件科研储备和支持体系，改革完善中央财政科技计划形成机制和组织实施机制，更多支持企业承担科研任务，激励企业加大研发投入，提高科技创新绩效。建立以企业为主体、

市场为导向、产学研深度融合的技术创新体系，支持大中小企业和各类主体融通创新，创新促进科技成果转化机制，完善技术成果转化公开交易与监管体系，推动科技成果转化和产业化。完善科技人才发现、培养、激励机制，健全符合科研规律的科技管理体制和政策体系，改进科技评价体系，试点赋予科研人员职务科技成果所有权或长期使用权。

五、完善产业政策和区域政策体系

推动产业政策向普惠化和功能性转型，强化对技术创新和结构升级的支持，加强产业政策和竞争政策协同；健全推动发展先进制造业、振兴实体经济的体制机制；建立市场化法治化化解过剩产能长效机制，健全有利于促进市场化兼并重组、转型升级的体制和政策；构建区域协调发展新机制，完善京津冀协同发展、长江经济带发展、长江三角洲区域一体化发展、粤港澳大湾区建设、黄河流域生态保护和高质量发展等国家重大区域战略推进实施机制，形成主体功能明显、优势互补、高质量发展的区域经济布局；健全城乡融合发展体制机制。

六、以一流营商环境建设为牵引持续优化政府服务

深入推进“放管服”改革，深化行政审批制度改革，进一步精简行政许可事项，对所有涉企经营许可事项实行“证照分离”改革，大力推进“照后减证”。全面开展工程建设项目审批制度改革，深化投资审批制度改革，简化、整合投资项目报建手续，推进投资项目承诺制改革，依托全国投资项目在线审批监管平台加强事中事后监管。创新行政管理和服务方式，深入开展“互联网＋政务服务”，加快推进全国一体化政务服务平台建设。建立健全运用互联网、大数据、人工智能等技术手段进行行政管理的制度规则。落实《优化营商环境条例》，完善营商环境评价体系，适时在全国范围开展营商环境评价，加快打造市场化、法治化、国际化营商环境。

七、构建适应高质量发展要求的社会信用体系和新型监管机制

完善诚信建设长效机制，推进信用信息共享，建立政府部门信用信息向市场主体有序开放机制；健全覆盖全社会的征信体系，培育具有全球话语权的征信机构和信用评级机构；实施“信易＋”工程；完善失信主体信用修复机制；建立政务诚信监测治理体系，建立健全政府失信责任追究制度；严格市场监管、质量监管、安全监管，加强违法惩戒；加强市场监管改革创新，健全以“双随机、一公开”监管为基本手段、以重点监管为补充、以信用监管为基础的新型监管机制；以食品安全、药品安全、疫苗安全为重点，健全统一权威的全过程食品药品安全监管体系；完善网络市场规制体系，促进网络市场健康发展；健全对新业态的包容审慎监管制度。

思考题

1. 简述宏观调控的依据。
2. 简述宏观调控的目标。

3. 简述宏观调控的手段。

4. 如何完善宏观经济治理?

在线自测

扫一扫　练一练

第十章　经济全球化与对外开放

第一节　经济全球化的内容和本质

一、经济全球化的产生

经济全球化是指在科技、生产力和国际分工不断发展，生产社会化和国际化程度不断提高的情况下，世界各国、各地区的生产、贸易、金融等经济活动越来越超出一个国家或地区的范围而相互联系、相互依赖的一体化过程。经济全球化是在国际分工不断深化、生产和资本的国际化程度不断提高的基础上产生的。

国际分工指随着生产力水平和生产的社会化程度不断提高，社会分工超出某一国家的国界从而形成的国与国之间的分工。国际分工的形成要求生产力发展到一定阶段，且国际分工随着生产力的发展会不断深化。在资本主义生产方式确立前国际分工就已经出现，但其完整体系的形成和发展是在资本主义生产方式确立后。资本主义制度确立后，英国等欧洲资本主义国家通过第一次工业革命建立了机器大工业，推动了生产力的迅速发展，并逐步建立起了对落后国家的殖民统治，形成了生产工业制成品的宗主国和提供原材料与农业产品的殖民地间的国际分工。19 世纪后期的第二次工业革命进一步推动了宗主国的工业发展，进一步巩固了上述国际分工的格局。第二次世界大战后的第三次科技革命推动了科学技术与生产力的巨大发展，同时随着原先殖民体系的瓦解、跨国公司的出现，使资本主义国际分工体系产生了新变化。宗主国和殖民地的分工，发展为发达资本主义国家与发展中国家的分工；传统工业国和农业国的分工，发展为技术、资金密集型产业和劳动密集型产业的分工；以自然资源为基础的传统的国际分工，发展为以产品专业化、零部件专业化和工艺专业化为基础的新的国际分工。20 世纪 90 年代后，国际分工出现了从生产分工向科研与生产的分工发展，从制造业与初级产品的分工向高新技术产品与传统工业的分工发展的趋势。国际分工的不断深化，生产和资本国际化的不断发展，扩展了国际经济关系的深度和广度，最终导致了经济全球化的产生。

二、经济全球化的主要内容

经济全球化的主要内容包括生产全球化、贸易全球化和资本全球化。

生产全球化是指随着科学技术的发展和高精尖产品及工艺技术的出现，生产领域的国际分工和协作进一步增强，形成了全球性的生产体系，各国的生产活动成为全球生产体系的有机组成部分。生产全球化是生产国际化在深度和广度上的进一步拓展；生产国际化是以自然资源为基础的工业国和农业国的垂直分工，各国生产虽然存在补充性和依赖性，但没有形成全球性的生产体系。生产全球化以国际水平分工为基础，各国建立了各具优势的国际生产流水线，各国的生产活动成为产品生产的一个环节，成为全球生产体系的一个有机组成部分。

贸易全球化是指随着科学技术的发展、劳动生产率的提高和各国对外开放程度的扩大，国际贸易在范围、规模、程度等方面迅速增长，形成了全球性的贸易体系。技术的转移和扩散是推动贸易全球化的重要基础，新科技革命中发达国家不断研发新技术，开拓新产业，并将较为陈旧的技术和技术含量低的产业向发展中国家转移，引发了世界范围内的产业结构调整，各国间产品交流的必要性大大增加了。劳动生产率的快速提升也是推动贸易全球化的重要原因，新科技的运用大大提高了劳动生产率，使商品生产数量快速增长，这要求各国开拓新市场，扩大国际贸易的规模。地区和国际贸易组织的发展，特别是关贸总协定和世界贸易组织的建立使各国对外开放程度大大提高，促进了各国贸易范围和规模的扩大。新的更便捷、灵活的国际贸易方式和支付方式也促进了贸易全球化。

资本全球化是指随着科学技术的发展和各国对外开放程度的提高，资本在国际的流动速度加快、数量剧增，形成了全球性的金融市场。资本全球化是资本国际化的新阶段，表现为国际直接投资的增加和国际金融市场的发展。国际直接投资是资本全球化的基础。国际直接投资指一国的投资者将资本直接用于他国的生产或经营，发达国家与发展中国家都成为国际直接投资的主体，目前对发展中国家的投资有明显增长，其投资方式多种多样，总量也迅速增长，特别是对信息和金融服务的投资增速最快、占比最高。国际金融市场的发展是资本全球化的重要内容。国际金融市场是随着国际贸易的发展、资本的输出和生产的国际化逐步形成和发展起来的，全球经济的快速发展使各国对国际金融市场的依赖程度不断增加，各国间的金融联系趋于紧密，同时对金融风险的防范也在加强。

三、经济全球化的本质

经济全球化是发达资本主义国家发动并主导的经济运动，其本质是资本主义经济关系在世界范围的扩展和深化。世界资本主义体系的形成和发展表明了经济全球化的本质。

14 世纪到 15 世纪资本主义生产关系在欧洲萌芽，15 世纪末到 17 世纪的“地理大发现”时期，欧洲殖民者通过殖民贸易掠夺殖民地自然资源并向其倾销工业品，打破了殖民地国家的自然经济体系，并将其卷入自己主导的资本主义经济体系中，形成了发达国家对不发达国家进行控制和剥削的世界资本主义体系。这种世界资本主义体系已经蕴含了经济全球化的本质。在此后的几个世纪里，这种包含着发达与不发达、控制与被控制、剥削与被剥削的经济全球化的本质得到进一步的丰富和发展。

18 世纪中期以来的三次科技革命推动了生产社会化、经济国际化和全球化，同时也推动了世界资本主义体系的延续和发展，深化了经济全球化的本质。尤其是第三次科技革命使世界资本主义体系格局的内涵发生了深刻变化。一方面，私人垄断资本主义发展为国家垄断资本主义，生产社会化程度极大提高，世界资本主义体系内部的国际分工由垂直分工为主发展为水平分工为主，对外直接投资大幅度增加；另一方面，殖民体系瓦解，发展中国家在政治上取得独立，但在经济上至今没有摆脱国际分工的影响，发达资本主义国家以经济“援助”“赠予”“贷款”的名义输出国家资本，通过跨国公司增加对发展中国家的投资。发达资本主义国家用“新殖民主义”这种更加隐蔽的方式对发展中国家进行更大的剥削和掠夺，随着经济全球化的发展，世界范围的“富国”与“穷国”的分化更加剧烈，这说明世界资本主义体系由少数剥削、压迫他国的发达国家与多数殖民地附属国之间的对立，发展为发达国家与发展中国家的对立，世界资本主义经济关系在更大范围和更大程度上得到发展。

第二节　中国的对外开放

一、中国实行对外开放的必要性

当今世界是一个开放的世界，中国在开放的世界中要得到发展，必须实行对外开放。

对外开放一方面是指国家积极主动地扩大对外经济交往；另一方面是指放宽政策，放开或者取消各种限制，不再采取封锁国内市场和国内投资场所的保护政策，发展开放型经济。实行对外开放是国内经济和社会发展的需要，也是国际社会发展的需要。

第一，对外开放是适应生产社会化程度不断提高的需要。社会化大生产不仅需要国内各部门、地区之间的联系，而且需要国与国的联系，进行国际分工与协作，随着生产力的发展，生产国际化成为必然，必须对外开放。

第二，对外开放是适应市场经济发展和完善的需要。市场经济本质上是开放经济，在开放的世界经济中，生产、贸易、金融等活动不可能只在一国之内进行，商品、资本、劳动、技术都必须在国际间流动。

第三，对外开放是适应经济发展水平不断提高的需要，一国经济发展水平的提高离不开充足的和高质量的生产要素，如自然资源、劳动力、资本和技术等。通过对外开放可以利用外资，引进先进技术，借鉴先进的经营方式和管理经验，发挥自己的比较优势。

第四，对外开放是适应经济全球化的客观需要。经济全球化是世界潮流，经济全球化要求把世界的生产、贸易、金融等活动紧密联系起来。

第五，对外开放是适应当代世界经济、科技发展的需要。世界经济发展实践表明，随着生产力的发展、国际市场的形成和国际分工的深化，一种产品的产量不是一国的市场所能容纳的，需要到世界市场上销售；产品的更新换代、产品质量的提高，所需大量的科研经费也要通过国际分工获得。在国际贸易和资本国际流动日益频繁的情况下，各国都成为世界经济整体不可分割的组成部分，中国也不例外。

二、中国对外开放基本国策的确立与发展

对外开放作为中国的基本国策，是在党的十一届三中全会以后实行的，但党对其理论和实践的探索由来已久。以毛泽东同志为核心的党的第一代中央领导集体在对外开放理论和实践方面进行过深入的思考和探索，指出既要坚持独立自主，又要注意争取国际合作，强调向外国学习。

十一届三中全会后，以邓小平同志为核心的党的第二代中央领导集体逐渐确立了对外

开放的基本国策。1978 年十一届三中全会确定了把党和国家的工作重心转移到经济建设上来，并做出了改革开放的伟大决策；1984 年十二届三中全会把对外开放政策确定为一项基本国策；1987 年十三大在系统阐述社会主义初级阶段理论时，把改革开放作为党的基本路线的两个基本点之一。之后，中央始终坚持把对外开放作为中国的基本国策。十四大报告指出，对外开放的地域要扩大，要形成多层次、多渠道、全方位开放的格局。十五大报告提出，对外开放是一项长期的基本国策，面对经济、科技全球化趋势，要以更加积极的姿态走向世界，完善全方位、多层次、宽领域的对外开放格局，发展开放型经济，增强国际竞争力，促进经济结构优化和国民经济素质提高。十六大报告提出，适应经济全球化和加入世贸组织的新形式，在更大范围、更广领域和更高层次上参与国际经济技术合作和竞争，充分利用国际国内两个市场，优化资源配置，拓宽发展空间，以开放促改革、促发展。十七大报告提出，坚持对外开放的基本国策，把“引进来”和“走出去”更好地结合起来，扩大开放领域，优化开放结构，提高开放质量，完善内外联动、互利共赢、安全高效的开放型经济体系，形成经济全球化条件下参与国际经济合作和竞争新优势。

以习近平同志为核心的党的新一代中央领导集体把对外开放推向了新的高度。十八大报告提出，适应经济全球化新形式，必须实行更加积极主动的开放战略，完善互利共赢、多元平衡、安全高效的开放型经济体系。十九大报告提出，推动形成全面开放新格局，以“一带一路”建设为重点，坚持“引进来”和“走出去”并重，拓展对外贸易，实行高水平的贸易和投资自由化便利化政策，优化区域开放布局，加大西部开放力度，加快培育国际经济合作和竞争新优势。二十大报告提出，推进高水平对外开放，依托我国超大规模市场优势，以国内大循环吸引全球资源要素，增强国内国际两个市场两种资源联动效应，加快建设贸易强国，依法保护外商投资权益，推动共建“一带一路”高质量发展，有序推进人民币国际化，深度参与全球产业分工和合作，维护多元稳定的国际经济格局和经贸关系。

三、对外开放与独立自主、自力更生

独立自主、自力更生，是指在坚持政治独立和经济自主的基础上，从本国具体情况出发，主要依靠本国人民的力量，充分利用自己的资源和资金来发展民族经济。

对外开放与独立自主、自力更生是辩证统一的关系，其哲学依据是唯物辩证法关于内因和外因辩证关系的原理。独立自主、自力更生是经济发展的内因，是社会主义现代化建设的内部根据，对外开放、吸收和借鉴国外先进的经营方式和管理方法是中国经济发展的外因，是社会主义现代化建设的外部条件，外因只有通过内因才能起作用。独立自主、自力更生是中国经济发展的立足点和根本基点，我们必须坚持中国人民自己选择的社会制度和发展道路，坚决反对外部势力干涉中国内部事务。但是，中国的发展离不开世界，世界的发展也需要中国。我们必须在坚持和平共处五项原则的基础上同所有国家开展交流合作，不断扩大对外开放。

对外开放与独立自主、自力更生相辅相成、相互促进。实行对外开放可以更好地增强独立自主、自力更生发展本国经济的能力，而独立自主、自力更生又能够更好地推动对外开放。正确处理好对外开放与独立自主、自力更生的关系，才能充分利用国内外两种资源、两个市场，促进本国经济的发展，提高本国的经济实力。

第三节 全面提高对外开放水平

一、“一带一路”倡议

“一带一路”是“丝绸之路经济带”和“21世纪海上丝绸之路”的简称，2013年9月和10月由我国国家主席习近平分别提出建设“新丝绸之路经济带”和“21世纪海上丝绸之路”的合作倡议。依靠中国与有关国家既有的双多边机制，借助既有的、行之有效的区域合作平台，“一带一路”旨在借用古代丝绸之路的历史符号，高举和平发展的旗帜，积极发展与合作伙伴的经济合作关系，共同打造政治互信、经济融合、文化包容的利益共同体、命运共同体和责任共同体。“一带一路”倡议，根植于历史厚土、顺应时代大势，源于中国、属于世界。党的二十大报告指出，“共建‘一带一路’成为深受欢迎的国际公共产品和国际合作平台”，并强调要“推动共建‘一带一路’高质量发展”。

共建“一带一路”秉持人类命运共同体理念，倡导并践行适应时代发展的全球观、发展观、安全观、开放观、合作观、文明观、治理观，为世界各国走向共同发展繁荣提供了理念指引和实践路径。共建“一带一路”，以共商共建共享为原则，积极倡导合作共赢理念与正确义利观，坚持各国都是平等的参与者、贡献者、受益者，推动实现经济大融合、发展大联动、成果大共享；始终坚守开放的本色、绿色的底色、廉洁的亮色，坚持开放包容，推进绿色发展，以零容忍态度打击腐败，在高质量发展的道路上稳步前行；以高标准、可持续、惠民生为目标，努力实现更高合作水平、更高投入效益、更高供给质量、更高发展韧性，推动高质量共建“一带一路”不断走深走实。作为一个发展的倡议、合作的倡议、开放的倡议，共建“一带一路”追求的是发展、崇尚的是共赢、传递的是希望，目的是增进理解信任、加强全方位交流，进而促进共同发展、实现共同繁荣。共建“一带一路”围绕互联互通，以基础设施“硬联通”为重要方向，以规则标准“软联通”为重要支撑，以共建国家人民“心联通”为重要基础，不断深化政策沟通、设施联通、贸易畅通、资金融通、民心相通，不断拓展合作领域，成为当今世界范围最广、规模最大的国际合作平台。

“一带一路”倡议提出以来，共建“一带一路”取得显著成效，开辟了世界经济增长的新空间，搭建了国际贸易和投资的新平台，提升了有关国家的发展能力和民生福祉，为完善全球治理体系拓展了新实践，为变乱交织的世界带来更多确定性和稳定性。共建“一带一路”，既发展了中国，也造福了世界。实践充分证明，共建“一带一路”顺潮流、得民心、惠民生、利天下，是各国共同走向现代化之路，也是人类通向美好未来的希望之路，具有强劲的韧性、旺盛的生命力和广阔的发展前景。

二、高水平对外开放

党的二十大报告强调：“推进高水平对外开放。依托我国超大规模市场优势，以国内大循环吸引全球资源要素，增强国内国际两个市场两种资源联动效应，提升贸易投资合作质量和水平。”这一重要论述，为新时代新征程进一步推进高水平对外开放指明了前进方向。习近平主席在第二届中国国际进口博览会开幕式上发表主旨演讲时指出："站在新的历史起点，中国开放的大门只会越开越大。"新时代新征程，我们要坚定不移推进高水平对外开放，不断开拓合作共赢新局面，奋力谱写全面建设社会主义现代化国家崭新篇章。

依托我国超大规模市场优势，夯实开放经济基础。未来一个时期，我国国内市场主导经济循环的特征会更加明显，经济增长的内需潜力会不断释放。要协同推进强大国内市场和贸易强国建设，促进内需和外需、进口和出口、货物贸易和服务贸易、贸易和双向投资、贸易和产业等协调发展，增强国内大循环内生动力和可靠性，赢得开放发展中的战略主动。坚持扩大内需这个战略基点，加快建设现代流通体系，全面促进消费，推动内外贸一体化，加快形成强大国内市场，更好发挥消费对经济发展的基础性作用，更好满足人民美好生活需要。

推动外贸外资稳中提质，提升开放发展质量。外贸外资是我国开放型经济的重要组成部分，要稳住外贸外资基本盘，推动高质量发展。外贸方面，加快建设贸易强国。推动货物贸易优化升级，协调推进新业态新模式创新发展，扩大优质产品进口。创新服务贸易发展机制，建立健全跨境服务贸易负面清单管理制度，建设国家服务贸易创新发展示范区。加快发展数字贸易，建设国家数字服务出口基地，打造数字贸易示范区，提升贸易数字化水平。外资方面，合理缩减外资准入负面清单，实施好新版鼓励外商投资产业目录，吸引更多外资投向先进制造、节能环保、数字经济、研发等领域，落实好外商投资法，依法保护外商投资权益。开放平台方面，稳步扩大制度型开放，实施自由贸易试验区提升战略，加快建设海南自由贸易港，做好高水平开放压力测试，发挥好改革开放综合试验平台作用。

深化对外经贸关系，拓展开放合作空间。深化拓展对外经贸关系，扩大同各国利益的汇合点，为我国发展创造良好外部环境。持续深化"一带一路"经贸合作，坚持共商共建共享原则，推进基础设施互联互通，支持中欧班列发展，建设国际陆海贸易新通道，高水平建设境外经贸合作区，积极推进数字丝绸之路建设。扩大面向全球的高标准自贸区网络，高质量实施《区域全面经济伙伴关系协定》，继续推进加入《全面与进步跨太平洋伙伴关系协定》和《数字经济伙伴关系协定》，推动商签更多高标准自贸协定。夯实双边合作基础，促进大国协调和良性互动，深化同周边国家经贸关系，加强与发展中国家团结合作，扩大互利共赢。

提升风险防范能力，筑牢开放安全屏障。越开放越要重视安全，越要统筹好发展和安全，着力增强自身竞争能力、开放监管能力、风险防控能力。坚持以开放促发展强安全，着力提升产业链供应链韧性和安全水平，在高水平对外开放中增强综合实力。加强事中事后监管，完善外商投资国家安全审查等制度，为开放发展上好"保险"。贯彻总体国家安全观，增强底线思维和风险意识，防范化解重大风险，在更高开放水平上动态维护国家经济安全。

三、人类命运共同体

2013 年，国家主席习近平在莫斯科国际关系学院发表演讲，首次在国际上提出人类命运共同体理念。此后构建人类命运共同体理念不断充实、发展，其内涵和外延不断丰富完善，因其科学性、时代性、先进性、实践性的理论特色，赢得越来越广泛的理解、认同和支持。党的二十大报告指出："中国始终坚持维护世界和平、促进共同发展的外交政策宗旨，致力于推动构建人类命运共同体。”构建人类命运共同体理念科学回答了“世界怎么了、我们怎么办”的时代之问，指明了不同国家、不同民族、不同文明的共同奋斗方向，展现了胸怀天下、面向未来，大道之行、天下为公的宽阔胸襟，对中国和平发展、世界繁荣进步具有重大而深远的意义。党的二十大报告再次向全世界郑重宣示，中国致力于促进世界和平与发展，推动构建人类命运共同体。

人类命运共同体，顾名思义，就是每个民族、每个国家的前途命运都紧紧联系在一起，应该风雨同舟，荣辱与共，努力把我们生于斯、长于斯的这个星球建成一个和睦的大家庭，把世界各国人民对美好生活的向往变成现实。推动构建人类命运共同体，不是以一种制度代替另一种制度，不是以一种文明代替另一种文明，而是不同社会制度、不同意识形态、不同历史文化、不同发展水平的国家在国际事务中利益共生、权利共享、责任共担，形成共建美好世界的最大公约数。构建人类命运共同体是世界各国人民前途所在，是应对人类共同挑战、建设更加繁荣美好世界的人间正道。这一倡议已被多次写入联合国文件，正在从理念转化为行动，产生日益广泛而深远的国际影响，成为中国引领时代潮流和人类文明进步方向的鲜明旗帜。

在构建人类命运共同体光辉旗帜引领下，中国与世界各国携手努力，在推动世界和平发展与人类进步的共同事业中，不断把先进的思想理念转化为磅礴的实践伟力，坚持对话协商、共建共享、合作共赢、交流互鉴、绿色低碳，建设持久和平、普遍安全、共同繁荣、开放包容、清洁美丽的世界。

思考题

1. 经济全球化的主要内容是什么？如何理解经济全球化的本质？
2. 如何正确理解和处理对外开放与独立自主、自力更生的关系？
3. 如何全面提高对外开放水平？

在线自测

扫一扫　练一练

微观经济学
原理

第十一章　供求理论

第一节　需求

一、需求的概念和影响因素

在微观经济学中，最为基础的分析工具是均衡分析。萨缪尔森在其《经济学》一书中提到过这样一个有趣的例子，大意是说如果我们能够教会一只鹦鹉说“需求”和“供给”，那么这只鹦鹉就可以被称为博学的政治经济学家。这样一个例子也间接表明，需求和供给是经济学家最普遍和最为常用的分析术语。

需求是指在一定时期内，在每一个可能性价格条件下，消费者愿意购买而且有能力购买的商品数量。需求这一概念包含两个关键信息：一是消费者要有购买意愿。没有购买意愿的不能够称之为需求。二是消费者要有购买能力。只有购买意愿但是没有购买能力同样不能够称之为需求。

影响商品需求的因素有很多，典型的有五个：商品价格、消费者收入、相关商品价格、消费者偏好、消费者对该商品的价格预期等。这五个因素对商品需求的影响如下。

（1）商品需求和商品价格的关系。在其他条件不变的情况下，一种商品的价格越高，消费者能够购买的数量会越少，这意味着商品价格和商品需求通常呈现负相关关系。价格和需求的这样一种负相关关系也隐含着一个非常深刻的社会行为准则：在其他条件不变的情况下，获取某种东西的代价越高，人们对于获取这种东西的欲望会越少。价格和需求的这样一种负相关关系也成为经济学一个非常重要的定律，它也刻画出需求曲线向右下方倾斜的特征。然而在历史上，却有一种非常特殊的商品，其价格和需求呈现出明显的正相关关系。19 世纪时爱尔兰发生灾荒，英国经济学家吉芬发现，作为欧洲人主食的土豆价格上升了，但是人们对于土豆的需求不是减少而是增加了。这样一种特殊的价格和需求呈现正相关的现象被马歇尔称为“吉芬商品”，并纳入其所编写的《经济学原理》一书当中。“吉芬商品”使得我们需要谨慎地处理价格和需求之间的关系。为方便分析，在一般情况下，我们还是采用价格和需求呈现负相关关系作为分析前提，以此开展相应的均衡分析。

（2）商品需求和消费者收入的关系。在其他条件不变情况下，消费者的收入越高，能够购买和消费的商品数量会越多，此时消费者收入越高，商品需求会增加。那么是否可能会出现收入越高，消费者需求减少的情形？例如，当我们收入提高了，我们可能会减少对公共汽车的消费需求而增加对自驾汽车的消费需求；我们也可能会减少乘坐火车而改乘飞机。当我们有更多收入时，我们可能会改变消费偏好，提高商品消费层次，减少对诸如方便面等速食品的消费需求而增加对养生产品的消费需求，减少对地摊货的消费而增加对名牌服装的消费。在这些具体例子当中，公共汽车、火车、方便面、地摊货等商品，它们相对于自驾汽车、飞机、养生产品、名牌服装的档次会低一些。因此，商品需求与消费者收入呈现正相关关系的商品称为正常商品，商品需求与消费者收入呈现负相关关系的商品称为低档商品。低档商品是相对而言的，而且还涉及消费者偏好的变化。因而，在通常情况下，我们一般会采用消费者收入和商品需求呈现正相关关系作为分析前提。

（3）商品需求和相关商品价格的关系。某种商品本身的价格不变，与之相关的其他商品的价格发生变化时，该商品本身的需求量也有所变化。相关商品价格发生变化需要分情况进行分析：一方面，当某一种商品的价格变化跟另一种商品的需求变化呈现正相关关系时，那么这两种商品就属于替代品。例如，加多宝涨价了，那么具有“同样配方和同样味道”的王老吉的需求会增加；百事可乐降价了，那么不降价的可口可乐的需求会下降。另一方面，当某一种商品的价格变化跟另一种商品的需求变化呈现负相关关系时，那么这两种商品就属于互补品，例如汽油和燃油车、电动车和锂电池。当汽油价格连续上涨居高不下时，人们会降低对于燃油车的需求；锂电池价格上涨了，人们会减少对电动车的需求。

（4）商品需求和消费者偏好的关系。在经济学分析当中，“偏好”表示消费者对于某种东西的喜好程度或取舍情况。例如，相对于商品 B 来说，消费者可能更偏好于商品 A。因此，如果消费者偏好发生变化，那么商品需求会跟着发生变化。然而，消费者偏好作为消费者理论中的一个非常重要的概念，在分析过程中，我们通常会采用偏好的稳定性假定。什么样的情况下，我们才会让消费者偏好发生变化呢？一般而言，我们会关注外生事件冲击对于消费者偏好的影响。例如，中央广播电视总台“3·15”晚会曝光了酸菜的恶劣做法，这会改变人们对于酸菜的消费偏好，降低人们对于酸菜相关产品的需求；日本核废水排放入海，也会改变大家对于海产品的消费偏好，降低大家对于海产品的消费需求。

（5）商品需求和预期的关系。预期在个体决策行为和宏观经济运行中扮演着非常重要的角色。在商品需求和价格的关系分析中，我们可以发现预期在其中扮演着非常重要的调节作用，它可以使得商品需求和商品价格的负相关关系表现出正相关关系。股市里面的“追涨杀跌”现象就是预期发挥重要作用的具体例子。当某一家上市公司发布利好公告时，尽管该公司股票价格已经大幅上涨，但是人们预期它的未来价格还会再往上涨，那么人们会在股票价格上涨时继续增加对该公司股票的购买需求，表现出明显的“追涨”现象。而当一家上市公司出现财务造假或者濒临破产的小道消息时，尽管该公司股票价格已经大幅下跌，但是人们预期它的价格还会继续下降，那么人们会在股票价格下跌时继续减少对该公司股票的购买需求，表现出明显的“杀跌”现象。这样一个分析逻辑，适用于商品房价格和商品房需求的情形，也同样适用于预期调节价格和商品需求的其他情形。

综上所述，影响商品需求的因素至少包括价格、收入、相关商品的价格、消费者偏好和预期等因素。借用数学函数表达式，我们以需求函数进行刻画。需求函数是指一种商品的需求数量和影响该商品需求数量的各种因素之间的相互关系。假如商品需求量记为Q_d，该商品价格记为 P，消费者收入记为 M，相关商品价格记为 P_o，消费者偏好记为 P_r，预期记为 E，那么需求函数可以表示如下：

$Q_d = f(P, M, P_o, P_r, E)$

如果我们想同时把这几种因素刻画出来，那么至少需要六维图形。有没有更为简便的方法呢？我们可以采用“两分法”，把价格归为一类，把除了价格之外的其他因素归为另一类。我们先刻画价格和需求之间的关系，然后再分析其他因素发生变化时，会怎样影响需求函数的变动。当我们只考虑商品需求量与商品自身价格的关系时，需求函数可以表示如下：

$Q_d = f(P)$

其中，Q_d为商品需求量，P 是该商品的价格。需求表和需求曲线都可以表示需求函数。需求表表示某种商品在每一个可能性的价格水平所对应的该商品需求数量的一系列价格和需求数量组合。表 11－1 表示消费者每年在每一个可能的价格水平下对于橄榄菜的需求数量。从表 11－1 可以看出，当橄榄菜价格为 1 个货币单位时，消费者对橄榄菜的需求量为 500 单位；当橄榄菜价格为 2 个货币单位时，消费者对橄榄菜的需求量为 400 单位；其他依此类推。

需求曲线是根据商品价格及其对应需求数量的一系列组合在坐标图上绘制的函数曲线。根据表 11－1 中的数据可以绘制出需求曲线（见图 11－1）。在图 11－1 中，横轴表示商品需求量，纵轴表示商品的价格，需求曲线表示在每一个可能的价格水平下消费者愿意而且能够购买的商品数量，向下方倾斜的曲线斜率反映了商品数量和商品价格呈现负相关关系。如图 11－1 所示，需求曲线是向右下方倾斜的，它的斜率为负值，这反映出橄榄菜的需求量和价格之间呈现负相关关系。

表 11－1 消费者每年对橄榄菜的需求表

价格	1	2	3	4	5
需求量	500	400	300	200	100

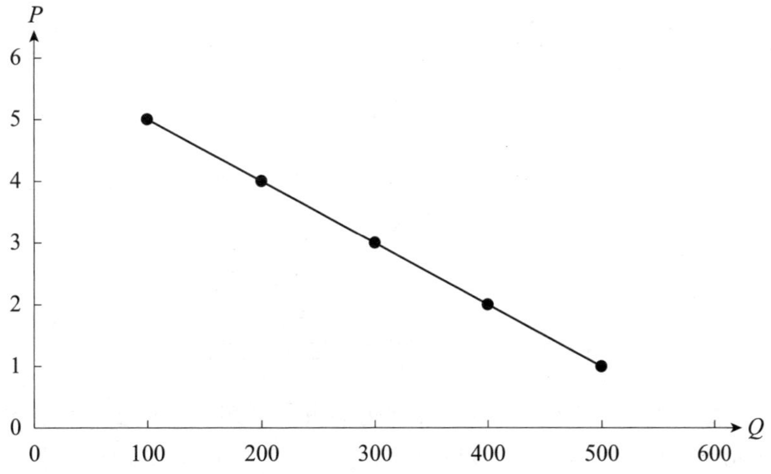

图 11－1 消费者每年对橄榄菜的需求曲线

二、需求量变动和需求变动

需求的影响因素除了价格外，还有收入、相关产品价格、消费者偏好和预期等因素。为区分价格变化和价格之外因素变化导致的需求数量变化，经济学家引进了需求量变动和需求变动的重要概念。具体来说，价格之外的其他影响需求的因素保持不变，由价格变动导致的需求数量变化称为需求量变动。价格之外的其他因素发生变化导致的需求变化称为需求变动。从图形上来看，需求量变动是在同样一条需求曲线上的不同位置进行移动。与此相反，需求变动则意味着在每一个相同价格水平下，所对应的市场需求数量增加或者减少了，它在图形上表现为需求曲线向右上方移动或者需求曲线向左下方移动。

举例来说，潮汕人特别喜欢喝白粥配杂咸（冷盘小菜的俗称）。咸菜、橄榄菜和萝卜干等属于杂咸品种，橄榄菜作为其中一种杂咸，深受海内外潮汕人的喜爱。我们以橄榄菜为例来分析需求量变动和需求变动情况。假如橄榄菜的初始价格为P_0，需求数量为Q_0。在电商狂欢的“6·18”或者“11·11”等节日，商场降价促销，价格由P_0下降到P_1，那么相对于其他杂咸来说，橄榄菜变得更便宜了，消费者的理性选择结果将是用更便宜的橄榄菜作为杂咸首选，因此橄榄菜的市场需求数量会增加，此时需求数量变为Q_1。如果商家由于某些原因提高了橄榄菜的价格，使得价格由P_0上升到P_2，那么相对于其他杂咸来说，橄榄菜变得更昂贵了，消费者的理性选择结果将是用其他相对更便宜的杂咸来替代橄榄菜，因此需求数量就会从原来的Q_0减少到Q_2。从价格下降或者上升的变动过程当中，我们可以看到需求数量从 a 点变动到 b 点或者 c 点，如图 11－2 所示，价格变动使得需求数量正好沿着原来的需求曲线D_0移动。因此，我们把需求数量从 a 点至 b 点或者 a 点至 c 点称为需求量变动。

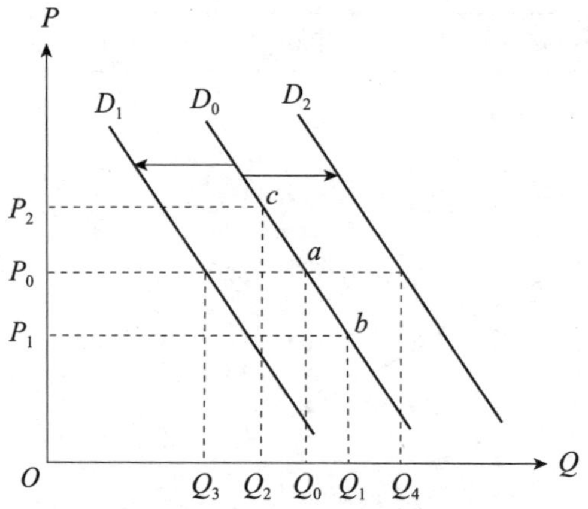

图 11－2　橄榄菜的需求量变动和需求变动

假如中央广播电视总台“3·15”晚会爆光某橄榄菜知名生产公司制作橄榄菜原料以次充好，生产环境令人作呕，制作过程触目惊心，这样一个负面新闻无疑会影响到需求。它主要是通过影响消费者偏好来改变消费者对于橄榄菜的需求，这一负面新闻会使得消费者在面临每一个相同价格水平下，相比于之前消费更少的橄榄菜数量。从图 11－2 来看，相当于整条需求曲线从D_0移动到D_1位置。对于相同价格P_0，可以发现需求数量从原来的Q_0减少到Q_3。对于价格P_1或者P_2或者是其他相同的价格，可以发现此时消费者的需求数量相比之前明显减少了。因此需求曲线从D_0移动到D_1位置，就是需求变动，它对应的是需求减少的情形。

假如与此相反，科学研究发现，橄榄菜含有大量醋酸、有机酸和维生素，可以起到开胃健食和利咽化痰的作用。这样一个正面新闻同样会改变消费者偏好，它使得消费者在面临每一个相同价格水平下，相比于之前消费更多的橄榄菜数量。从图 11－2 来看，相当于整条需求曲线从D_0移动到D_2位置。对于相同价格P_0，可以发现需求数量从原来的Q_0增加到Q_4。对于价格P_1或者P_2或者是其他相同的价格，可以发现此时消费者的需求数量相比之前明显增多了。因此需求曲线从D_0移动到D_2位置，同样是需求变动，它对应的是需求增加的情形。

我们可以运用同样的逻辑分析除价格之外的其他需求影响因素变化。如果市场出现消费者收入下降、替代品价格降低、互补品价格增加、消费者偏好减少等现象，这些事件冲击会使得在每一个相同的价格水平的市场需求数量减少，它们可被称为需求的消极事件冲击。如图 11－3 所示，需求的消极事件冲击会使得在价格P_0处，市场需求数量从Q_0减少至Q_1；在价格水平P_1处，市场需求数量从Q_2减少至Q_3。总的来看，需求的消极事件冲击使得需求曲线向左下方移动，在图 11－3 当中表现为需求曲线从D_0向左下方移动到D_1位置。

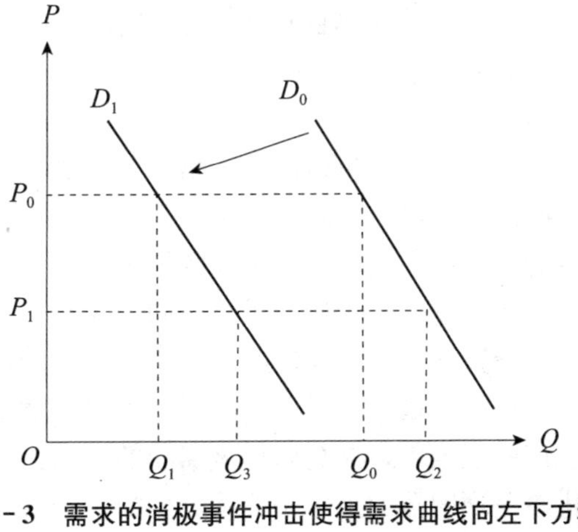

图 11－3　需求的消极事件冲击使得需求曲线向左下方移动

如果市场出现消费者收入增加、替代品价格增加、互补品价格下降和消费者偏好增加等现象，这些事件冲击会使得在每一个相同的价格水平的市场需求数量增加，它们可被称为需求的积极事件冲击。如图 11－4 所示，需求的积极事件冲击会使得在价格P_0处，市场需求数量从Q_0增加到Q_1；在价格水平P_1处，市场需求数量从Q_2增加到Q_3。需求的积极事件冲击使得需求曲线向右上方移动，在图 11－4 当中表现为需求曲线从D_0向右上方移动到D_2位置。

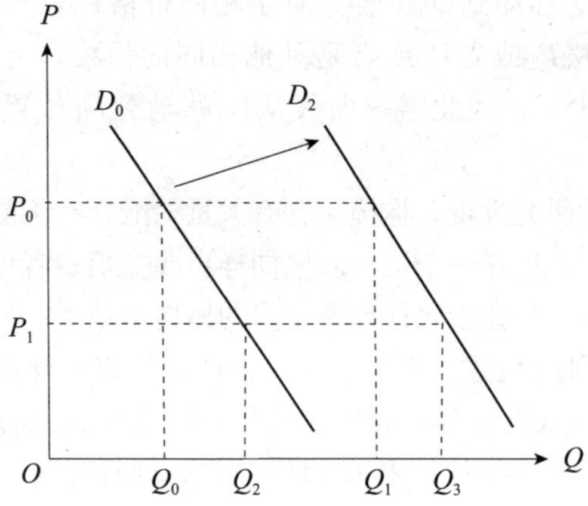

图 11-4 需求的积极事件冲击使得需求曲线向右上方移动

第二节 供给

一、供给的概念和影响因素

供给是指生产者在一定时期内，在每一个可能的价格水平下，愿意提供而且有能力提供的商品数量。与需求概念相类似，供给这样一个概念同样也包含两个关键要件信息：一是生产者愿意提供。如果在某个可能的价格水平下，生产者不愿意提供，那么该生产者的市场供给数额为零。二是生产者具备供给的能力。换句话说，在每一个可能价格水平下，生产者愿意提供的同时要具备把该商品提供出来的能力。生产者想要提供但是提供不出来，那么同样无法形成供给。

影响商品供给的因素有很多，一般包括商品价格、生产成本、生产技术水平、相关商品价格和预期等因素。这些因素与供给之间的关系如下：

商品价格与商品供给的关系。在其他条件不变的情况下，商品价格越高，生产者愿意提供而且能够提供的商品数量会越多。价格和供给之间的这种正相关关系，背后有着明显的经济学利润最大化逻辑。在其他条件不变情况下，某种商品的价格越高，意味着生产这种商品相对于生产其他商品来说更划算或者说更赚钱，生产者对于利润的追逐会使得更多的生产者进入该商品的生产队伍当中，这会增加该商品的市场供给数量。因此，我们可以观察到商品价格和商品供给呈现明显的正相关关系。例如，在股市中，我们可以明显地观察到股票价格和股票供给的这种正相关关系：当股票价格上涨时，愿意把手上持有的股票卖掉的人往往会越多，此时股市成交量越大。“一根大阳线，千军万马来相见”实际上也刻画了商品价格和商品供给的正相关关系。

生产成本和商品供给的关系。在其他条件不变情况下，某种商品的生产成本越高，生产者能够生产提供的商品数量会越少，这使得供给减少，因此生产成本和商品供给呈现负相关关系。从市场均衡视角来看，生产成本高低具有两个方面的标志：一方面，生产成本往往可以成为行业进入门槛高低的一种标志。相对于生产成本较低的行业来说，生产成本较高的行业意味着能够具备相应生产条件和资质的生产者数量会较少，这会影响从业者数量进而降低商品供给。另一方面，生产成本是影响企业利润的一个重要标志。在其他条件不变情况下，当企业生产成本变得越高，从事该商品生产的企业利润会越少。原本从事这一行业跟其他行业无差别的企业，可能会由于企业利润减少而转移至其他行业，这使得该行业生产者数量减少，商品供给减少。

生产技术和商品供给的关系。生产技术进步具有这样一种特点，它可以使得在相同劳动力投入条件下生产更多的商品。因此，生产技术进步具有提高商品供给的功能。当生产技术从手工生产转向机器生产甚至是人工智能生产时，商品供给会增加。单纯从技术进步角度看，企业似乎应该采用越先进越前沿的生产技术越好，它会更有利于商品生产。然而，现实生活中的企业生产技术往往面临着人力资源、资金投入和路径依赖等多方面约束，这使得现实生活中同一行业不同企业的生产技术水平呈现差异化特点。

相关商品价格和商品供给的关系。某种商品自身价格不变，但是与之相关的其他商品的价格发生变化时，该商品的供给同样会发生变化。在相关商品价格变化时，同样需要分两种情况进行分析：第一种情形是相关商品是替代品的情形。当商品 A 价格上涨时，市场逐利使得资金从商品 B 转移到商品 A，这使得商品 A 的供给会增加，商品 B 的供给会下降，此时商品 A 和 B 就是替代品关系。二是相关商品是互补品的情形。假如当商品 C 价格上涨时，市场逐利使得资金从其他行业转移到商品 C 和 D 的生产当中，这会使得商品 C 和 D 的供给同时增加，此时商品 C 和 D 就是互补品关系。

预期和商品供给的关系。预期在市场当中扮演非常重要的角色，不仅会影响商品需求，同样也会影响商品供给。当生产者预期未来商品价格上涨时，那么生产者可能会产生“囤货”行为：减少当期商品供给，增加未来商品供给。例如，当房价处于上涨时期，房地产市场会出现惜售现象，房地产公司会减少当期房子供应数量，以期在未来以更高的房价水平出售房子。当生产者预期未来商品价格下跌时，那么生产者可能会产生倾销行为，以更低价格尽可能地增加当期商品供给，减少未来商品供给。例如，每年的 1—2 月份和 7—8月份换季时期，各商场会开展服装降价大促销甚至五折大甩卖活动，其实质是商家根据商品价格变化预期而进行的价格调整行为。

综上所述，影响商品供给的因素，既包括商品自身价格，也涉及生产成本、生产技术、相关商品价格和预期等因素。借鉴数学函数表达式，我们同样可以采用供给函数进行刻画。供给函数是指一种商品的供给数量和影响该商品供给数量的各种因素之间的相互关系。假如商品供给量记为Q_s，该商品价格记为 P，生产成本记为 C，生产技术记为 T，相关商品价格记为 P_o，预期记为 E，那么供给函数可以表示如下：

$$Q_s = f(P, C, T, P_o, E)$$

同样的，为方便分析，我们同样采用影响因素的“两分法”，先刻画商品自身价格和商品供给量的供给曲线关系，再分析其他四个因素发生变化时如何影响供给曲线变动。当我们只考虑商品供给量与商品自身价格关系时，供给函数可以记为：

$$Q_s = f(P)$$

其中，Q_s 为商品供给量，P 是该商品的价格。供给表和供给曲线同样可以表示供给函数。供给表是表示某种商品在每一个可能性的价格水平所对应的该商品供给数量的一系列价格和供给数量组合。表 11－2 表示某生产企业生产橄榄菜的供给表：当橄榄菜价格为 2 单位货币时，由于价格过低，橄榄菜供应量为 0；当橄榄菜价格为 3 单位货币时，橄榄菜供给量为 100 单位；其他依此类推。

表 11－2　某生产企业生产橄榄菜的供给表

价格	2	3	4	5	6
供给量	0	100	200	300	400

供给曲线则是根据不同的价格和供给量组合在坐标图上所绘制的函数曲线。根据表 11－2 中的数据可以绘制出如图 11－5 的供给曲线。在图 11－5 中，横轴表示商品供给量，纵轴表示商品的价格，供给曲线表示在不同价格水平下生产者愿意而且能够提供出售的商品数量。从图 11－5 可以看到，随着商品价格上升，商品供给量也逐渐上升。供给曲线是向右上方倾斜的，它的斜率为正值，即商品的供给量和价格呈现同方向变动的关系。

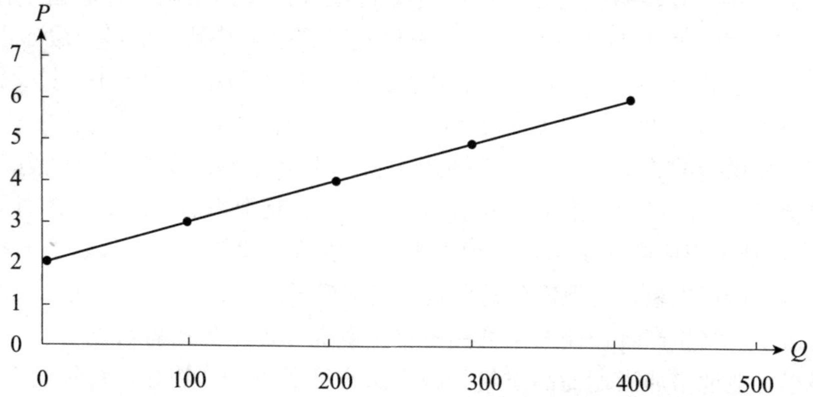

图 11－5　某生产企业生产橄榄菜的供给曲线

二、供给量变动和供给变动

与需求量变动和需求变动相类似，经济学家为了区分价格因素和价格之外的其他因素导致的供给数量变化，提出了供给量变动和供给变动两个不同的概念。具体来看，当除价格之外的影响供给的其他因素保持不变，由于价格变动导致的供给数量变化称为供给量变动。价格之外的其他因素发生变化导致的供给变化则称为供给变动。从图形上来看，供给量变动是在同样一条供给曲线上的不同位置进行移动。与此相反，供给变动则意味着在每一个相同价格水平下，所对应的市场供给数量增加或者减少了，它在图形上表现为供给曲线向右下方或者向左上方移动。

同样以橄榄菜为例，假如市场上橄榄菜价格上涨了，那么在其他条件不变情况下，生产橄榄菜会变得更加有利可图，生产厂商愿意加班加点增加产能以向市场供给更多的橄榄菜，这会使得市场供给量增加。反之，当市场橄榄菜价格下跌，生产厂商愿意提供橄榄菜的数量会减少，这使得市场供给量下跌。如图 11－6 所示，当价格从P_0上升到P_1时，市场供给数量从Q_0增加至Q_1；当价格从P_0下降到P_2时，市场供给数量从Q_0减少至Q_2。从图 11－6 中可以看到，价格变动导致的供给数量变化，是在同样一条供给曲线上上下移动。

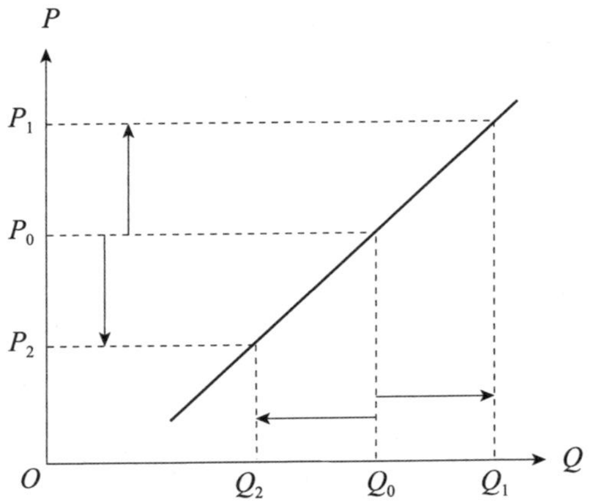

图 11－6 价格变动导致的供给量变化

当价格之外的影响供给的其他因素发生变化时，供给变动不再是在同样一条供给曲线上上下移动，而是整条供给曲线向左上方或者右下方移动。例如，在其他条件不变的情况下，当生产成本提高，生产技术落后，替代品价格下降，或者互补品价格上升，或者市场预期变差时，这些外生事件冲击会使得在每一个相同价格水平下的市场供给数量减少，这可以称为供给的消极事件冲击。如图 11－7 所示，供给的消极事件冲击会使得在价格P_0处，市场供给数量从Q_0减少至Q_1；在价格水平P_1处，市场供给数量从Q_2减少至Q_3。总的来看，供给的消极事件冲击使得供给曲线向左上方移动，在图 11－7 中表现为整条供给曲线从S_0向左上方移动到S_1位置。

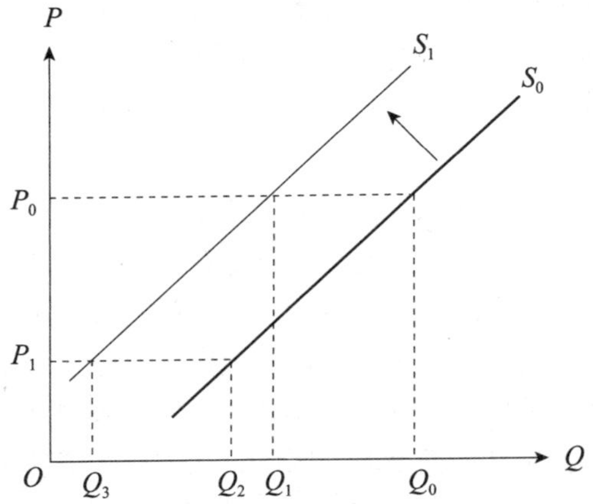

图 11－7 消极事件冲击导致供给曲线向左上方移动

与此相反，在其他条件不变的情况下，当生产成本降低，生产技术进步，替代品价格上升，或者互补品价格下降，或者市场预期变好时，这些外生事件冲击会使得在每一个相同价格水平下的市场供给数量增加，这可以称为供给的积极事件冲击。如图 11－8 所示，供给的积极事件冲击会使得在价格P_0处，市场供给数量从Q_0增加至Q_1；在价格水平P_1处，市场供给数量从Q_2增加至Q_3。总的来看，供给的积极事件冲击使得供给曲线向右下方移动，在图 11－8 中表现为整条供给曲线从S_0向右下方移动到S_2位置。

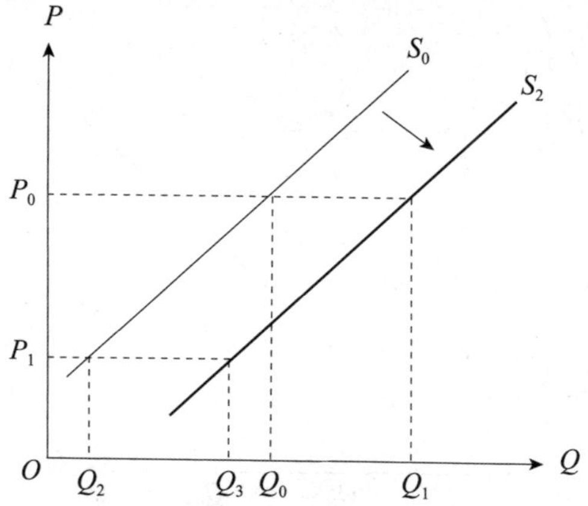

图 11－8　积极事件冲击导致供给曲线向右下方移动

第三节　市场均衡

一、价格自由变化的市场均衡决定

按照高鸿业主编的《西方经济学》中的定义，均衡是指经济事物中有关的变量在一定条件的相互作用下所达到的一种相对静止的状态。① 具体到微观经济学分析当中，市场均衡通常是指市场中的商品供给和商品需求相等的一种状态。对于市场均衡，经济学分析往往还会区分两种均衡，即局部均衡和一般均衡。其中，局部均衡是对单个市场或部分市场的供求与价格之间的关系和均衡状态进行分析。一般均衡是对一个经济体中的所有市场的供求与价格之间的关系和均衡状态进行分析。② 一般均衡假定各种商品的供求和价格都是相互影响的，一个市场的均衡只有在其他所有市场达到均衡的情况下才能实现。

除了市场均衡，经济分析中还有另外一种均衡：纳什均衡。所谓纳什均衡，是指参与者处于这样一个策略组合当中，在该策略组合中任何参与者单独改变策略都无法获得更多收益。有了纳什均衡概念，我们可以用它分析发生在市场之外的人类选择行为。

综合来看，不管是市场均衡还是纳什均衡，它们都代表一种均衡状态。当市场供求关系偏离市场均衡时，理性经济人会对市场供求失衡做出反应，价格变动引导供求力量发生变化，最终市场会趋向于均衡状态。而当参与者选择处于非纳什均衡状态时，自利倾向会使得理性参与者趋向于选择纳什均衡策略。因此，在古典经济理论分析框架里面隐含的假设分析条件中，市场均衡和纳什均衡是常态，而市场失衡或者非纳什均衡是特例。然而，现实市场的绝大多数时间处于非均衡状态，均衡成为非均衡变动的方向或结果。凯恩斯主义认为，均衡只是市场无数多种可能性当中的一种情况，因此非均衡是常态，而均衡反而

① 高鸿业．西方经济学（微观部分）．7 版．北京：中国人民大学出版社，2018：28.

② 同①29.

是特例。均衡属于常态还是特例，成为区分古典经济学和凯恩斯主义经济学的一个明显不同的分析前提。

均衡价格是商品需求量等于商品供给量的市场价格。位于均衡价格时的交易数量称为均衡数量。当市场出现商品需求数量和商品供给数量相等的状态时，这一状态称为市场出清。均衡价格是市场需求和市场供给共同作用的结果。一旦市场价格偏离均衡价格，买者或者卖者之间的相互竞争会使得市场价格最终回到均衡状态。

图 11－9 呈现了价格自由变化时市场均衡的变化结果。

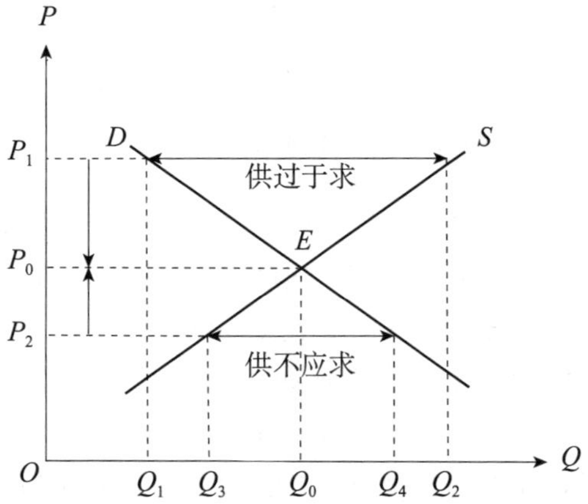

图 11－9 价格自由变化时的市场均衡决定

当市场价格位于供给曲线和需求曲线的交点 E 时，商品供给量正好等于商品需求量，均衡价格为P_0，均衡数量是Q_0，E 点为均衡点。当图 11－9 中的需求和供给表示市场需求和市场供给时，此时 E 点就是市场出清状态。

当市场价格偏离均衡价格P_0时，会出现两种可能性：一种可能性是新的市场价格高于均衡价格P_0，另一种可能性是新的市场价格低于均衡价格P_0。假如出现第一种可能性，现行市场价格为P_1，它高于均衡价格P_0，此时消费者需求数量由原来的均衡数量Q_0减少为Q_1。供给数量则由原来的均衡数量Q_0增加为Q_2。由于现行市场价格P_1高于均衡价格P_0，市场供给数量超过于市场需求数量，出现供过于求的状态。当市场供过于求时，生产者之间会相互竞争，竞争的结果就是商品价格下降。当商品价格下降时，商品供给数量减少，需求数量增加，直到价格下降至均衡价格P_0时，市场实现均衡，此时商品供给数量正好等于商品需求数量。

假如出现第二种可能性，即市场竞争压力使得现行市场价格位于均衡价格P_0下方，正如图 11－9 所示的P_2价格位置，此时由于价格过低，市场需求数量变为Q_4，而供给数量变为Q_3，出现供不应求的状态。此时市场每个消费者都想要在现行的低价格水平状态下获得更多的商品数量，但是在此价格水平状态下生产者愿意提供且有能力提供的供给数量不能够满足市场需求，买卖双方博弈的结果是消费者之间会进行竞争，竞争的结果就是价格上升。当价格上升时，商品供给数量增加，需求数量减少，直到价格上升至均衡价格P_0时，市场重新实现均衡，此时商品供给数量正好等于商品需求数量。

市场价格变化导致商品供给数量和需求数量发生变动、买卖双方力量此消彼长的博弈互动过程称为市场自发调节过程。由图 11－9 可知，市场自发调节过程会使得市场自发收敛于商品供给数量和需求数量相等的市场均衡状态。在市场自发调节过程中，市场看起来就像是一双无形的手，在不停地调配着市场供需变化，最终实现资源的优化配置。

从图 11－9 可知，“无形之手”之所以能够发挥作用，实际上是通过价格自由变化来实现的。假如市场上能够变化的不是价格，而是除了价格之外的影响需求或供给的其他因素，市场均衡会发生怎样的变化？这个问题构成了价格之外因素变化的市场均衡决定分析内容。

二、价格之外其他因素变化的市场均衡决定

根据需求和供给的消极和积极事件冲击，价格之外因素变化的市场均衡决定可以划分为八种情形。在这八种情形当中，前面四种情形只考虑需求或者供给单独发生变动的情形，后面四种情形则考虑需求和供给同时发生变动的情形。

第一种情形：积极事件冲击导致需求增加的市场均衡变化。

当消费者收入增加、替代品价格增加或者互补品价格下降、消费者增加某类商品偏好或者市场预期变好时，诸如此类的积极事件冲击会增加某类商品的市场需求，商品需求曲线会向右上方移动，市场均衡变化的结果是产品价格上升，市场均衡数量增加，具体如图 11－10 所示。

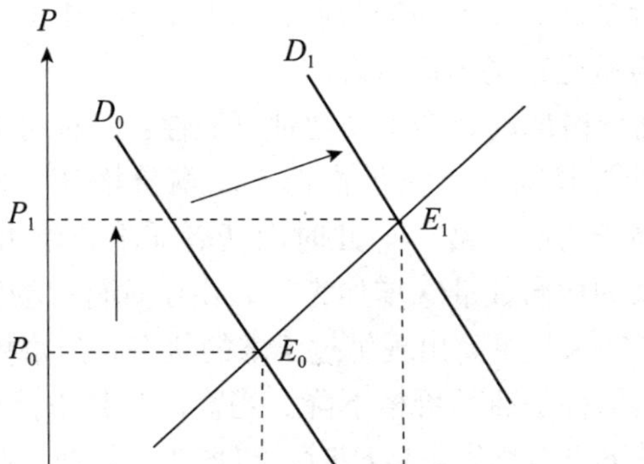

图 11－10　需求增加的市场均衡变化

第二种情形：消极事件冲击导致需求减少的市场均衡变化。

当消费者收入下降、替代品价格降低或者互补品价格增加、消费者减少某类商品偏好或者市场预期变差，诸如此类的消极事件冲击会减少某类商品的市场需求，商品需求曲线会向左下方移动，市场均衡变动的结果是产品价格下降，市场均衡数量减少，具体如图 11－11所示。

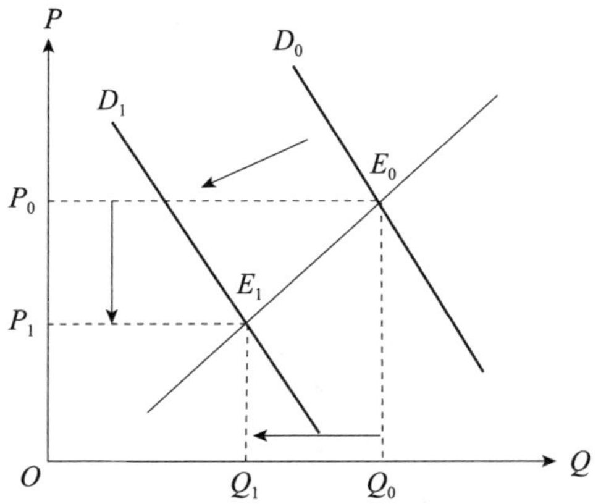

图 11-11 需求减少的市场均衡变化

第三种情形：积极事件冲击导致供给增加的市场均衡变化。

当生产成本降低、生产技术进步、替代品价格上升或者互补品价格下降、市场预期变好，诸如此类的积极事件冲击会增加某类商品的市场供给，商品供给曲线会向右下方移动，市场均衡变动的结果是产品价格下降，市场均衡数量增加，具体如图 11-12 所示。

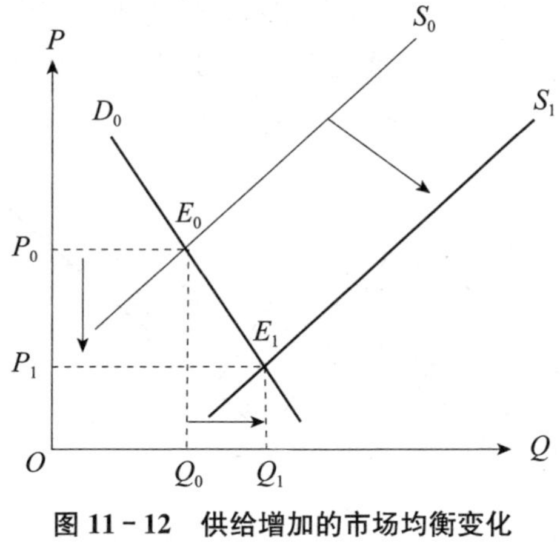

图 11-12 供给增加的市场均衡变化

第四种情形：消极事件冲击导致供给减少的市场均衡变化。

当生产成本增加、生产技术落后、替代品价格下降或者互补品价格上升、市场预期变差，诸如此类的消极事件冲击会减少某类商品的市场供给，商品供给曲线会向左上方移动，市场均衡变动的结果是产品价格上升，市场均衡数量减少，具体如图 11-13 所示。

总结这四种情形，可以发现，积极事件冲击会导致需求或供给增加，消极事件冲击会导致需求或供给减少。从市场均衡变动结果来看，均衡价格变化与需求变动是同方向的，与供给变动是反方向的；均衡数量变化与需求变动是同方向的，与供给变动也是同方向的。

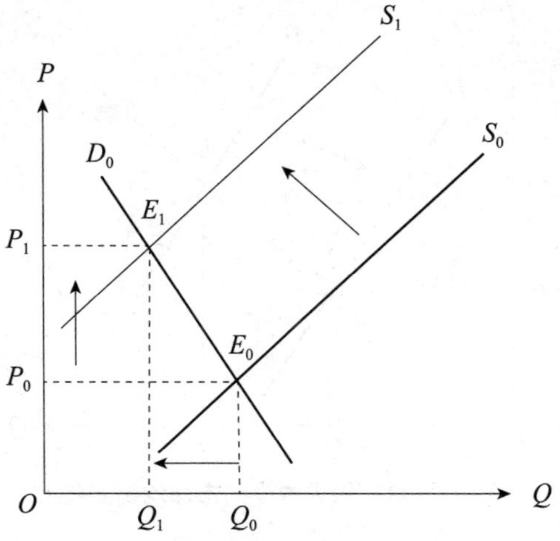

图 11－13　供给减少的市场均衡变化

第五种情形：需求和供给同时增加的市场均衡变化。

当市场同时发生了影响需求和供给变化的积极事件冲击时，需求和供给同时增加，需求曲线向右上方移动，供给曲线向右下方移动，具体变动如图 11－14 所示。市场均衡变动的结果是市场均衡数量肯定会增加，但是市场均衡价格变动结果无法判断，它取决于需求曲线和供给曲线移动的幅度。市场均衡价格既可能是下降（图 11－14 中的 E_1点），可能是不变（图 11－14 中的 E_2点），也可能是上升（图 11－14 中的 E_3点）。

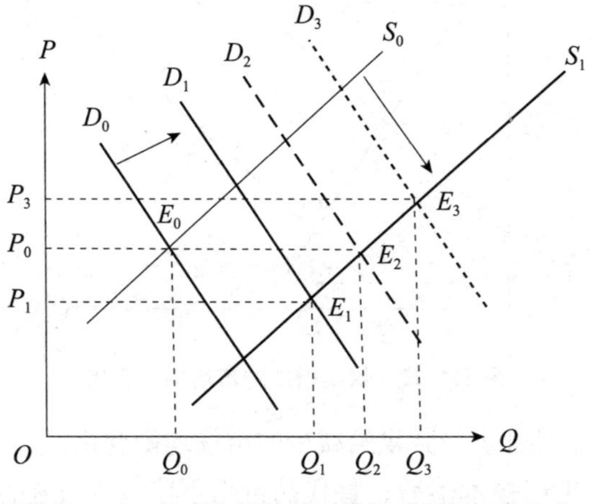

图 11－14　需求和供给同时增加的市场均衡变化

第六种情形：需求和供给同时减少的市场均衡变化。

与第五种情形正好完全相反的，当市场同时发生了影响需求和供给变化的消极事件冲击时，需求和供给同时减少，需求曲线向左下方移动，供给曲线向左上方移动，具体变动如图 11－15 所示。市场均衡变动的结果是市场均衡数量肯定会减少，但是市场均衡价格变动结果同样无法判断，它取决于需求曲线和供给曲线移动的幅度。市场均衡价格既可能是上升（图 11－15 中的 E_1点），可能是不变（图 11－15 中的 E_2点），也可能是下降（图

11－15 中的 E_3点）。

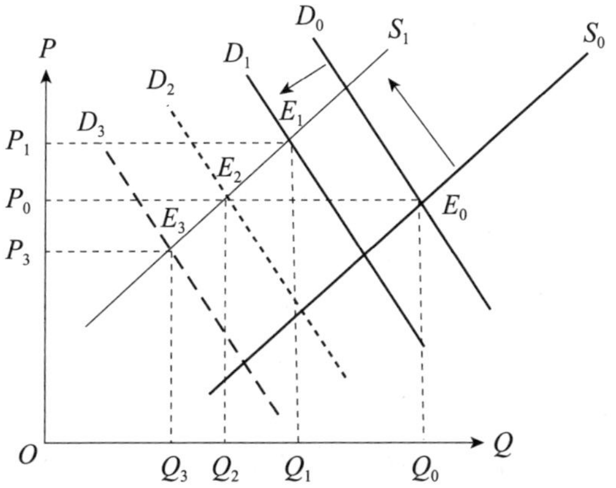

图 11－15 需求和供给同时减少的市场均衡变化

第七种情形：需求增加而供给减少的市场均衡变化。

当市场出现需求的积极事件冲击、供给的消极事件冲击时，需求增加而供给减少，需求曲线向右上方移动而供给曲线向左上方移动，具体变动的可能情形如图 11－16 所示。市场均衡变动的结果是均衡价格上升，而均衡数量变动结果无法判断，它同样取决于需求曲线和供给曲线移动的幅度。市场均衡数量可能减少（图 11－16 中的 E_1点），可能不变（图 11－16 中的 E_2点），也可能增加（图 11－16 中的 E_3点）。

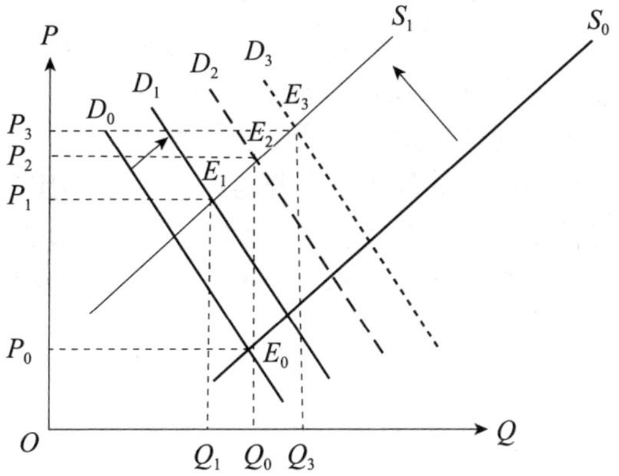

图 11－16 需求增加而供给减少的市场均衡变化

第八种情形：需求减少而供给增加的市场均衡变化。

当市场出现需求的消极事件冲击、供给的积极事件冲击时，需求减少而供给增加，需求曲线向左下方移动而供给曲线向右下方移动，具体变动的可能情形如图 11－17 所示。市场均衡变动的结果是均衡价格下降，而均衡数量变动结果无法判断，它同样取决于需求曲线和供给曲线移动的幅度。市场均衡数量可能增加（图 11－17 中的 E_1点），可能不变（图 11－17 中的 E_2点），也可能减少（图 11－17 中的 E_3点）。

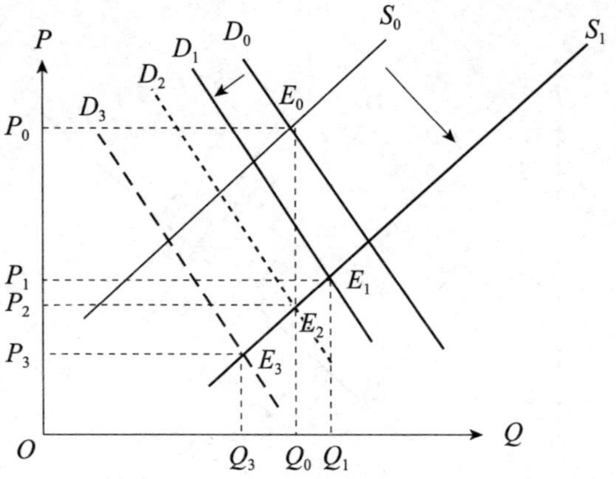

图 11－17　需求减少和供给增加的市场均衡变化

综合需求和供给同时变化的四种情形来看，可以发现，当供给和需求同方向变动时，市场均衡数量的变动结果是确定的，而均衡价格的变动结果则是不确定的；而当供给和需求反方向变动时，市场均衡数量的变动结果是不确定的，而均衡价格的变动结果则是确定的。

第四节　弹性

一、弹性的一般含义

不同价格波动引起的需求量或者供给量的变化无法直接进行比较，如教科书价格波动可能在 10 元左右，但笔记本电脑价格的波动可能会达到几百甚至上千元。如何比较不同种类商品需求量或者供给量对价格波动的反应程度呢？经济学家马歇尔发明了“价格弹性”这样一个概念，解决了不同产品量纲的可比性问题。

在经济学中，弹性是指当两个变量间存在着函数关系时，因变量对自变量变化反应的敏感程度。具体来说，弹性是指当一个经济变量发生了 1%变动时，由它所引起的另一个经济变量变动的百分比。下面是弹性系数的一般表达形式，e_d为弹性系数，我们用 X 表示自变量，用 Y 表示因变量。

$$\text{弹性系数}=\frac{\text{因变量变动百分比}}{\text{自变量变动百分比}}$$

$$e_d=\frac{\frac{\Delta Y}{Y}}{\frac{\Delta X}{X}}=\frac{\Delta Y}{\Delta X}\times\frac{X}{Y}$$

弹性公式表示的是 Y 相应于 X 变动的敏感程度。由弹性的计算公式可以清楚地看到，弹性是两个变量各自变化比例的一个比值，因此弹性是一个具体的数字，它与自变量和因变量的量纲无关。

二、需求的价格弹性和收入弹性

需求的价格弹性简称需求弹性，是指在一定时期内某种商品的需求量变化对其价格变

化的反应程度。需求的价格弹性常用弹性系数进行衡量，其弹性系数等于需求量变化百分比除以价格变化百分比，即

$$需求的价格弹性系数=\frac{需求量变化百分比}{价格变化百分比}$$

假定需求函数为 $Q=f(P)$，ΔQ 表示需求量的变化量，ΔP 表示价格的变化量，e_d 表示需求的价格弹性系数，由于商品的需求量和价格是成反方向变化的，即 $\Delta Q/\Delta P$ 为负值，为了便于比较 e_d 的大小，可以在公式前面中加一个负号，使 e_d 为正。此时需求的价格弹性计算公式为：

$$e_d=-\frac{\Delta Q/Q}{\Delta P/P}=-\frac{\Delta Q}{\Delta P}\times\frac{P}{Q}$$

假如某商品的需求函数为线性函数 $Q=100-10P$，当商品价格从 5 上升到 6 时，需求数量则从 50 下降到 40，由此可得到该商品在这一价格变化中的需求的价格弹性为

$$e_d=-\frac{\frac{(40-50)}{50}}{\frac{6-5}{5}}=1$$

对于同一个需求函数，当商品价格从 6 下降到 5 时，需求数量则是从 40 增加到 50，由此可得到该商品在这一价格变化中的需求的价格弹性为

$$e_d=-\frac{\frac{(50-40)}{40}}{\frac{5-6}{6}}=1.5$$

假如某商品的需求函数为非线性函数 $Q=\frac{100}{P}$，当商品价格从 4 上升到 5 时，商品需求量从 25 下降到 20，由此可得到该商品在这一价格变化中的需求的价格弹性为

$$e_d=-\frac{\frac{(20-25)}{25}}{\frac{5-4}{4}}=0.8$$

对于同一个需求函数，如果当商品价格从 5 下降到 4 时，商品需求量会从 20 增加到 25，由此可得到该商品在这一价格变化中的需求的价格弹性为

$$e_d=-\frac{\frac{(25-20)}{20}}{\frac{4-5}{5}}=1.25$$

由上述两个需求函数的例子可知，不管是线性函数还是非线性函数，同样一个商品在不同价格处的价格弹性大小很可能是不一样的。根据具体计算结果，需求的价格弹性可划

分为五种类型，这五种类型所对应的大致图形形状如图 11－18 所示。

第一种类型是$e_d>1$，称为富有弹性。如图 11－18（a）所示，$e_d>1$ 表示需求量的变化率大于价格的变化率，即需求量对于价格变化的反应比较敏感的。一般而言，奢侈品价格变化属于这一种类型。

第二种类型是$e_d<1$，称为缺乏弹性。如图 11－18（b）所示，$e_d<1$ 表示需求量的变化率小于价格的变化率，即需求量对于价格变化的反应不是很敏感。柴米油盐酱醋茶等生活必需品往往属于这一种类型。

第三种类型是$e_d=1$，称为单位弹性。如图 11－18（c）所示，它表示需求量和价格的变化率正好相等。现实生活中真正属于这一种类型的商品比较少。

第四种类型是$e_d=\infty$，称为完全弹性。如图 11－18（d）所示，$e_d=\infty$是一种特殊的情况，表示在既定的价格水平上，需求量是无穷的。一旦高于既定价格，需求量即变为零。在金融市场当中，处于涨停价位的股票可以认为接近这一类型。

第五种类型是$e_d=0$，称为完全无弹性。如图 11－18（e）所示，$e_d=0$ 也是一种特殊的情况，表示无论价格怎样变动，需求量都不会变化。通常认为特效药等产品接近这一类型。

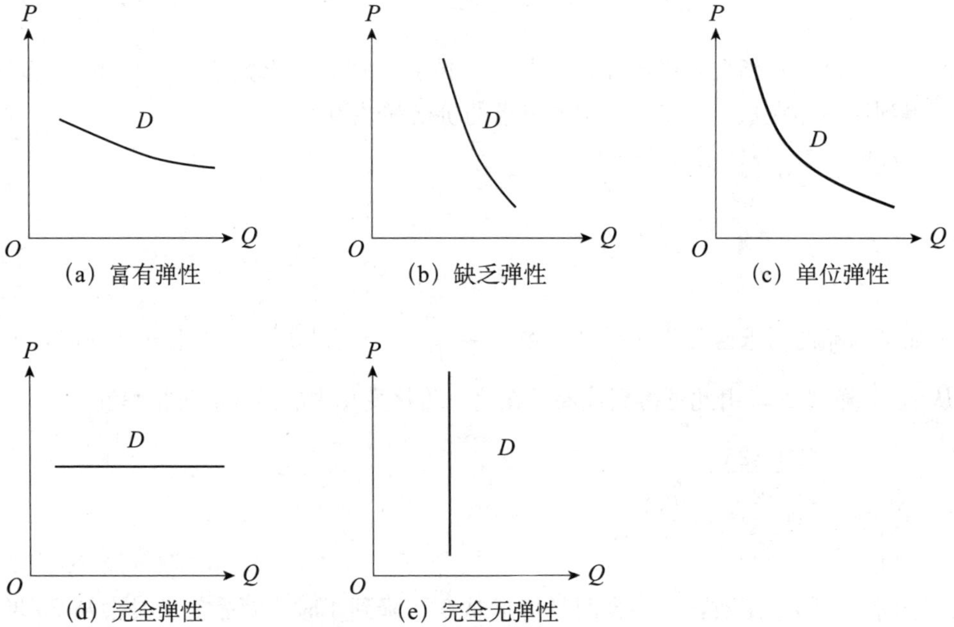

图 11－18　需求的价格弹性类型

由于销售收入等于产品价格和产品数量的乘积，因此相应价格对应的数量所围成的长方形面积即为销售收入，由图 11－19 可以发现，三种不同需求的价格弹性类型对于相同价格变化导致的收入变化是不同的。

根据图 11－19 不同价格变化的销售收入图形面积变化，可以发现，需求的价格弹性三种不同类型对企业定价策略具有重要启示和指导意义，具体借鉴意义如下：

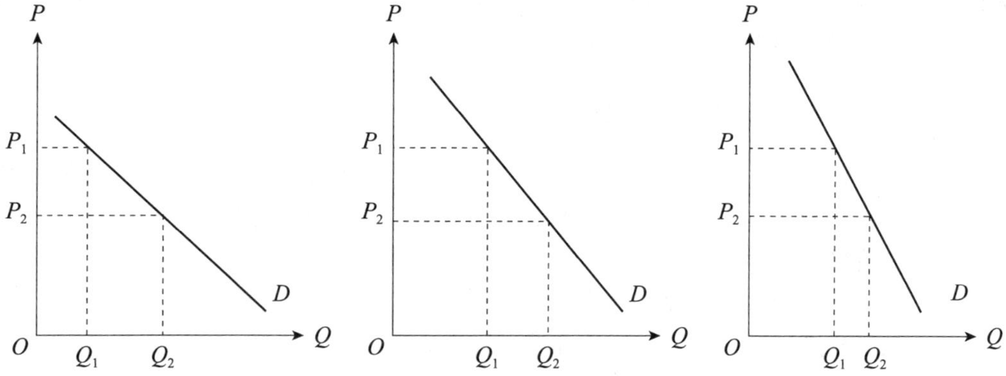

(a) 富有弹性 (b) 单位弹性 (c) 缺乏弹性

图 11-19 三种需求的价格弹性类型的收入图示

首先，对于富有弹性的商品来说，企业为提高销售收入可以采用降价策略。原因在于，对于$e_d>1$的富有弹性的商品来说，价格变化1%会使得需求量变动超过1%。由于收入是价格和数量的乘积，因此降价所产生的销售收入损失，会被降价产生更多需求量增量带来的销售收入所弥补，并且后者会大于前者，所以降价有助于提高销售收入，提价反而会降低销售收入。

其次，对于缺乏弹性的商品来说，企业为提高销售收入可以采用提价策略。原因在于，对于$e_d<1$的缺乏弹性的商品来说，价格变化1%使得需求量变化小于1%。这时候如果降价，降价所产生的销售收入损失，超过了需求量增加带来的销售收入增量，因此降价会降低销售收入，提价反而有助于增加销售收入。

最后，对于单位弹性的商品来说，企业降价或提价都不会影响销售收入。原因在于，对于$e_d=1$的单位弹性的商品，价格变化1%正好使得需求量变化1%。这时降价所产生的销售收入损失，正好等于需求量增加带来的销售收入增量。因此降价不会增加销售收入，提价同样也不会增加销售收入。

需求的收入弹性是指在一定时期内一种商品需求量变化对于消费者收入变化的反应程度。如果用e_m代表商品的需求量Q变化对收入M变化的反应程度，则需求的收入弹性可以定义为：

$$e_m=\frac{\Delta Q/Q}{\Delta M/M}=\frac{\Delta Q}{\Delta M}\times\frac{M}{Q}$$

需求的收入弹性系数既有正值也有负值，其正负可用于判断商品究竟是正常商品还是低档商品。

如果消费者收入增加，消费者会增加对某种商品的需求数量；而当消费者收入减少时，消费者会减少对这种商品的需求数量，此时$e_m>0$，该商品对于该消费者而言属于正常商品。如果消费者对于正常商品的需求数量变化比例超过了其收入变化的比例，那么该商品对于该消费者而言属于奢侈品，此时$e_m>1$。相反，如果消费者对于正常商品的需求数量变化比例小于其收入变化的比例，那么该商品对于消费者而言属于必需品，此时$0<e_m<1$。如果消费者对于某种商品的需求数量随着收入变化而呈现负相关关系，即消费者

收入增加时会减少该商品的需求数量，而当消费者收入减少时反而增加该商品的需求数量，那么该商品对于消费者而言是属于低档商品，此时$e_m<0$。

三、需求的交叉弹性和供给弹性

需求的交叉弹性表示在一定时期内一种商品需求量变化对于另一种商品价格变化的反应程度。例如，消费者购买鸡肉的数量不仅取决于鸡肉的价格，还取决于相关物品（如猪肉和鱼肉）的价格。从计算角度来看，需求的交叉弹性系数是一种商品需求量变动的百分比与另一种商品价格变动的百分比之比。如果用e_{XY}代表X商品的需求量变化对于Y商品价格变化的反应程度，那么需求的交叉弹性可以定义为：

$$\text{需求的交叉弹性系数}=\frac{\text{商品 X 需求量变化百分比}}{\text{商品 Y 价格变化百分比}}$$

$$e_{XY}=\frac{\Delta Q_X/Q_X}{\Delta P_Y/P_Y}=\frac{\Delta Q_X}{\Delta P_Y}\times\frac{P_Y}{Q_X}$$

需求的交叉弹性系数同样有正值也有负值，其正负取决于两种商品究竟是替代关系还是互补关系。同时，需求的交叉弹性系数大小还可以度量两种商品替代或互补的密切程度。

如果两种商品之间存在替代关系，互为替代品，那么$e_{XY}>0$，其弹性系数值越大，替代性越强。如可口可乐与百事可乐，随着可口可乐价格上升，百事可乐的需求量也会增加，此时$e_{XY}>0$。

如果两种商品之间存在互补关系，互为互补品，则$e_{XY}<0$，其弹性系数绝对值越大，互补性越强。如锂电池与电动车，随着锂电池价格上升，电动车的吸引力会下降，需求量也会减少，此时$e_{XY}<0$。

供给的价格弹性表示在一定时期内一种商品供给量的变化对于该商品价格变化的反应程度。从计算公式来看，供给的价格弹性系数是一种商品供给量变化的百分比与该商品价格变化的百分比之比。如果用e_s代表商品的供给量Q变化对于该商品价格P变化的反应程度，则供给的价格弹性可以定义为：

$$e_s=\frac{\Delta Q/Q}{\Delta P/P}=\frac{\Delta Q}{\Delta P}\times\frac{P}{Q}$$

对于供给弹性，主要有以下三种常见的情形：

第一种情形是供给曲线是水平线。它表示产品价格稍微变动一小单位，供给数量变化就是无穷大，反映在图形上，整条供给曲线与横轴平行。这种情形出现在我们后面所讲的完全竞争市场当中。理由在于：由于产品同质，因此同一行业当中只要某个产品价格比别人高，那么它的整个市场供给量就会被同行业其他产品所替代，被完全清除出市场，因此市场供给量从之前有多少市场就能消费多少变为零。

第二种情形是供给曲线是垂直线。它表示不管价格怎么变化，整个市场的供给数量变动为零。换句话说，整个市场的供给量不会因市场价格变动而调节。这种情形可以用来刻画一些已故名人的艺术作品。举例来说，齐白石画作的价格越来越高，但是不管他的画作价格变得有多高，整个市场的齐白石真迹不可能再增加了。

第三种情形是供给曲线向右上方倾斜。它表现为市场供给量会对产品的价格变动做出正向反应，表现为价格越高，市场愿意提供的产品数量就越多。例如，股票价格越高，愿意把自己手上持有的股票卖掉的人会越多，市场上股票的供给量会增多。房价越高，二手房供给量就越大。

第五节　供求分析的应用

一、税收效应分析

政府可以向消费者征收消费税，也可以向生产者征收销售税。运用供求均衡可以分析税负在消费者和生产者之间的分摊问题。

第一种情况是政府向生产者按每单位商品征收销售税。假定政府对生产者每单位商品征收固定数额销售税 T。这一征税措施相当于在原来每单位产品生产成本基础上增加了 T 单位，如图 11－20 所示，政府征税将导致供给曲线从S_1向上平行移动 T 单位到S_2，S_2和S_1的垂直距离差额就是税额 T。征税后新的市场均衡点移至E_2，而均衡价格则由P_E提高到P_1。不难发现，每单位商品消费者需要多支付（P_1-P_E），而生产者得到的价格则减少（P_E-P_2）。政府通过征税获得的税收收入水平，可以用图 11－20 中长方形$P_1P_2BE_2$的面积来表示。其中长方形$P_1P_EAE_2$的面积是消费者负担的税负，而长方形P_EP_2BA 的面积是生产者负担的税负。

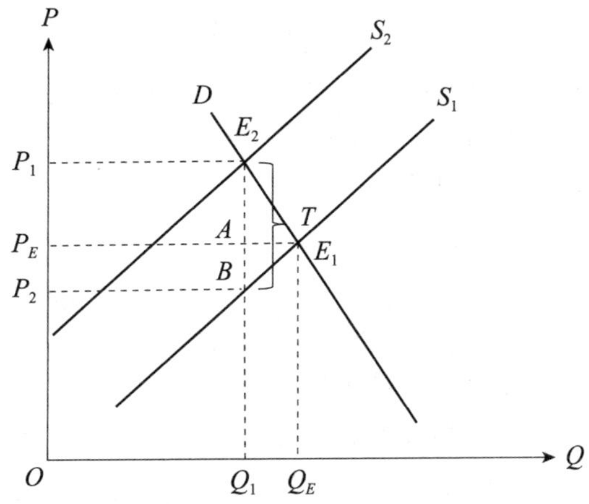

图 11－20　向生产者征税

第二种情形是政府向消费者征收消费税。在没有征收消费税之前，市场供给和需求相交于均衡点E_1，此时市场均衡价格为P_E，均衡数量为Q_E。当消费者每消费一单位商品需要为此多支付税额 T 时，这相当于消费者实际购买能力下降了，需求曲线向左下方移动。如图 11－21 所示，消费税 T 使得消费者的需求曲线从D_1移动至D_2。初始均衡价格为P_E，征税之后的均衡价格变为P_2，消费者除了支付商品价格P_2，还需要加上税额 T，征税之后消费者实际支付的价格为P_1，而生产者所收到的商品价格为P_2，两者之间的差额正好是税额T，市场的均衡数量为Q_1。相比于原来的均衡点来说，征收消费税之后，消费者对于每单位商品所承担的税负为（P_1-P_E），而生产者所承担的税负则为（P_E-P_2）。政府通过征收消费税，同样可以获得长方形$P_1P_2E_2A$的面积。其中长方形P_1P_EBA的面积是消费者负担的税负，而长方形$P_EP_2E_2B$的面积是生产者负担的税负。对比图11－20和图11－21可以发现，不管是面向消费者征税还是面向生产者征税，最终两种不同情形当中所实现的市场均衡价格、均衡数量、生产者税负和消费者税负都是一样的。

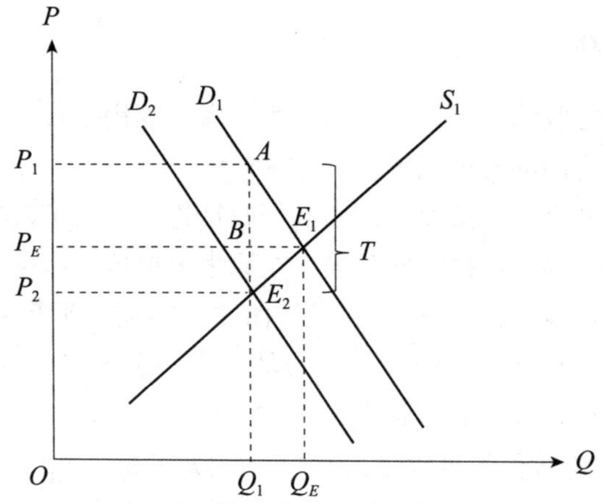

图 11－21　向消费者征税

二、最高限价和最低限价

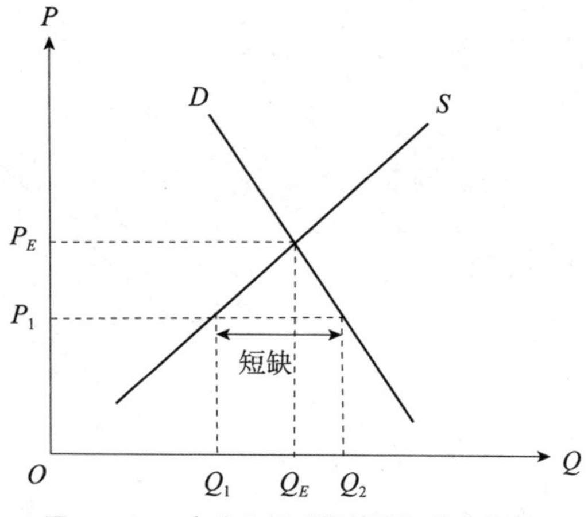

图 11－22　房价实行“指导价”的分析图

最高限价是指政府规定某种商品或劳务的价格不能超过指定价格。一般而言，为了防止某种商品或劳务的市场交易价格过高，政府往往会规定低于市场均衡价格的指导价格。举例来说，为了落实“房住不炒”政策，我们对于房价实行指导价，这本质上就是一种最高限价。图11－22表示政府对房子交易价格实行指导价，即房子最终成交的每平米单价不能超过所规定的指导价格。在市场均衡情况下，市场原来的均衡价格为P_E，均衡数量为Q_E。当政府规定房子的指导价格为P_1，它会低于市场的均衡价格P_E，那么此时市场需求量Q_2大于市场供给量Q_1，市场上将出现供不应求的情况。这种供不应求的情况，最终可能会产生新的交易规则来替代失灵的价格机制，比如，消费者可能不得不排队抢购，或者出现灰色交易甚至是阴阳合同现象。

最低限价也称支持价格，是指政府为支持某种商品或劳务而对该产品或劳务的价格规定一个最低的交易价格。最低工资制度就是一种非常典型的最低限价。图11－23表示政府对每小时劳动力工资最低支付标准的可能市场效应。如果政府规定的最低工资标准在市场均衡工资的下方，那么这样一个最低工资制度并不会影响劳动力市场。然而，如果最低工资标准定在市场均衡工资水平的上方，那么它就会对劳动力市场产生实质性的影响效应。正如图 11－23 所呈现的情形，当最低工资标准 W_1 大于市场均衡工资 W_E 时，企业愿意雇佣的劳动力数量变为 Q_1，而在这样一个价格水平上愿意提供劳动力的数量为 Q_2，此时就会产生 Q_2 和 Q_1 之间差额的失业。

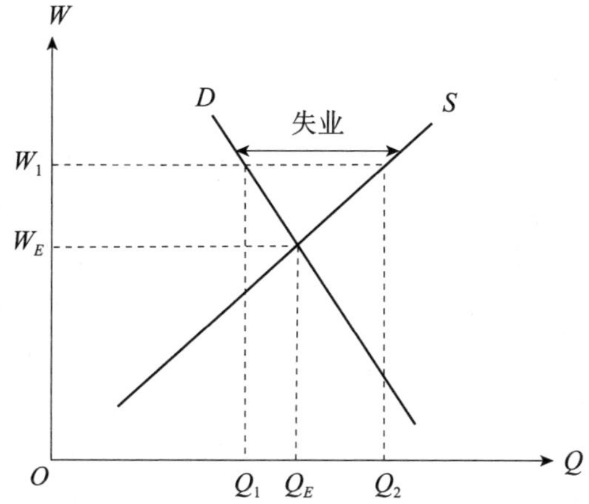

图 11－23 最低工资制度可能导致的失业

专栏 11－1

提高最低工资就会增加失业吗?

最低工资政策旨在保障低收入工人的基本生活水平，它对就业和工资水平的影响一直是经济学研究和政策讨论中的热点话题。传统经济学理论认为，提高最低工资就会增加失业，现实经济生活是否与传统经济学的预测结果相吻合呢?

戴维·卡德（David E. Card）和艾伦·克鲁格（Alan Krueger）于 1994 年在《美国经济评论》上发表了一篇有关最低工资制度和就业率的论文，他们发现了与传统经济学理论截然相反的结论：提高最低工资不会增加失业，反而是促进了就业。他们主要研究对象是把实施最低工资制度调整的美国新泽西州作为实验组，把与新泽西州相毗邻的宾西法尼亚州作为对照组。1992 年，美国新泽西州的法律规定最低工资从每小时 4.25 美元上涨到 5.05 美元，由于快餐店雇佣员工的工资水平基本为最低工资，因此他们对涨价前后的新泽西州和宾夕法尼亚州东部的 410 家快餐店进行了调查。作者认为，快餐店面对的是一个上升的劳动力供应曲线，最低工资的提高可能会增加受影响企业和整个行业的就业机会。他们的研究结果发现，提高最低工资不是增加了失业，反而促进了就业。将新泽西州的店铺与宾夕法尼亚州的店铺进行比较，发现提高最低工资制度显著增加了就业机会，与宾夕法尼亚州店铺相比，新泽西州店铺的平均就业水平增加了约 2.5%。这一研究结果为最低工资政策调整提供了有力证据。

然而，也有研究表明最低工资政策调整也可能会对就业产生负面影响，尤其是在经济衰退期间。杰弗里·克莱门斯（Jeffrey Clemens）和迈克尔·威瑟（Michael Wither）在2019年研究了2007年至2012年出现全球金融危机期间最低工资变动对就业和收入水平的影响效应。他们认为，经济衰退时期最低工资提高会对就业产生负面影响，其理由主要有三方面：一是会增加雇佣成本，经济衰退时期，企业可能面临着更大的经济压力，而无法承担更高的雇佣成本。二是可能导致企业裁员，经济衰退时企业可能更加倾向于裁员，因为市场需求下降，企业需要减少成本以保持盈利能力。三是为了避免支付更高的工资，企业可能会减少低技能劳动者的工作时间，这意味着劳动者的收入可能会减少，同时也会减少他们的工作机会。实证研究结果支持了他们的猜想，相比于未受最低工资制度调整影响的劳动者来说，提高最低工资会使得那些容易受到最低工资制度调整影响的劳动者就业率下降6.6%，平均月收入下降了90美元，并在接下来的两年中进一步下降了50美元。提高最低工资水平对于低技能工人的收入影响更为显著。这些研究结果意味着在调整最低工资政策时，政府需要综合考虑就业和经济发展因素以平衡不同的社会群体。对于低技能劳动者来说，提供更多的就业机会和培训，提高低技能劳动者的技能水平，这些可能是相对于最低工资制度调整来说更为有效的减贫政策。

由于国外的最低工资制度是小时工资制度，而我国的最低工资制度采用的是月工资制度。相对于小时工资制度来说，企业在月工资制度约束下的用工灵活性和工作弹性调整幅度相对比较大。例如，即便政府提高了最低工资水平，可是企业仍然可能通过延长工作时长或者其他加班等方式来弥补多支付的工资报酬，因此不会增加市场失业。当然，如果市场在最低工资制度调整之前，已经把延长工作时长或者加班用到了极致，企业不可能再通过这些手段来弥补多支付的工资报酬时，提高最低工资水平就可能会导致更多的失业。中国的实际劳动力情况究竟符合哪一种理论推测呢？马双等（2012）通过分析1998年至2007年中国各市最低工资标准的变化，利用企业微观数据探讨了最低工资制度对于中国制造业就业和平均工资水平的影响。他们的研究结果表明，最低工资上涨提高了制造业工人的平均工资水平，尤其能够显著地提高劳动密集型或人均资本较低企业的平均工资。研究还发现，提高最低工资会负向影响就业水平。对此，作者提到了两个可能的解释：一方面，当最低工资上涨时，企业可能会选择使用更多的资本来替代劳动力，或者使用更高技术的工人来替代非熟练工人。这样一来，对劳动力的需求就会减少，从而导致就业水平下降。另一方面，当最低工资上涨时，企业可能会将这一成本转嫁到产品价格上，导致产品价格上涨，而价格上涨可能会减少消费者对产品的需求，从而导致企业对劳动力的需求减少，就业水平下降。

综合来看，尽管国内外关于最低工资政策的影响效果尚未形成一致结论，但可以明确的是，最低工资政策的制定和调整需要充分考虑多方面因素：首先，政策制定者需要认识到最低工资政策对就业的复杂影响，并避免单纯依赖传统理论的简单判断。其次，政策制定者应该根据具体的经济环境和产业结构来制定合适的最低工资标准，以平衡就业和工资水平的需求。最后，为了减少对低技能劳动者的负面影响，政府还应该提供更多的培训和机会，以提高其就业能力和竞争力。我们应该认识到最低工资政策的制定是一项综合性和灵活性的政策，需要根据经济发展的需要进行合理调整。

资料来源：CARD D, KRUEGER A B. Minimum wages and employment: a case study of the fast-food industry in New Jersey and Pennsylvania [J]. The American Economic Review, 1994, 84 (4): 772 - 793; CLEMENS J, WITHER M. The minimum wage and the great recession: evidence of effects on the employment and income trajectories of low-skilled workers [J]. Journal of Public Economics, 2019, 170: 53 - 67; 马双，张劼，朱喜. 最低工资对中国就业和工资水平的影响 [J]. 经济研究, 2012 (5): 132 - 146.

思考题

1. 简述影响商品需求的因素。
2. 简述影响商品供给的因素。
3. 试论述需求和供给同时减少的市场均衡结果。
4. 试论述房价实行“指导价”的市场均衡结果。

在线自测

扫一扫 练一练

第十二章　消费者选择理论

第一节　效用理论概述

一、效用的概念

效用是指消费者消费物品或劳务获得的满足感。商品能给消费者带来多大效用，取决于这种商品是否具有满足消费者欲望的能力。

由于消费物品或劳务所获得的满足感是一种主观心理感觉，不同商品效用大小在不同时间点、不同地点、不同消费者等之间存在差异。比如：奶油对于喜欢奶油的人来说，其效用很大，但对于不喜欢奶油的人来说则效用很小；对于喜欢榴梿的人来说，榴梿简直是人间美味，但是对于不喜欢的人来说，榴梿的味道实在是臭不可闻。因此，我们需要一种能够把从不同商品所获得的主观满足感程度客观化和标准化为类似于温度或者重量等可观测和可比较的指标。在经济学教材里面，效用就成为消费者满足感的度量单位，就好比克或千克成为重量的度量单位一样。在经济学发展历史上，基于对效用的不同看法，形成了序数效用论和基数效用论。

二、序数效用论的效用观点

序数效用论者认为，效用应该是顺序概念而不是数量概念。例如，我们可以对于不同消费产品的偏好排出具体顺序，但是我们实际上很难说出消费某样东西所获得的具体效用值的大小是多少。因此，序数效用论认为，商品给消费者带来的效用大小应该用顺序或等级来表示。对于各种不同的商品组合，每一个消费者拥有一个特定的偏好，它可以反映出消费者对不同商品组合效用水平的评价。准确来说，序数效用论认为，消费者的效用可以通过偏好来表达，而偏好是指消费者对任意两个商品组合所作的一个排序，是消费者对商品或商品组合的喜好程度。

关于消费者偏好有三个基本假定：偏好的完全性、偏好的可传递性、偏好的非饱和性。

偏好的完全性是指消费者可以比较和排列不同商品组合。具体来说，对于任何两个商品组合 A 和 B，消费者都可以做出以下两种判断中的其中一种：对 A 的偏好大于等于对 B 的偏好；对 B 的偏好大于等于对 A 的偏好。

偏好的可传递性保证了消费者偏好的一致性，因此理性消费者的偏好需要符合偏好的可传递性。偏好的可传递性指的是，对于任何三个商品组合 A、B 和 C，如果消费者对 A 的偏好大于等于对 B 的偏好，对 B 的偏好大于等于对 C 的偏好，那么，该消费者对 A 的偏好一定大于等于对 C 的偏好。

偏好的非饱和性是指在其他商品数量相同的条件下，消费者总是更偏好于数量更多的商品组合。也就是说，对于任何一种商品，消费者总是认为数量多的比数量少的要好，也即所谓的“多多益善”。在这个假定中，消费者认为值得拥有的商品指的是“好东西”而不是给消费者带来负效用的“坏东西”。

三、基数效用论的效用观点

基数效用论者认为，效用如同长度、重量等概念一样，可以具体衡量并加总求和。例如，对某消费者来说，看一场电影和看一场演唱会的效用分别为10效用单位和20效用单位，则可以说这两种消费的效用之和为30效用单位。最新的脑神经经济学研究借助于脑电和核磁技术，发现消费者消费不同商品获得不同满足感时，大脑被激活的脑区的区域面积和明亮程度是不一样的。这为基数效用理论提供了非常科学和前沿的量化证据。

基数效用论者将效用区分为总效用和边际效用。总效用是指消费者在一定时间内从一定数量的商品或劳务的消费中得到的满足感的总和。边际效用是指消费者在一定时间内每增加一单位商品或劳务的消费所得到的满足感的增量。假定消费者对一种商品的消费数量为 Q，用 TU 表示总效用，则总效用函数为：

$$TU=f(Q)$$

用 MU 表示边际效用，则边际效用函数为：

$$MU=\frac{\Delta TU\ (Q)}{\Delta Q}$$

在消费者理论当中，有两个非常重要的定律：戈森第一定律和戈森第二定律。戈森第一定律也称边际效用递减规律，是指一定时间内，在其他条件不变的情况下，随着消费者增加某种商品或劳务的消费量，消费者从连续增加的每一消费单位中所获得的满足感增量是递减的。

戈森第二定律则与消费者均衡密切有关。消费者均衡是消费者如何在多种商品选择中分配有限货币收入以获得最大化效用的最优选择结果。从数学角度来看，消费者均衡是一个非常经典的约束条件下求解目标函数极大值的数学问题。从经济学的研究历史来看，消费者均衡正好是戈森第二定律的内容，即消费者均衡条件是：给定消费者的货币收入水平和各种商品价格，消费者实现效用最大化的最优选择是使最后一块钱花在各种不同商品上所获得的每种商品的边际效用相等，即单位货币的边际效用相等。

具体而言，假定消费者用收入 M 购买了两种商品，X_1 和 X_2 分别表示这两种商品的购买数量，P_1 和 P_2 分别表示这两种商品的购买价格，此时消费者所面临的预算约束线是：

$$P_1X_1+P_2X_2=M$$

消费者会选择最优的商品组合，使得花费在各种商品的最后一元钱所带来的边际效用相等。用 MU_1 和 MU_2 分别表示这两种商品的边际效用，此时消费者实现效用最大化的消费者均衡条件可表示为：

$$\frac{MU_1}{P_1}=\frac{MU_2}{P_2}$$

四、效用论的两个具体应用

基于戈森第一定律和戈森二定律内容，或者说基于边际效用递减规律和消费者均衡，我们可以对需求曲线向右下方倾斜特征提供相应的经济解释。具体来说，需求价格本质上是消费者在一定时期内对一定数量的某种商品愿意支付的最高价格。由消费者均衡条件可知，在单位货币的边际效用价值不变情形下，边际效用和商品需求价格是同方向变动的，消费者愿意为所获得的更高边际效用支付一个更高的需求价格，而更低的边际效用则对应一个更低的需求价格。由于边际效用递减规律，随着消费者连续增加某种商品或劳务的消费，消费者从该商品或劳务中所获得的边际效用是递减的，因此消费者所愿意支付的最高价格会变得越来越低。所以，更多的需求数量对应更低的需求价格，更低的需求数量对应更高的需求价格，这意味着商品需求量与商品需求价格呈反方向变动，需求曲线会向右下方倾斜。

同样，基于戈森第一定律和戈森第二定律，容易得知消费者对于商品或劳务所愿意支付的价格与这一单位商品或劳务所带来的边际效用呈现明显的正相关关系；当消费某种商品或劳务的边际效用越高，消费者为多消费这一单位产品或劳务所愿意支付的价格会变高。由于边际效用是递减的，因此消费者每多消费一单位的产品或劳务所愿意支付的价格是递减的。而在完全竞争市场中，消费者对于所有不同单位商品或劳务都支付相同的市场价格，这一价格往往是由消费该商品或劳务的最后一个单位所获得的边际效用所决定。这使得消费者愿意支付该商品或劳务的最高价格和实际支付的市场价格之间产生一个差额，这个差额便形成了消费者剩余。具体来说，消费者剩余是指消费者对于所购买数量的商品或劳务所愿意支付的最高总价格和实际支付的总价格之间的差额。

举例来说，某品牌面包市场价格为 3 元。假如消费者 A 购买第一个面包时，他愿意为消费这个面包所带来的效用支付最高 5 元；购买第二个、第三个和第四个面包时，他愿意支付的最高价格分别为 4.5 元、4 元、3.5 元。在这个过程中，消费者 A 购买四个面包所愿意支付的最高总金额为 5＋4.5＋4＋3.5＝17 元，而实际上他按照市场价格支付的总金额为 3×4＝12 元，此时两者的差额 17－12＝5 元就是消费者剩余。

图 12－1 表示市场均衡价格为P_E，均衡数量为Q_E。如图 12－1 所示，消费者剩余可以用市场需求曲线以下、市场价格线以上的面积来表示，即阴影部分的面积。

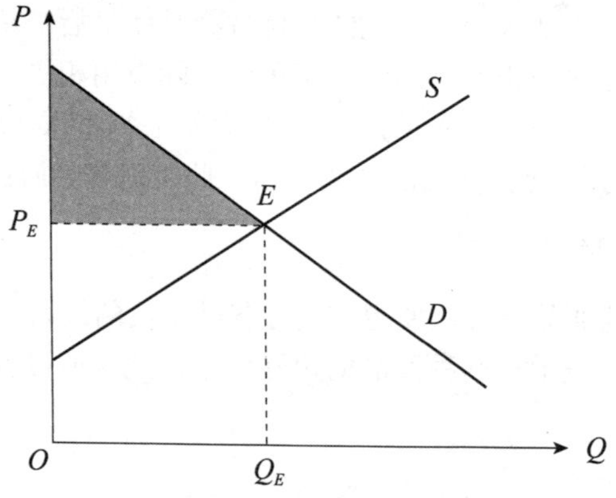

图 12－1　消费者剩余

第二节　消费者均衡的静态分析

一、无差异曲线

在现实生活中，假定消费者只消费X_1与X_2两种商品，为了得到相同的满足感程度，消费者可以选择多消费X_1而少消费X_2，或者多消费X_2而少消费X_1。无差异曲线可以刻画消费者的权衡取舍选择，它是表示能够给消费者带来相同满足程度的两种商品的所有可能性组合。无差异曲线可以通过效用函数来表示。假设消费者只消费X_1和X_2两种商品，U为效用水平，效用函数如下：

$$U=f(X_1, X_2)$$

效用函数水平的每个具体水平都可以对应一条无差异曲线。无差异曲线相对应的效用函数也被称为等效用函数。用U^0表示不变的效用水平，无差异曲线相对应的效用函数为：

$$U=f(X_1, X_2)=U^0$$

图 12-2 呈现了三条无差异曲线。总结来看，无差异曲线具有三个明显的特点：

特点 1：同一条无差异曲线上不同点所表示的效用水平相同。在图 12-2 中横轴表示X_1商品的数量，纵轴表示X_2商品的数量。在无差异曲线I_2上，虽然X_1和X_2两种商品的数量组合不同，但是它们所提供的效用水平是相同的。如无差异曲线I_2上a点、b点、c点的X_1、X_2的商品数量组合不同，但是它们所表示的商品组合都在同样一条无差异曲线上，因此它们给消费者所带来的效用水平是相等的。

特点 2：离原点越远的无差异曲线所表示的效用水平越高。无差异曲线I_1、I_2和I_3各自所代表的效用水平是不一样的。根据偏好的非饱和性，对比d点、b点和e点的X_1、X_2商品数量可知，无差异曲线I_1的效用水平明显低于无差异曲线I_2，而无差异曲线I_2的效用水平明显低于无差异曲线I_3。基于此，可以发现离原点越远的无差异曲线所代表的商品数量越多，因此其总效用水平越高。

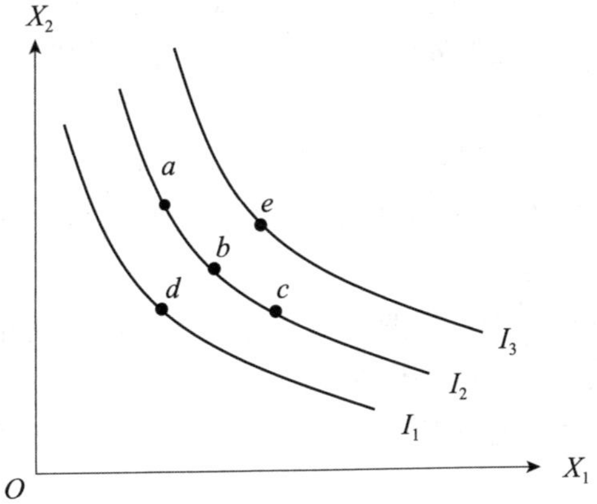

图 12-2　无差异曲线示意图

特点3：任意两条无差异曲线不可能相交。这样一个特点可由反证法得到。我们假设存在着两条相交的无差异曲线，如图12-3所示，若两条无差异曲线I_1和I_2，相交于b点，那么根据无差异曲线的含义，在无差异曲线I_1上a点与b点效用相等，在无差异曲线I_2上b点与c点效用相等。因此，根据偏好的传递性，可知a点和c点的效用是相等的。但是根据偏好的非饱和性假设可知，c点效用应该大于a点效用。前后两者所得到的结论产生矛盾，说明假设前提错了。因此，任意两条不同的无差异曲线都不可能相交。

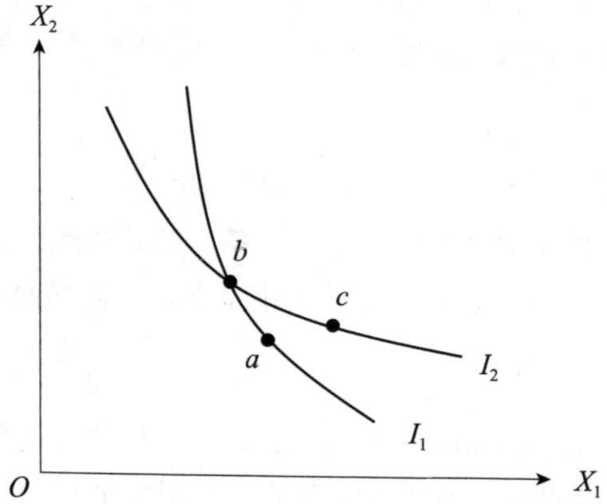

图12-3　违反偏好假定的无差异曲线

二、商品的边际替代率

边际替代率是指为了维持相同效用水平，消费者增加某种商品消费数量必须放弃另外一种商品消费数量的比率。假设有X_1与X_2两种商品，X_1对于X_2的边际替代率可用公式表示为：

$$MRS_{12}=-\frac{\Delta X_2}{\Delta X_1}$$

其中，ΔX_1为商品X_1的增加（或减少）量，ΔX_2为商品X_2的减少（或增加）量。当商品数量变化趋近无穷小时，无差异曲线上某一点的边际替代率就是无差异曲线在该点的斜率的绝对值。

基于边际效用递减规律，可以容易推导得到边际替代率递减规律。边际替代率递减规律是指在维持效用水平不变的前提下，随着一种商品消费数量的增加，消费者所需要放弃的另外一种商品的消费数量是递减的。图12-4呈现了边际替代率递减规律特征。具体来看，从a点向d点移动的过程中，消费者每增加一个单位的商品X_1，所需要放弃的商品X_2数量是递减的。由于商品的边际替代率就是无差异曲线斜率的绝对值，边际替代率递减规律决定了无差异曲线斜率的绝对值是递减的，因而一般的无差异曲线具有凸向原点的特征。

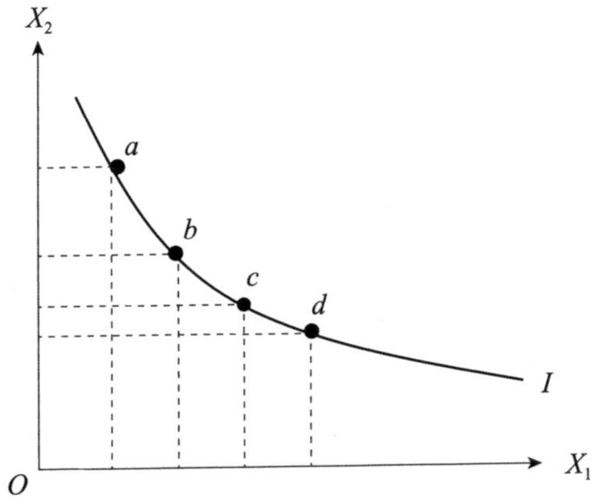

图 12-4 商品边际替代率递减规律

假如增加（或减少）某种商品的消费量为 ΔX_1，其所对应的效用值为 MU_1；与此同时，减少（或增加）另一种商品的消费量为 ΔX_2，其所对应的效用值为 MU_2。由于在同样一条无差异曲线上，总效用水平并没有发生变化，因此满足以下恒等式：

$$\Delta X_1 \times MU_1 + \Delta X_2 \times MU_2 \equiv 0$$

结合边际替代率的定义公式，可得到以下恒等式：

$$MRS_{12} = -\frac{\Delta X_2}{\Delta X_1} \equiv \frac{MU_1}{MU_2}$$

由上述公式容易得知，商品 X_1 对于商品 X_2 的边际替代率，正好恒等于商品 X_1 的边际效用与商品 X_2 的边际效用的比值。

三、预算约束线

理性经济人的决策行为都是在既定约束条件下寻找最优选择。消费者的既定约束条件就是通过预算约束线来刻画。预算约束线是指消费者在既定的收入和商品价格下，消费者用全部收入所能购买到的各种商品的不同数量组合。

假定消费者的收入为 M，它可以用于消费两种商品 X_1 和 X_2，两种商品价格分别为 P_1 和 P_2，此时消费者购买这两种商品的收入约束为：

花费在 X_1 上的金额＋花费在 X_2 上的金额＝总支出金额

用公式表示如下：

$$P_1X_1 + P_2X_2 = M$$

如图 12-5 所示，消费者的预算约束线是一条直线。容易得知，该预算约束线的斜率为 $-P_1/P_2$，预算约束线与横轴的交点对应着消费者用全部收入购买商品 X_1 的最大数量 M/P_1，预算约束线与纵轴的交点对应着消费者用全部收入购买商品 X_2 的最大数量 M/P_2。两个交点与原点围成的三角形区域是消费者的预算可行集或预算空间，预算约束线上的点代表在既定的收入和商品价格水平下，消费者用全部收入所能购买的各种商品的“最大”数量组合。

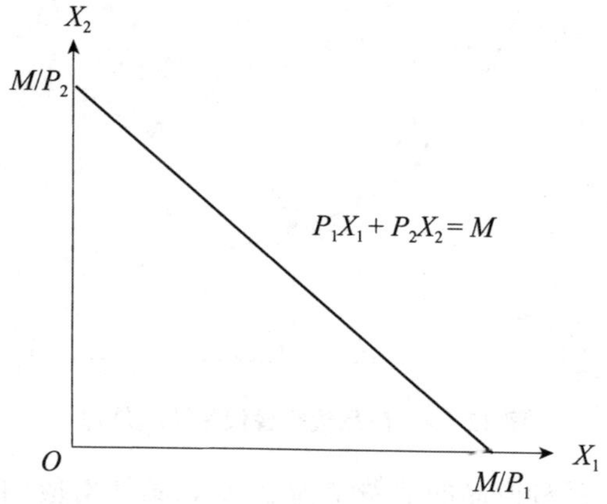

图 12－5　消费者的预算约束线

四、消费者均衡

给定消费者的收入和商品价格可以确定预算约束线，给定消费者偏好可以确定无差异曲线，因此，消费者均衡问题就变成这两个经典问题：一个是在既定预算约束条件下，寻找能够最大化消费者效用的效用最大化问题；另外一个则是在既定的消费者偏好条件下，寻找能够获得既定效用水平的支出最小化问题。效用最大化和支出最小化问题本质上是一样的，它们在数学上是经典的对偶命题，在经济学上所实现的消费者均衡条件都是一样的。

效用最大化和支出最小化问题可以分别用图 12－6 和图 12－7 表示。如图 12－6 所示，当预算约束线 AB 和无差异曲线U_1相交时，消费者可以利用现有收入购买 a 点或 b 点的商品组合，但这两点的效用水平低于预算约束线 ab 段任意点商品组合的效用水平，因此理性消费者不会使用全部收入购买 a 点或 b 点的商品组合。预算约束线 AB 和无差异曲线U_3既不相交也不相切时，虽然无差异曲线U_3的效用水平比另外两条无差异曲线的效用水平更高，但是U_3上的每一个消费组合的预算支出都超过了消费者既定的预算支出水平。因此，只有预算约束线和无差异曲线相切的 e 点才是消费者在既定预算约束条件下获得效用最大化的消费者均衡点。

图 12－7 呈现的是消费者均衡的支出最小化的情形。给定消费者的消费偏好和效用水平U_0，消费者可以采用不同的消费组合来实现这样一个满足感，比如位于预算约束线M_1上的 c 点和 d 点，但是 c 点或 d 点的支出水平，显然要明显高于支出水平M_2，预算约束线M_2正好与无差异曲线U_0相切点于点 e，因此点 e 也是支出水平M_2上正好能够承受的水平。预算约束线M_3位于M_2和M_1线下方，它所代表的支出水平比后两者都要低，但是它与无差异曲线没有任何交集，意味着在更低的M_3水平上没办法实现既定的效用水平U_0。因此，消费者均衡的最优选择正好就是无差异曲线与预算约束线的相切点。

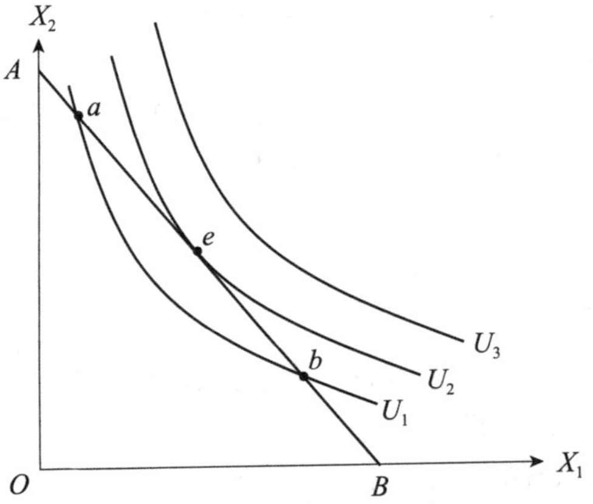

图 12-6　消费者均衡：效用最大化情形

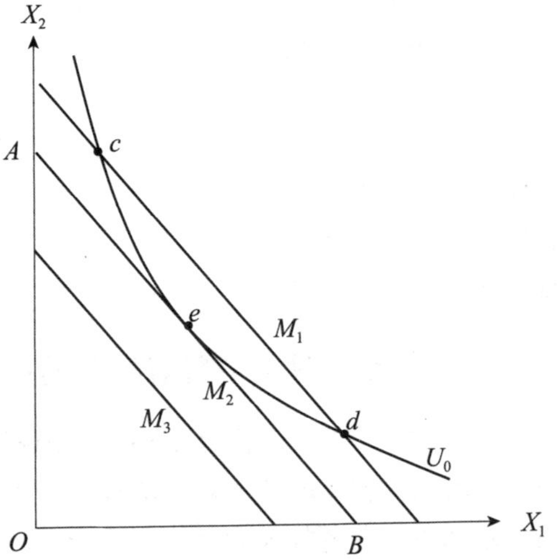

图 12-7　消费者均衡：支出最小化情形

不管是效用最大化还是支出最小化，消费者均衡都发生在无差异曲线与预算约束线的相切点位置。在相切点 e 上要求无差异曲线 U_2 和预算约束线 AB 有着相同的斜率。由于无差异曲线 U_2 的斜率是边际替代率 MRS_{12}，预算约束线 AB 的斜率是 P_1/P_2。由本章第二节内容可知，两种商品的边际替代率恒等于两种商品的边际效用比值。因此，消费者均衡的最优选择结果是两种商品的边际替代率正好等于两种商品的价格之比，消费者均衡也等价于两种商品的边际效用比值，正好等于两种商品的价格之比。不管是效用最大化还是支出最小化，消费者均衡可用如下数学公式表示：

$$\frac{MU_1}{MU_2}=\frac{P_1}{P_2}$$

第三节　消费者均衡的比较静态分析

一、消费者均衡的比较静态分析概述

消费者均衡的静态分析是在给定商品价格和消费者收入水平下，消费者为实现效用最大化应该如何选择最优的商品消费数量组合。当商品价格或者消费者收入发生变化时，最优的商品消费数量组合会随之发生变化。因此，消费者均衡的比较静态分析是在消费者收入或商品价格发生变化时，为了实现效用最大化，研究消费者的最优商品消费数量组合的变化结果。

消费者均衡的比较静态分析可以分为两种情形：一种是消费者的收入发生变化；另一种是商品的价格发生变化。当消费者的收入发生变化时，意味着消费者在既定的商品价格水平下可以同比例地增加或减少所消费商品的数量，此时预算约束线会平行地向右或向左移动。对于商品价格变化，可以分为两种情形，一种是两种商品价格按照相同比例增加或者减少，这实质上等价于消费者的实际购买能力下降或者提高了，它本质上与消费者的收

入发生变化的情形一样，同样表现为预算约束线会向左下方或者向右上方移动。商品价格变化的第二种情形，则是其中一种商品价格保持不变，另一种商品价格上升或下降。预算约束线在横轴上的交点代表着全部收入用于购买位于横轴上的商品数量，它与纵轴上的交点代表着全部收入用于购买位于纵轴上的商品数量。因此，当位于纵轴上的商品价格不变，而位于横轴上的商品价格增加时，预算约束线会绕着纵轴上的交点向内旋转。与此相反，当位于纵轴上的商品价格不变，而位于横轴上的商品价格减少时，预算约束线会绕着纵轴上的交点向外旋转。

二、收入变化对于消费者均衡的影响

给定个体消费偏好和商品价格，当消费者收入发生变化时，预算约束线会平行移动，此时消费者均衡变化的轨迹被称为消费者的收入-消费扩展线，简称收入扩展线。收入扩展线表示随着消费者收入的增加，消费者增加消费的一条最优选择路径，它反映出消费者的商品消费最优组合选择会随着收入变化而变化。

图 12-8 给出了一条向右上方倾斜的收入-消费扩展线。消费者在原有收入水平下，无差异曲线U_2与预算约束线A_2B_2相切于 b 点。当消费者收入增加时，预算约束线向右上方平行移动，此时无差异曲线U_3与新预算约束线A_3B_3相切于 c 点，表明消费者因为收入的增加，通过增加商品消费数量获得更高的效用水平。与此相反，当消费者收入减少时，预算约束线向左下方平行移动，此时无差异曲线U_1与新预算约束线A_1B_1相切于 a 点，表明消费者因为收入的下降而减少商品消费数量，从而获得较低的效用水平。我们把各个消费者均衡点 a、b、c…连接起来，就可形成收入-消费扩展线。从图 12-8 中可以看出，在收入-消费扩展线上的任何一个点，表示与收入水平相对应所能获得最大化效用的最优商品组合。收入扩展线刻画的是收入变化所产生的最优消费选择变化，而收入效应则可以刻画收入变化所产生的最优消费选择增量变化。收入效应是指消费者收入变化导致的商品最优消费数量变化。

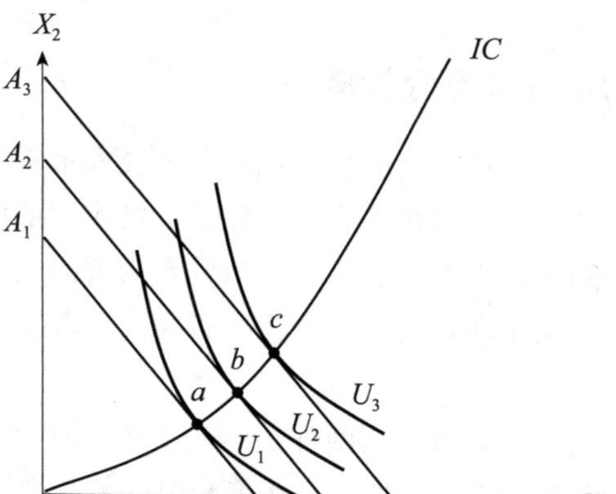

图 12-8　收入-消费扩展线

三、价格变化对于消费者均衡的影响

价格变化也会影响消费者均衡。假定消费者收入和其他商品价格保持不变，某种商品价格变化，会引起消费者实现效用最大化的消费者均衡点发生变化，由此所形成的路径轨迹就是价格-消费扩展线。

图 12－9（a）呈现出一条向右上方倾斜的价格-消费扩展线。假设消费者在原来价格情况下，无差异曲线U_1与预算约束线 AB_1 相切于 a 点。当商品X_1价格下降时，预算约束线会围绕着 A 点逆时针旋转至 AB_2，此时代表更高效用的无差异曲线U_2与预算约束线AB_2相切于 b 点。而当商品X_1商品价格进一步下降时，预算约束线绕着 A 点再逆时针旋转至 AB_3，无差异曲线U_3与预算约束线 AB_3 相切于 c 点。连接消费均衡点 a、b、c…，由此可以形成价格-消费扩展线。

基于价格-消费扩展线容易得到个人需求曲线。我们把纵轴对应图 12－9（a）的不同价格，横轴对应商品X_1的消费数量。可以发现，对于原来较高的价格，商品X_1的最优消费数量相对较少。随着价格进一步下跌，商品X_1的最优消费数量相应增加。由此可以得到图 12－9（b）向右下方倾斜的需求曲线。图 12－9 正好可以完整地呈现需求曲线向右下方倾斜的图形推导过程。

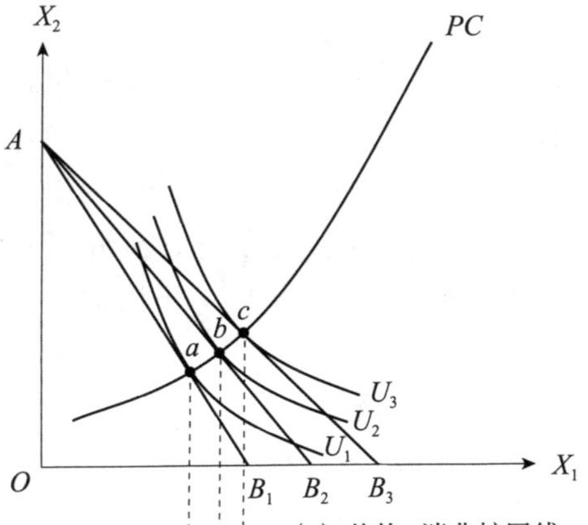

（a）价格-消费扩展线

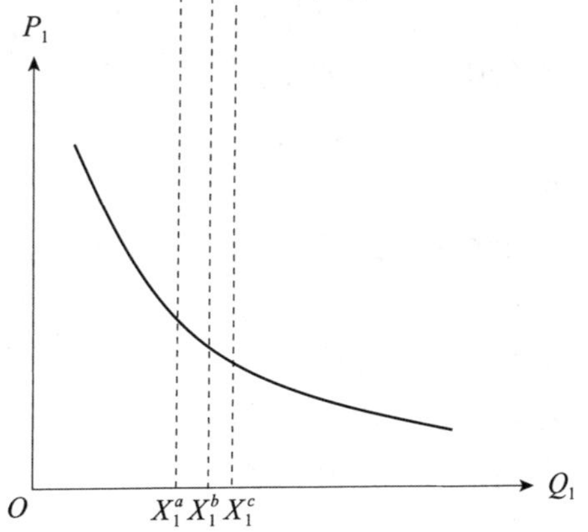

（b）需求曲线

图 12－9　价格-消费扩展线与需求曲线

一种商品价格的变化会引起该商品需求量的变化，但是一种商品的价格变化不仅会引起商品相对价格的变化，而且也会导致实际收入发生变化。因此，消费者对于价格变化引起的商品需求量变化，有可能源自商品变得更便宜（对应于价格下降的情形）或者更昂贵（对应于价格上涨的情形），也有可能是由于实际购买能力提高了（对应于价格下跌的情形）或者实际购买能力降低了（对应于价格上涨的情形）。

为了分解价格变化导致需求量变化的总效应，经济学家把总效应分解为替代效应和收入效应。某种商品价格变化，导致一种商品相对于另外一种商品变得更为便宜或昂贵，消费者由此增加更便宜商品的消费数量，减少更昂贵商品的消费数量，这被称为替代效应。某种商品价格变化，导致消费者实际购买能力发生变化，消费者由此增加或者减少商品的消费数量，这被称为收入效应。

基于此，一种商品价格变化对于该商品需求量变化的总效应可以分解为替代效应和收入效应两部分，即总效应＝替代效应＋收入效应。其中替代效应是指由价格变化所引起的商品相对价格发生变化，进而引起的商品需求量变化。收入效应是指由于实际购买力水平发生变化而引起的商品需求量变化。

四、正常商品的替代效应和收入效应

现实生活中大多数商品对于消费者来说属于正常商品。对于正常商品，随着消费者收入增加，商品的消费数量也会随之增加。当价格发生变化时，消费者对于商品需求数量的变化效应可以分解为两部分：一是替代效应，理性消费者会用更便宜的商品来替代相对更昂贵的商品，增加相对便宜商品的消费数量，减少相对昂贵商品的消费数量。二是收入效应，价格变化导致实际购买能力发生变化，因此当实际购买能力上升时，消费者会增加正常商品的消费数量；而当实际购买能力下降时，消费者会减少正常商品的消费数量。

图 12－10 呈现出正常商品对于价格发生变化时的总效应、替代效应和收入效应。当商品 X_1 的价格下降时，预算约束线 A_1B_1 绕着 A_1 点逆时针转动至 A_1B_3，最优消费组合由原来的 a 点变动到 b 点，从 a 点到 b 点是价格变动后的总效应。为了把总效应分解成为替代效应和收入效应，需要引进补偿预算约束线，即与新预算约束线平行且与原来的无差异曲线相切的预算约束线。具体到图 12－10 中，补偿预算线 A_2B_2 与原来无差异曲线 U_1 相切于 c 点。在维持原有效用水平不变的情况下，最优消费组合选择会沿着无差异曲线 U_1 从 a 点变动到 c 点，这时消费数量的变化完全可以归因于商品相对价格的变化，因此 a 点到 c 点的消费数量变化为替代效

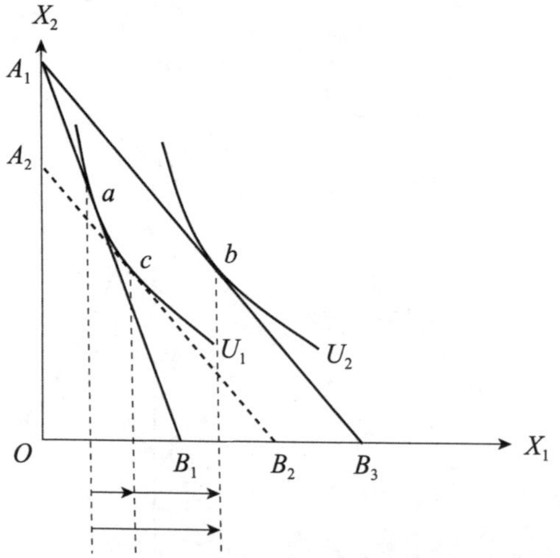

图 12－10　正常商品的替代效应和收入效应

应。而从 c 点变动到 b 点，是消费者由于价格下降导致实际购买能力提高，从而增加了对正常商品 X_1 的消费数量，因此 c 点到 b 点的消费数量变化为收入效应。

五、低档商品的替代效应和收入效应

低档商品是指需求的收入弹性为负的商品，即随着收入增加，消费者反而会减少对该商品的需求数量；而当收入下降时，消费者反而不得不增加对该商品的需求数量。当低档商品的价格下降时，消费者的实际购买能力上升，此时消费者将会减少对低档商品的需求数量。

图 12－11 呈现了低档商品的总效应、替代效应和收入效应。具体来看，当低档商品 X_1 的价格下降，预算约束线由 A_1B_1 绕着 A_1 点逆时针转动至 A_1B_3，此时最优消费组合由原来的 a 点变动到 b 点，从 a 点到 b 点表示的是价格变动后的总效应。补偿预算线 A_2B_2 与原来无差异曲线 U_1 相切点于 c 点。在维持原有效用水平的情况下，最优消费组合选择会沿着无差异曲线 U_1 从 a 点变动到 c 点，相应的商品 X_1 需求数量增加，这就是低档商品的替代效应。商品 X_1 的价格下降导致消费者实际购买能力提高，消费者均衡从 c 点变动到 b 点，此时商品 X_1 需求数量会减少，这就是低档商品的收入效应。

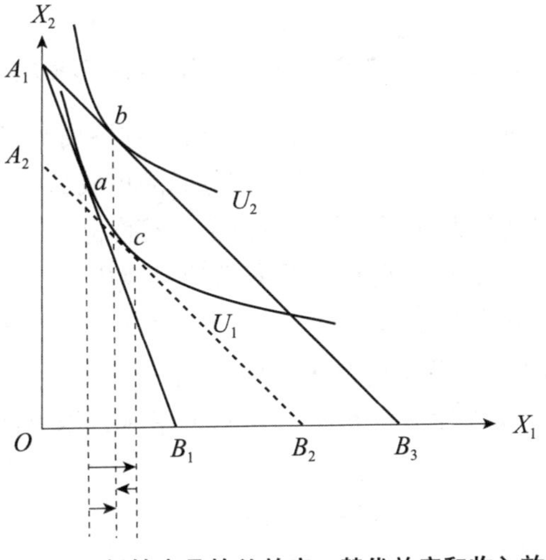

图 12－11 低档商品的总效应、替代效应和收入效应

六、吉芬商品的替代效应和收入效应

除了正常商品和低档商品，还有一类商品被称为吉芬商品，它的需求量会随价格同方向变动：价格下降，需求量减少；价格上升，需求量增加。

图 12－12 呈现了吉芬商品的总效应、替代效应和收入效应。当吉芬商品 X_1 的价格下降时，预算约束线由 A_1B_1 绕着 A_1 点逆时针转动至 A_1B_3，最优消费组合由原来的 a 点变动到 b 点，从 a 点到 b 点表示的是价格变动后的总效应。通过补偿预算线 A_2B_2 可知，效用不变时消费者均衡从 a 点变动到 c 点，相应的商品 X_1 需求数量增加，即吉芬商品的替代效应

跟正常商品都是一样，商品消费数量会随着价格下降而增加。由于商品X_1的价格下降导致消费者实际购买能力提高了，消费者均衡从c点变动到b点，商品X_1需求数量减少，此时收入效应跟价格变化方向同步。对比图12－11和图12－12，可以发现吉芬商品的替代效应与低档商品的替代效应是一样的，不一样的地方在于吉芬商品的收入效应大大超过了替代效应，从而使得价格变动的总效应与价格变动同方向。

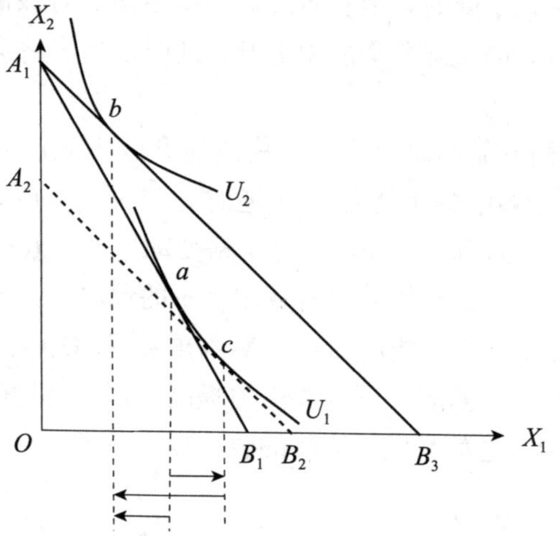

图12－12　吉芬商品的总效应、替代效应和收入效应

需求定律表明，价格越低，商品的需求量越高。吉芬商品则否定了这样一个需求定律，使得需求定律出现了一个例外。如何处理吉芬商品也成为经济学历史上的一个重要研究议题。不过在经济学初级教程里面，我们可以把吉芬商品当作一种特例。

在上述分析正常商品、低档商品和吉芬商品的总效应、收入效应和替代效应的三个例子是以价格下降作为分析情形，对于价格上升的情况，新预算约束线和补偿预算约束线的变动方向是反过来的。如果是商品X_1的价格上升，新预算约束线会绕着A_1点顺时针向内旋转，相应的分析与前述分析相类似，不再累述，感兴趣的读者可以自行画图进行分析。

专栏12－1

吉芬商品在现实生活中真的存在吗？

吉芬商品是指这样一种特殊的低档商品，该商品的需求量随着价格同方向变化：价格下降时商品需求量减少，价格上升时需求量增加。之所以称之为吉芬商品，是因为有一位名叫吉芬的爵士（Sir Robert Giffen，1827—1910）向经济学家马歇尔提出了一个例子。在他看来，土豆是一种主要的粮食，如果土豆的价格大幅下降，消费者的购买力上升，就会选择多吃肉类而少吃土豆。因此土豆价格下降了，但是土豆需求量没有增加反而减少。这样一个悖论使得例子中的土豆被称为吉芬商品。

经济学家张五常在他的经济学通俗读本《经济解释》中提到，吉芬商品会否决经济学非常重要的需求定律，即任何物品的价格或代价下降，其需求量必然增加。因此，著名经济学家赫舒拉发（J. Hirshleifer）、施蒂格勒（George J. Stigler）和阿尔钦（A. A. Alchian）等学者，都采用武断的方法来否定吉芬物品的存在性。与此相反，张五常则采用市场竞争或边际产量下降定律这两个理由来否定吉芬商品的存在性。在他看来，吉芬商品之所以能够在逻辑上存在，是因为我们单独从个人需求方面去分析，从而忽略了人与人之间的竞争。从逻辑上来看，吉芬商品不可能在市场上成交。试想一下，吉芬商品若是能够存在，意味着价格越低，人们越不想购买该商品；而价格越高，人们越想要且有能力购买该商品。这一情形明显有悖于基本经济常识。在没有市场的制度下，这种物品也不会用作走后门，或私相授受，或用作政治交易，或论资排辈来分配。第二个理由是所有消费品包括面包在内都是生产要素，它们必然要受到边际产量下降定律的约束。边际产量下降定律也会否决吉芬物品的存在性。

然而，还有一些经济学家认为，吉芬商品的存在性可能被严重低估了。在特定条件下，如在低收入群体中或在某些特定的商品市场中，吉芬商品是可能出现的。Davies（1994）通过将古典生存需求理论与现代效用最大化理论相结合，指出吉芬商品是由于生存需求的限制而产生的。在面临生存威胁时，消费者会调整消费优先级，将更多资源用于满足基本生存需求。他对爱尔兰的马铃薯文化进行深入分析，说明其演变与吉芬行为类似，都是由于生存需求驱动的行为。具体来看，16 世纪的爱尔兰饮食相当多样化，主要以燕麦面包、肉类（主要是猪肉）、各种蔬菜和牛奶为主。在 16 世纪末，爱尔兰引进了马铃薯。由于它在爱尔兰的种植和消费与当时的社会和经济习俗相容，因此很快被广泛接受。一方面，马铃薯本身富含多种营养元素，是少数几种能够长期作为人类唯一饮食的食物之一。另一方面，它还具有产量高的特点。爱尔兰从 17 世纪中叶约 110 万人到饥荒前夕增加到了近 900 万人，产量高的优势使得马铃薯成为爱尔兰人民主要的食物来源，它在当时爱尔兰人民的饮食中占据了最重要地位。当人们普遍生活在贫困中，没有足够的经济能力购买其他食物时，马铃薯就成为这些贫困人民唯一的生存食物。此时，当马铃薯价格上涨时，人们为了满足基本营养需求，不得不减少对其他相对更昂贵食物的消费，从而增加了对马铃薯的依赖，在这种特殊文化环境下的消费行为表现出明显的价格上涨而商品需求数量增加的吉芬商品效应。Jensen & Miller（2008）对中国湖南和甘肃两个省份贫困地区的家庭进行调查和田野实验，进一步探讨了吉芬商品在生存消费中的存在性。研究者给予家庭购买粮食的补贴券，观察了不同补贴水平下家庭对粮食的消费情况，并与没有补贴的对照组进行比较。他们发现，在这两个省份中，极度贫困的家庭由于可替代食物缺乏，当增加粮食补贴时他们并不会用于其他食物消费，因此会提高粮食消费。但是对于贫困而又不是极度贫困的家庭来说，却存在着明显的吉芬商品行为，即当补贴增加时，他们所需要支付的粮食价格下降了，但是他们对于粮食的消费反而减少了。而当取消粮食补贴时，他们对粮食的消费反而增加了。作者认为，一方面，贫困家庭没有足够的收入购买足够的食物，当补贴取消时，他们不得不按照市场价格购买粮食，从而增加粮食的消费量。另一方面，由于贫困家庭的饮食通常非常简单，主要由一些基本的食物组成。所以当补贴取消时，他们仍然会继续购买这些基本食物，以满足他们的基本需求。当然，作者也排除了补贴券本身可能会引起的行为效应，家庭可能会将补贴视为提供有关粮食的不利信息。例如，他们可能会将出售更多大米视为当前库存存在问题的迹象从而会减少消费。Jensen & Miller（2008）的研究结果同样表明，吉芬商品不仅仅是一个理论概念，而且确实会存在于某些特殊的社会经济环境当中。

实际市场当中观察到商品价格与商品需求数量的同方向变化，实际上很难排除预期等其他可能影响需求的因素。为了克服市场层面上观察吉芬商品可能存在着控制其他因素不变的难题，Battalio 等人（1991）在实验室环境中进行了一项创新性的实验，通过可控的实验室环境来解决其他因素对于需求数量变化的潜在影响效应。已有研究表明，人类和动物行为之间存在明显的相似之处，因此他们选择了老鼠作为研究对象，通过观察老鼠对液体饮料的消费行为来探究吉芬商品的存在性。研究人员使用了两个杠杆，一个用于奎宁水，一个用于根啤酒，老鼠们每次按下杠杆，都会有一定数量的液体被释放出来。通过改变每次按下杠杆所得到的液体量，研究人员可以改变商品的价格，还通过限制每天按下杠杆的次数来控制收入。例如，如果右边的杠杆每次按下可以得到 0.1mL 的液体，而左边的杠杆每次按下只能得到 0.05mL 的液体，那么右边液体的价格就是每 0.1mL 按下一次杠杆，而左边液体的价格就是每 0.05mL 按下一次杠杆。在这个实验中，奎宁水将作为吉芬商品，对于老鼠来说奎宁水比根啤酒味道更差，且奎宁水的价格始终低于根啤酒。结果发现，当奎宁水价格上涨时，老鼠的需求量也随之上升，这是因为这些老鼠在面临较高价格时，收入水平相对变低，无法购买其他更昂贵的替代品，只能选择购买价格上涨的奎宁水。在这种情况下，收入效应远远超过了替代效应，从而导致了需求的上升。这与吉芬商品的定义相符，为吉芬商品的存在性提供了实验证据。

关于吉芬商品的研究对于理解消费者行为和制定相关政策具有借鉴意义，尤其是它对于解决贫困地区的消费问题具有重要意义。举例来说，在研究消费者行为时，需要考虑到贫困地区居民的生存需求对其消费决策的影响效应，政府在设计补贴政策时，需要考虑消费者的需求特点和收入水平，以及在不同地区和群体中可能存在的差异。

资料来源：BATTALIO R C，KAGEL J H，KOGUT C A. Experimental confirmation of the existence of a giffen good [J]. The American Economic Review，1991，81（4）：961－970；DAVIES J E. Giffen goods，the survival imperative，and the Irish potato culture [J]. Journal of Political Economy，1994，102（3）：547－565；JENSEN R T，MILLER N H. Giffen behavior and subsistence consumption [J]. American Economic Review，2008，98（4）：1553－1577；张五常. 经济解释 [M]. 北京：中信出版社，2019：138－140.

思考题

1. 简述戈森第一定律和戈森第二定律。
2. 简述消费者偏好的基本假定。
3. 试论述价格变化对于消费者均衡的影响。
4. 试论述正常商品的替代效应和收入效应。

在线自测

扫一扫　练一练

第十三章　企业生产理论

第一节　企业的形式和边界

一、企业的形式

在经济活动中，有两个非常重要的经济主体，一个是居民，另一个是企业。作为市场活动的重要主体之一，企业是指能够独立进行生产经营或者提供产品和服务的经济单位。我们在现实生活中所看到的各种各样的公司，均是具体的企业形式。企业至少可以有三种法律形式：独资企业（Proprietorship）、合伙企业（Partnership）以及公司（Corporation）。

独资企业是指归一个人所有的企业。从法律角度来看，独资企业并非一个独立于所有人之外的法人实体，企业所有者对于企业债务承担无限责任。它的优点是不需要缴纳企业所得税，只需要企业所有人缴纳个人所得税。合伙企业是指由两个或两个以上的所有者共同拥有的企业，这些共同所有者称为合伙人。合伙企业与独资企业相类似，在法律上并非独立于所有人之外的法人实体，因此一般的合伙企业的合伙人需要对企业债务承担无限责任。但是有两种合伙企业的合伙人仅以其投资额为限对企业债务承担有限责任，分别是：有限合伙企业（Limited Partnership）的有限合伙人和有限责任合伙企业（Limited Liability Partnership）的合伙人。公司是指在法律上独立于所有人之外的一种企业组织形式。它是企业法人，有独立的法人财产，享有法人财产权，并以全部财产对公司的债务承担责任。其中，有限责任公司的股东以其认缴的出资额为限对公司承担责任；股份有限公司的股东以其认购的股份为限对公司承担责任。

厘清不同企业组织形式和权责边界，可以更好地理解企业所有者的生产经管管理行为。不同企业组织形式的特点如表 13 - 1 所示。

表 13 - 1　不同企业组织形式的特点

特点	独资企业	合伙企业	公司
是否可以只有一位所有者	是	否	是
是否需要缴纳企业所得税	否	否	是
是否承担有限责任	否	否	是
是否是企业个体	是	是	是

续表

特点	独资企业	合伙企业	公司
是否是法人实体	否	否	是
是否具有无限寿命	否	否	是

资料来源：约翰·J. 怀尔德，肯·W. 肖，芭芭拉·基亚佩塔．会计学原理：第 21 版．崔学刚，译．北京：中国人民大学出版社，2015：12.

二、企业的边界

在企业外部，市场交易通过价格来调配资源；在企业内部，内部生产和资源调配主要靠指令或者命令来完成。企业内外之别，决定了资源调配究竟是依赖市场价格还是行政指令。问题是：什么时候需要由企业内部进行生产，什么时候由企业通过外部市场去交易？这个问题的具体答案决定了企业的边界问题。

1991 年获得诺贝尔经济学奖的经济学家科斯教授在《企业的性质》一文中对这个问题提供了相应的答案。在他看来，市场和企业是可以相互替代的资源配置方式。在企业内部，企业家指挥和协调生产。而在企业外部，价格变化决定生产，通过市场交易协调和调配资源流动。但是不管是市场交易还是企业生产，都会存在着成本。在市场外部交易会存在价格搜寻成本、谈判和签约成本等交易成本，而在企业内部生产则会存在着各种各样的管理费用。企业之所以存在，是因为企业可以节约市场交易成本，它本质上是一种不同于市场交易活动的另外一种契约方式，即价格机制的替代物。科斯认为，企业是对市场的替代，是用看得见的管理来替代价格机制。只要企业内部组织成本低于市场上的组织成本时，企业这种比市场有效的组织形式就会出现了。换句话说，在科斯看来，市场交易成本和企业管理费用的对比权衡决定了企业的边界。当某一种商品通过企业内部进行生产所产生的管理费用正好等于该商品通过市场交易所产生的交易成本时，企业就达到了最佳规模。

2009 年获得诺贝尔经济学奖的经济学家威廉姆森教授则认为，决定交易成本进而决定组织治理模式和企业边界的因素主要有两个：合同人因素和交易因素。合同人因素包括有限理性和投机行为。由于经济活动参与者并非完全理性而是有限理性的，他们往往存在各种各样的投机套利等短视行为。交易因素又涉及三个要素：不确定性、交易频率和资产专用性。不确定性是指由于活动参与者的机会主义行为会导致不确定性；交易频率是指交易重复的次数，可以分为偶然的交易和经常的交易；资产专用性是指为支持交易而进行的长期投资，该投资一旦做出，很难挪作他用，或者一旦挪为他用就会迅速贬值。由于经济活动参与者会表现出有限理性和投机行为，结合三种交易因素的不同组合，就决定了市场最终是采用市场治理、三方治理、双方治理还是统一治理模式（即企业纵向一体化）。威廉姆森对交易的解释如表 13－2 所示，威廉姆森的有效治理模式如表 13－3 所示。

表 13－2　威廉姆森对交易的解释

<table>
<tr><td colspan="2" rowspan="2"></td><td colspan="3">投资特点</td></tr>
<tr><td>非专用性</td><td>混合</td><td>独特（专用性）</td></tr>
<tr><td rowspan="2">交易频率</td><td>偶然</td><td>购买标准设备</td><td>购买定制设备</td><td>建厂</td></tr>
<tr><td>经常</td><td>购买标准原材料</td><td>购买定制原材料</td><td>中间产品要经过各不相同的车间</td></tr>
</table>

资料来源：奥利弗·E. 威廉姆森．资本主义经济制度：论企业签约与市场签约．段毅才，王伟，译．北京：商务印书馆，2020：112.

表 13－3　威廉姆森的有效治理模式

<table>
<tr><td colspan="2" rowspan="2"></td><td colspan="3">投资特点</td></tr>
<tr><td>非专用性</td><td>混合</td><td>独特</td></tr>
<tr><td rowspan="3">交易频率</td><td>偶然</td><td>市场治理</td><td colspan="2">三方治理（新古典式签约方法）</td></tr>
<tr><td rowspan="2">经常</td><td rowspan="2">古典式签约方法</td><td>双方治理</td><td>统一治理</td></tr>
<tr><td colspan="2">（关联式签约方法）</td></tr>
</table>

资料来源：奥利弗·E. 威廉姆森．资本主义经济制度：论企业签约与市场签约．段毅才，王伟，译．北京：商务印书馆，2020：120.

从表 13－2 可以看到，当投资是具有资产非专用性时，不管交易频率是偶然的还是经常的，采用市场交易是比较合适的交易模式。而当投资是独特的或者说具有资产专用性时，采用建厂也即企业进行生产是比较有效的治理模式，而当投资是具有资产专用性时，交易会比较频繁，那么中间产品可以通过不同生产车间进行企业内部化生产。不同的交易频率和投资特点会产生不同的交易模式，需要采用不同的治理模式。

第二节　生产决策

一、生产函数

企业生产过程是利用各种生产要素投入生产出产品的一个过程。生产要素是指在生产中投入的各种经济资源，包括劳动、土地、资本、企业家才能和数据等。劳动是劳动者在生产过程中以体力和脑力提供的各种生产和服务。土地包括土地本身，也包括地上的山川、河流、森林、地下的矿藏等自然资源。资本是指机器设备、厂房、原材料和流动资金等。企业家才能是指企业家能够通过合理的组织和经营管理降低企业生产成本、获得市场竞争优势的才能。数据作为新型生产要素，是数字化、网络化、智能化的基础，它泛指生产和管理过程中所需要和所产生的各类信息。由于土地数量长期固定不变，而企业家才能和数据会通过影响劳动或资本的生产效率进而影响产品产量，因此在传统经济学分析当中，通常假定生产过程中只有劳动和资本两种生产要素。

产品产量与生产要素投入之间的关系，称为生产函数。生产函数表示在一定时期内，在技术水平不变的条件下，生产使用的各种生产要素投入与所能生产的最大产量之间的关系。给定生产要素投入水平，产量越多，说明生产越有效率。任何一个特定的生产函数都是以一定时期内生产技术水平不变为前提条件，一旦生产技术水平发生变化，生产函数就会发生变化。因此，不同的生产函数代表着不同的生产方法和技术水平。

假定某企业在生产过程投入两种生产要素，X_1 和 X_2 分别表示这两种生产要素的投入数量，用 Q 表示企业所能生产的最大产出，那么该产品的生产函数可以表示为：

$$Q=f(X_1, X_2)$$

假设这两种生产要素分别为劳动和资本，以 L 表示劳动投入数量，以 K 表示资本投入数量，那么该生产函数可以表示为：

$$Q=f(L, K)$$

经济学教材会频繁提及柯布-道格拉斯生产函数。它是以美国数学家柯布和经济学家道格拉斯命名的函数。他们根据历史资料研究了美国 1899—1922 年资本和劳动对于生产的影响，结果发现劳动要素投入的产出水平占总产量的 3/4，而资本投入的产出水平占总产量的 1/4，由此构造出了生产函数 $Q=1.01L^{3/4}K^{1/4}$。后续研究借鉴他们的研究方法，估算了不同时期不同国家的劳动要素和资本投入要素的产出占比水平。基于此，经济学教科书往往会构造出一般化的柯布-道格拉斯生产函数，具体函数形式为：

$$Q=AL^{\alpha}K^{\beta}$$

其中 A 为生产技术状况的技术系数，L 和 K 分别代表了劳动和资本投入数量。其中，α 表示劳动投入的产出水平占总产量的比重，而 β 表示资本投入的产出水平占总产量的比重。容易得知，$0<\alpha, \beta<1$。基于柯布-道格拉斯生产函数，根据 α 和 β 的不同数值，可以区分出规模报酬不变、规模报酬递增和规模报酬递减的情形，具体如下：

> 当 $\alpha+\beta=1$ 时，劳动和资本投入数量翻倍，其产量正好翻倍，它表示规模报酬不变的情形。
>
> 当 $\alpha+\beta>1$ 时，劳动和资本投入数量翻倍，其产量大于原有产量的倍数，它表示规模报酬递增的情形。
>
> 当 $\alpha+\beta<1$ 时，劳动和资本投入数量翻倍，其产量小于原有产量的倍数，它表示规模报酬递减的情形。

企业的生产往往会区分短期和长期。短期和长期的区分，是根据企业能否来得及调整生产要素投入。“短期”指生产者来不及调整全部生产要素投入，至少有一种生产要素投入是固定不变的时间周期；“长期”指生产者可以调整全部生产要素投入的时间周期。在短期中，劳动投入数量和原材料数量是可变的，而资本或企业家才能往往是不可变的。而长期中，生产者可以调整全部生产要素投入。

在短期生产中，假定其他投入不变，只有劳动投入量变化。通过劳动要素投入变化和产出之间的对应关系，可以得到劳动的总产量、劳动的平均产量和劳动的边际产量。

劳动的总产量是指采用一定的劳动要素投入可以生产出来的最大产量，用 TP_L 表示。

劳动的总产量可以视为劳动这一可变要素投入的函数，它的公式为：

$$TP_L = f(L, \overline{K})$$

劳动的平均产量是指平均每一单位劳动投入所生产的产量，用 AP_L 表示。它的公式为：

$$AP_L = \frac{TP_L(L, \overline{K})}{L}$$

劳动的边际产量是指新增加一单位劳动投入所带来的产量增量，用 MP_L 表示，它的公式为：

$$MP_L = \frac{\Delta TP_L(L, \overline{K})}{\Delta L}$$

需要指出的是，上述定义并不仅仅局限于劳动。假设其他条件不变时，相对应于其他生产要素，均可以定义相应要素的总产量、平均产量和边际产量。劳动的总产量、平均产量和边际产量曲线如图 13－1 所示。

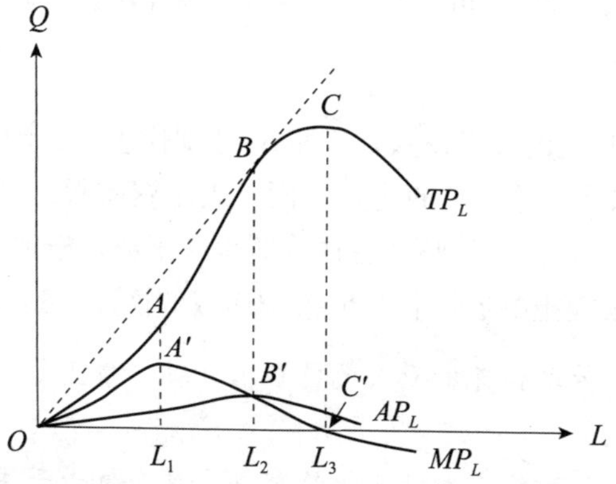

图 13－1　总产量、平均产量和边际产量曲线

总产量、平均产量和边际产量具有密切的关联关系。一方面，当边际产量大于零时，总产量会随着劳动投入的增加而递增；而当边际产量小于零时，总产量会随着劳动投入的增加而递减。当总产量达到最大值时，边际产量正好等于零。如图 13－1 所示，在边际产量 MP_L 大于零的区域，所对应的是总产量曲线 TP_L 是向右上方倾斜的，意味着总产量会随着劳动力投入数量的增加而递增。在边际产量 MP_L 小于零的区域，所对应的总产量曲线 TP_L 是向右下方倾斜的，这表明此时总产量会随着劳动投入数量的增加而递减。总产量的最大值位于点 C，所对应的边际产量 MP_L 正好等于零。另一方面，当边际产量大于平均产量时，平均产量会一直递增；而当边际产量小于平均产量时，平均产量会一直递减。当边际产量正好等于平均产量时，平均产量达到最大值。如图 13－1 所示，以垂直线 BB' 为界，可以看到垂直线的左边区域，边际产量曲线 MP_L 曲线位于平均产量曲线 AP_L 上方，前者一直大于后者，因此平均产量随着产量的增加而递增。在垂直线的右边区域，

边际产量曲线 MP_L 曲线位于平均产量曲线 AP_L 下方，前者一直小于后者，因此平均产量随着产量的增加而递减。

在长期，资本投入和劳动投入都可变，因此长期生产函数表示为：

$$Q=f(L, K)$$

二、边际报酬递减规律

边际报酬递减规律是指在一定技术水平条件下，如果其他生产要素投入不变，连续增加某种生产要素的投入量，该生产要素的边际产量会逐渐递减，这就是边际报酬递减规律。边际报酬递减规律的最早论述可追溯至重农学派，其代表人物杜尔哥（Anne Robert Jacques Turgot）有过相应论述。在他看来，在一块天然肥沃土地上撒种子，如果没做任何土地准备工作，这将是一种几乎完全损失的投资。如果增加一个劳动力，产量就会提高；再增加第二个和第三个劳动力不是简单地使产量增加一倍或两倍，可能是增加五倍或者九倍。这样产品产量增加的比例会大于投资增加的比例，直到产量增加与投资增加的比例达到它所能达到的最大限度为止。"超过这一点，如果我们继续增加投资，则产品产量也会增加，但增加得较少，而且将是越来越少，直到土地的肥力被耗尽，耕作技术也不会再使土地生产能力提高时，投资的增加就不会使产品产量有任何提高了。"

从理论上来看，边际报酬递减规律至少需要具备两个基本前提条件：

一是其他生产要素投入保持不变。也就是说，在保持其他生产要素投入不变而只增加某种生产要素投入量的时候，生产要素的边际报酬才会发生递减。如果各种生产要素的投入数量按原来比例同时增加时，边际报酬不一定是递减的。

二是技术水平保持不变。如果技术水平发生变化，那么在保持其他生产要素不变而增加某种生产要素时，边际报酬很可能会发生变化。

三、等产量曲线

由于两种生产要素会存在一定的替代关系，生产者可以选择两种生产要素的不同投入组合生产相同产量，由此形成等产量曲线。等产量曲线就是在技术水平不变条件下，能够生产同样产量所需投入的两种生产要素的所有可能性组合。图 13－2 横轴表示劳动投入量，纵轴表示资本投入量，向右下方倾斜的曲线表示三条等产量曲线。一般而言，等产量线具有以下三个明显特点：

第一，每一条等产量曲线代表着一个产量水平，离原点越近的曲线代表的产量水平越低，而离原点越远的曲线代表的产量水平越高。图 13－2 中，Q_1、Q_2、Q_3代表不同的产量水平，它们存在这样的关系：$Q_1<Q_2<Q_3$。

第二，任意两条等产量曲线不相交。这是因为在生产技术水平不变的条件下，一个特定的生产要素组合所能生产的最大产量只有一个，对于平面的每个点，只有一条等产量曲线经过该点。

第三，等产量曲线一般会凸向原点。如图 13－2 所示，由于边际报酬递减规律，随着劳动投入量越来越多，它所能够替换的资本投入量会越来越少。

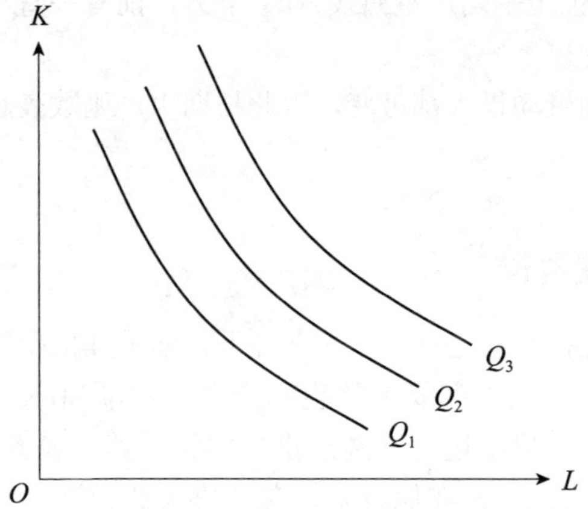

图 13－2　等产量曲线

边际技术替代率是指在产量恒定的条件下，增加一单位的某种生产要素投入与减少的另一生产要素投入量的比率。例如，在给定的产量水平上，增加（或减少）ΔL 单位的劳动力，可以相应地减少（或增加）ΔK 单位的资本，则劳动力对于资本的边际技术替代率（用 $MRTS_{LK}$ 来表示）可以表示为：

$$MRTS_{LK}=-\frac{\Delta K}{\Delta L}$$

给定生产产量，劳动力和资本投入呈现此增彼减的负相关关系。由于劳动力投入变化量 ΔL 与资本投入变化量 ΔK 只表示数值而没有符号，因此上述公式前面加了一个负号来表示劳动和资本的替代关系。如图 13－3 所示，当生产要素组合沿着等产量曲线 Q_1 从 A 点移动至 B 点时，劳动的投入量增加了 ΔL，资本的投入量减少了 ΔK。由于 A 点和 B 点是在同一条等产量曲线上，总产量不变，因此增加劳动所增加的总产量加上减少资本所损失的产量正好恒等于零，此时满足如下公式：

$$MP_L\times\Delta L+MP_k\times\Delta K\equiv 0$$

化简上式，可以得到如下公式

$$MRTS_{LK}=-\frac{\Delta K}{\Delta L}=\frac{MP_L}{MP_k}$$

换句话说，上述公式表明劳动对于资本的边际技术替代率正好等于劳动的边际产量与资本的边际产量的比值。由于边际报酬递减规律，随着劳动生产要素投入变得越来越多，劳动的边际产量会越来越低；而被替代的资本投入由于数量越来越少，因此资本的边际产量会越来越大，由上述公式可知劳动对于资本的边际替代率将会越来越少。资本对于劳动的边际替代率也同此理。因此，边际报酬递减规律决定了边际技术替代率递减规律。

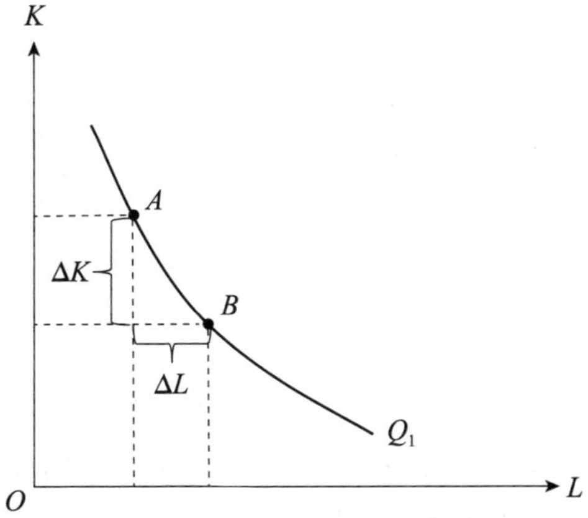

图 13-3 边际技术替代率

四、等成本线

除了生产要素之间的替代关系，生产者在生产过程中对于生产要素组合的选择还取决于生产要素的价格和生产成本。当生产要素价格发生变化时，生产者可以通过两种生产要素的相互替代程度，选择不同的生产要素投入组合，从而降低生产成本。等成本线是指在生产要素价格既定的条件下，企业花费相同成本所能购买的两种生产要素投入的不同数量组合。

假如企业花费的生产成本记为 C，w 表示每单位劳动力的工资水平，劳动力的投入数量记为 L，r 表示每单位资本的价格水平，资本投入数量记为 K，此时所生产成本 C 可以表示为：

$$wL+rK=C$$

在要素价格给定的情况下，每一个总成本都会形成一条等成本线。如图 13-4 所示。等成本线与横轴的交点表示用全部成本 C 购买劳动力 L 的最大数量 C/w，等成本线与纵轴的交点表示用全部成本 C 购买资本 K 的最大数量 C/r，该等成本线的斜率为 $-w/r$。

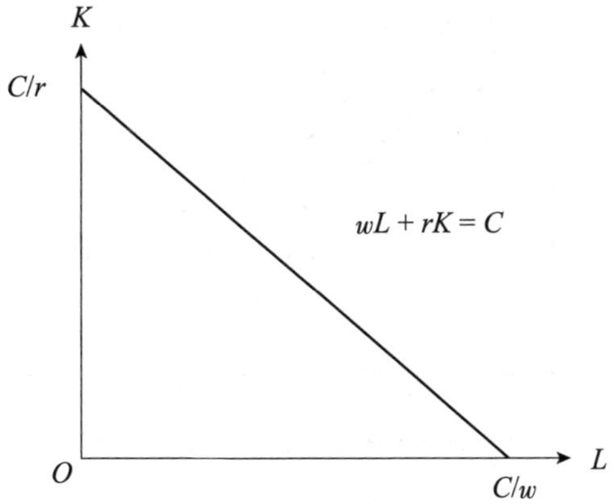

图 13-4 等成本线

五、生产的最优化决策

利润最大化是企业生产决策最为重要的决策原则。一般来说，企业利润等于企业收入减去生产成本，其中企业收入等于产品价格和产量的乘积，生产成本则等于支付生产要素的所有费用。假如企业利润记为π，产品价格记为P_0，产量记为Q，劳动力价格记为w，劳动力投入记为L，资本价格记为r，资本投入记为K，由此可以得到企业利润最大化表达式如下：

$$\max \pi = P_0 Q - C = P_0 f(L, K) - wL - rK$$

在完全竞争市场中，由于产品价格P_0是由产品市场的供需决定，企业只是产品的价格接受者而非制定者。因此，由上述公式容易得知，企业为了实现利润最大化，生产的最优化决策等价于两种情形：第一种情形是在既定生产成本不变条件下实现产量最大化；第二种情形则是在既定生产产量水平下实现成本最小化。

对于第一种情形，在生产成本既定条件下，企业可以通过调整劳动力投入和资本投入，由此获得最大化产量，从而实现利润最大化。如图 13-5 所示，在生产成本既定条件下，等成本线是一条直线AB，它代表着在既定生产成本条件下企业所能够购买得到的劳动力投入和资本投入的所有可能组合。在等成本线这一约束条件下，不可能获得更高产量的Q_3，因为实现等产量线Q_3所需要的劳动力投入和资本投入均不在等成本线里面或者等成本线上，它位于等成本线外，是企业在既定生产成本条件下无法获得的劳动力投入和资本投入组合。对于等产量线Q_1，它有一部分位于等成本线下，意味着在既定生产成本条件下能够生产产量Q_1。不过生产产量Q_1并不是既定成本约束条件下实现的产量最大化，因为在等产量线Q_1和等成本线之间还存在着其他更高产量线的可能性。只有当等成本线AB与等产量曲线Q_2相切时，相切的e点是实现产量最大化的生产最优决策均衡点。

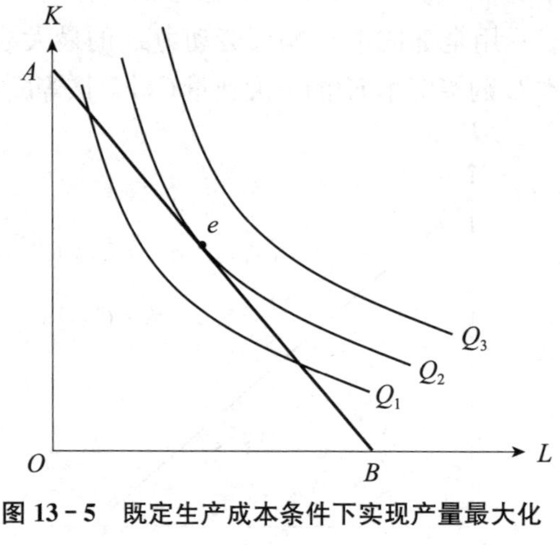

图 13-5　既定生产成本条件下实现产量最大化

对于第二种情形，在生产产量既定条件下，为实现利润最大化的企业可以寻求成本最小化的生产要素投入组合。如图 13-6 所示，企业计划生产产量 Q，等成本线 A_1B_1 并不能生产出相应产量 Q。等成本线 A_3B_3 虽然可以生产相应产量 Q，但是它显然高于等成本线 A_2B_2，它并不是成本最小化的生产要素投入组合。因此只有当等成本线 A_2B_2 与等产量曲线 Q 相切时，相应的切点 e 才是在既定生产产量条件下实现成本最小化的生产最优决策均衡点。

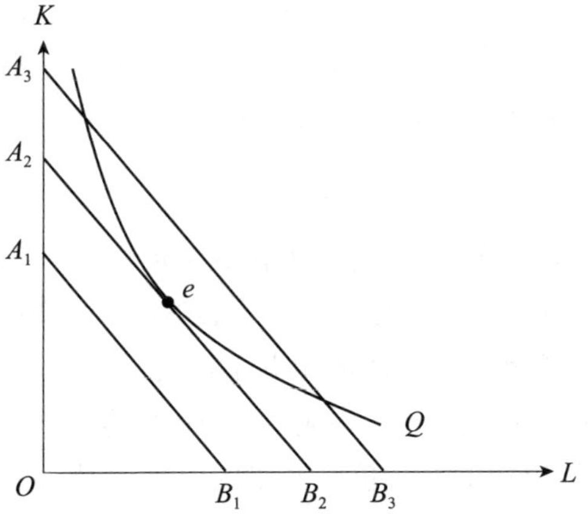

图 13-6　既定生产产量条件下实现成本最小化

不管是在生产成本给定条件下实现产量最大化，还是在生产产量给定条件下实现成本最小化，可以发现生产要素最优组合的均衡点均发生在等成本线与等产量曲线的相切点上，此时等成本线的斜率正好等于等产量曲线的斜率。由于等产量曲线的斜率表示劳动对于资本的边际技术替代率，根据前面论述内容，它正好等于劳动的边际产量与资本的边际产量的比值。等成本线的斜率正好是劳动力价格和资本价格的比值。因此，企业实现利润最大化的生产要素最优组合满足条件：

$$\frac{MP_L}{MP_k}=\frac{w}{r}$$

如果我们对于上述公式进行简单变化，可以得到如下公式：

$$\frac{MP_L}{w}=\frac{MP_k}{r}$$

上述公式与消费者均衡相类似，它同样表示企业为了实现利润最大化，应该要做到把每一元钱花在劳动力上所得到的最后一单位的劳动投入的边际产量，正好等于每一元钱花在资本上面所得到的最后一单位的资本投入的边际产量。结合第十二章的消费者选择理论的内容，可以发现，生产的最优决策原理与消费者的最优决策原理本质上是一样的，它们如出一辙。

第三节　成本函数

一、成本函数的表达式

在短期，企业的生产要素投入可以区分为可变投入要素和不变投入要素，购买可变投入要素和不变投入要素的费用分别记为可变成本和不变成本。可变成本是指会随着企业生产产量变化而变动的成本。不变成本又称固定成本，是指不会随着企业生产产量变化而变动的成本。企业为生产既定产量所需要的生产要素投入费用构成企业生产的总成本，由可变成本和不变成本两部分构成，可以用公式表示为：

$$TC(Q)=VC(Q)+FC(Q)$$

其中 $TC(Q)$ 和 $VC(Q)$ 分别表示总成本函数和可变成本函数，而 $FC(Q)$ 则表示企业的固定成本函数。在短期，由于固定成本并不会随着产品产量的变化而变化，因此固定成本函数实质上只是一个常数，它与产量 Q 并不相关。

平均固定成本、平均可变成本和平均成本可以由固定成本、可变成本与总成本分别除以产量得到。边际成本是指新增加一单位产量的成本增量。平均固定成本、平均可变成本、平均成本与边际成本分别可以用以下公式表示：

$$AFC(Q)=\frac{FC(Q)}{Q}$$

$$AVC(Q)=\frac{VC(Q)}{Q}$$

$$AC(Q)=\frac{TC(Q)}{Q}=AFC(Q)+AVC(Q)$$

$$MC(Q)=\frac{\Delta TC}{\Delta Q}=\frac{\Delta VC}{\Delta Q}$$

其中 $AFC(Q)$、$AVC(Q)$、$AC(Q)$ 和 $MC(Q)$ 分别表示平均固定成本函数、平均可变成本函数、平均成本函数与边际成本函数。Q 为产量，ΔQ 是产量的变化量，ΔTC 是总成本的变化量，ΔVC 是可变成本的变化量。

上述四个公式当中，值得一提的是平均固定成本函数 $AFC(Q)$ 和边际成本函数 $MC(Q)$。由于固定成本是常数，因此产量越多，每单位产量所均摊的平均固定成本会越少。这表明平均固定成本与产量呈现明显的负相关关系。这意味着，对于那些固定资产比重高的企业来说，它们会有着扩大产能的动机，因为这可以降低这些企业单位产品的平均固定成本，进而降低每单位产品的平均成本。对于边际成本函数来说，由于固定成本是常数，因此总成本的变化量实质上就是可变成本的变化量，因此 ΔTC 恒等于 ΔVC。

专栏 13-1

成本函数计算实例

假如某企业的总成本函数是 $TC(Q)=100Q^3-200Q^2+500Q+10\,000$，如何基于这一成本函数确定该企业的可变成本函数、固定成本函数、平均成本函数、平均可变成本函数、平均固定成本函数和边际成本函数呢？

由于总成本函数是由可变成本函数加上固定成本函数，而固定成本函数不会随着产量的变化而变化。因此，由总成本函数表达式容易得知：

固定成本函数为 $FC(Q)=10\,000$

可变成本函数为 $VC(Q)=100Q^3-200Q^2+500Q$

平均成本函数为

$$AC(Q)=\frac{TC(Q)}{Q}=\frac{100Q^3-200Q^2+500Q+10\,000}{Q}$$

$$=100Q^2-200Q+500+\frac{10\,000}{Q}$$

平均可变成本函数为

$$AVC(Q)=\frac{VC(Q)}{Q}=\frac{100Q^3-200Q^2+500Q}{Q}=100Q^2-200Q+500$$

平均固定成本函数为

$$AFC(Q)=\frac{FC(Q)}{Q}=\frac{10\,000}{Q}$$

边际成本函数为

$$MC(Q)=\frac{\Delta FC(Q)}{\Delta Q}=300Q^2-400Q+500$$

二、短期成本函数

在短期，新增加一单位劳动力投入需要支付的成本是 w，新增加一单位劳动力所带来的产量增量记为MP_L，新增加一单位产量所产生的成本增量记为 MC。因此，从逻辑上来讲，新增加一单位劳动力投入所耗费的成本，可以拆分为单位劳动力带来的产量增量与单位产量的成本增量的乘积，所以以下公式恒成立：

$$w\equiv MP_L\times MC$$

由上述公式可知，劳动力的边际产量和边际成本的乘积恒等于工资。这意味着，在短期，当劳动力的边际产量达到最大值时，边际成本函数达到最小值。由于劳动力的边际产量曲线一般呈现先上升后下降的倒 U 形，因此边际成本曲线呈现先下降后上升的碗状。这一特征如图 13-7 所示。

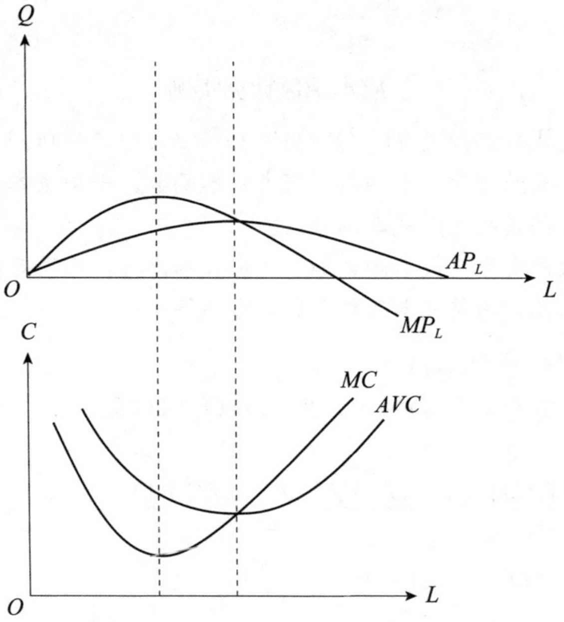

图 13－7　产量和成本曲线的对应图示

同理可知，当劳动力的平均产量记为AP_L，单位产量的劳动力平均成本记为AVC，劳动力的平均成本记为w。从逻辑上来讲，同样可以把劳动力的平均成本拆分为劳动力的平均产量与单位产量的劳动力平均成本的乘积。换句话说，以下表达式恒成立：

$$w \equiv AP_L \times AVC$$

由上述公式可知，当劳动力的平均产量达到最大值的时候，平均可变成本正好达到最小值。由于劳动力的平均产量曲线同样呈现先上升后下降的倒U形，因此平均可变成本曲线也呈现先下降后上升的碗状。这一特征如图 13－7 所示。

边际成本函数、平均成本函数和平均可变成本函数存在着两个明显的关联关系。一方面，当边际成本小于平均成本时，平均成本会随着产量增加而下降；而当边际成本大于平均成本时，平均成本会随着产量增加而上升。当边际成本函数曲线与平均成本函数曲线相交时，此时交点是平均成本函数的最小值。另一方面，当边际成本小于平均可变成本时，平均可变成本会随着产量增加而下降；而当边际成本大于平均可变成本时，平均可变成本会随着产量增加而上升。当边际成本函数曲线与平均可变成本函数曲线相交时，交点同样是平均可变成本函数的最小值。

图 13－8 正好呈现出边际成本、平均成本和平均可变成本函数的这两个明显关联关系特征。当边际成本曲线与平均成本曲线相交于A点时，A点是平均成本达到最小数值的点。此时A点满足等式$MC=AC$，由这样一个函数关系等式可以确定平均成本最小值的产量Q_a，而由该产量水平可以确定与之相对应的边际成本数值和平均成本数值AC_0。同理，当边际成本曲线与平均成本曲线相交于B点时，B点同样是平均可变成本达到最小数值的点。此时B点满足等式$MC=AVC$，由这样一个函数关系等式同样可以确定平均可变成本最小数量相应的产量Q_b，而由该产量水平可以确定与之相对应的边际成本数值和平均

可变成本数值AVC_0。

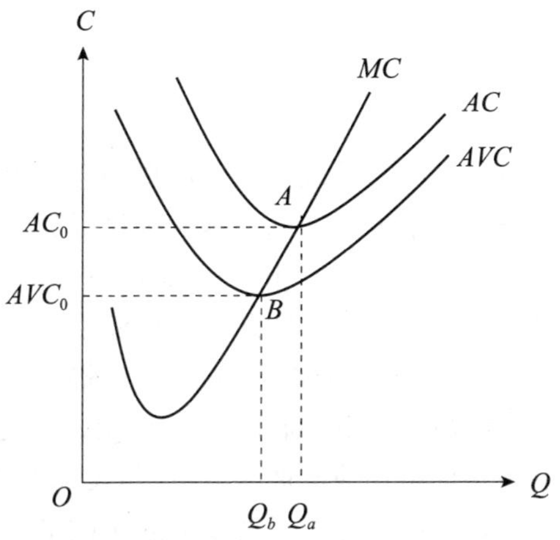

图 13-8 短期各成本函数曲线形状图

三、长期成本函数

在短期，企业只能调整劳动力投入，无法调整资本规模。而在长期，企业可以根据劳动力和资本等生产要素价格调整不同生产要素投入比例，降低企业生产成本，以实现利润最大化。因此，与短期的总成本函数、平均成本函数和边际成本函数相比，长期总成本函数、平均成本函数和边际成本函数会发生相应变化。

长期总成本函数是企业在任何一个产量水平的相应生产总成本达到最低数额的轨迹。如图 13-9 所示，在短期，企业可以选择三种不同的资本规模K_1、K_2和K_3，与此相对应的短期总成本函数曲线依次分别为 STC_1、STC_2 和 STC_3。在长期，假设企业计划生产产量Q_1，企业可以选择三种不同资本规模K_1、K_2或K_3来生产Q_1，但只有选择K_1资本规模下的生产成本 STC_1 才是最小的。同理，假设企业计划生产产量Q_2或Q_3，该企业分别选择K_2或K_3的资本规模来进行生产，此时相应产量所对应的生产成本 STC_2 或 STC_3 才是最小的。其他不同产量依此类推。依此逻辑不难发现，在长期，企业可以不断地调整生产要素投入数量，选择不同的资本规模和劳动力投入，从而使得每一个生产产量所耗费的生产成本在所有可能的生产组合当中是最低的，所以长期总成本曲线是短期总成本曲线当中生产总成本最低数额构成的轨迹。如图 13-9 所示，长期总成本曲线看起来就像是把无数条短期总成本曲线“包起来”，因此长期总成本曲线是短期总成本曲线的包络线。

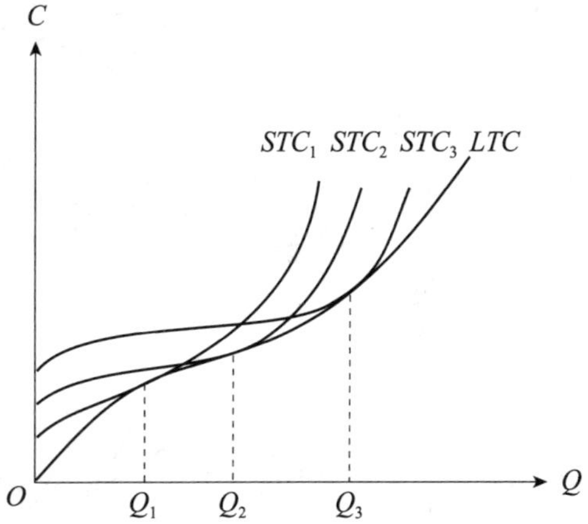

图 13-9 短期和长期总成本曲线图示

长期平均成本是指在长期生产中企业平均每单位产量所耗费的成本，用 LAC 表示长期平均成本，它的函数表达式可以用公式表示为：

$$LAC(Q)=\frac{LTC(Q)}{Q}$$

不管是长期还是短期，总成本函数除以产量可以得到企业平均成本函数。由于长期总成本函数是企业在任何一个产量水平的生产总成本达到最低数额的轨迹，因此长期平均成本函数必然是企业生产任何一个产量水平的相应平均成本达到最低数额的轨迹。如图 13-10 所示，图 13-10（b）是与图 13-10（a）的总成本函数曲线相对应的平均成本函数曲线。长期总成本曲线 LTC 是所有短期总成本曲线 STC 中最低成本点的轨迹，所以长期平均成本曲线 LAC 也必然是这些最低的部分对应的平均成本所连成的一条曲线。也就是说，在每一个产量水平上都有一条短期平均成本曲线 SAC 与长期平均成本曲线 LAC 相切。由于长期总成本曲线是由每个产量在所有短期总成本曲线中的最小生产成本的组合，因此长期平均成本曲线必然是短期平均成本曲线的包络线。

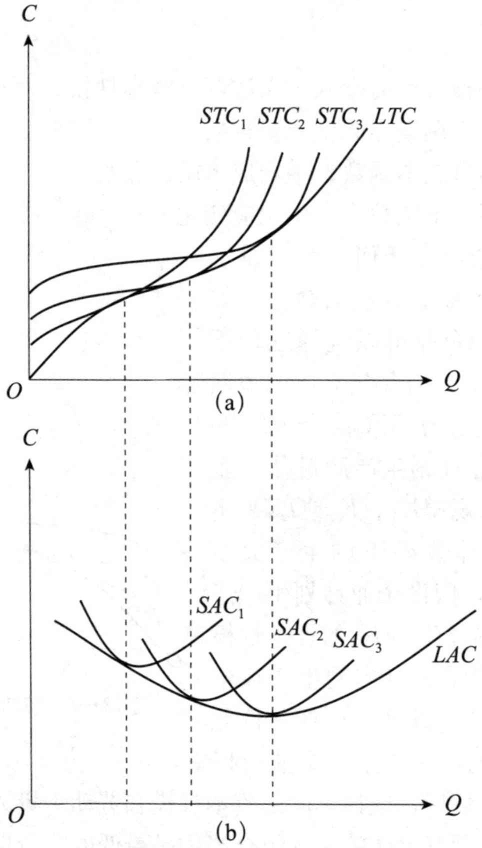

图 13-10　短期平均成本和长期平均成本曲线图示

为什么长期平均成本曲线依然呈现先下降后上升的碗状，而不能呈现出 L 状的特征？换句话说，当企业生产达到长期平均成本最低点时，该企业为什么不能够通过复制原有的最低生产成本技术，从而使得长期平均成本随着产量不断增加之后呈现出 L 状？企业之所以不能够通过无限制地复制原有规模来降低成本，其中一个重要原因在于人力资源的异质性，特别是当企业管理者或领导者是独一无二、无法复制的时候。企业通过复制的“分店”扩大产能的生产模式，最终一定会面临着领导者分身乏术或者是管理瓶颈问题，这会导致企业原有的最低平均成本无法持续，从而增加生产成本。另一个原因在于，当企业长期平均成本处于最低状态时，此时生产资源已经实现最有效的配置。如果再进一步地增加产量，这会打破原有的资源配置的有效状况，增加了生产要素的过度使用和损耗，降低企业生产效率，从而使得长期平均成本脱离最低的平均生产成本状况，平均生产成本会随着产量进一步增加而上升。

最后，长期边际成本是企业新增加单位产量的成本增量。用 LMC 表示长期边际成本，它的函数表达式可用公式表示为：

$$LMC(Q)=\frac{\Delta LTC(Q)}{\Delta Q}$$

由公式可知，长期边际成本 LMC 是长期总成本曲线 LTC 上同一产量的斜率。从长期总成本曲线可推导出长期边际成本 LMC 通常呈 U 形。如图 13－11 所示，长期边际成本曲线并不是所有短期边际成本曲线的包络线。

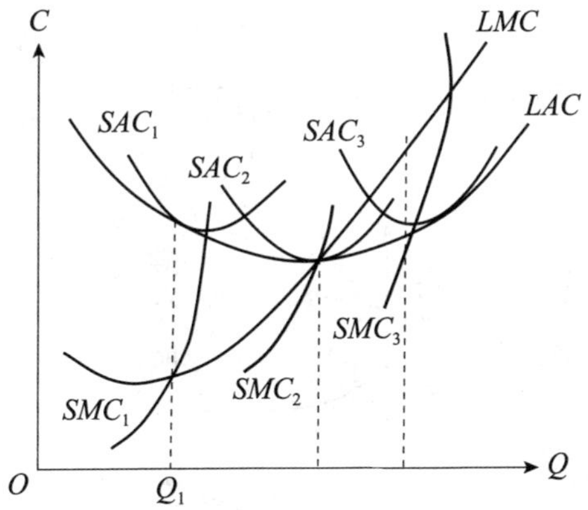

图 13－11　长期边际成本曲线和短期边际成本曲线

专栏 13－2

商人所认为的成本曲线是什么样子的？

几乎所有的经济学教科书都会假定企业的平均成本曲线呈现先下降后上升的碗状。这样一个碗状的平均成本曲线往往是由两个部分叠加得到：一是短期平均固定成本会随着产量增加而递减；二是短期平均可变成本会随着产量增加而递增。经济学关于价格理论分析的有效性取决于平均成本曲线的形状，而平均成本曲线与最低成本点的位置以及边际成本曲线的形状有关。

Eiteman 和 Guthrie（1952）在《美国经济评论》上发表了一篇有关平均成本曲线形状的调研论文。他们向美国 47 个州 1 000 家制造企业发出了调查问卷，所选中的公司都是拥有 500 名以上、5 000 名以下员工的制造企业。在寄出的问卷当中，他们要求每家公司的总裁、副总裁、秘书、会计师、生产经理、财务或秘书长等受访者在如图 13-12 所示的 8 个图形当中选择一个最接近于他们主要生产产品成本的图形。

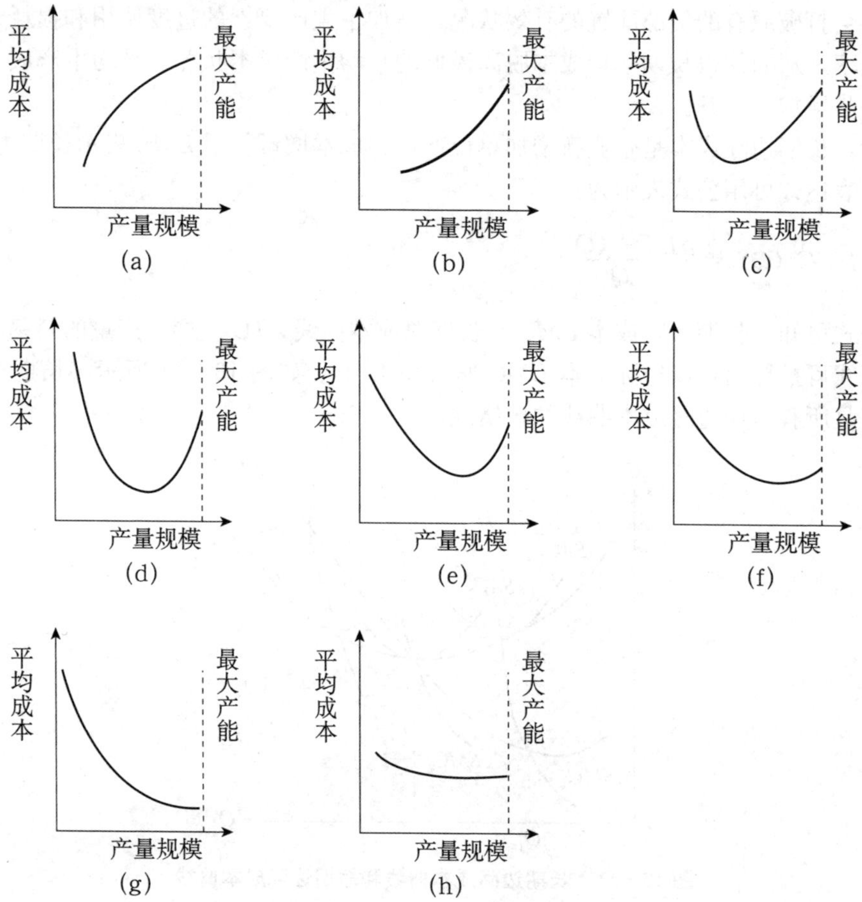

图 13-12　调查问卷所呈现的 8 个平均成本曲线图形

注：所谓最大产能，是指在某个相对较短时间内（如一小时或正常工作日）可能达到的最大产量。

在 8 个曲线图形当中，符合经济学教科书的平均成本曲线图形是（c）、（d）和（e），而图形（a）、（b）、（f）、（g）和（h）不符合传统经济学的平均成本曲线。在寄出的 1 000 份问卷中，他们收到了来自 32 个州 366 家公司的问卷回复。在这些回复当中，有些公司列示了许多产品，但表示一条曲线可以适用于所有产品；还有一些公司列示自己的产品，并指出每种产品适用不同的曲线图形；还有一些公司表示，一条曲线图形在某些条件下适用，但另外一条曲线在其他条件下则适用于同一产品。表 13-4 呈现了不同分类类别下选择不同图形的频数分布情况。

表 13-4　公司选择成本曲线图形的频数

	类别 1	类别 2	类别 3	类别 4	按公司层面分类		按产品层面分类	
图形	数量	数量	数量	数量	支持	不支持	支持	不支持
图（a）	0	0	0	0		0		0
图（b）	0	0	1	1		0		1
图（c）	1	4	1	5	1		5	
图（d）	3	12	3	15	3		15	
图（e）	14	18	24	42	14		42	
图（f）	113	245	136	381		113		381
图（g）	203	402	234	636		203		636
图（h）	0	0	2	2		0		2
合计	334	681	401	1 082	18	316	62	1 020

注：类别 1 是指没有提及产品数量下公司所选择的成本曲线图形（choice of cost curve by companies without reference to number of products）。类别 2 是指在显示的曲线图下列示产品（products listed under curve indicated）。类别 3 是指在符合相应资格曲线图下列示产品（products listed under curve with qualifications）。类别 4 是指列示的所有产品（total products listed）。按公司或产品层面分类是看所选择的成本曲线图形是否支持经济学的边际分析理论，图（c）、（d）和（e）是符合经济学边际分析的成本图形；图（a）、（b）、（f）、（g）和（h）是不符合经济学边际分析的成本图形。

从表 13-4 容易推算出，超过一半以上的回复选择的平均成本图形是（g）。超过 90%的回复认为公司或产品的成本曲线如（f）和（g）所示。具体而言，大约有 60%的回复认为，在公司或者产品达到最大产能之前，成本曲线会一直随着产量的增加而下降；还有 33%～37%比例的回复认为公司或产品的平均成本大部分会随着产量增加而下降，而在接近最大产能附近才会出现一小段的平均成本随产量增加而上升的状态。简而言之，表 13-4 的调研数据表明，现实经济活动中商人们认为的成本曲线图形并不支持传统经济学理论分析所采用的图形。

Reid（1992）采用面谈方法调研了 73 家小规模企业的企业主，这些小企业都是企业主自主经营，平均只有 8 个全职雇员和 6 个产品类别。调研结果同样表明，超过一半以上的小企业主认为他们公司产品的生产总成本会随产量增加而增加，但是总成本增量在下降，具体如图 13-13（b）所示，换句话说，公司平均成本会随着产量增加而递减。只有 15%的企业主认为成本函数是吻合经济学教科书所刻画的成本函数形状，它们选择如图 13-13（d）。

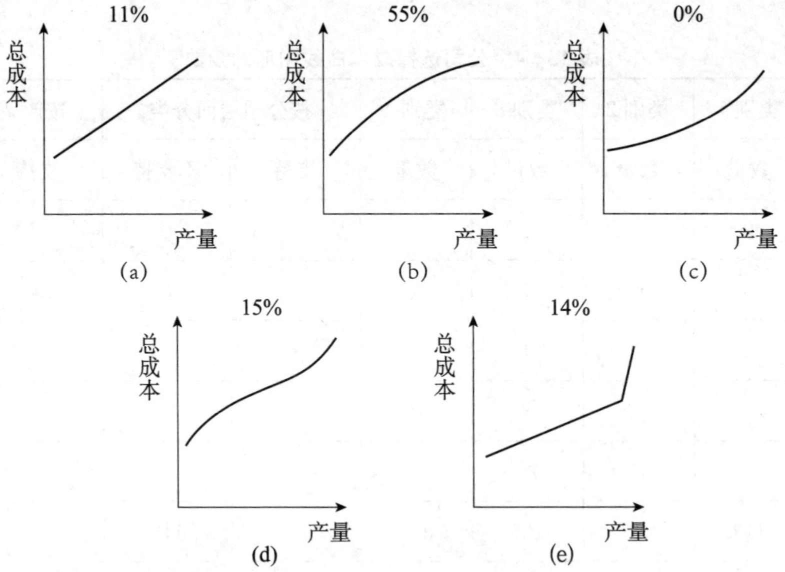

图 13－13　面谈卡片所呈现的 5 个总成本曲线图形和选择比例

商人们所认为的企业或产品的成本函数形状很重要，因为商人们在短期内决定进行企业扩张还是收缩往往是基于他们的想法而不是实际情况。当然，实际经济活动中企业或者产品的真实成本曲线图形，究竟是如经济学家在教科书里面所刻画的模样，还是商人们所认为的样子，这还有待于基于现实微观企业的大数据进行绘制和分析。因此，如何利用微观企业数据刻画企业成本函数真实图像，并向从业人员科普基本的成本知识，对于优化传统经济学理论和推进公民财经素养教育具有重要意义。

资料来源：EITEMAN W J，GUTHRIE G E. The shape of the average cost curve [J]. American Economic Review，1952，42 (5)：832－838；REID G C. Scale economies in small entrepreneurial firms [J]. Scottish Journal of Political Economy，1992，39 (1)：39－51.

思考题

1. 简述边际报酬递减规律。
2. 简述等产量线的特点。
3. 试论述生产最优化的两种情形。
4. 试论述产量和成本曲线的对应关系。

在线自测

扫一扫　练一练

第十四章　完全竞争市场理论

第一节　完全竞争市场理论概述

一、完全竞争市场的相关概念

市场是买卖双方交易商品的一种组织形式或制度安排。市场可以是一个有形的买卖物品的场所，比如鲜花市场或农贸市场等；也可以是利用现代通信设备提供物品交易的场所或平台，比如购物网站平台、证券交易所和期货交易所等。

完全竞争市场是指具有这样明显特征的市场结构：在该市场中存在大量的买者和卖者；不同卖者提供的商品大体上是相同或同质的；卖者只能接受市场上流行的商品交易价格才能出售掉商品；该市场不存在进入和退出壁垒。在现实经济生活中，部分农产品市场可以被认为是完全竞争市场，例如小麦市场、玉米市场和猪肉市场等。

完全竞争市场结构的四个明显特征具有相应的市场含义。第一，当市场存在着大量的买者和卖者时，这个市场会是一个竞争非常激烈的市场，市场看不见的手会通过市场价格信号自由地调配市场资源。第二，由于不同卖者提供的商品大体上是相同的，因此不同卖者的商品对于消费者来说完全具有可替代性，消费者可以自由地在不同卖者之间“货比三家”后择优交易。第三，不同卖者提供的商品是大体上相同或者同质的，会使得卖者在该市场当中只能扮演价格接受者而非价格制定者的市场角色。第四，市场不存在进入和退出壁垒，意味着企业可以自由地进入和退出该市场。当这个行业相比于其他行业更赚钱的时候，它会吸引更多创业者或者投资者进入该行业。在其他条件不变的情况下，产品的市场供给会增加，产品价格会下跌，该行业利润会下跌。与此相反，当这个行业相比其他行业会亏钱的时候，创业者或者投资者会退出该行业市场。在其他条件不变的情况下，产品的市场供给会减少，产品价格会上升，该行业利润会上升。从长期来看，企业自由进入和退出该行业的结果，将会使得从事该行业所赚取的利润跟其他行业没有差异，该行业的经济利润将为零。

在上述论述内容中，涉及几个非常重要的概念。其中，价格接受者是指在该市场中的任何一个卖者，按照市场上流行的商品交易价格可以自由地出售任何商品数量，而在高于市场流行的商品交易价格上则无法成功出售想出售的任何商品数量。与此相反，价格制定者则是指市场中的卖者可以自主地制定和决定商品交易价格并顺利出售该商品相应数量。经济利润是指企业总收益减掉企业总成本，其中总成本既包括显性的成本支出也包括隐性的生产要素投入机会成本。显性的成本支出可以是员工的工资、厂房的租金和贷款的利息等，隐性的生产要素投入机会成本则可以指自主创业资金投入可能获得的银行利息，创业者或者自我雇佣者若作为公司或单位雇员时可能获得的工资收入，或者是固定资产设备另作它途可能获得的收入等。根据经济利润的定义，可以发现它明显不同于会计利润。会计利润只是指企业总收益减掉显性的成本支出。因此，企业的经济利润会小于会计利润。当经济利润大于零时，意味着企业从事该行业比它从事其他行业会更赚钱，小于零时则正好相反。当经济利润等于零时，意味着企业从事该行业跟它从事其他行业的生产活动没有差别，所赚取的市场利润是一样的。

二、完全竞争市场的决策原则

在完全竞争市场中，由于存在大量的买者和卖者，因此企业只能是市场价格的接受者而非制定者。此时，完全竞争市场中的商品交易价格，是由该商品的市场供给和市场需求共同决定的，具体如图 14－1 所示。

如图 14－1 (a) 所示，在完全竞争市场中，当某商品的市场总供给等于市场总需求时，市场确定了该商品的交易价格P_e和交易数量Q_0。由于完全竞争市场有大量的卖者，而且产品还是同质的，任何一个企业的产品供给量在整个行业中微乎其微，相当于“沧海一粟”，因此在给定的商品交易价格水平P_e上，任何一个企业都可以出售掉自己所意愿出售商品的任何数量。在这样一个交易价格水平P_e上，为追求利润最大化的企业没必要降价出售自己意愿出售的商品数量，也没办法以任何高于市场流行的交易价格P_e水平的价格水平出售自己意愿出售的商品数量。这意味着，对于完全竞争企业来说，它所面临的市场需求曲线，不像市场需求曲线一样向右下方倾斜，而是一条平行于横轴的水平线，具体如图14－1 (b)所示。

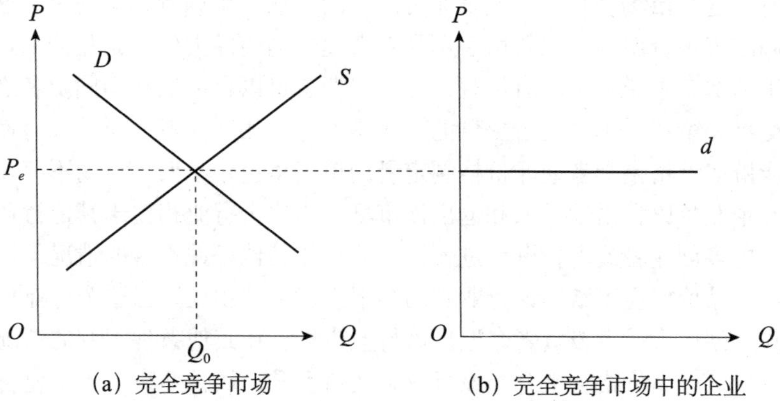

图 14－1　完全竞争市场中的企业面临的需求曲线

由于完全竞争企业每生产一单位的商品数量，都将以市场决定的商品交易价格出售，因此新增加一单位产品的收益增量将会恒等于商品交易价格。由于商品总收益（记为 TR）是商品交易价格与商品数量的乘积，商品的平均收益是商品总收益除以商品数量，由此容易推导得到，平均收益会恒等于商品交易价格。边际收益（记为 MR）是指新增加一单位产量所带来的收益增量，边际收益与产品数量的函数关系可记为 MR（Q）。平均收益是平均每单位产量产生的收益数额，平均收益与产品数量的函数关系可记为 AR（Q）。基于上述内容，可以得到下列恒等式，以及图 14－2 的完全竞争企业的收益曲线图示。

$$MR(Q) \equiv AR(Q) \equiv P_e$$

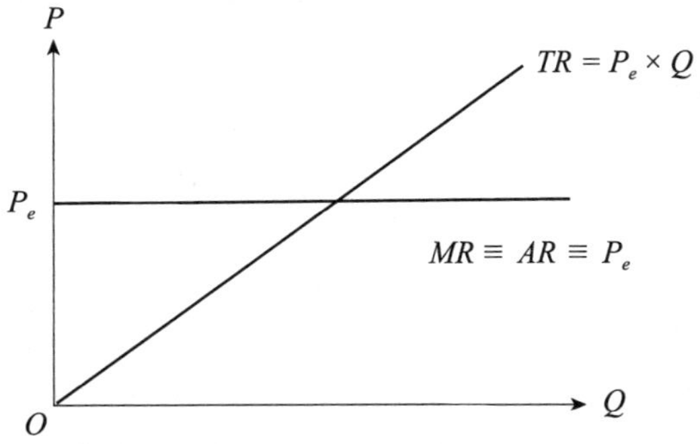

图 14－2 完全竞争企业的收益曲线

在经济学分析框架里，利润最大化是企业的主要目标。现实生活中，不排除企业除了追求利润外，还会存在着其他追求目标，比如社会公平、社会责任甚至是诸如 ESG（Environmental，Social and Governance，环境、社会和公司治理的简称）等目标。市场的优胜劣汰最终会使得盈利能力更强的企业才更有可能在长期激烈的市场竞争中存活下来。即便企业的实际生产投资决策并非是基于利润最大化目标，但是那些能够在激烈市场竞争中长期存活下来的企业，看起来就好像是它们理性地选择了利润最大化目标，从而提高了自身企业在市场中的生存概率。因此，利润最大化成为经济分析的一个重要假设前提。

给定产品和生产要素投入的价格，利润最大化目标会使得企业在既定成本支出条件下寻求最大化产量的生产要素投入组合，也会使得企业在既定产量条件下寻找成本最小化的生产要素投入组合。而在市场价格和产量变化的市场交易和生产过程中，利润最大化目标将使得企业不得不权衡比较新增加一单位产量所产生的收益增量（记为边际收益，用符号 MR 表示）与新增加一单位产量所需要的成本增量（记为边际成本，用符号 MC 表示）关系。当边际收益大于边际成本时，新增加一单位产量所产生的收益增量大于这一单位产量所需要的成本增量，此时企业利润随着产量的增加而增加，企业的理性选择是增加产量。而当边际收益小于边际成本时，情形正好相反，企业利润随着产量的增加而减少，企业的理性选择是减少产量。当边际收益与边际成本相等时，企业利润达到最大化，相应产量是企业实现利润最大化时的最优产量。这样一个利润最大化的决策逻辑，可以适用于不同类型的市场结构。简而言之，企业实现利润最大化的决策原则是：边际成本等于边际收益。如果采用函数表达式，可以表示为

$$MC(Q)=MR(Q)$$

如前所述，在完全竞争市场中，企业面临的边际收益曲线恒等于该商品的市场交易价格。因此，在完全竞争市场中，企业实现利润最大化的决策原则变为：商品的边际成本等于该商品的市场交易价格。如果采用函数表达式，可以表示为

$$MC(Q)=MR(Q)=P_e$$

第二节　完全竞争市场的企业供给决策

一、完全竞争市场的企业短期供给决策

如本章第一节所述，完全竞争市场中企业实现利润最大化的决策原则是：商品的边际成本等于该商品的市场交易价格。因此，在短期，企业产量的最优化决策，取决于该企业所生产商品的市场交易价格。由于在完全竞争市场中企业是价格的接受者，因此该商品的市场交易价格对于企业说是外生的。对比商品的市场交易价格和企业平均生产成本函数曲线的最低点，可以确定企业的经济利润究竟是大于零、等于零还是小于零，也就可以确定在该市场交易价格水平时，该企业在该行业中所获得的利润究竟大于、等于还是小于该企业在其他行业中可能获得的经济利润。与此同时，对比商品的市场交易价格与企业平均可变成本函数的最低点，可以确定该企业究竟是应该选择继续营业还是退出市场。具体情形如下：

情形之一：企业的经济利润大于零。

当完全竞争市场中的商品的市场交易价格正好位于企业平均成本函数曲线最低点上方时，该企业获得的经济利润会大于零。在这样一个市场交易价格水平上，企业在该行业从事生产经营活动所获得的利润，要明显大于企业可能从事其他行业生产经营活动所获得的利润。

如图 14-3 所示，当商品的市场交易价格P_e位于平均成本函数曲线的最低点AC_{min}的上方，它与企业的边际成本函数曲线 MC 相交于 E 点。根据完全竞争市场企业实现利润最大化的决策原则 $MC=MR=P_e$，可以确定该企业在面临商品价格P_e水平时会选择最优产量Q_1。与产量Q_1相对应的 AC 曲线的交点 F 位于 E 点的下方。此时该企业的收益为商品的市场交易价格与商品数量的乘积，具体表达式是$P_e \times Q_1$，它为图形中长方形 OP_eEQ_1的面积。该企业的生产总成本则为产量Q_1与该产量相对应的平均成本的乘积，具体表达式为 $C_1 \times Q_1$，它对应图形中长方形 OC_1FQ_1 的面积。因此，在该价格水平上，企业能够获得的经济利润为长方形 OP_eEQ_1的面积减去长方形 OC_1FQ_1 的面积，正如图形中的阴影面积所示，它明显大于零。

情形之二：企业的经济利润等于零。

当完全竞争市场中的商品的市场交易价格正好位于商品平均生产成本函数曲线的最低点时，该企业获得的经济利润正好等于零。它表明，企业在该行业从事生产经营活动所获得的利润，正好等于企业可能从事其他行业生产经营活动所获得的利润。

由第十三章的成本函数知识可知，边际成本函数曲线会相交于平均成本函数曲线的最低点。如图 14-4 所示，E 点是平均成本函数曲线 AC 的最低点。当商品的市场交易价格P_e正好位于平均成本函数曲线的最低点时，根据完全竞争市场的企业实现利润最大化的决策原则 $MC=MR=P_e$，商品的市场交易价格与企业的边际成本曲线 MC 的交点，正好可以确定该企业在面临商品价格P_e水平时会选择最优产量Q_2。此时该企业的收益为商品的市

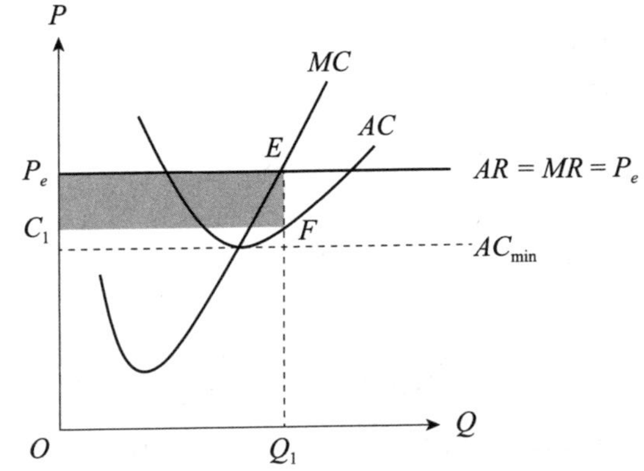

图 14-3　企业的经济利润大于零

场交易价格与商品数量的乘积，具体表达式是$P_e \times Q_2$，它为图形中长方形 OP_eEQ_2的面积。该企业的生产总成本则为产量Q_2与其相对应产量的平均成本的乘积，具体表达式为$C_{min} \times Q_2$，对应着图形中长方形 $OC_{min}EQ_2$ 的面积。因此，在该价格水平上，企业能够获得的经济利润为长方形 OP_eEQ_2的面积减去长方形 $OC_{min}EQ_2$ 的面积，由于$P_e=C_{min}$，因此这两个面积完全一模一样，此时企业的经济利润等于零。

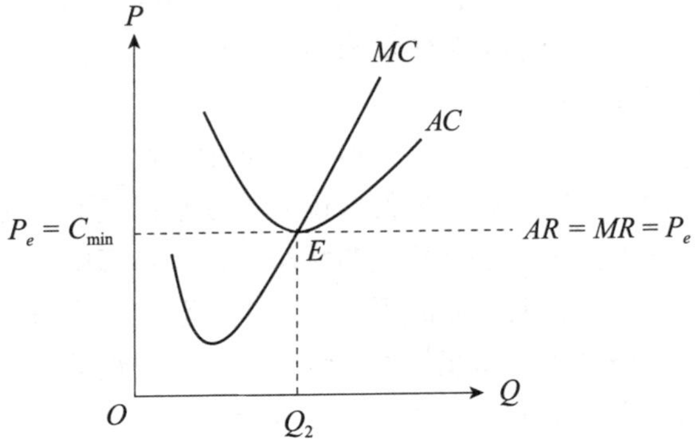

图 14-4　企业的经济利润等于零

情形之三：企业的经济利润小于零。

当完全竞争市场中的商品的市场交易价格位于企业平均成本函数曲线最低点下方时，该企业获得的经济利润会小于零。在这样一个市场交易价格水平上，企业在该行业从事生产经营活动所获得的利润，要明显小于企业可能从事其他行业生产经营活动所获得的利润。

如图 14-5 所示，当商品的市场交易价格P_e位于平均成本函数曲线的最低点AC_0的下方，它与企业的边际成本函数曲线 MC 相交于E 点。根据完全竞争市场企业实现利润最大化的决策原则 $MC=MR=P_e$，可以确定该企业在面临商品价格P_e水平时会选择最优产量Q_3。与产量Q_3相对应的 AC 曲线的交点 F 位于E 点的上方。此时该企业的收益为商品的市场交易价格与商品数量的乘积，具体表达式是$P_e \times Q_3$，它为图形中长方形 OP_eEQ_3的面积。该企业的生产总成本则为产量Q_3与该产量相对应的平均成本的乘积，具体表达式为

$C_3 \times Q_3$，它对应图形中长方形 OC_3FQ_3 的面积。因此，在该价格水平上，企业能够获得的经济利润为长方形 OP_eEQ_3 的面积减去长方形 OC_3FQ_3 的面积，总成本与总收益的面积正好相差阴影部分的面积，该企业的经济利润明显小于零。

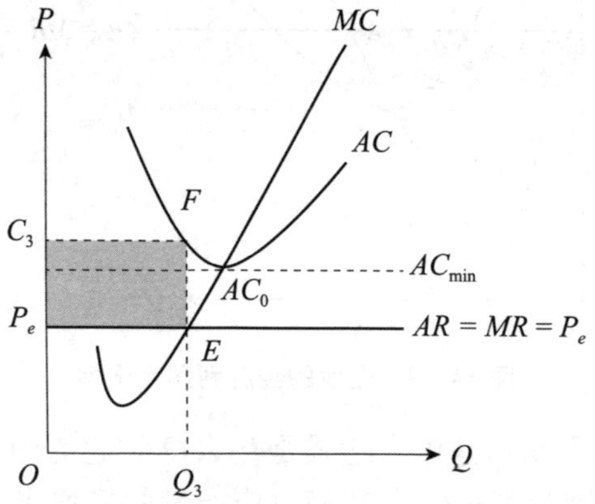

图 14-5　企业的经济利润小于零

平均成本函数曲线最低点也可称为盈亏平衡点，根据商品的市场交易价格与该点的关系，我们可以把企业相应划分为经济利润大于零、等于零、小于零三种情形。企业的平均可变成本函数曲线的最低点可称为停止营业点，根据商品的市场交易价格与停止营业点的关系，我们可以把企业经济利润小于零的情形再次细分为亏损营业、停止营业和退出市场三种不同状态。具体状态如下：

经济利润小于零的状态之一：企业亏损但仍可继续营业。

当完全竞争市场中的商品的市场交易价格位于盈亏平衡点的下方、停止营业点的上方时，此时该企业就处于亏损但仍可继续营业的状态。在该状态中，由于商品的市场交易价格位于盈亏平衡点下方，因此企业从商品市场交易中所获得的收益无法弥补相应产量所耗费的总成本。不过，由于商品的市场交易价格位于停止营业点的上方，产品收益不仅可以弥补商品生产所耗费的全部可变成本，还可以弥补商品生产所耗费的一部分固定成本。

如图 14-6 所示，当商品的市场交易价格 P_e 位于平均成本函数曲线的最低点的下方而又位于平均可变成本函数曲线的最低点的上方时，它与企业的边际成本函数曲线 MC 相交于 E 点，可以发现 E 点正好位于平均成本函数曲线最低点与平均可变成本函数曲线最低点之间。根据完全竞争市场企业实现利润最大化的决策原则 $MC=MR=P_e$，可以确定该企业在面临商品价格 P_e 水平时会选择最优产量 Q_4。与产量 Q_4 相对应的 AC 曲线的交点 F 位于 E 点的上方。此时该企业的收益为商品的市场交易价格与商品数量的乘积，具体表达式是 $P_e \times Q_4$，它为图形中长方形 OP_eEQ_4 的面积。该企业的生产总成本则为产量 Q_4 与该产量相对应的平均成本的乘积，具体表达式为 $C_4 \times Q_4$，它对应图形中长方形 OC_4FQ_4 的面积。因此，在该价格水平上，企业能够获得的经济利润为长方形 OP_eEQ_4 的面积减去长方形 OC_4FQ_4 的面积，总成本与总收益的面积正好相差阴影部分的面积。此时企业生产是亏损的，但是企业在这种状态下生产所获得的收益，是能够弥补全部产能的生产可变成本，同时还能够弥补一部分的固定生产成本。因此企业的最优选择是继续经营。

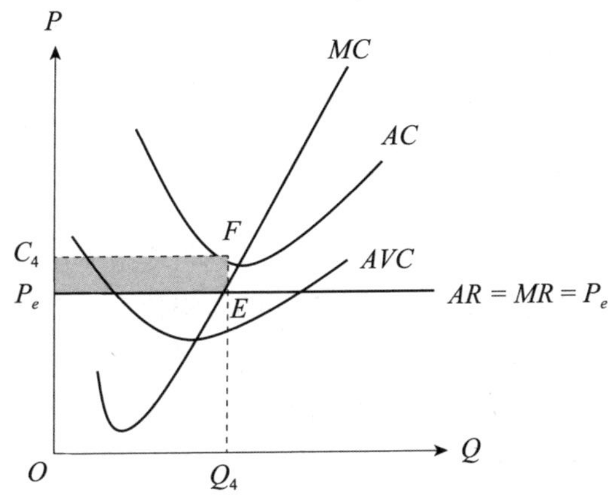

图 14-6　企业亏损但仍可继续营业

经济利润小于零的状态之二：企业处于停止营业状态。

当完全竞争市场中的商品的市场交易价格正好位于停止营业点时，此时该企业就处于停止营业的状态。在该状态中，由于商品的市场交易价格处于盈亏平衡点下方，因此企业从商品市场交易中所获得的收益无法弥补相应产量所耗费的总成本。不过，由于商品的市场交易价格正好位于停止营业点，产品收益刚好可以弥补商品生产所耗费的全部可变成本，固定生产成本无法得到弥补。企业处于"开了工，也等于没开工"的处境，它选择继续营业与停止营业没有差异，因此企业会选择停止营业。

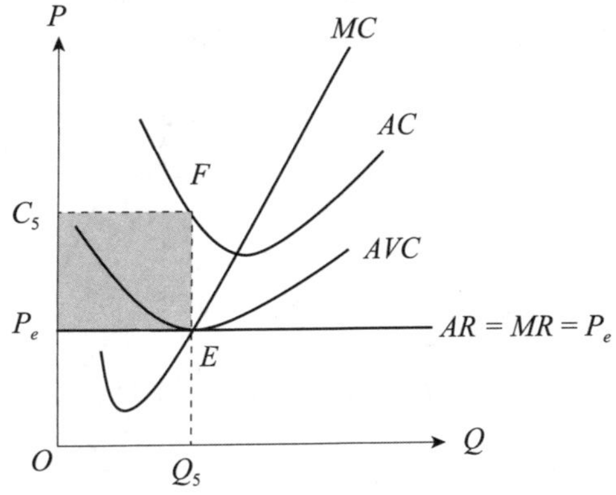

图 14-7　企业处于停止营业状态

如图 14-7 所示，当商品的市场交易价格 P_e 正好位于平均可变成本函数曲线的最低点位置时，它与企业的边际成本函数曲线 MC 相交于 E 点。根据完全竞争市场企业实现利润最大化的决策原则 $MC=MR=P_e$，可以确定该企业在面临商品价格 P_e 水平时会选择最优产量 Q_5。与产量 Q_5 相对应的 AC 曲线的交点 F 位于 E 点的上方，这意味着平均产量的成本高于产量的平均收益，平均每单位产量产生的亏损数额则为线段 FE 的距离。此时该企业的收益为商品的市场交易价格与商品数量的乘积，具体表达式是 $P_e\times Q_5$，它为图形中长方形 OP_eEQ_5 的面积。该企业的生产总成本则为产量 Q_5 与该产量相对应的平均成本的乘积，具体表达式为 $C_5\times Q_5$，它对应图形中长方形 OC_5FQ_5 的面积。因此，在该价格水平上，企业能够获得的经济利润为长方形 OP_eEQ_5 的面积减去长方形 OC_5FQ_5 的面积，总成本与总收益的面积正好相差阴影部分的面积。此时企业生产会亏损，但是企业在这种状态下生产所获得的收益，只能够弥补全部产能的生产可变成本，企业收益无法弥补固定生产成本。此时，企业继续营业与停止营业相比没有差别，因此企业会选择停止营业。

经济利润小于零的状态之三：企业退出市场。

当完全竞争市场中的商品的市场交易价格水平正好处于停止营业点的下方时，该企业的最优选择是退出市场。理由是：由于商品的市场交易价格处于停止营业点的下方，此时产品收益不仅不能弥补固定生产成本，而且也无法完全弥补商品生产所耗费的全部可变成本，需要"倒贴钱"，此时产能越大，企业亏损越严重。因此，理性生产者的最优选择是退出这个市场而非继续生产。

图 14－8 呈现了商品的市场交易价格P_e位在平均可变成本函数曲线的最低点的下方位置时，企业如果没有选择退出市场而是继续营业的亏损情形。此时，商品的市场交易价格与企业的边际成本函数曲线 MC 相交于 E 点。根据完全竞争市场企业实现利润最大化的决策原则 $MC=MR=P_e$，可以确定该企业在面临商品价格P_e水平时会选择最优产量Q_6。与产量Q_6相对应的 AC 曲线的交点 F 位于 E 点的上方，这意味着产量的平均成本明显高于平均收益，平均每单位产量产生的亏损数额则为线段 FE 的距离。与产量Q_6相对应的 AVC 曲线的交点所确定的短期平均可变成本为 C_1。此时该企业的收益为商品的市场交易价格与商品数量的乘积，具体表达式是$P_e \times Q_6$，它为图形中长方形OP_eEQ_6的面积。该企业的生产总成本则为产量Q_6与该产量相对应的平均成本的乘积，具体表达式为 $C_6 \times Q_6$，它对应图形中长方形OC_6FQ_6的面积。因此，在该价格水平上，企业能够获得的经济利润为长方形OP_eEQ_6的面积减去长方形OC_6FQ_6的面积，总成本与总收益的面积正好相差阴影部分的面积。它由两部分构成，以短期平均可变成本 C_1 为界，在该线上的是固定成本，在该线下的则是可变成本。此时，企业如果选择停止营业，只会亏损固定成本；但是如果企业选择继续营业，那么它亏损的不仅仅是固定成本，还包括一部分的可变成本。因此理性的生产者在此时会选择退出市场而非继续营业。

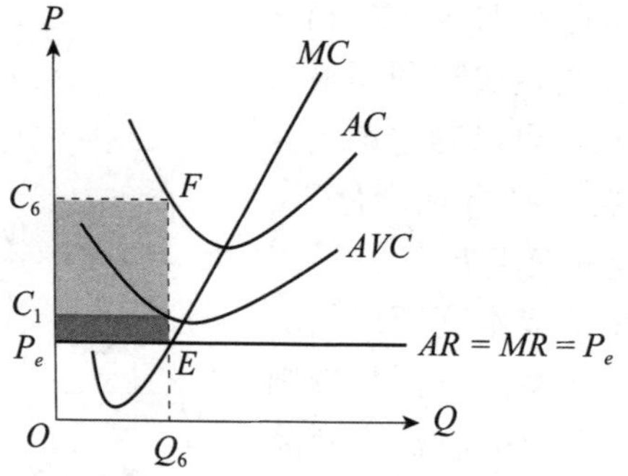

图 14－8　企业应该退出市场而没有退出市场

二、完全竞争市场的企业短期供给函数

根据完全竞争市场中企业实现利润最大化的决策原则，即 $MC=MR=P_e$，可以发现完全竞争市场中的商品的市场交易价格不仅决定了企业的盈利或亏损，也决定了企业在市场中相应的供给数量。如前所述，对于完全竞争市场中的商品交易价格的"三种情形、三种状态"，对于每一个不同的市场交易价格水平P_e，都会有相应的最优产量 Q 与之相对应。因此，在完全竞争市场上，企业的短期供给函数实际上就是企业实现利润最大化决策原则

表达式的反函数。具体逻辑推导如下：

企业实现利润最大化的决策原则表达式为：$MC(Q)=P_e$

由上述公式可以求解得到企业生产数量与商品的市场交易价格的反函数，记为$Q=f(P_e)$。

由可变成本函数容易确定该企业的平均可变成本函数的最小值，记为AVC_{min}，由此可以得到企业的短期供给函数表达式如下：

$$Q_s=\begin{cases} f(P_e), & P_e \geqslant AVC_{min} \\ 0, & P_e < AVC_{min} \end{cases}$$

如图 14－9 所示，当商品的市场交易价格依序分别为P_e^1、P_e^2、P_e^3、P_e^4、P_e^5时，根据完全竞争市场中企业实现利润最大化的决策原则，企业会选择相应的最优产量Q_1、Q_2、Q_3、Q_4、Q_5与之相对应，把商品的市场交易价格和相应的最优产量在图形中的每个点都连接起来，可以发现这条线正好位于企业边际成本函数曲线上。这条供给函数曲线是以平均可变成本函数的最小值AVC_{min}作为断点，当商品的市场交易价格位于AVC_{min}点之上，企业的供给函数曲线就是企业的边际成本函数；当商品的市场交易价格位于AVC_{min}点之下，该企业的供给数量就为零。

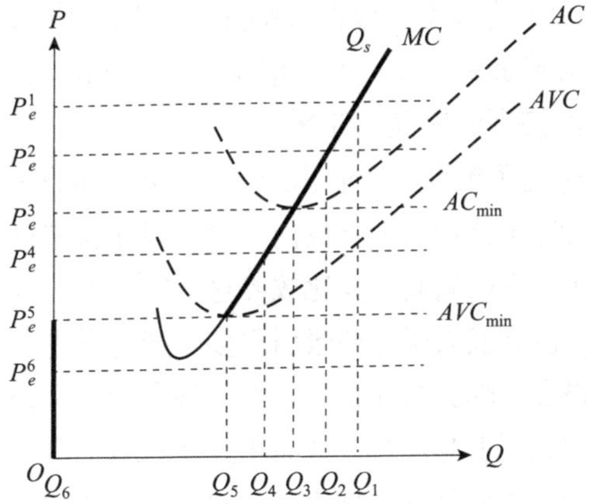

图 14－9　完全竞争市场中企业的短期供给曲线

对于商品的市场交易价格P_e^6，由于它小于企业的平均可变成本的最低点AVC_{min}，此时与该交易价格相对应的企业供给数量Q_6正好位于横轴的原点处。而对于其他的市场交易价格水平，每一个不同价格水平都有相应的最优生产产量与之相对应，由不同的价格和数量组合所连接起来的企业短期供给函数曲线正好就是边际成本函数曲线的其中一段。

三、完全竞争市场的企业长期供给决策

在长期，企业可以自由地调整所有生产要素投入。在完全竞争市场条件下，企业对于全部生产要素的调整主要体现在两个方面：一是调整最优生产规模；二是选择进入或者退出某个行业。

如图 14－10 所示，假定企业已有的生产规模由短期平均成本函数曲线 SAC_1 和短期边际成本函数曲线 SMC_1 表示。当商品的市场交易价格为P_e时，根据完全竞争市场中企业实现利润最

大化的决策原则 $MC=MR=P_e$，此时短期边际成本函数曲线 SMC_1 与边际收益函数曲线 P_e 相交于点 E_1，由此确定的企业的短期最优产量为 Q_1，与该产量相对应的短期平均成本函数曲线的交点为 F_1，所确定的平均成本为 C_1，此时企业短期所获得的利润为长方形面积 $S_{C_1P_eE_1F_1}$。

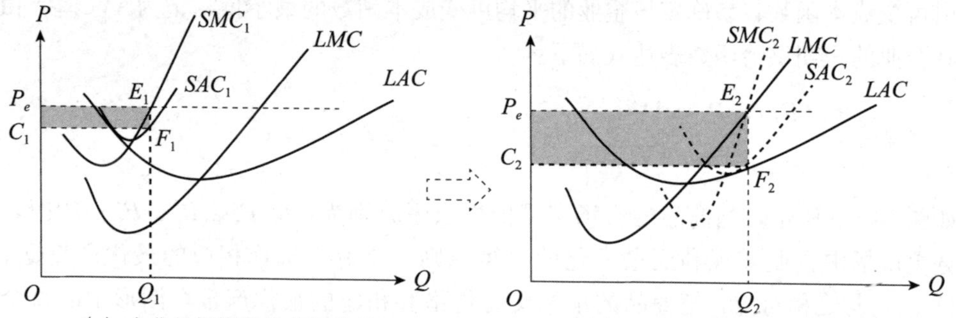

(a) 企业的短期最优产量决策　　(b) 企业的最优产量调整结果

图 14－10　完全竞争市场中企业的产量调整

由于企业在长期可以自由地调整全部生产要素，因此企业可以选择将规模调整到长期边际成本曲线 LMC 与边际收益函数曲线 P_e 相关的点 E_2，由此确定企业的长期最优产量为 Q_2，与该产量相对应的长期平均成本函数曲线的交点为 F_2，所确定的长期平均成本为 C_2，此时企业获得的利润为长方形面积 $S_{C_2P_eE_2F_2}$。由图 14－10（b）可知，此时企业的经济利润为图形阴影部分的面积，经济利润明显大于零。

然而产量 Q_2 并不是完全竞争市场中企业达到长期均衡时的产量水平，原因在于，在完全竞争企业当中，企业进入或退出该行业没有任何壁垒。因此当该行业经济利润大于零时，意味着从事该行业产品生产所获得的利润，要比放弃这一行业产品生产而从事其他行业所获得的利润要大得多。所以，经济利润大于零会吸引更多生产者涌进该行业，该行业的产品供给增加，商品的市场交易价格会下降。与此相反，如果该行业的经济利润小于零，说明从事该行业产品生产所获得的利润比不上其他行业产品生产所赚取的利润，一部分生产者会选择退出，该行业的产品供给减少，该商品的市场交易价格就会上涨。因此，从长期均衡来看，完全竞争市场中商品的市场交易价格，最终将会使得企业在该行业中所获得的经济利润为零。在企业实现长期均衡条件的过程中，伴随着企业进入和退出该行业的动态调整过程。为此，我们可以得到如图 14－11 所示的长期均衡产量决策结果示意图。

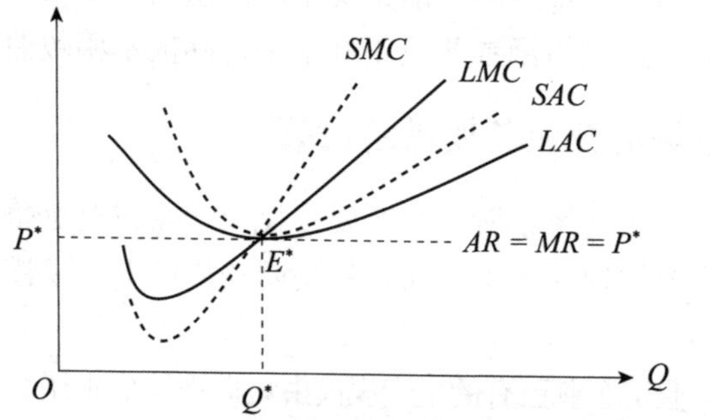

图 14－11　完全竞争企业的长期均衡产量决策结果

完全竞争市场中的经济利润波动变化，会引导企业自由进入或退出市场，商品的市场供给会增加或减少，商品的均衡价格会随之下降或上升，直到商品的市场交易价格处于长期平均成本曲线的最低点位置时，长期平均成本正好等于平均收益，企业的经济利润为零，市场达到长期均衡的稳定状态。在长期均衡的 E^* 点位置，满足的均衡条件如下等式：

$$MR(Q)=LMC(Q)=SMC(Q)=LAC(Q)=SAC(Q)$$

在 E^* 点，企业根据均衡条件等式确定最优产量 Q^*，该商品的市场交易价格为 P^*，满足等式 $P^*=LMC(Q)=SMC(Q)=LAC(Q)=SAC(Q)$。此时 E^* 点位置的经济利润正好等于零。这意味着企业从事该行业的产品生产所赚取的利润与从事其他行业产品生产所赚取的利润无差异，此时该行业达到长期均衡状态。

第三节 完全竞争市场的行业供给决策

一、完全竞争市场的行业短期供给曲线

在完全竞争市场中，企业是价格接受者，它会根据商品的市场交易价格和企业短期边际成本曲线确定最优产量。假如在短期某个完全竞争市场的企业数量是 N，所有企业都是同质的，具有相同的成本函数，此时行业短期供给曲线是企业短期供给曲线的水平加总。具体如图 14－12 所示。

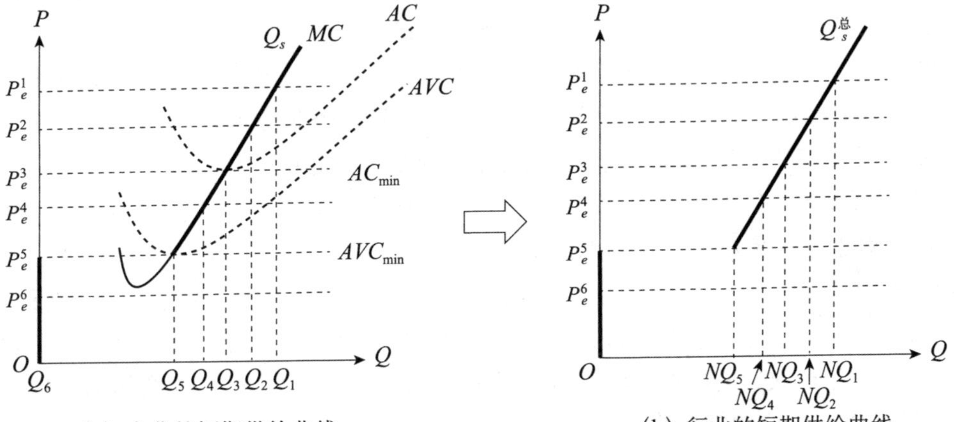

(a) 企业的短期供给曲线　　(b) 行业的短期供给曲线

图 14－12 企业短期供给曲线与行业短期供给曲线

由于假设企业是同质的，数量为 N，因此对于每个给定的市场交易价格，行业短期供给曲线所对应的生产产量是企业短期生产数量的 N 倍。对应在图 14－12（b）上，相当于纵轴价格水平保持不变，横轴产量变为原来的 N 倍，可以明显看到由图 14－12（a）到图 14－12（b）是一种水平加总。

在上述分析过程当中，我们假设了所有企业是同质的。这是一个非常严格的假定。实际上同一个行业不同企业往往是异质的，它们往往具有不同的生产成本函数。此时每个企业的边际成本曲线是不一样，平均可变成本函数的最小值也是不同的。假定对于每一个给

定的商品的市场交易价格P_e^j，每个企业的边际成本函数记为MC_i（Q），所确定的最优生产产量记为Q_s^{ij}，其中$i=1$，2，3…，N，分别表示每个企业的编号；$j=1$，2，3…，J，分别对应不同的商品的市场交易价格水平，“s”是英文单词supply的简写，表示供给。基于上述假设，可以分两步骤推导得到完全竞争市场的行业短期供给函数Q_s^j。

第一步，由完全竞争市场中企业实现利润最大化的决策原则$MC=MR=P_e$，求解每个企业的最优生产产量函数。即由$MC=MR=P_e$，可得到

$$MC_i(Q)=P_e^j$$

由上式公式，在每一个给定的商品的市场交易价格水平上，企业的最优生产产量Q_s^{ij}是上式函数的反函数。如果采用函数f_i（·）表示上述函数中产量Q关于商品的市场交易价格P_e^j的反函数，可以得到

$$Q_s^{ij}=f_i\ (P_e^j)$$

第二步，对于每一个给定的商品的市场交易价格水平，加总每个企业的最优生产产量，即可得到行业的短期供给函数，即

$$Q_s^j=\sum_{i=1}^{N}Q_s^{ij}=\sum_{i=1}^{N}f_i\ (P_e^j)$$

为方便分析，我们可以采用简单图示来呈现上述的加总过程。假如某个完全竞争市场存在两个企业：企业1和企业2，企业2表示除了企业1之外的所有其他企业的联盟企业，因此它们的边际成本曲线函数是不一样的，企业2的生产成本相比于企业1会更高。在给定的不同市场交易价格水平下，两家企业的短期供给曲线分别如图14-13（a）和图14-13（b）所示。

如图14-13所示，当企业的边际成本不同时，两家企业的短期供给曲线呈现不一样的特征，企业1存在着明显断点。当商品的市场交易价格为P_e^1和P_e^2时，企业1的最优生产数量分别Q_s^{11}和Q_s^{12}；而当价格低于P_e^2时，比如当价格为P_e^3时，企业1会退出市场，生产产量等于0。对于企业2来说，当商品的市场交易价格为P_e^1和P_e^2时，企业2的最优生产数量分别Q_s^{21}和Q_s^{22}；当价格为P_e^3时，企业2依然会选择生产，最优生产数量是Q_s^{23}。行业的短期供给曲线，是对于每一个不同的商品的市场交易价格水平处，分别在横轴上对于两家企业相应的最优生产数量进行水平加总。如图14-13（c）所示，对应于商品的市场交易价格P_e^1、P_e^2和P_e^3，行业的供给数量依序分别为是$Q_s^{11}+Q_s^{21}$、$Q_s^{12}+Q_s^{22}$和Q_s^{23}。

从图14-13容易推断得到，当商品的市场交易价格发生变化时，企业会因为生产成本的不同而先后退出或者进入完全竞争市场。当市场价格下跌时，企业生产成本相对较高的企业会先退出市场，最后留在市场中的是生产成本相对较低的企业。而商品的市场交易价格上升到一定程度时，即便是生产成本较高的企业也有机会加入市场，从而使得行业的供给数量增加。这为行业的短期供给曲线向右上方倾斜的特征事实提供了相应的微观基础解释。根据图14-13的结果，当市场价格下降到P_e^2价格水平之下时，平均可变成本相对较高的企业1会退出市场。当市场价格只有P_e^3时，市场只有企业2供给产量Q_s^{23}。当商品的市场价格上升到P_e^2或者超过P_e^2时，相对更高生产成本的企业1会选择进入市场。

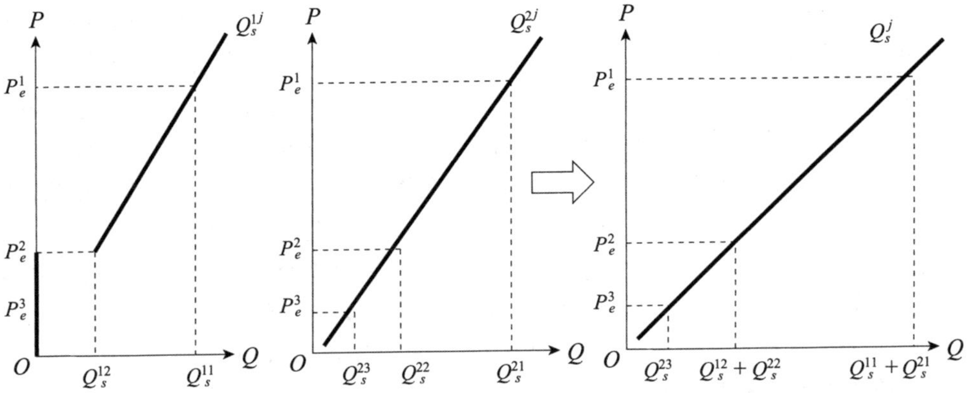

（a）企业1的短期供给曲线　（b）企业2的短期供给曲线　（c）行业的短期供给曲线

图 14－13　边际成本不同的企业加总得到行业短期供给曲线

二、完全竞争市场的行业长期供给曲线

在完全竞争市场中，由于行业进入或退出没有任何门槛，因此当企业在该行业获得的经济利润大于零时，会吸引更多的生产者进入该行业，这会增加该产品的供给，产品市场价格会下降，企业的经济利润会减少。当企业在该行业获得的经济利润小于零时，一些企业会退出该市场，行业供给减少，产品市场价格会上升，企业的经济利润会增加。只有当企业的经济利润等于零时，完全竞争市场才达到长期稳定均衡状态。由此可以得到如图 14－14 所示的行业长期供给曲线。

如图 14－14 所示，完全竞争市场的行业长期供给曲线是一条平行于横轴的水平线。该水平线的价格水平，是满足完全竞争市场中企业实现利润最大化并且经济利润等于零的条件，即满足公式 $P=MR(Q)=LMC(Q)=LAC(Q)$。

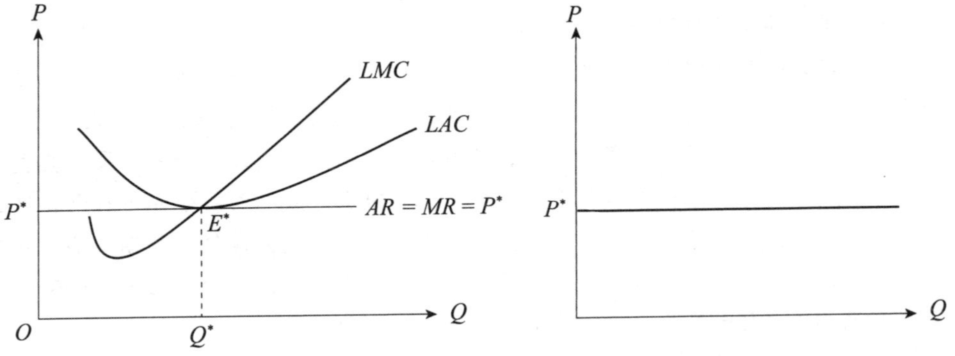

（a）完全竞争市场中企业的长期均衡决策　（b）完全竞争市场的行业长期供给曲线

图 14－14　完全竞争市场的行业长期供给曲线

然而，行业长期供给曲线是一条平行于横轴的水平线，这样一个结论是建立在市场中所有企业同质，并且生产要素价格不会随着需求增加而提高。在现实生活中，市场中不同企业的生产成本往往是不一样的。借鉴曼昆的思想，我们可以定义一个边际企业的概念来分析企业是异质性的情形。所谓边际企业，是指商品的市场交易价格有任何下降就会退出

市场的企业。[①] 此时，经济利润等于零的市场价格，正好等于边际企业的平均成本。对于边际企业来说，它的经济利润会等于零，但是对于那些生产成本比边际企业更低的企业来说，它们的经济利润会大于零。对于那些想要进入该行业而又没有进入市场的潜在进入者来说，它们的成本会明显高于边际企业的成本，只有当商品的市场交易价格进一步上升时，这些潜在进入者才会选择进入该市场。因此，较高的商品市场交易价格一定会产生较高的商品供给数量，这会使得行业长期供给曲线不再是一条水平线，而是会向右上方倾斜。

行业长期供给曲线会向右上方倾斜，除了源自于不同企业具有不同的生产成本之外，还可能源自于生产要素的稀缺性。当产品的市场需求增加时，为了增加产品产量，企业不得不增加劳动力、资本、产房或土地等生产要素需求，这可能会导致相对稀缺的劳动力、资本、产房或土地等生产要素价格上升，企业生产成本增加，从而导致产品的市场价格上升。此时更多的产品供给数量对应更高的市场价格，因此行业长期供给曲线会向右上方倾斜。

专栏 14-1

行业长期供给曲线会向右下方倾斜吗?

完全竞争市场的长期供给曲线可能是一条平行于横轴的水平线，也可能是一条向右上方倾斜的曲线，它有没有可能呈现向右下方倾斜的情形呢? Pauley（1960）在其《长期供给曲线：一些影响它形状的因素》一文中刻画了长期供给曲线形状的三种情形：一条水平线、向右上方倾斜和向右下方倾斜。在他看来，当产品市场需求增加时，产品均衡价格在短期会上升，企业产量增加，行业均衡产量同时增加。由于相应产量的市场价格高于平均成本，完全竞争市场存在能够赚取大于零的经济利润机会。这会吸引更多新企业进入该行业，导致市场供给增加，市场均衡价格下降，均衡产量增加。由于行业供给增加需要更多的要素投入，如果生产要素成本能够一直维持不变的话，那么企业的成本函数跟原来一样，企业会采用边际成本等于市场价格的决策原则选择产量。完全竞争市场中企业不断进入或退出的结果，将会使得该行业的经济利润最终等于零。由于成本函数没有发生变化，最终市场的产品均衡价格将会跟原来一样，此时长期供给曲线是一条水平线。如果要素成本随着企业生产要素投入需求的增加而上涨，那么企业的生产成本曲线将会向上方移动，这会形成相比之前更高的市场均衡价格，长期供给曲线将向右上方倾斜。如果要素成本会随着企业生产要素投入需求的增加而下降，那么企业的生产成本曲线会向下移动，这会形成比之前相对更低的市场均衡价格，长期供给曲线将会向右下方倾斜。长期供给曲线在企业和行业之间的比较静态变化过程，最终呈现出的是一条水平线、向右上方倾斜和向左下方倾斜三种情形，具体如图14-15、图 14-16 和图 14-17 所示。

尽管从图形上分析了长期供给曲线可能出现的三种情形，但是 Pauley 同时指出，长期供给曲线向右下方倾斜的这种情况是非常少见的。在他看来，如果确实出现了这种外部经济的情况，其原因可能在于要素供应技术方面发生改进——比如更好的运输方式、新工艺的发现等。在他看来，长期供给曲线的三种情形中，最为常见的是长期供给曲线向右上方倾斜。

---

① 曼昆．经济学原理：微观经济学分册：第 7 版．梁小民，梁砾，译．北京：北京大学出版社，2015：314.

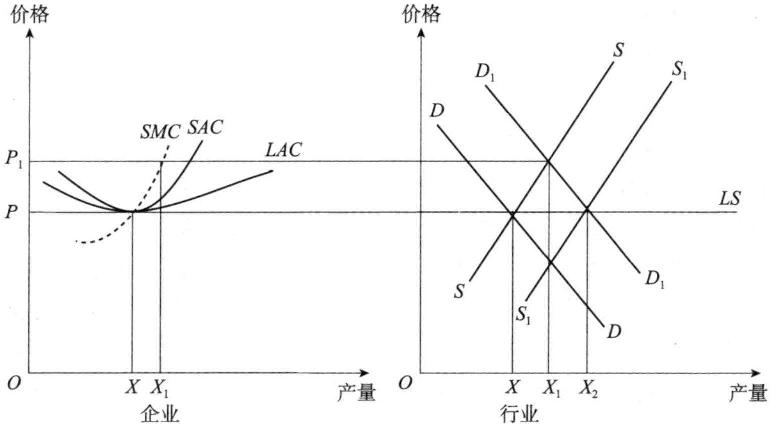

图 14-15　长期供给曲线是一条水平线的情形

注：SMC 是指短期边际成本，SAC 是短期平均成本，LAC 是长期平均成本，D 是指期初需求曲线，D_1 是对应产品需求增加的情形，S 是期初供给曲线，S_1 是产品供给增加的情形，LS 表示长期供给曲线。图 14-16 和图 14-17 同此表注。

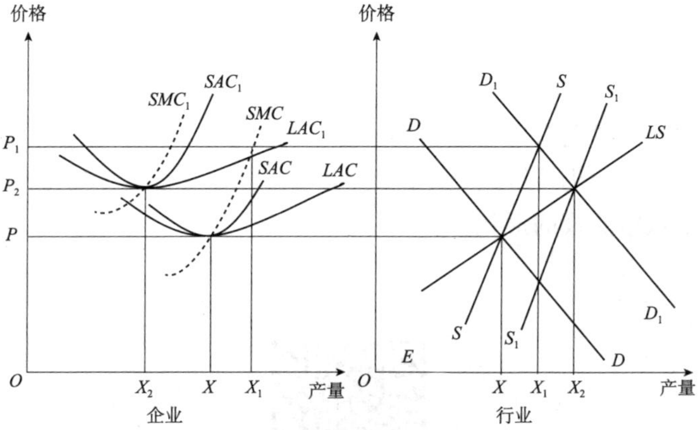

图 14-16　长期供给曲线向右上方倾斜的情形

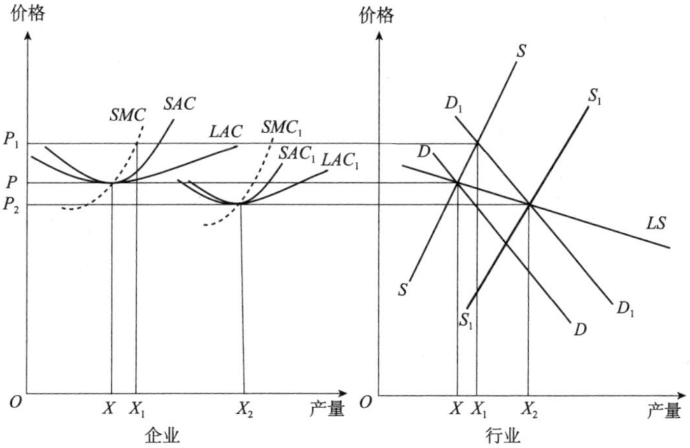

图 14-17　长期供给曲线向右下方倾斜的情形

无独有偶，Nicholson和Snyder（2015）在其《中级微观经济学及其应用》（第12版）一书中也讨论了长期供给曲线向右下方倾斜的情形。在他们看来，长期供给曲线是否能够向右下方倾斜从而呈现出负斜率的特征，这是几十年来经济学家们争议的一个话题。举例来说，电信行业和互联网行业会呈现非常明显的用户数量越多、成本越低的网络外部性特征。由于电信和互联网服务的价格迅速下降，人们往往会认为，这些行业中的网络外部性使得长期供给曲线呈现负斜率的特征。遗憾的是，作者认为这样的说法缺乏说服力，因为从更低的生产要素成本角度来看，网络外部性的好处主要来自需求者而非供给者。由于技术进步，电信业的生产要素投入价格也在下降，因此电信价格的这一下降效应在很大程度上并不依赖于网络外部性。电脑和数码手表的价格也一直在下降，但是它们也不依赖于显著的网络效应。网络外部性对于市场的影响，特别是对于竞争的影响，经济学界至今仍莫衷一是。

资料来源：PAULEY E D. The long-run supply curve：some factors affecting its shape［EB/OL］.［2024-05-15］. https：//scholars. fhsu. edu/fort _ hays _ studies _ series/16；NICHOLSON W，SNYDER C M. Intermediate microeconomics and its application (12e)［M］. Stamford：Cengage Learning，2015：289-295.

思考题

1. 简述长期供给曲线向右上方倾斜的原因。
2. 试论述企业亏损但仍可继续生产的情形。
3. 试论述长期供给曲线的形状。

在线自测

扫一扫　练一练

第十五章　不完全竞争市场理论

第一节　垄断市场

一、垄断市场的定义及特征

垄断市场也称完全垄断市场，是指整个行业中只有唯一一家企业的市场结构。在这样的市场中，由于该企业生产的产品没有其他替代品，其他企业也没有办法进入这一行业，因此垄断企业是该产品的价格制定者而非接受者，它可以通过控制整个市场产品的生产和销售，决定整个市场的产品价格。

一般而言，垄断市场具有以下四个方面的特征：

（1）市场上只有唯一一家企业生产和销售某种商品。

（2）垄断企业生产和销售的商品没有或者很难找到其他替代品。

（3）其他企业进入该行业非常困难，甚至是不可能。

（4）垄断企业是该行业产品的价格制定者而非接受者。

为什么会形成垄断市场？一般来说，垄断市场产生的原因如下：

（1）资源垄断。它是指某个企业独家占有了生产某种产品必须用到的某种关键性资源，或者某个企业独家占有了基本生产资源。这种对生产资源的独占，不仅垄断了该生产资源，还排除了其他企业生产同类产品需要该资源的可能性。例如，光刻机作为半导体制造的核心设备，它可以将集成电路图案投影到硅片上，从而实现芯片的制造。如果某个光刻机生产大国垄断了光刻机的生产和出口，那么无疑会限制其他国家的芯片生产和制造。

（2）专利垄断。它是指企业独家拥有生产某种产品或配方的专利权。专利权通过法律形式授予了企业在一定时间内独家使用该技术的权利。获得专利之后，拥有该专利的企业对其专利享有独占实施权，它可以仅限自己实施使用该专利，或者许可他人使用其专利并收取使用费用，或者是禁止他人实施其专利。许多新药，特别是抗癌药物都有专利垄断，例如影片《我不是药神》里所提及的治疗白血病的特效药格列宁。

（3）特许垄断。它是指政府利用行政或法律的强制手段，把生产某种产品或提供某类服务的权利给予某个企业，并将其他企业排除在外。例如，历史上东印度公司就曾因英格兰女王伊丽莎白一世授予其在印度贸易特权的皇家特许状，而获得东印度贸易 21 年的垄断权。盐在中国古代也是一项被长期垄断的资源，“盐引”作为中国古代官府在商人缴纳盐价和税款后，发给商人用以支领和运销食盐的凭证，其实质也是政府对于盐商贩盐的一种特许垄断授权。

（4）自然垄断。它是指平均成本会随着产量增加而一直递减的企业。自然垄断往往出现在具有网络特征的行业，这些行业的生产和运营需要相应的网络结构，前期投入的固定成本构成比例非常高，因而随着其所生产的产品数量或者所服务人数的增加，每单位产品或者服务所耗费的成本会下降。诸如地铁交通、水电、无线网络和有线电视等，都是典型的具有自然垄断特征的行业。对于具有自然垄断特征的行业，整个市场由一家企业来进行运营或提供服务，相比于由两家或者多家企业运营或提供服务，平均成本无疑是前者会低于后者。从社会资源配置效率来看，此时采用独家经营的垄断无疑优于多家运营的完全竞争市场。

二、垄断企业的最优化决策

垄断企业实现利润最大化的最优化决策原则与完全竞争市场中企业的最优化决策原则存在一些明显异同。两者相同的地方是，不管是垄断企业还是完全竞争市场中的企业，实现利润最大化的最优决策都是需要满足边际收益等于边际成本这一决策原则。两者明显不同的地方在于，完全竞争市场中的企业所面临的需求曲线是一条水平线，它是一个价格接受者。给定商品的市场交易价格，完全竞争市场中的企业能够按照给定的市场交易价格出售所能够提供的任意商品数量。对于完全竞争市场的企业来说，由于商品的市场交易价格不会随着企业生产数量的变化而变化，它是一个外生给定的变量，因此新增加一单位产量所带来的收益增量正好恒等于产品价格。而对于垄断企业来说，由于市场上只有一家企业提供该商品，它所面临的需求曲线就是整个市场的需求曲线，因而呈现出明显的向右下方倾斜的特征。垄断企业是一个价格制定者，它可以选择生产更多产品来制定更低价格，或者生产更少产品来制定更高价格。由于总收益是产品价格和产量的乘积，对于垄断企业来说，它会面临产量效应和价格效应的权衡取舍问题：生产更多的产品，可以增加总收益计算公式里的产品产量，从而增加了获得更高收益可能性，这构成了垄断企业增加产量的产量效应。但是由于产品价格与商品数量呈现负相关关系，更多产品数量会导致更低的产品价格，这会降低总收益计算公式里所有产量面临的产品价格水平，从而降低了获得更高收益可能性，这构成了垄断企业增加产量产生的价格效应。由于产量效应和价格效应呈现反方向变化，这使得垄断企业新增加一单位产量所带来的收益增量会明显小于价格。

如图 15－1 所示，完全竞争市场中企业所面临的需求曲线是一条水平线，需求曲线、平均收益曲线和边际收益曲线是重合的。而垄断企业所面临的是一条向右下方倾斜的需求曲线[①]，产品价格与数量呈现负相关系；与此同时，边际收益曲线 MR 位于需求曲线下方，并且在纵轴上相交于点 A。垄断企业的边际收益曲线和需求曲线在纵轴上会相交，原因在于第一个产量所形成的价格正好等于这一单位产量的边际收益。而随着产量增加，产量效应和价格效应正好一正一负、此增彼减并且前者逐渐小于后者，这使得边际收益曲线与需求曲线的垂直距离也越来越大。由于总收益等于价格与产量的乘积［即 $TR(Q)=P(Q)\times Q$］，企业的平均收益是总收益除以产量［即 $AR(Q)=TR(Q)/Q$］，因此

① 为方便画图和说明，我们选择需求曲线是直线的情形。需求曲线也可以是曲线形态。

$AR(Q)=P(Q)$，这说明垄断企业的平均收益函数与需求函数是重合的。

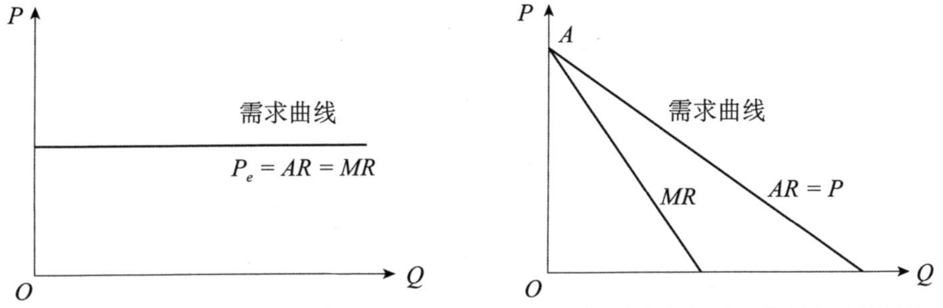

(a) 完全竞争市场的企业需求曲线和收益曲线　　(b) 垄断企业的需求曲线和收益曲线

图 15-1　需求曲线和收益曲线

为了实现利润最大化，企业的最优化决策原则是采用边际收益等于边际成本的决策原则，这对于垄断企业同样适用。如图 15-2 所示，垄断企业的边际收益曲线与边际成本曲线相交，由 $MC=MR$ 可以确定垄断企业实现利润最大化的产量Q_0。由产量Q_0可以确定相应产量的企业平均成本为C_0，根据需求函数曲线由产量Q_0可以确定相应产品价格为P_0。具体在图形中表现为在图 15-2 中相应产量Q_0与平均成本曲线和需求函数曲线分别相交于F_0和E_0。此时垄断企业生产产量为Q_0，每单位产品定价为P_0，其经济利润为长方形$C_0P_0E_0F_0$的面积，此时的利润水平是垄断企业所能够实现的利润最大化结果。

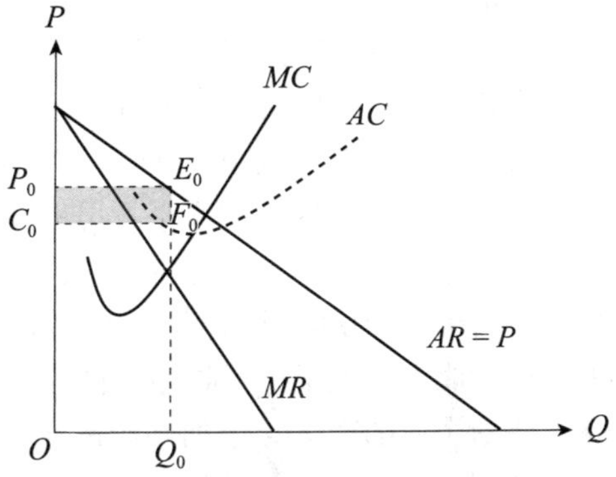

图 15-2　垄断企业按照 $MC=MR$ 确定最优产量和价格

不同情形的产量生产情况可以验证垄断企业的利润最大化结果。假如垄断企业不是按照边际成本等于边际收益来确定产品产量和价格，而是按照边际成本等于市场价格（即 $MC=P$），或者按照平均成本等于市场价格（即 $AC=P$）的原则，可以分别得到图 15-3 和图 15-4。

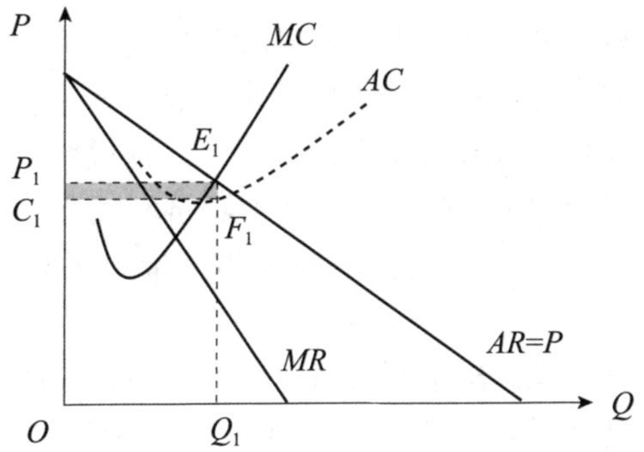

图 15-3　垄断企业按照 $MC=P$ 确定产量和价格

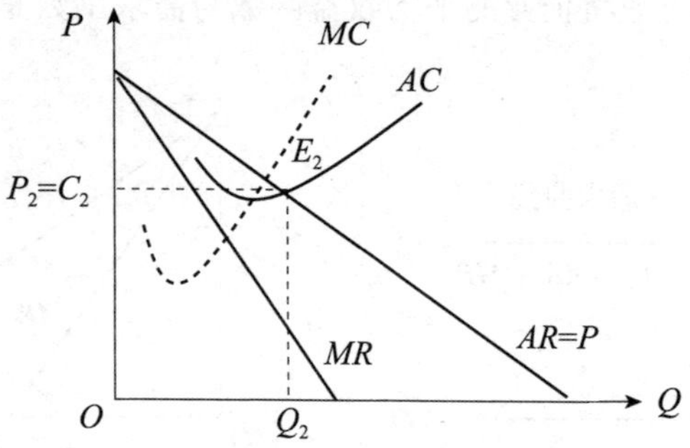

图 15－4　垄断企业按照 $AC=P$ 确定产量和价格

如图 15－3 所示，当垄断企业按照 $MC=P$ 来确定产量和价格时，边际成本曲线与需求曲线相交于E_1，由该等式条件可以求解确定产量Q_1，由产量Q_1分别代入需求函数曲线和平均成本曲线可以分别得到相应的产品价格为P_1，企业的平均成本为C_1，此时企业获得的经济利润为长方形$C_1P_1E_1F_1$的面积。对比图 15－2 和图 15－3，可以发现 $MC=MR$ 所确定的产量Q_0，会明显小于 $MC=P$ 所确定的产量Q_1；与此相应的价格水平P_0则明显高于P_1。对比两张图形的利润水平，可以发现前者会明显大于后者。这背后的原因在于，随着产量从Q_0增加到Q_1，垄断企业的边际收益随产量增加而下降，而边际成本则随产量增加而增加。由于在产量Q_0处所对应的边际收益正好等于边际成本，在任何大于产量Q_0的水平上，边际成本均大于边际收益，这意味着新增加产品数量所带来的收益增量会小于成本增量，垄断企业的产量Q_0增加到产量Q_1，垄断企业的利润是在减少的。

如图 15－4 所示，当垄断企业按照平均成本等于市场价格的条件确定产品产量和价格时，由平均成本曲线 AC 与需求曲线相交可以确定此时的产量水平Q_2，由产量Q_2分别代入需求函数反函数和平均成本曲线可以分别确定此时的价格水平为P_2，企业的平均成本为C_2，由于$P_2=C_2$，此时垄断企业的经济利润等于零。对比图 15－4 和图 15－2，可以发现产量$Q_2>Q_0$，价格$P_2<P_1$。由于完全竞争市场中企业的长期稳定均衡结果是企业的经济利润等于零，因此这两张图也可以表明，与完全竞争市场相比，垄断企业的最优产量水平相对较低，价格相对更高。这也意味着，如果想让垄断企业像完全竞争市场的企业一样赚取零经济利润，那么应该让垄断企业的产量增加、产品价格下降。

图 15－3 和图 15－4 对应的都是产量大于Q_0的情形。同理容易推导得到，任何小于Q_0的产量水平所实现的经济利润也一样会小于产量Q_0对应的经济利润。背后的逻辑也非常直观。在图 15－2 的产量Q_0的左边，任何产量低于边际成本等于边际收益所确定的产量水平Q_0，所对应的边际收益曲线均在边际成本曲线的上方。这说明，随着产量增加，新增加一单位产量所带来的边际收益会大于边际成本，企业经济利润会随产量的增加而增加，只有当产量一直增加至边际成本等于边际收益所确定的产量水平时，企业经济利润才达到最大值。

由于企业无法自由地进入或退出垄断市场，因此垄断企业的经济利润可以大于零，并且可以一直维持不变。这意味着，垄断企业的短期均衡和长期均衡的最优化条件是一样的，都是边际成本等于边际收益。垄断企业的经济利润大于零，说明垄断企业所获得的利润比它从事其他行业所赚取的利润还要多。这样一个超出其他行业正常利润水平的超额利润，在没有其他外部干预或管制条件下，会长期持续而不会消失。

专栏 15－1

垄断企业为什么要主动降价？

1965 年，世界上第一台传真机上市，售价高达 500 美元。但仅仅几年之后，传真机的生产厂家就把新机器的价格断崖式地降到了 100 美元左右。为什么会这样呢？

诺贝尔经济学奖得主科斯曾在 1972 年提出一个非常大胆的猜想：销售耐用品的垄断厂商，如果不能限制自己的产量，那么它将不得不以边际成本定价，这就是著名的“科斯猜想”。

为什么垄断厂商要以边际成本定价呢？因为对于耐用品来说，垄断厂商和消费者之间的买卖关系，在本质上是一种重复博弈的契约关系。垄断厂商向消费者出售产品之后，消费者也可以在二手市场上不断出售或购买，这意味着垄断厂商和消费者之间变成了重复博弈的竞争关系。

基于垄断厂商和消费者之间的重复博弈关系，就不难理解“科斯猜想”。以传真机为例，假设传真机的生产厂商对传真机的生产和销售都是垄断的。在博弈的第一期，传真机厂商向消费者出售了传真机。到了博弈的第二期以及之后的第三期或者第四期，部分消费者可以在二手市场上出售旧的传真机，此时二手传真机与厂商的新传真机就逐步形成了竞争关系。对于传真机这类耐用品而言，二手耐用品如果损耗很小，品质很高，它就跟新产品差不多，但是价格却更低。于是，为了与旧产品争夺市场，垄断厂商不得不放弃采用边际收益等于边际成本的垄断定价方式，转而采用平均成本或者是边际成本定价，从而降低耐用品的市场价格。

由于耐用品的二手货与新产品形成了一种竞争关系，因此垄断厂商每生产一件耐用品，就相当于为自己培养了一个未来的“掘墓人”。

资料来源：聂辉华．一切皆契约：真实世界中的博弈与决策．上海：上海三联书店，2021：124－133.

第二节 垄断竞争市场

一、垄断竞争市场的定义及特征

垄断竞争市场是这样一种市场结构：一个市场中有许多企业生产和销售有差别又能够相互替代的同种产品。在垄断竞争市场中，企业生产的产品会有一些差异性。这些差异性不仅包括产品的质量、规格、外观、品牌，还包括产品软件、硬件更新和维护等售后服务。产品差异可以划分出不同的消费群体市场，消费者群体的购买能力和购买数量的差异影响了垄断竞争产品的价格。与完全竞争市场相比，垄断竞争市场的企业试图通过广告或者品牌等手段来构建和维护自身产品与其他产品的差异化优势，从而在市场中获得价格制定者的可能角色。然而，由于不同产品往往具有替代性，因此市场竞争程度在一定程度上会削弱垄断竞争企业的价格制定能力。

一般来说，垄断竞争市场具有以下特征：

（1）市场上存在大量的卖者。

（2）产品同类、可相互替代但又有所差异。

（3）进入和退出行业没有壁垒，企业可以自由进入或退出市场。

基于上述三个特征，可以发现许多日用品都属于垄断竞争市场的产品类别，例如牙膏、洗面奶、洗衣机、电风扇、面巾纸等产品。

二、垄断竞争企业的最优化决策

垄断竞争企业可以在一定程度上影响自己产品的价格，这就决定了垄断竞争企业面对的需求曲线是向右下方倾斜的。产品之间的可替代性使得垄断竞争企业的需求曲线具有较大的弹性。因此，垄断竞争企业向右下方倾斜的需求曲线与垄断企业相比比较平坦，更加比较接近完全竞争企业的水平形状的需求曲线。

对于垄断竞争企业来说，由于同行业中有许多家企业进行竞争，如果考虑企业与其他企业之间的策略互动，从逻辑上来看可以区分出两种不同情形。第一种情形是，当企业改变自身产品价格或产量时，其他企业的产品价格或产量都保持不变。这种情形下的需求曲线可以定义为主观需求曲线。第二种情形是，当某个企业改变自身产品价格或产量时，同行业其他企业也跟着采取相同的价格或产量策略。这种情形下的需求曲线可以定义为客观需求曲线。由于垄断竞争的卖者数量众多，每个企业的市场份额非常小，单个企业的行为一般不会引起其他所有企业做出相同的市场反应，因此在垄断竞争分析中，若没有特别说明，一般采用主观需求曲线而非客观需求曲线进行分析。市场竞争的均衡结果，往往会让主观需求曲线与客观需求曲线所确定的均衡点相融合。图 15－5 呈现了基于主观需求曲线 d 的边际收益曲线。

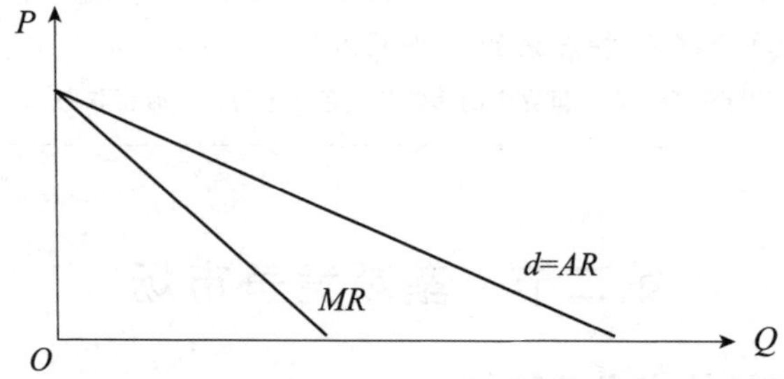

图 15－5　垄断竞争企业的主观需求曲线和边际收益曲线

对于垄断竞争企业来说，为了追求利润最大化，它的最优化决策原则同样是边际成本等于边际收益。如图 15－6 所示，当企业调整生产产量，使得新增加单位产量所产生的成本正好等于新增单位产量所产生的收益时，即图形中所显示的边际成本曲线 MC 与边际收益曲线 MR 相交时，由该交点 B 所确定的产量水平是 Q_0 就是垄断竞争企业实现利润最大化的产量水平，由相应产量所确定的产品价格和平均成本分别为 P_0 和 C_0，此时所实现的经济利润大于零，如图 15－6 所示的阴影部分的长方形面积 $S_{C_0P_0E_0F_0}$。简而言之，垄断竞争企业短期均衡的决策原则是短期边际成本等于边际收益，由此决策原则可以确定企业的最优化产量、产品价格和经济利润。

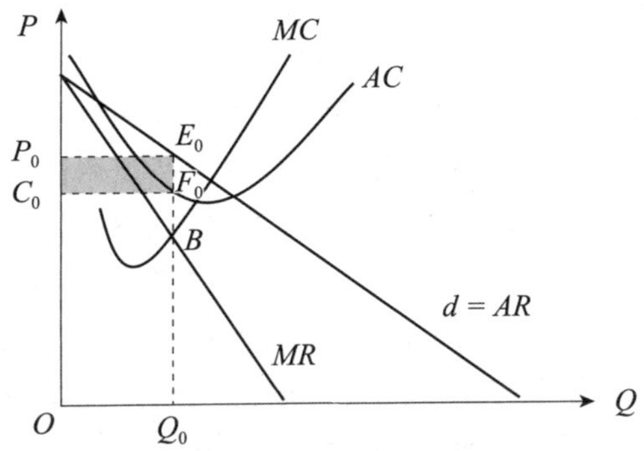

图 15-6　垄断竞争企业的均衡结果：经济利润大于零

由于在垄断竞争市场中企业可以自由进入和退出市场，因此当垄断竞争企业在市场当中能够获得大于零的经济利润时，意味着在该行业能够获得比其他替代性行业更高的利润水平，这会吸引更多的企业进入该行业，使得该行业供给增加，市场会被进一步细分，每个企业所面临的市场需求会减少，市场变化会使得需求曲线向左下方移动。假如该行业吸引过多企业进入时，每个企业由于产品差异化细分了市场，最终使得每个市场的需求大幅缩减，可能出现企业的平均成本曲线位于需求曲线上方的情形，具体如图 15-7 所示。

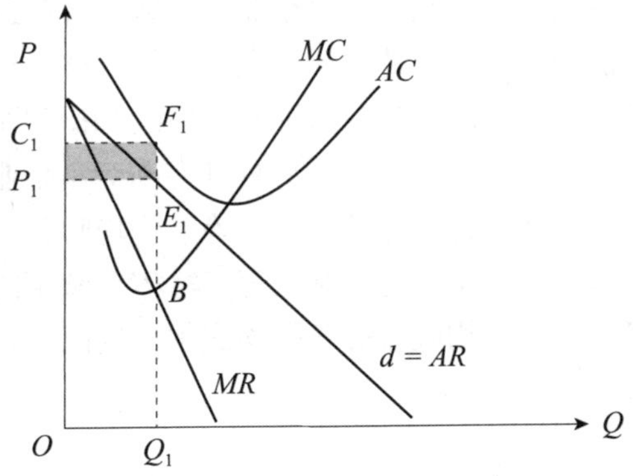

图 15-7　垄断竞争企业的均衡结果：经济利润小于零

由图 15-7 可知，对于该企业来说，由于平均成本曲线 AC 位于需求曲线 d 的上方，这意味着单位产量的平均成本会大于单位产量的平均收益，平均收益无法弥补所耗费的平均成本，企业会处于亏损状态。此时对于垄断竞争企业来说，最优化选择是把亏损降到最小。然而，平均成本最低点并不是垄断企业实现亏损最小的选择，亏损最小化同样发生在边际成本等于边际收益的情形。如图 15-7 所示，当边际收益曲线 MR 和边际成本曲线相交于点 B 时，边际成本等于边际收益，由点 B 所确定的产量Q_1就是最优化产量，由该产量所确定的产品价格和平均成本分别为P_1和C_1，由于$C_1 > P_1$，此时垄断企业出现亏损，所亏损的面积为图 15-7 中阴影部分的长方形面积$S_{C_1P_1E_1F_1}$。

为什么当企业的经济利润小于零时，亏损最小化的点并不是落在平均成本最小的地方，而是同样处于边际收益等于边际成本的时候？如图 15-7 所示，平均成本最小化点正好是边际成本曲线与平均成本曲线的交点，该交点正好位于产量Q_1的右边位置，在该交点所对应的边际成本已经远大于边际收益。这意味着如果产量从Q_1位置继续增加，那么新增加单位产量所带来的成本增量会明显大于单位产量带来的收益增量，企业会随着产量的增加而亏损得更加严重。因此，此时企业的最优选择结果，不是增加产量而是减少产量。

既然产量Q_1会产生亏损，那么企业能否通过减少产量来减少亏损呢？如图 15－7 所示，当企业减少产量至产量Q_1的左边位置时，左边区域所对应的边际收益曲线 MR 正好位于边际成本曲线 MC 的上方，它表明新增加单位产量所带来的收益增量会大于新增加单位产量所产生的成本增量，此时企业的最优选择，恰恰不是减少产量而是应该增加产量。

综合来看，由边际成本等于边际收益可以确定企业的产量水平Q_1。当企业产量位于Q_1产量的左边位置时，由于相应产量的边际收益大于边际成本，企业应该增加产量；而当企业产量位于Q_1产量的右边位置时，由于相应产量的边际收益小于边际成本，企业应该减少产量。因此，产量水平Q_1就是企业实现利润最大化的均衡产量，也是企业经济利润小于零时实现亏损最小化的均衡产量。

由于垄断竞争市场没有进入和退出壁垒，企业可以自由进入和退出市场。因此，当垄断竞争企业的经济利润大于零时，它会吸引更多的企业进入该行业，行业供给增加，企业的产品需求因被市场更多的企业细分而减少，产品价格会下降。而当垄断竞争企业的经济利润小于零时，一部分企业会退出该行业，行业供给减少，企业的产品需求因更少企业划分市场而增加，产品价格会上升。因此，随着企业自由地进入和退出市场，市场供需不断调整，最终一定会出现经济利润等于零的情形，此时行业供求达到长期均衡的稳定状态。

如图 15－8 所示，边际成本曲线 MC 与边际收益曲线 MR 相交于点 B，确定了最优产量水平Q_e，当最优产量相对应的价格水平P_e正好处在垄断竞争企业的需求曲线 d 与平均成本曲线 AC 相切位置时，此时企业的平均成本正好等于平均收益，垄断企业的经济利润正好等于零。由此可以得到垄断竞争企业经济利润等于零需要满足的两个条件：第一个是边际收益等于边际成本；第二个是平均收益等于平均成本。这两个条件的表达式可以分别表示为：$MR=MC$；$AR=AC$。

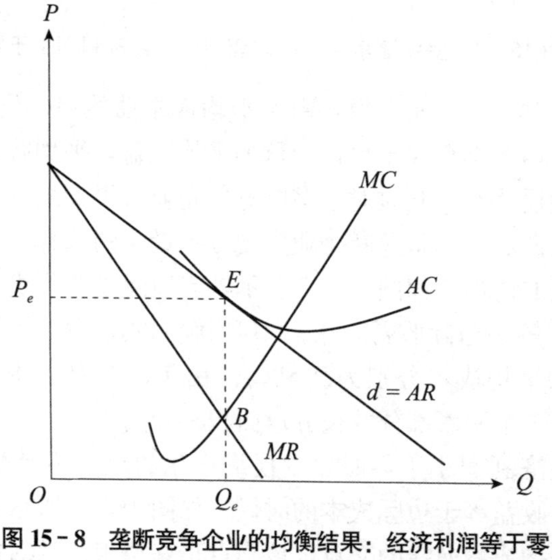

图 15－8　垄断竞争企业的均衡结果：经济利润等于零

当垄断竞争企业经过不断的产量调整，使得短期边际成本和长期边际成本相等，短期平均成本与长期平均成本相等时，垄断竞争企业的经济利润等于零，同时实现了长期均衡状态。具体如图 15-9 所示。此时垄断竞争企业的长期均衡条件变为：长期边际收益等于长期边际成本，也等于短期边际成本；长期平均收益等于长期平均成本，也等于短期平均成本。这样两个均衡条件的表达式可以表示为：$LMR=LMC=SMC$；$LAR=LAC=SAC$。

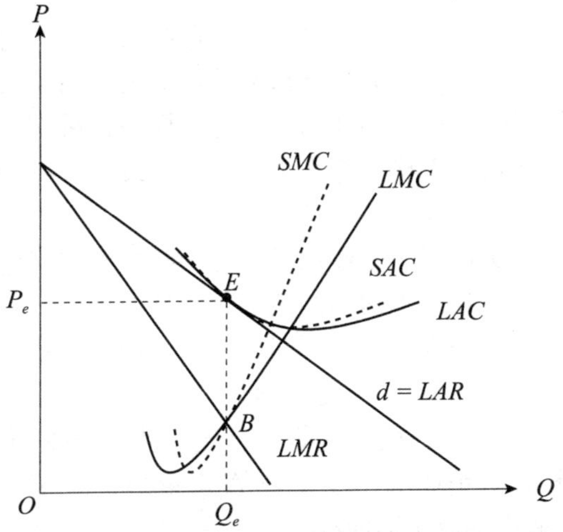

图 15-9 垄断竞争企业的均衡结果：长期均衡情形

综合来看，垄断竞争企业长期均衡时具有两个非常明显的特征：第一个特征是市场均衡价格明显大于边际成本。由于价格可以表示消费者对于单位产品的支付意愿，而边际成本可以表示生产者为新增单位产品而需要负担的成本，市场均衡时消费者的支付意愿依然明显大于生产者的成本负担，说明在垄断竞争市场中生产资源还没有得到最充分的利用，社会总福利可以随着产量的进一步增加而得到提高。第二个特征是价格等于长期平均成本。价格等于长期平均成本，这会使得垄断竞争企业的经济利润等于零，此时该行业中企业的自由进入与退出达到了一种均衡稳定的状态。

第三节 寡头市场

一、寡头市场的定义及特征

寡头市场又称寡头垄断市场，它是由少数几个生产者或者卖者提供相同产品或服务的市场结构。银行、航空和通信等行业是非常典型的寡头垄断市场。寡头垄断市场具有三个明显特征：(1) 同行业的企业数量非常少，只有少数几家企业；(2) 行业存在明显的进入和退出壁垒，企业很难自由地进入和退出市场；(3) 不同企业之间存在明显的相互依存关系，每个企业的价格或产量决策对于其他企业乃至整个市场均会产生明显的影响效应。

对比一下垄断市场、寡头市场、垄断竞争市场和完全竞争市场可以发现，在这四个市场当中，企业数量从垄断市场到完全竞争市场是依次递增的，价格制定能力则是依次递减的，行业的进入和退出壁垒则是从有到无。然而，寡头市场存在着不同于其他三个市场的明显特征。垄断市场、垄断竞争市场和完全竞争市场中的企业最优化决策都是企业独立决策，它们可以直接运用边际成本等于边际收益的利润最大化决策原则获得最优解。与此不同，寡头市场的利润最大化选择决策不只取决于自身的边际成本和边际收益，还依赖于对手的选择决策。

二、寡头市场的最优化决策

为了刻画寡头市场中企业与企业之间的相互依存关系，我们引入最优反应函数和纳什均衡的概念和分析工具。最优反应函数是指给定其他决策者的决策行为，决策者为实现自身利益最大化而做出的策略性反应。纳什均衡是指这样一种博弈结果，对于每个参与者来说，如果其他参与者不改变选择策略，那么他无法通过改变现有的策略选择结果来提高自己的福利或收益。

具体到寡头市场中，寡头市场的企业最优反应函数是给定其他企业的产量或者价格决策，企业根据边际收益等于边际成本的利润最大化条件做出最优化产量或价格选择的反应函数。假如寡头市场中企业 B 对于企业 A 的最优反应函数表示为数学函数$Q_i^B=f\ (Q_i^A)$，图 15－10 刻画了这种最优反应函数的可能图形之一。如图 15－10 所示，给定企业 A 的产量水平Q_1^A，企业 B 会做出相应的最优产量Q_1^B。给定企业 A 的另外一个产量水平Q_2^A，企业 B 会做出相应的最优产量Q_2^B，企业 B 对于企业 A 产量的最优反应的其他数值情形正好构成了如图 15－10 所示的最优反应函数曲线。

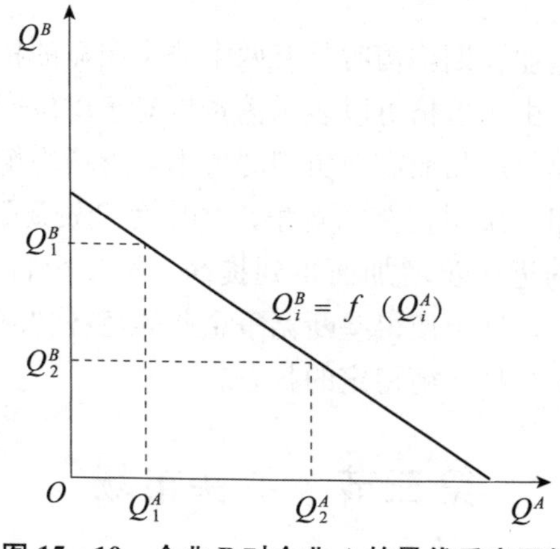

图 15－10　企业 B 对企业 A 的最优反应函数

对于寡头市场来说，企业 B 对于企业 A 的产量会做出最优化反应；基于同样逻辑，企业 A 对于企业 B 的产量也会做出相应的最优化反应。当两家企业都同时基于对手的产量做出最优反应时，双方博弈的过程和结果如图 15－11 所示。给定企业 B 选择产量水平Q_1^B，企业 A 根据企业 B 的产量水平做出最优选择，选择了相应的最优产量Q_1^A。而当企业 B 知道了企业 A 会选择产量水平Q_1^A，它会以企业 A 的产量优化自己的产量决策，从而选择与产量Q_1^A相对应的最优化产量Q_2^B。而当企业 A 知道企业 B 会根据其决策选择最优产量Q_2^B，它会再根据最优反应函数选择产量Q_2^A，可以发现，此时企业 A 与企业 B 的最优产量反应确实存在明显的相互依存关系，博弈互动的过程会使得最优产量逐渐收敛于两条最优反应函数的交点 E。

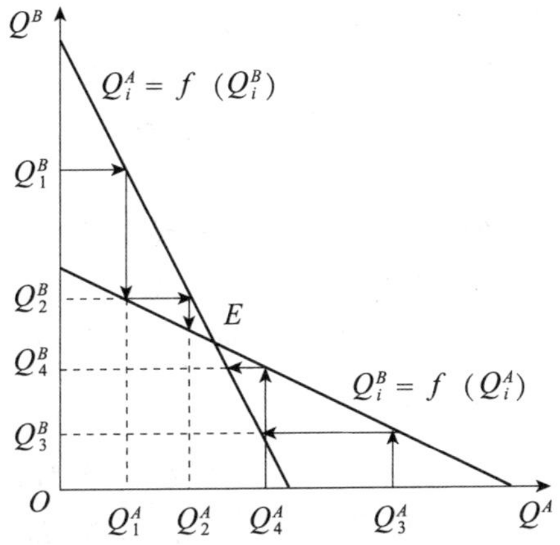

图 15－11　企业 A 与企业 B 最优反应函数交集

假如一开始是企业 A 先选择一个产量Q_3^A，那么根据最优反应函数，企业 B 会对于企业 A 的产量Q_3^A选择相应的最优反应，从而选择能够最大化自己利润的产量Q_3^B。而企业 A 如果预见或者知道企业 B 会根据自身产量选择产量Q_3^B，那么其会根据产量Q_3^B来确定自己的最优选择，确定与之相应的最优产量Q_4^A。而当企业 B 预见到或者知道企业 A 会根据自己的最优反应来确定产量Q_4^A，那么企业 B 此时的最优选择是选择产量Q_4^A。随着企业 A 和企业 B 不停地根据对方的产量水平来做出自己的最优反应，容易推断得到这样一个最优反应迭代更新的过程只有收敛到两条最优反应函数的交点位置时才会停止。因此，图 15－11 的两条最优反应函数的交点 E 就构成了寡头市场中企业 A 和企业 B 的均衡选择结果，交点 E 所确定的产量组合可以记为（Q_e^A，Q_e^B）。此时，给定企业 A 或 B 任何一方选择了 E 点相应的产量水平，另一方的最优反应也正好是 E 点相应的产量水平。任何一方都没办法从偏离这样一个产量组合当中获得更高的福利，因此产量组合（Q_e^A，Q_e^B）就是寡头市场中企业 A 与 B 的纳什均衡结果。

从上述分析过程可知，在寡头市场当中，不同企业的初始产量水平和行动顺序并不会影响到最终的纳什均衡结果。两个企业的最优反应函数的交集确定了最终的纳什均衡结果。在寡头市场博弈互动收敛至纳什均衡的过程中，潜在地假定了企业之间的信息是完全对称的，即企业 A 知道企业 B 的信息，企业 B 也知道企业 A 的信息，企业 A 知道企业 B 知道企业 A 的信息，企业 B 也知道企业 A 知道企业 B 的信息，以及其他更高阶的信息共识。与此同时，理性共识也是双方能够实现纳什均衡的重要假定。换句话说，企业 A 知道企业 B 会做出最优的理性选择，企业 B 也知道企业 A 会做出最优的理性选择，企业 A 知道企业 B 知道企业 A 会做出最优的理性选择，企业 B 也知道企业 A 知道企业 B 会做出最优的理性选择，以及其他更高阶的理性共识。

专栏 15－2

如何求解寡头市场的最优反应函数和纳什均衡解？

假如某个国家只有两家企业 A 和 B 来提供通信服务，整个市场的需求函数是 $Q=$

5－0.05P，两家企业提供通信的边际成本是20，固定成本为零。基于上述信息可以解决两个问题：一是基于市场的需求函数和成本函数来确定企业的最优反应函数；二是通过求解寡头市场中企业A和B的纳什均衡最优产量解，并画出企业A和B的纳什均衡图示。

首先，寡头市场中的产品价格是由市场中的产量决定的。因此，由市场的需求函数$Q=5-0.05P$，可以得到该市场的反需求函数表达式$P=100-20Q$。由于市场上只有两家企业，假如企业A和B的产量分别记为Q_A和Q_B，那么$Q=Q_A+Q_B$。企业A和B的总收益表达式TR_A和TR_B分别表示为

$$TR_A=PQ_A=[100-20(Q_A+Q_B)]\times Q_A=100Q_A-20Q_A^2-20Q_AQ_B$$
$$TR_B=PQ_B=[100-20(Q_A+Q_B)]\times Q_B=100Q_B-20Q_AQ_B-20Q_B^2$$

由于边际收益是总收益的变化量与产量变化量的比值，在数学函数上它是总收益函数关于自身产量的一阶导数，因此可以由总收益表达式求解得到企业A和B的边际收益表达式分别如下：

$$MR_A=100-40Q_A-20Q_B$$
$$MR_B=100-20Q_A-40Q_B$$

为了实现利润最大化，企业的边际收益应该等于边际成本，由此可以得到$MR_A=20$，$MR_B=20$，即

$$100-40Q_A-20Q_B=20$$
$$100-20Q_A-40Q_B=20$$

由上述两个式子可以分别得到企业A和B的最优反应函数分别为

$$Q_A=2-0.5Q_B\quad Q_B=2-0.5Q_A$$

其次，联立企业A和B的最优反应函数，可得到如下联立方程组

$$\begin{cases}Q_A=2-0.5Q_B\\Q_B=2-0.5Q_A\end{cases}$$

由联立方程组可以求解得到企业A和B的纳什均衡产量结果是

$$\begin{cases}Q_A=\dfrac{4}{3}\\Q_B=\dfrac{4}{3}\end{cases}$$

由此均衡产量可以确定产品价格$P=100-20Q=100-20\times\dfrac{8}{3}=\dfrac{140}{3}$。

由于这两家企业的固定成本为零，因此固定成本忽略不计。企业成本由可变成本构成，分别记为C_A和C_B，可得到这两家企业在纳什均衡产量水平时的利润分别为

$$\begin{cases}\pi_A = TR_A - C_A = PQ_A - 20Q_A = \frac{140}{3}\times\frac{4}{3} - 20\times\frac{4}{3} = \frac{320}{9}\\ \pi_B = TR_B - C_B = PQ_B - 20Q_B = \frac{140}{3}\times\frac{4}{3} - 20\times\frac{4}{3} = \frac{320}{9}\end{cases}$$

最后，由企业 A 和 B 的最优反应函数和均衡结果，可以画出如图 15 - 12 所示的纳什均衡图示。

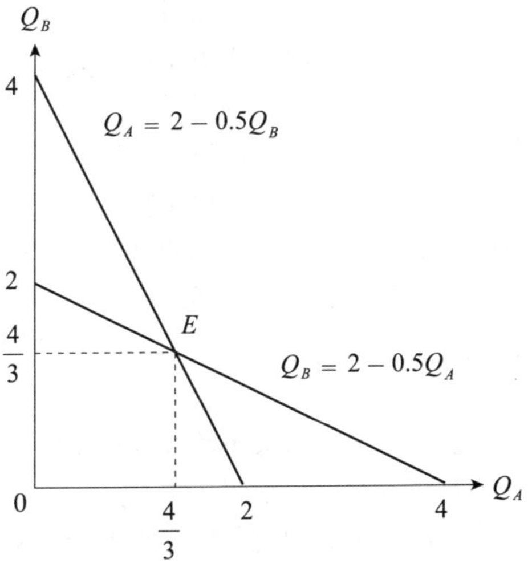

图 15 - 12　寡头市场企业 A 与企业 B 的纳什均衡图示

第四节　不同市场类型差异比较

一、不完全竞争市场和完全竞争市场的差异比较

垄断市场、寡头市场和垄断竞争市场正好构成不完全竞争市场的三种类型。综合来看，不完全竞争市场和完全竞争市场在价格制定能力、市场需求曲线和供给曲线方面均存在明显不同。

首先，完全竞争市场中的企业只是一个价格接受者，而不完全竞争市场中的企业可以扮演价格制定者的角色。在完全竞争市场中，企业是市场中的价格接受者，它只能够按照市场价格出售自己愿意提供且能够提供的产品数量。而对于垄断市场、寡头市场和垄断竞争市场中的企业来说，它们在产品市场中均具备价格制定能力，它们可以根据企业实现利润最大化的均衡条件来选择产品产量和相应市场价格。

其次，完全竞争市场中的企业面临着一条水平的需求曲线，而不完全竞争市场中的企业所面临的市场需求曲线都是向右下方倾斜的。在完全竞争市场中，企业所面临的市场需求曲线是一条水平线，意味着企业在给定的市场价格水平上可以卖出自己愿意提供且能够提供的产品数量。此时企业不会选择一个低于现行市场价格的价格水平，因为这有悖于它的利润最大化目标；它也不会选择一个高于现行市场价格的价格水平，因为市场存在其他相对更低价格的替代品，相对更高的市场价格会让企业卖不出产品。而对于不完全竞争市场来说，由于产品并非同质而是异质的，这使得不完全竞争市场中的企业会面临价格和产量的权衡问题：更高产量会对应更低价格，更低产量可以对应更高价格。产量及其相应价格的权衡取舍成为不完全竞争市场实现利润最大化的一个重要决策。

最后，完全竞争市场的供给曲线一般是向右上方倾斜的，而不完全竞争市场则不存在供给曲线。对于完全竞争市场来说，企业的供给曲线是边际成本曲线的其中一段，它是向右上方倾斜的。完全竞争市场中行业的供给曲线由企业供给曲线水平加总得到，它一般也是向右上方倾斜的。然而，对于不完全竞争市场来说，垄断企业和垄断竞争企业针对同一个数量的产品可以制定不同的价格；同样一个价格水平可以出售不同的产品数量，此时价格和产品供给数量不再是简单的一一对应关系。对于寡头市场来说，企业最优产品供给数量及其产品价格取决于同一市场中对手的决策。综合来看，不完全竞争市场中的三种市场类型均不存在价格和供给数量一一对应的供给曲线。

二、不完全竞争市场类型的差异比较

从不完全竞争市场来看，垄断市场、寡头垄断市场和垄断竞争市场在长期和短期均衡条件、长期经济利润以及经济效率方面也存在明显差异。

首先，不完全竞争市场的长期和短期均衡条件存在差异。对于垄断企业或者垄断竞争企业来说，短期均衡条件都是一样的，都是短期边际成本等于边际收益的。对于长期均衡条件则明显不同，垄断企业的长期均衡条件是长期边际成本等于短期边际成本，两者也同时等于边际收益，而垄断竞争企业的长期均衡则是企业经济利润为零，这需要满足两个条件：一是长期边际成本等于边际收益；二是长期平均成本等于平均收益。对于寡头市场的企业来说，企业的短期均衡或长期均衡构成纳什均衡，纳什均衡取决于它与对手的最优反应函数交集。它是每个寡头市场企业在给定对手决策条件下，依据边际收益等于边际成本原则实现利润最大化而得到的最优反应函数交集。

其次，不完全竞争市场的长期利润会存在差异。对于垄断竞争企业来说，由于行业进入和退出没有任何壁垒，当企业在该行业中获得的经济利润大于零时，它会吸引更多的生产者进入该行业；当企业在该行业中获得的经济利润小于零时，该行业的一些生产者会退出该行业。因此垄断竞争市场长期均衡所实现的经济利润与完全竞争市场一样，都是经济利润等于零，此时企业的收支相抵。而对于寡头市场和垄断市场来说，由于行业存在进入或退出壁垒，因此企业在长期可能出现收支相抵，或者是经济利润大于零的情形。

最后，不完全竞争市场的经济效率存在明显差异。对比一下垄断竞争市场、寡头市场和垄断市场，可以发现这三个市场的企业数量变化是从多到少，市场竞争程度变化是从强到弱，在其他条件不变的情况下，产品数量变化在这三个市场当中是从多到少，相应的产品价格变化由是由低到高。从社会资源的有效配置角度来看，垄断竞争市场、寡头市场和垄断市场的经济效率是由高到低依次递减。

思考题

1. 简述不完全竞争市场类型的差异。
2. 试论述寡头市场的最优化决策。
3. 试论述垄断竞争企业的长期均衡结果。

在线自测

扫一扫　练一练

第十六章　生产要素市场理论

第一节　劳动力和工资

一、劳动力市场的供求均衡和工资决定

从经济循环流动的视角来看，居民作为经济活动的重要参与者之一，在产品市场当中通过购买消费物品，扮演产品市场的需求方角色；而在生产要素市场上则是通过提供劳动力或者资本，扮演生产要素市场的供给方角色。居民通过生产要素市场的劳动力供给获得相应的工资收入，从而为产品市场的需求消费提供收入来源。此时，劳动者在劳动力市场上所面临的权衡取舍难题是：如何在不同的工资水平上确定最优的工作时间和闲暇时间？

对于劳动者来说，工作时间可以获得工资收入，工作时间越长其收入水平越高，而更高收入水平往往会给劳动者带来更高水平的效用。与此同时，工作时间越长，劳动者可用于补充体力、缓解疲劳和享受生活的闲暇时间就越少，而更少的闲暇时间会给劳动者带来更低的效用水平。因此，在工作时间和闲暇时间的时间总量恒定的情形下，工作时间和闲暇时间呈现此增彼减的关系，新增一单位工作时间带来的效用增量，必然面临着减少一单位闲暇时间产生的效用损失。具体而言，当单位工作时间的效用增量大于单位闲暇时间的效用增量时，劳动者的最优选择决策是增加工作时间，减少闲暇时间。而当单位工作时间的效用增量小于单位闲暇时间的效用增量时，劳动者的最优选择决策是减少工作时间，增加闲暇时间。当两者相等时，劳动者的工作时间正好达到最大值，相应的闲暇时间正好处于最小值。因此，如果以劳动者面临的市场工资水平为纵轴，劳动时间为横轴，那么个体的劳动力供给曲线将会形成如图 16－1 所示的向后弯曲的劳动力供给曲线形状。

如图 16－1 所示，当市场的劳动力工资水平为W_1时，劳动者的最优工作时间选择是t_1；而当市场的劳动力工资水平从W_1上升至W_2时，劳动者的最优工作时间选择从原来的t_1增加到t_2，此时的劳动时间t_2是该劳动者的最长工作时间。当市场的劳动力工资水平进一步上升到W_3时，劳动者的最优工作时间不再继续增加，而是从t_2减少至t_3。总体来看，当更高工资水平给劳动者带来的效用增量大于相应闲暇时间带来的效用增量时，劳动者的工作时间会随着工资水平的上升而增加。由于边际效用递减规律，随着劳动者增加工作时间，增加的工资收入尽管会增加效用，但是劳动者新增单位工作时间所产生的效用增量却在递减。当更高工资水平给劳动者带来的效用增量正好等于与此工作时间相对应的闲暇时

间带来的效用增量时，劳动者的工作时间就达到最大值，相应的闲暇时间正好是最小值。随着工资水平的进一步上升，更高工资水平给劳动者带来的效用，会越来越小于与此工作时间相对应的闲暇时间带来的效用增量，因此劳动者的工作时间随着工资水平的上升而减少。

在劳动力市场上，企业作为经济活动的另外一个重要参与者，它通过雇佣劳动力作为企业的生产要素来生产产品或提供服务，因此企业对于劳动力的雇佣构成了劳动力市场的需求方。为了实现利润最大化，企业的最佳雇佣决策是使新增单位劳动力创造的市场价值等于新增单位劳动力的工资水平。具体来说，它等价于劳动力的边际产量与产品价格的乘积正好等于劳动力的工资水平，用公式可以表示为 $MP(l)\times P=W$，其中括号内的字母 l 表示劳动力的数量而非劳动时间。在完全竞争市场上，产品价格 P 由产品市场的供给和需求所决定，它对于企业来讲是一个外生变量。劳动力市场的工资水平 W 同样由劳动力市场的供给和需求所决定。由于劳动力投入数量 l 和边际产量 $MP(l)$ 遵循边际报酬递减规律，因此可以得到如图 16－2 所示的向右下方倾斜的企业劳动力需求曲线 d_l。

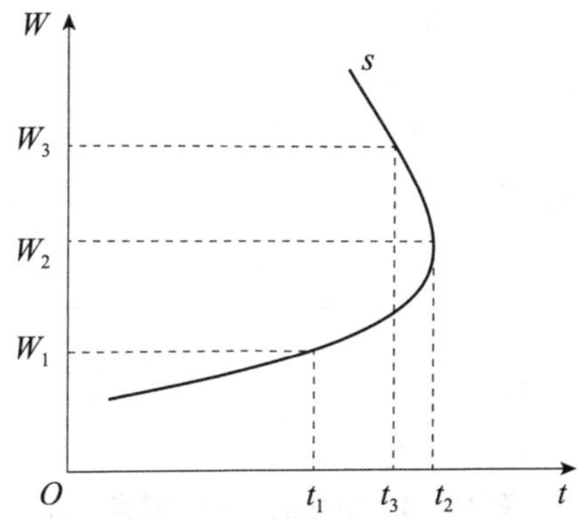

图 16－1 个体的劳动力供给曲线

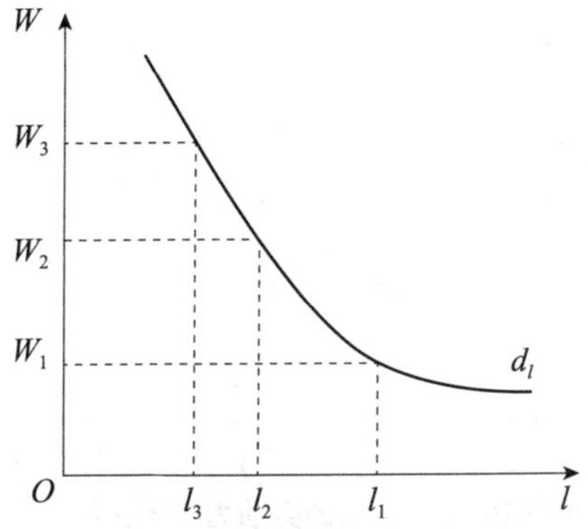

图 16－2 企业的劳动力需求曲线

如图 16－2 所示，当市场劳动力工资水平处于较低水平的 W_1 时，企业可以采用相对便宜的劳动力来替代资本生产，它会更倾向于使用更多的劳动力，此时企业对于劳动力的需求数量为 l_1。在其他条件不变的情形下，随着劳动力工资水平上升，企业会选择合适的劳动力投入数量以满足 $MP(l)\times P=W$ 的雇佣决策原则。由于边际报酬递减规律，此时只有通过减少劳动力投入数量，才能够使单位劳动力的边际产量上升，进而满足企业实现利润最大化的雇佣决策原则。因此，当工资水平从 W_1 上升至 W_2 甚至更高的 W_3 时，企业的最优雇佣人数依序从 l_1 减少至 l_2 甚至是更低数量的 l_3。如图 16－2 所示，向右下方倾斜的企业劳动力需求曲线，是在其他条件不变的情形下，刻画了企业为了追求利润最大化目标，在市场工资水平和企业雇佣劳动者数量之间的权衡替代关系。

由于不同劳动者对于工作时间和闲暇时间的效用偏好不同，因此不同劳动者的个人劳动力供给曲线向后弯曲的程度不一样，拐点也不同。当大量的个体劳动力供给曲线进行水平加总之后，个体的劳动力供给曲线向后弯曲的特征容易被消除或者抹平，因此由图 16－1通过个体劳动时间和劳动力数量的转换，再进行水平加总得到的市场的劳动力供给曲线容易表现出向右上方倾斜的特征。这意味着，随着市场工资水平从W_1上升至W_2甚至更高工资水平W_3的过程中，其所对应的市场劳动总时间会一直增加。假设劳动者的平均劳动时间是某个常数（比如每天八小时工作制），那么市场总工作时间越多意味着有更多的人从原来的闲暇状态转为工作状态，因此劳动总人数将随着工资水平的上升而增加。不同于个体的劳动力供给曲线，市场的劳动力供给曲线关注市场总劳动者数量而非市场的总工作时间。因此如果用L来表示劳动者数量，用W表示市场的工资水平，可以刻画出如图16－3所示的向右上方倾斜的市场的劳动力供给曲线。

在完全竞争市场当中，由于企业数量众多，单个企业的劳动力雇佣数量不足以影响到整个市场的劳动力工资水平，因此，通过水平加总整个劳动力市场中的企业劳动力需求数量，可以得到整个市场的劳动力需求曲线，具体如图16－4所示。由于每个企业的劳动力需求曲线是向右下方倾斜的，因此整个市场的劳动力需求曲线也是呈现向右下方倾斜的特征。

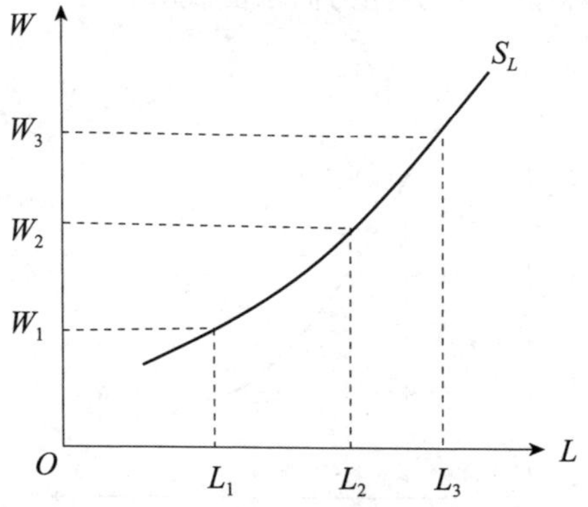

图16－3　市场的劳动力供给曲线

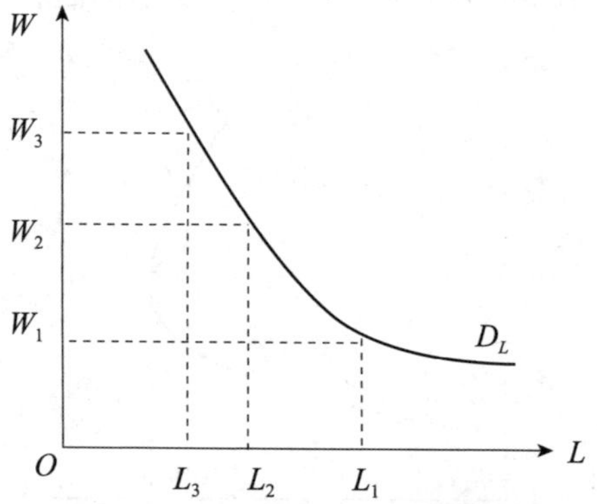

图16－4　市场的劳动力需求曲线

由市场的劳动力供给曲线和需求曲线可以发现，当劳动力的市场需求正好等于市场供给时，市场所确定的工资水平就是均衡工资，相应的就业数量就是均衡数量。如图16－5所示，当市场的劳动力需求曲线和市场的劳动力供给曲线相交时，所确定的工资水平为W_0，所确定的市场就业总人数为L_0。

当市场实际的工资水平位于均衡工资上方时，劳动者想要工作的人数大于企业想要雇佣的人数，也即市场的劳动力供给数量会明显大于劳动力需求数量，这时劳动力市场出现劳动力过剩现象，劳动者之间会产生竞争，竞争的结果会导致工资水平下降。如图16－6所示，当市场的实际工资水平为$\overline{W}$时，它明显高于市场均衡工资水平W_0。在更高的工资水平上，企业愿意雇佣的劳动者数量为L_1，市场的劳动者供给数量则为L_2，由于$L_2>L_1$，此时的劳动力市场是一个典型的劳动力过剩市场。由于劳动力供给大于劳动力需求，想要找到工作的劳动者之间会相互进行竞争，竞争的结果将是市场工资水平会往下降。在工资水平从$\overline{W}$逐渐下调至均衡工资水平W_0的过程中，劳动力需求数量逐渐增加、劳动力供给数量逐渐减少，劳动力过剩问题逐渐得到缓解。当市场工资正好下降到工资水平W_0时，劳动力供给正好等于劳动力需求，劳动力市场达到均衡状态。

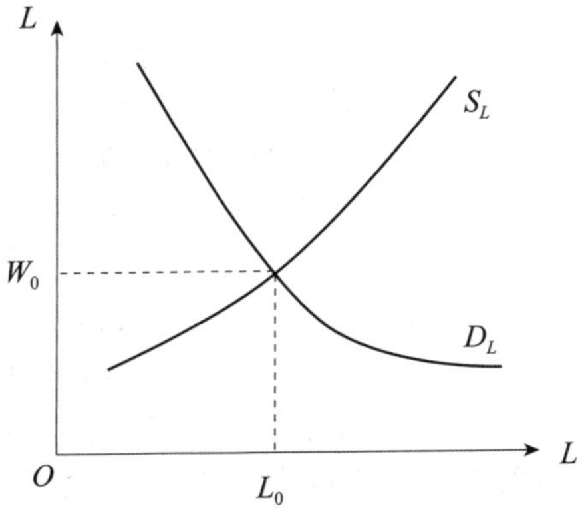

图 16－5　劳动力市场的均衡工资决定

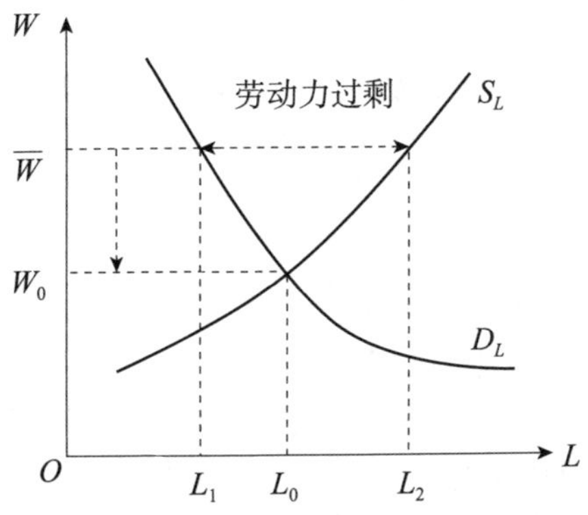

图 16－6　高于均衡工资的劳动力市场

而当市场实际的工资水平位于均衡工资下方时，劳动者想要工作的人数少于企业想要雇佣的人数，也即市场的劳动力供给数量会明显少于劳动力需求数量，这时劳动力市场出现劳动力短缺现象。企业为了招募到自己想要雇佣的劳动者人数，相互之间会进行竞争，竞争的结果是劳动力的市场工资水平会增加。如图 16－7 所示，当市场的实际工资水平为$\underline{W}$时，它位于市场均衡工资水平W_0下方。在更低的工资水平上，企业愿意雇佣的劳动者数量为L_4，市场的劳动者供给数量则为L_3，由于$L_3<L_4$，此时的劳动力市场是一个典型的劳动力短缺市场。由于劳动力供给小于劳动力需求，企业之间相互竞争的结果将是增加劳动力的市场工资水平。在工资水平从$\underline{W}$逐渐上升至均衡工资水平W_0的过程中，劳动力供给数量逐渐增加、劳动力需求数量逐渐减少，劳动力短缺问题逐渐得到缓解。当市场工资正好上升到工资水平W_0时，劳动力供给正好等于劳动力需求，劳动力市场重新回到均衡状态。

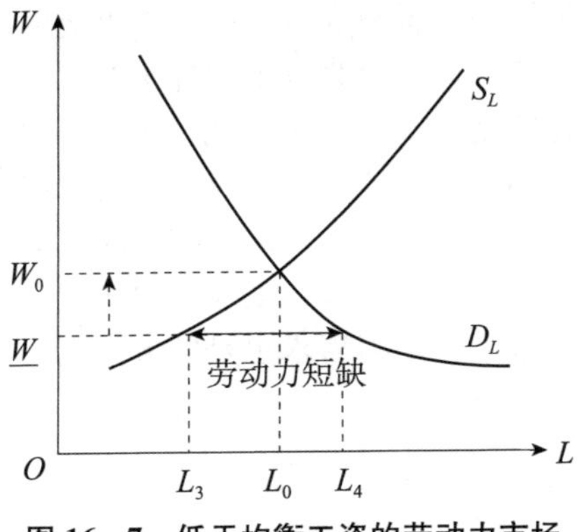

图 16－7　低于均衡工资的劳动力市场

二、劳动力市场的供求变动和均衡工资变化

在劳动力市场中，技术变革、产品价格变化和产业转型等会影响市场的劳动力需求。具体来说，人工智能技术变革会影响企业对于劳动力的需求，企业会用更先进的人工智能技术来取代普通劳动者的重复性工作，此时简单重复性工作的劳动力需求会减少，相应的劳动力需求曲线向左下方移动。人工智能技术的应用会增加对于软件编程或者智能技术应用的专业人才需求，该类人才的劳动力需求会增加，相应的劳动力需求曲线向右上方移

动。产品价格变化同样会影响劳动力需求。当某产品的价格上升时，企业会相应增加该产品生产者的雇佣需求，相应的劳动力需求曲线向右上方移动。而当某产品价格下降时，企业则会相应减少该产品生产者的雇佣需求，相应的劳动力需求曲线向左下方移动。产业转型也会改变企业对于劳动力的需求。当产业进行数字化转型或者践行 ESG 理念时，市场对于数字化技术人才或者具备 ESG 从业资格人员的需求会相应增加，相应的劳动力需求曲线向右上方移动。

当工资之外的因素发生变化时，劳动力的供给同样会发生相应变动。例如劳动者的工作偏好、从业资格条件、人口流动及移民等因素发生变化时，劳动力供给也会发生相应变动。例如，当劳动者厌恶“996”（指早上 9 点上班，晚上 9 点下班，一周工作 6 天）或“007”（0 点到 0 点上班，一周工作 7 天）等工作日制度，而更偏好朝九晚五、周末双休的工作日制度时，前者的劳动力供给会减少，劳动力供给曲线会向左上方移动；后者的劳动力供给会增加，劳动力供给曲线会向右下方移动。当劳动者更偏好于工作稳定、收入中等的某些事业编制类工作，而不太热衷于收入波动较大、工作缺乏稳定性的外资外贸类工作时，事业编制类工作的劳动力供给同样会增加，市场的劳动力供给曲线会向右下方移动；而外资外贸类工作的劳动力供给则会减少，相应的劳动力供给曲线会向左上方移动。当医疗、教育或者法律等行业从业资格发生变化，允许劳动者先上岗再考从业资格证时，这一从业资格条件变化将会使这些行业的劳动力供给大幅增加，此时劳动力供给曲线会向右下方移动。与此相反，当从业资格从之前的拥有资格证件即可上岗变更为需要从业人员进行两至三年的见习期时，市场的劳动力供给会减少，相应的劳动力供给曲线会向左上方移动。当限制人口流动及移民的政策变得更加宽松时，市场的劳动力供给会增加，相应的劳动力供给曲线会向右下方移动。与此相反，当允许人口流动及移民的政策条件变得更加严苛时，市场的劳动力供给会减少，相应的劳动力供给曲线会向左上方移动。

劳动力需求和劳动力供给增加或者减少对于劳动力市场的工资水平和就业人数会产生相应的影响效应。这些影响效应可以区分为以下四种情况：

一是劳动力需求发生变化的情形。它可以分为劳动力需求增加和需求减少两种情形。当市场的劳动力需求增加时，如图 16－8 所示，劳动力需求曲线向右上方移动，此时市场均衡工资上升，就业人数增加。当市场劳动力需求减少时，如图 16－9 所示，劳动力需求曲线向左下方移动，此时市场均衡工资下降，就业人数减少。综合来看，均衡工资和劳动力需求呈同方向变化，就业人数与劳动力需求也是同方向变化。

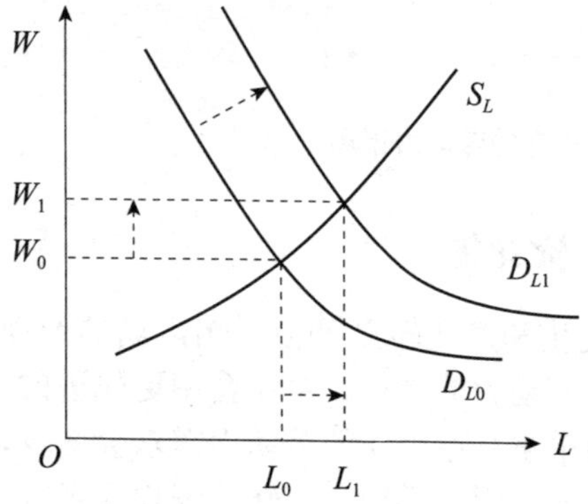

图 16－8　劳动力需求增加的情形

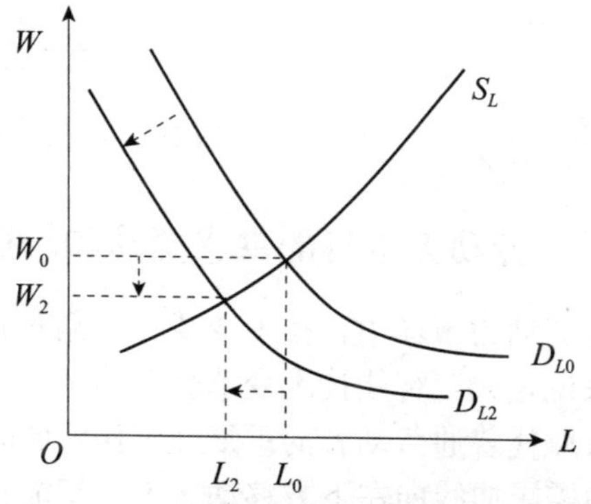

图 16－9　劳动力需求减少的情形

二是劳动力供给发生变化的情形。它同样可以区分为劳动力供给增加和供给减少两种情形。当市场的劳动力供给增加时，如图 16－10 所示，劳动力供给曲线向右下方移动，此时市场的均衡工资下降，就业人数增加。而当市场的劳动力供给减少时，如图 16－11 所示，劳动力供给曲线向左上方移动，此时市场的均衡工资上升，就业人数减少。综合来看，均衡工资与供给呈反方向变化，而就业人数与供给呈同方向变化。

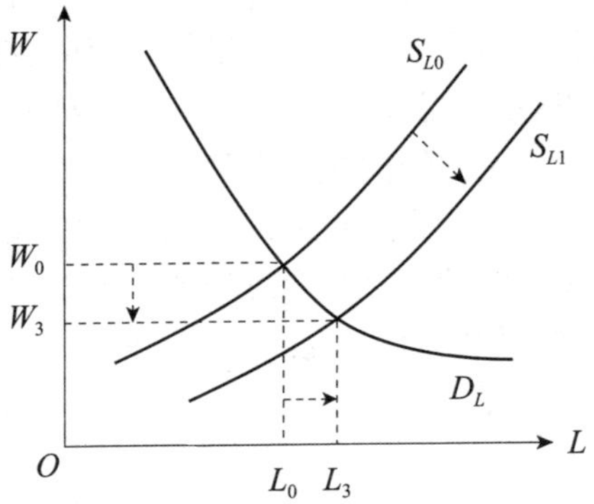

图 16－10　劳动力供给增加的情形

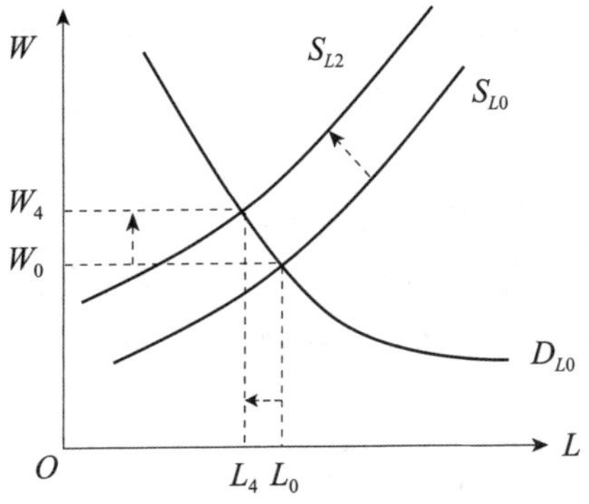

图 16－11　劳动力供给减少的情形

三是劳动力需求和供给同方向变化的情形。它可以分为两种情况：一种情形是劳动力需求和供给同时增加，另一种情形则是劳动力需求和供给同时减少。如图 16－12 所示，市场的劳动力需求增加会使得劳动力需求曲线向右上方移动，市场的劳动力供给增加会使得劳动力供给曲线向右下方移动，劳动力需求和供给增加都会使得就业人数增加，但是它们对于市场均衡工资的影响变化则是不确定的。均衡工资变化最终取决于需求增加导致的均衡工资上升的幅度与供给增加导致的均衡工资下降的幅度：当前者大于后者时，均衡工资上升；当前者小于后者时，均衡工资下降；而当前者等于后者时，均衡工资不变。与此相反，当劳动力需求和供给同时减少时，劳动力需求减少会使得劳动力需求曲线向左下方移动，如图 16－13 所示，劳动力供给减少会使得劳动力供给曲线向左上方移动，这一供求变化使得就业人数减少，而市场均衡工资的变化方向同样是不确定的，最终究竟是上升、下降或不变，取决于需求减少导致的均衡工资下降幅度与供给减少导致的均衡工资上升幅度的对比情况。

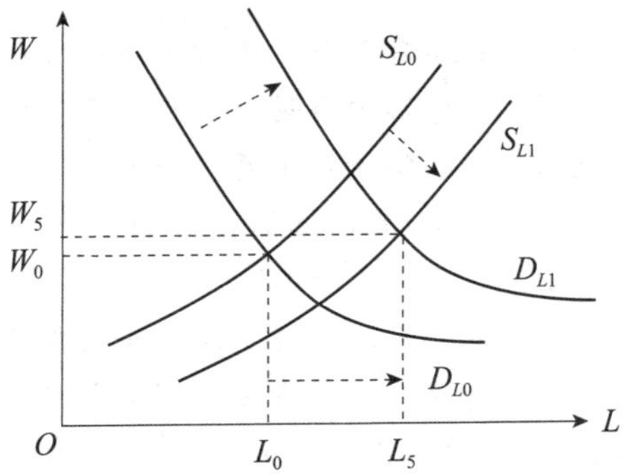

图 16－12　劳动力需求和供给都增加的情形

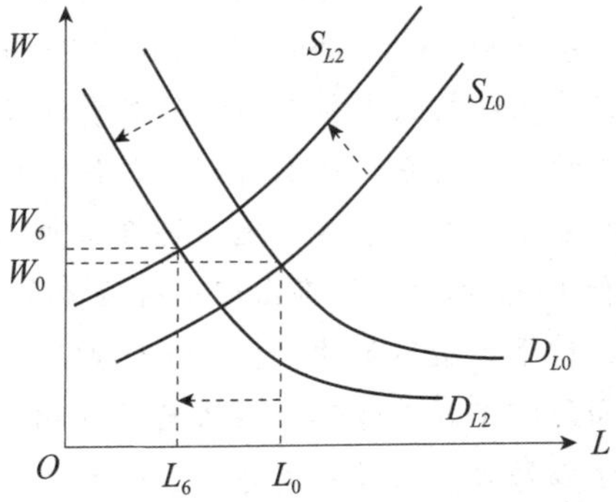

图 16－13　劳动力需求和供给都减少的情形

四是劳动力需求和供给反方向变化的情形。它同样可以分为两种情形：一种情形是劳动力需求增加而劳动力供给减少的情形，另一种情形则是劳动力需求减少而劳动力供给增加的情形。具体来看，劳动力需求增加会使得劳动力需求曲线向右上方移动，而劳动力供给减少会使得劳动力供给曲线向左上方移动，如图 16－14 所示，供求的变化都会使得市场均衡工资水平上升。劳动力需求增加会增加就业人数，而劳动力供给减少则会减少就业人数，因此最终就业人数变化是不确定的，取决于这两者的增减幅度：当需求增加带来的就业人数变化量大于供给减少的就业人数变化量，最终就业人数会增加；当前者数额等于后者数额时，就业人数不变；而当前者数额小于后者数额时，就业人数会减少。基于同样逻辑，可以发现，劳动力需求减少会使得劳动力需求曲线向左下方移动，劳动力供给增加会使得劳动力供给曲线向右下方移动，如图 16－15 所示，供求的变化都会使得市场均衡工资水平下降，而市场的就业人数变化同样是不确定的，最终取决于劳动力需求减少导致的就业人数减少额与供给增加导致的就业人数增加额的对比情况。

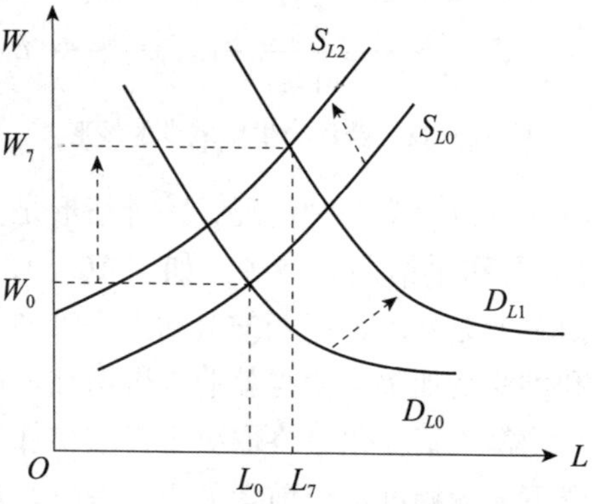

图 16－14　劳动力需求增加供给减少的情形

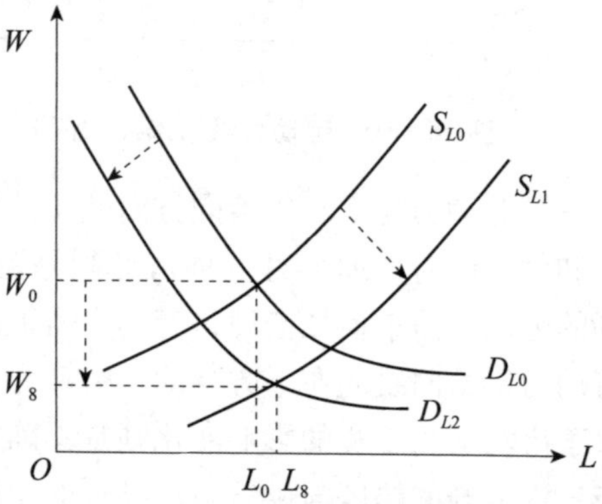

图 16－15　劳动力需求减少供给增加的情形

专栏 16－1

工资越高，劳动力供给就一定越多吗？

传统的经济学模型预测劳动供给与工资的短期变动通常呈现正相关关系。也就是说，工资上升会导致劳动供给增加，工人会愿意工作更长时间以赚取更多的收入。然而，实际情况可能远比模型预测的要复杂得多。

凯莫勒（Camerer）等人在 1997 年合作发表于《经济学季刊》上的一篇论文，通过考察美国纽约的出租车司机的工资和工时情况，揭示了劳动力市场中工资与劳动力供给之间的实际关系，他们得到了与传统模型预测截然不同的结论：工资提高不一定导致劳动力供给增加，某些情况下还会降低劳动力供给。具体而言，他们利用 1988 年、1990 年和 1994 年的纽约市出租车行程单数据，通过回归分析来估计工资弹性。回归结果表明，对于经验不足的司机，工资弹性显著为负，说明他们在工资提高时反而减少了工作时间，即工资与劳动力供给呈现负相关。研究人员认为这种现象意味着有部分司机更倾向于以每日收入目标为导向，一旦达到目标就停止工作，而不是按照传统模型中的长期效用最大化原则来决策。这种行为模式与传统模型预测的正相关关系正好相反。

这表明，工资变动对劳动供给的影响可能受到司机设定的收入目标和参考点依赖的影响。

法柏（Farber，2015）的研究结果进一步确认凯莫勒等人的研究结论。他通过分析更广泛的时间段内的纽约市出租车司机数据，也得出了类似的结论。具体而言，他发现当工资与司机的预期收入相差较大时，劳动力供给与工资呈现正相关关系；而当工资与预期收入接近时，劳动力供给与工资呈现负相关关系。这一结果进一步印证了司机们受到每日收入目标的影响，而非传统理论中的长期效用最大化。

劳动力供给与工资之间并不总是呈现正相关关系的研究结果，对于政策制定者提供了相应的启示：单单靠提高工资可能无法有效提高市场的劳动力供给。政策制定者可以从以下三个方面考虑政策安排：首先，提供更灵活的工作安排，以满足劳动者每日的收入目标。其次，政府可以通过调整计价方式等手段，减少工资波动对劳动力供给的影响，提高劳动者收入稳定性。最后，政府还可以提供更多的培训和支持措施，帮助劳动者理解参考点依赖的影响，提高劳动供给效率。

资料来源：CAMERER C，BABCOCK L，LOEWENSTEIN G，et al. Labor supply of New York City cabdrivers：one day at a time［J］. The quarterly journal of economics，1997，112（2）：407－441；FARBER H S. Why you can't find a taxi in the rain and other labor supply lessons from cabdrivers［J］. The quarterly journal of economics，2015，130（4）：1975－2026.

第二节 土地地租和资本利率

一、土地的供求均衡和地租决定

土地的特点是数量有限，并且土地价格的变化很难在短期内影响到土地的供给数量。因此，不同于产品市场的产品供给曲线，也不同于生产要素市场的劳动力供给曲线，土地的供给曲线一般是一条垂直于横轴的直线。如图 16－16 所示，土地供给数量并不会随着地租的变化而变化，其供给数量固定为 Q_0，它是一条垂直于横轴的直线。当土地需求曲线是D_0时，它与土地供给曲线相交于横轴，此时土地的地租正好等于零。而当土地需求增加，相应的需求曲线向右上方移动到曲线D_1位置时，土地的地租为R_1。当土地需求进一步增加，需求曲线继续向右上方移动至曲线D_2位置时，土地的地租为R_2。由图16－16 的分析结果可以发现，当土地供给数额固定不变时，土地的需求变化成为决定和影响土地地租的最重要因素。

基于图 16－16 也可以粗略地理解土地地租的简要发展历史过程。在原始社会，尽管土地供给量是固定的，但是地广人稀，人们对于土地的需求没那么高，此时土地没有所谓的地租价格。而随着人口不断繁衍和膨胀，人口密度越来越大，人们对土地的需求增加了，此时就会演化出地租。

固定不变的土地供给曲线，叠加不断膨胀的市场需求，就可能会催生出天价的租金价格。就好比我国香港地区，在这样一个土地资源供不应求而人口不断膨胀和集聚的地方，根据 2020 年数据，香港平均每平方米住宅售价为 12.6 万港元，为全球最高；香港平均每平方米住宅租金为每年 4 090 港元，也是全球最高①。

在高昂地租或地价的刺激下，人们可能通过各种各样的围海或填海技术，扩大土地供应，此时土地的供给量从长期来看有可能不是固定不变的，而是变成一条比较陡峭的向右上方倾斜的曲线，如图 16－17 所示。当土地供给可变时，土地需求增加，会使得相应的土地需求曲线向右上方移动，此时均衡地租由原来的R_1上升为R_2，土地数量则由原来的Q_1增加至Q_2。

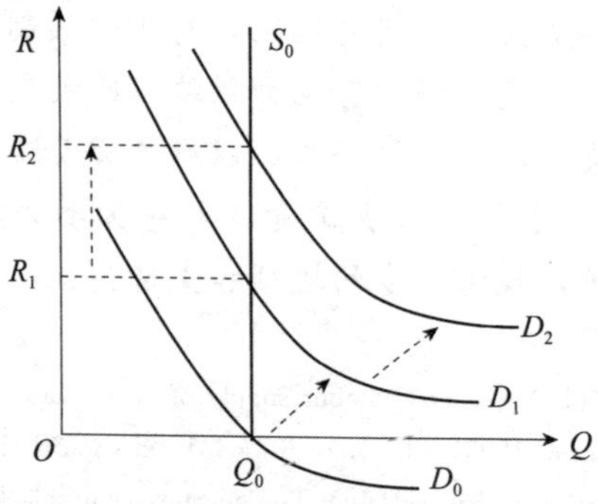

图 16－16　土地供给固定不变的地租决定

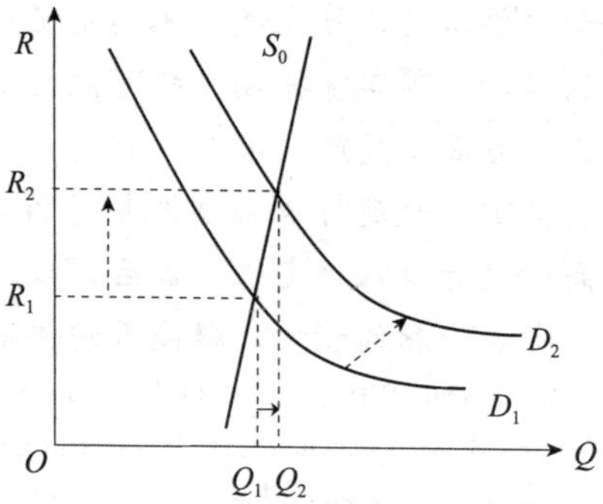

图 16－17　土地供给可变的地租决定

二、资本的供求均衡和利率决定

在经济循环流动过程中，资本在生产要素市场中扮演非常重要的角色。一般来说，资本是指能够用于生产更多商品或提供更多劳务的一种生产要素。它具有三个明显特点：第一，资本数量在短期不可变，但是在长期可变。第二，资本是为了以此获得更多的产品或劳务而生产出来的。第三，资本通过用于生产过程来获得更多的产品和劳务。

在资本市场当中，居民和企业分别是资本市场的资金供给方和资金需求方。在收入给定情况下，居民面临着如何进行消费和储蓄的权衡取舍问题。当居民选择当期消费更多，意味着可用于储蓄的资金会更少。居民的储蓄资金通过金融中介机构，可以改变资本市场的资本供给量。因此，资本市场的资本供给问题，本质上就是居民如何将既定收入在消费和储蓄上进行分配的储蓄决策问题。在给定的市场利率水平上，居民可以选择消费一部分，收入扣除消费的部分可以储蓄起来，按市场利率水平借贷出去，以此作为未来时期的消费。因此，利率变化对于居民的储蓄决策问题会产生两个方面的影响效应：一方面是利率的替代效应。当市场利率水平上升，居民把收入用于消费的代价提高了，理性的消费选择应该是减少当期消费，通过增加更多的储蓄从而增加未来的消费。这表明，利率上升产生的替代效应会减少消费、增加储蓄。另一方面是利率的收入效应。当市场利率水平上升时，意味着同样一单位的储蓄金额会产生更多的未来收入，消费者可以用于未来消费的收入将会提高。因此居民可以适当地减少储蓄金额，增加当期消费金额。这意味着利率上升产生的收入效应会增加消费、减少储蓄。

综合利率的替代效应和收入效应，可以发现利率上升最终是增加还是降低储蓄，取决于利率的替代效应和收入效应哪个发挥主导作用。当利率的替代效应大于利率的收入效应

① 数据转引自：https：//www.163.com/dy/article/I8FQ73GG05562E8X.html.

时，储蓄会增加；而当利率的替代效应小于利率的收入效应时，储蓄会减少。基于这样一个分析逻辑，可以得到如图 16－18 所示的居民的资金供给曲线。可以发现，居民的资金供给曲线跟个人的劳动力供给曲线一样呈现向后弯曲的状态。在利率上升初期阶段，利率上升所产生的替代效应明显大于收入效应，这使得资金供给数量增加。如图 16－18 所示，利率从r_1上升至r_2的过程中，资金供给数量从q_1增加至q_2。而当利率上升到某个水平之后，利率的进一步上升会使得收入效应超过替代效应，从而导致资金供给数量减少。如图 16－18 所示，利率从r_2上升至r_3阶段，资金供给数量从q_2减少至q_3。不同居民对于消费和储蓄的选择偏好不同时，在图形中会表现为不同居民的资金供给曲线向后弯曲的拐点位置不一样。

企业在资本市场当中扮演资金需求方的角色。对于企业来说，利率水平决定了企业向资本市场借贷资金应该支付的利息，因此利率水平越高意味着企业要承担的资金使用成本代价越高，其对资金的需求会越少。随着利率水平上升，企业对于资金的需求将会减少。如图 16－19 所示，利率水平从r_1上升至r_2甚至更高水平的r_3时，企业对于资金需求的数量依序从q_1减少至q_2甚至更低数量q_3。

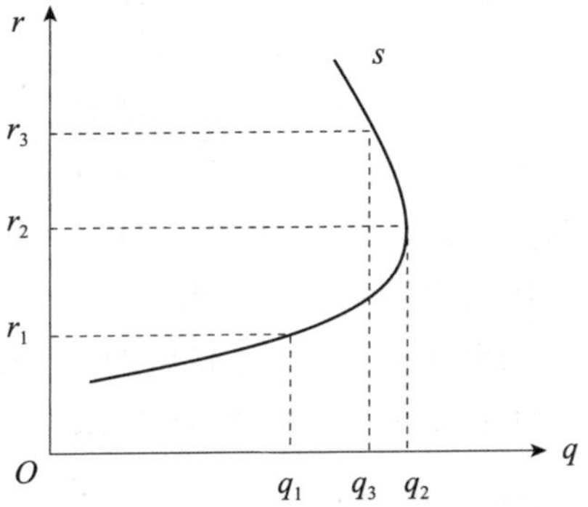

图 16－18　居民的资金供给曲线

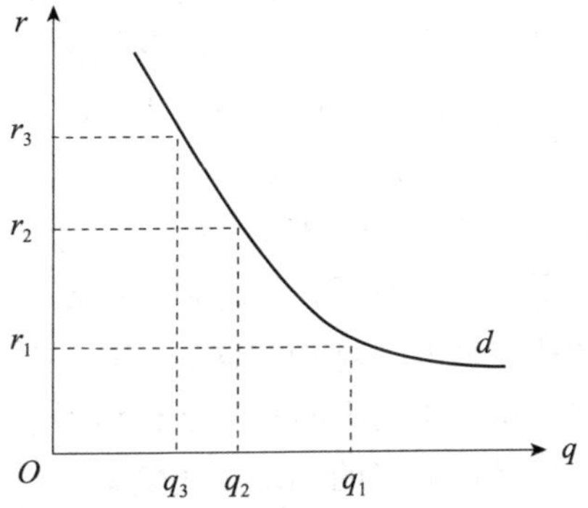

图 16－19　企业的资金需求曲线

正如市场的劳动力供给曲线并不是个人的劳动力供给曲线的简单复制和叠加，资本市场的供给曲线也并不是个人的可贷资金供给曲线的简单复制和叠加。从宏观层面来看，如图 16－20 所示，整个资本市场上的资本供给曲线是向右上方倾斜的。背后逻辑是，资金会追逐更高的利润，当市场利率越高，将会有更多资金提供给市场，而非被用于居民消费。因此整个资本市场的供给曲线是向右上方倾斜的。与此同时，资本市场的资本需求曲线是向右下方倾斜的，具体如图 16－21 所示，它同样遵循需求定律：价格越高，需求量越少。

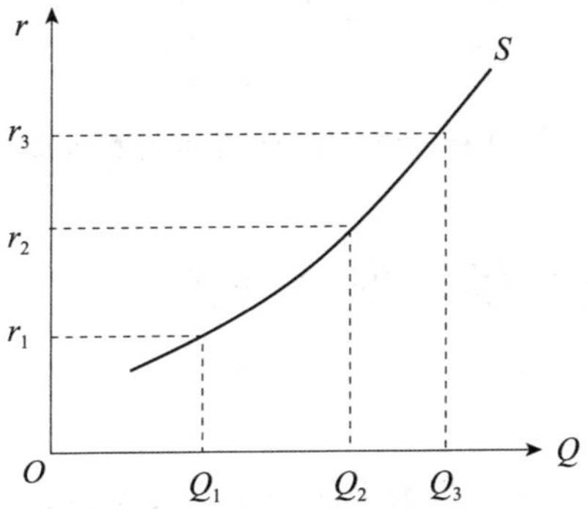

图 16－20　市场的资本供给曲线

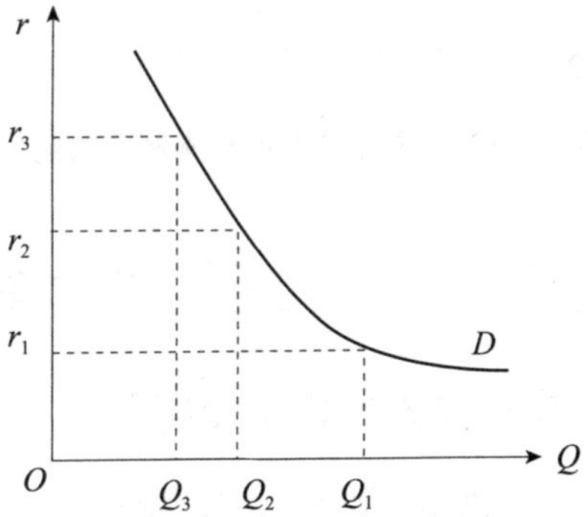

图 16－21　市场的资本需求曲线

宏观经济形势、企业税收政策和宏观经济预期等因素变化会影响资本市场的资金需求。当宏观经济形势变好，或者政府出台税收优惠政策，或者是企业对于宏观经济预期看好时，资本市场对于资金的需求会增加，市场会形成相对更高的均衡利率水平和更高的均衡数量。如图 16－22 所示，当市场发生有利于资本市场需求增加的外生事件时，相应的资本需求曲线从D_0向右上方移动到D_2，资本市场的均衡利率从r_0增加到r_2，资本均衡数量从Q_0增加到Q_2。与此相反，当宏观经济形势变差，或者增加企业税收负担，或者是企业对于宏观经济预期变得更加悲观时，资本市场对于资金的需求会减少，资本市场会形成相对更低的均衡利率水平和更低的均衡数量。如图 16－22 所示，当市场发生会使资本市场需求减少的外生事件时，相应的资本需求曲线从D_0向左下方移动到D_1，资本市场的均衡利率从r_0减少到r_1，资本均衡数量则从Q_0减少为Q_1。

居民的边际储蓄倾向、收入水平和货币政策等因素变化会影响资本市场的资金供给。当居民的边际储蓄倾向上升，或者可支配收入增加，或者是政府实行量化宽松的货币政策手段时，资本市场的资金供给会增加，这会使得资本市场资金均衡数量增加、均衡利率下降。与此相反，当居民的边际储蓄倾向下降（或者说边际消费倾向上升），或者可支配收入减少，或者是政府实行紧缩的货币政策手段时，资本市场的资金供给会减少，这会使得资本市场的资金均衡数量减少、均衡利率上升。图 16－23 正好呈现了导致供给发生变动的两种情形。如图 16－23 所示，当市场出现利好于资本供给的外生事件时，资本供给曲线会从原来的S_0向右下方移动到S_1位置，资本市场的均衡利率从原来的r_0减少至r_1，资本均衡数量从原来的Q_0增加到Q_1。与此相反，当市场出现不利于资本供给的外生事件时，资本供给曲线从原来的S_0向左上方移动到S_2位置，资本市场的均衡利率从原来的r_0增加到r_2，资本均衡数量从原来的Q_0减少为Q_2。

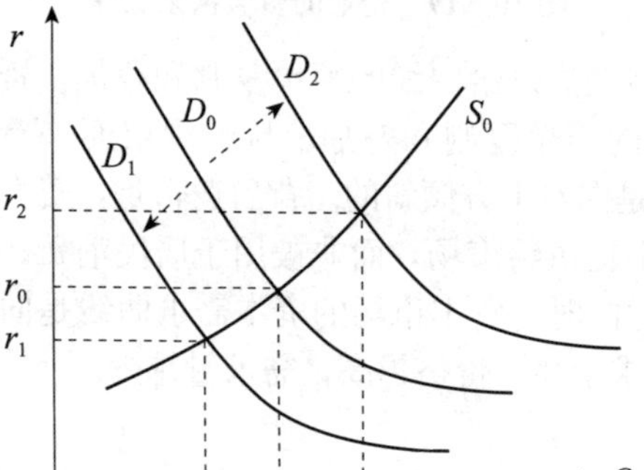

图 16－22　需求变动的均衡利率决定

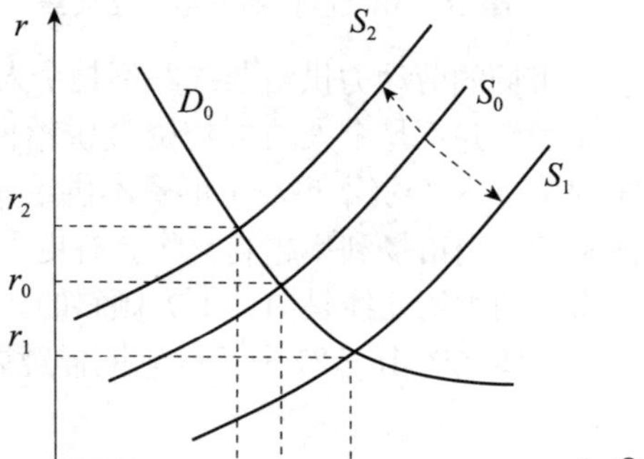

图 16－23　供给变动的均衡利率决定

第三节　生产要素的供求理论分析

一、生产要素的供给原则和需求原则

生产要素供给理论是从生产要素所有者的最优化行为来研究生产要素的供给量与生产要素价格的变化关系。一般而言，生产要素的供给主体可以是居民，也可以是企业。在经

济循环流动分析过程当中，为简化分析，往往假设居民扮演生产要素的提供者角色。例如，在劳动力市场上由居民来提供劳动力供给，在资本市场上由居民来提供资本市场所需求的资金。对于生产要素所有者来说，其拥有的生产要素数量在一定时期内是固定不变的。所有者需要把全部生产要素资源分为两部分：一部分作为生产要素来提供给市场，另一部分保留自用以满足自身的消费需要。因此，生产要素所有者的供给问题就是：在给定的生产要素价格水平下，将全部生产要素资源在“要素供给”和“保留自用”两种用途上进行分配以实现效用最大化。

基于消费者均衡理论可知，消费者在生产要素供给方面实现效用最大化的条件是：单位资源的“要素供给”的边际效用正好等于单位资源“保留自用”的边际效用。单位资源的“要素供给”边际效用是指增加一单位生产要素供给量给消费者带来的效用增量，它可以分解为单位生产要素供给的边际收入和单位收入的边际效用的乘积。单位资源“保留自用”的边际效用是指增加一单位自用资源给所有者带来的效用增量。因此，生产要素的供给原则可以表述为：

单位生产要素供给的边际收入×单位收入的边际效用＝单位生产要素“自用”的效用增量

对于居民来说，单位生产要素的边际收入是由生产要素供给和需求所确定的，对于劳动力市场来说就是劳动力市场的工资，对于资本市场而言就是资本的利率。由于边际效用递减，工资或者利率越高，边际效用越低。由于单位要素保留自用与单位要素供给的总和固定不变，因此生产要素供给和保留自用会存在明显的权衡取舍：更高的生产要素供给的市场价格，会导致更多的要素市场供给，进而降低单位生产要素供给的收入效用，这会制约生产要素的“要素供给”数量。与此同时，更多要素市场供给会导致更少的生产要素用于保留自用，从而提高单位生产要素自用的效用增量，这会鼓励生产要素增加“保留自用”的数量。生产要素的“要素供给”和“保留自用”的权衡取舍，使得个体的生产要素供给曲线往往容易呈现出向后弯曲的特征，例如向后弯曲的个体的劳动力供给曲线，或者向后弯曲的居民的资金供给曲线。不过由于个体存在异质性，市场的生产要素供给曲线形状并不是向后弯曲的而是向右上方倾斜的，它不是个体的生产要素供给曲线的简单重复叠加。

生产要素的需求理论则是从生产要素消费者的最优化行为来研究生产要素的需求量与生产要素价格的变化关系。一般而言，生产要素的消费者可以是居民，也可以是企业。在经济循环流动分析过程当中，为简化分析，往往假设由企业扮演生产要素的消费者角色。例如，企业在劳动力市场上雇佣劳动力，在资本市场上会通过银行等中介金融服务机构借贷资金，而这些资金的主要来源之一是居民的储蓄资金。作为生产要素的消费者，企业实现利润最大化的条件是：单位生产要素所创造的边际产品价值正好等于单位生产要素的使用成本。单位生产要素的边际产品价值是指新增单位生产要素生产的产品增量的市场价值，它可以分解为单位生产要素的边际产量与单位产品价格的乘积。对于单位生产要素的使用成本来说，单位劳动力的使用成本就是工资，而单位资本的使用成本就是利率。因此，生产要素的需求原则可以表述为：

单位生产要素的边际产量×单位产品价格＝单位生产要素的使用成本

由于单位产品价格是由产品市场的供给和需求所决定的，在完全竞争市场当中产品价格对于企业来说是外生给定的，单位生产要素的使用成本就表现为生产要素的市场价格，单位生产要素的边际产量则遵循边际报酬递减规律：生产要素的投入数量越多，边际产量越低，因此由生产要素的需求原则可以推断出，生产要素的需求数量与生产要素的市场价格呈现此增彼减的反方向变动关系：更高的生产要素市场价格会对应更低的生产要素需求数量，而更低的生产要素市场价格会对应更高的生产要素需求数量。从图形上来看，生产要素的需求曲线会呈现向右下方倾斜的特征。生产要素的个体需求曲线水平加总可以得到生产要素的市场需求曲线，它同样呈现向右下方倾斜的特征。

二、生产要素的供求变化分析原理

由生产要素的供给原则可以推导得到向右上方倾斜的生产要素供给曲线；由生产要素的需求原则可以推导得到向右下方倾斜的生产要素需求曲线。生产要素的需求曲线和供给曲线共同确定了生产要素的均衡价格和均衡数量。对比第十一章第三节的产品市场均衡和本章第一节和第二节的生产要素市场均衡，可以发现生产要素的市场均衡结果跟产品市场的市场均衡结果除了名称不同，本质上是一样的。

生产要素的供给变化会改变生产要素的市场均衡价格和均衡数量。当市场出现利好生产要素供给的消息或者外生事件冲击时，生产要素的供给会增加，相应的生产要素供给曲线会向右下方移动，这会导致生产要素的均衡价格下降、均衡数量增加。而当市场出现不利于生产要素供给的消息或者外生事件冲击时，生产要素的供给会减少，相应的生产要素供给曲线会向左上方移动，这会导致生产要素的均衡价格上升、均衡数量减少。综合来看，可以发现生产要素的均衡价格变化跟供给变化是反方向的，而生产要素的均衡数量变化跟供给变化则是同方向的。

生产要素的需求变化同样会影响生产要素的市场均衡价格和均衡数量。当市场出现利好生产要素需求的消息或者外生事件冲击时，生产要素的需求会增加，相应的生产要素需求曲线会向右上方移动，这会导致生产要素的均衡价格上升、均衡数量增加。而当市场出现不利于生产要素需求的消息或者外生事件冲击时，生产要素的需求会减少，相应的生产要素需求曲线会向左下方移动，这会导致生产要素的均衡价格下降、均衡数量减少。综合来看，可以发现生产要素的均衡价格变化跟生产要素的需求变化是同方向的，生产要素的均衡数量跟生产要素的需求变化也是同方向的。

当生产要素的需求和供给同时发生变化时，它们对于生产要素的市场均衡价格和均衡数量会产生不一样的影响效应。生产要素的需求和供给同时发生变化，可以区分为两种情形：第一种情形是生产要素的需求和供给发生同方向变化；第二种情形是生产要素的需求和生产要素的供给发生反方向变化。

生产要素的需求和供给发生同方向变化，可以细分为两种情况：第一种情况是生产要素的需求和供给同时增加，第二种情况则正好相反，生产要素的需求和供给同时减少。当市场同时出现利好生产要素的需求和供给的消息或者外生事件冲击时，生产要素的需求增加，相应的生产要素需求曲线会向右上方移动。与此同时，生产要素的供给也增加，相应的生产要素供给曲线向右下方移动。这会导致生产要素的均衡数量增加，而生产要素的均衡价格变化则是不确定的，具体取决于生产要素需求增加导致的要素价格上涨幅度和生产要素供给增加导致的要素价格下降幅度的对比结果。与此相反，当市场同时出现不利于生产要素的需求和供给的消息或者外生事件冲击时，生产要素的需求和供给会同时减少，相应的生产要素需求曲线会向左下方移动，生产要素供给曲线会向左上方移动。这一变化会导致生产要素的均衡数量减少，而生产要素的均衡价格变化结果同样是不确定的，具体取决于生产要素需求减少导致的要素价格下降幅度和生产要素供给减少导致的要素价格上涨幅度的对比结果。

当市场出现利好生产要素供需某一方同时又不利于另一方的消息时，生产要素的均衡价格变化是确定的，而均衡数量则是不确定的。当市场出现利好生产要素需求而不利于生产要素供给的消息或者外生事件冲击时，生产要素的需求增加，而生产要素的供给减少，这会导致相应的生产要素需求曲线向右上方移动，生产要素的供给曲线向左上方移动，这一变化会导致生产要素的均衡价格上涨，而生产要素的均衡数量变化则是不确定的，最终取决于生产要素需求增加导致的数量增加数额和生产要素供给减少导致的数量减少数额的对比结果。与此相反，当市场出现利好生产要素供给而不利于生产要素需求的消息或者外生事件冲击时，生产要素的供给增加，生产要素的需求减少，这会导致相应的生产要素供给曲线向右下方移动，生产要素需求曲线向左下方移动，这一变化会导致生产要素的均衡价格下降，而生产要素的均衡数量变化同样是不确定的，最终取决于生产要素供给增加导致的数量增加数额和生产要素需求减少导致的数量减少数额的对比结果。

上述生产要素的供求均衡比较静态分析结果的示意图形，可以参考本章第一节劳动力市场的供求变动图形，具体图形类似于图 16－8 到图 16－15。对比第十一章第三节的市场均衡分析中的供求变动分析图形，具体图形为图 11－10 到图 11－17，可以发现，产品市场和生产要素市场的供求比较静态分析同样适用供求理论分析，它们本质上是一样的。

思考题

1. 简述个体的劳动力供给曲线。
2. 简述生产要素的需求和供给同方向变化的市场效应。
3. 试论述劳动力需求和供给都增加的劳动力市场变化结果。
4. 试论述土地供给数量固定不变而需求变化的地租决定。

在线自测

扫一扫　练一练

第十七章　市场失灵和政府政策

第一节　垄断

一、垄断与低效率

垄断会导致市场失灵的主要原因之一就是垄断行为会导致低效率。在完全竞争市场当中，企业实现利润最大化的条件是边际成本等于边际收益，而边际收益正好等于产品的市场价格，这意味着完全竞争企业提供单位产品的边际成本正好等于消费者愿意支付的市场价格，社会资源实现了最有效的配置。而在垄断市场当中，由于垄断企业实现利润最大化的决策原则是边际成本等于边际收益，而每单位产品数量所对应的边际收益明显小于消费者所愿意支付的市场价格，这使得垄断竞争企业所生产产品数量少于完全竞争企业的生产数量，社会资源还未得到有效利用。垄断市场需求曲线和边际收益曲线如图 17－1 所示。垄断企业实现利润最大化原则是边际成本等于边际收益，因此垄断企业的利润最大化的均衡产量是Q_1，均衡价格为P_1。此时均衡价格明显高于均衡产量所对应的边际成本。

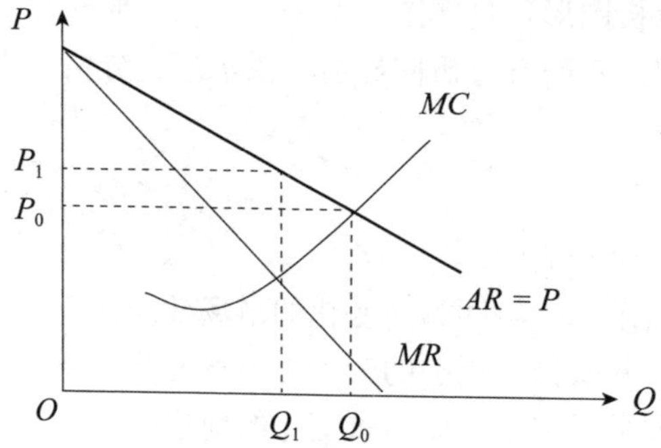

图 17－1　垄断与低效率

垄断企业的均衡点是否处于帕累托有效状态？在均衡点上，由于价格P_1位于边际成本曲线上方，这意味着消费者愿意为增加额外一单位产量所支付的价格大于垄断企业生产该单位产量的成本增量，因此它不是资源实现有效配置的状态。如果生产者增加产品产量，生产者可以增加消费者福利，但是增加产量意味着此时单位产量的成本会超过单位产量的收益，这有悖于生产者的利润最大化目标，因此垄断企业会在边际成本等于边际收益的位置选择生产Q_1产量。

垄断企业的帕累托有效配置应该是在哪个位置呢？由图 17－1 可知，垄断企业的帕累托有效配置状况对应的产量水平应该是Q_0。在该产量水平上，需求曲线与边际成本曲线相交，此时消费者为额外一单位产量愿意支付的价格正好等于垄断企业生产额外产量的成本。要实现这样一个帕累托有效的配置状况，需要让垄断企业的产量水平从Q_1增加到Q_0。一种可能的解决方案是：消费者之间可以对垄断企业由于将产量Q_1增加到Q_0并以价格P_0出售而带来的损失达成一项补偿协议，共同给予垄断企业至少等于该损失的报酬，在给予这些报酬之后，消费者的福利与垄断条件下的情况相比仍然可以有所改善。

为什么在垄断条件下的均衡产量不是处在帕累托有效的配置状况呢？可能存在两个方面的原因：一方面，垄断企业和消费者之间在如何分配增加产出所得到的收益问题上可能存在很大分歧，无法达成一致意见。另一方面，消费者之间对于分摊弥补垄断企业利润损失的支付问题上可能无法形成一致意见。即便消费者可以形成一致意见，也可能由于无法阻止部分消费者的搭便车行为而无法实现对垄断企业的补偿。

实际上，当市场是不完全竞争的时候，企业面临的需求曲线向右下方倾斜，企业实现利润最大化原则就是边际成本等于边际收益，也即满足等式$MC=MR$，而不是$P=MC$，当$P>MC$时，就会出现低效率的资源配置状态。这样一种低效率状况，不仅出现在垄断市场，还会出现在垄断竞争市场和寡头市场。这意味着，不完全竞争市场往往是低效率的，因为潜在的帕累托改进可能由于难以达成一致协议，从而使得整个经济偏离帕累托有效率状态。

垄断市场的低效率问题可以通过价格歧视得到缓解。所谓价格歧视，就是把相同生产成本的商品以不一样的价格卖给不同的消费者。举例来说，对于同一种产品的青少年、中青年和老年人消费者收取不同的价格，或者针对不同销售量收取不同的批发价和零售价，甚至根据不同消费时段，比如节假日和工作日、消费高峰期或者非高峰时期等收取不同价格。对于同样一单位产品可以向不同消费者收取不同的价格，同样一个价格可以卖给消费者不同的产品数量，此时垄断企业的产品价格和产量不再是一一对应的函数关系，因此无法根据垄断企业实现利润最大化的条件推导出供给曲线。换句话说，垄断市场不存在着供给曲线。

根据价格歧视实施程度的差异，可以划分为一级价格歧视、二级价格歧视和三级价格歧视。其中一级价格歧视也称为完全价格歧视，它是指垄断企业能够根据消费者对于每单位产品的最高支付意愿收取相应价格。二级价格歧视是指垄断企业针对消费者不同消费数量收取不同价格。三级价格歧视是垄断企业对于同一产品在不同消费市场或者对于不同需求价格弹性的消费者群体收取不同的价格。

对于垄断企业来说，实施价格歧视的好处是可以提高垄断企业的生产者剩余，增加垄断企业获得的利润。所谓生产者剩余，是指生产者出售商品的价格与提供该商品的边际成本的差额。为方便说明问题，我们假设垄断企业的边际成本函数曲线是一条向右上方倾斜的直线，并且该垄断企业的固定成本为零。假如成本函数曲线是一条向右上方递增的曲线，或者垄断企业的固定成本大于零，它们并不会影响实质性的分析结论。

当垄断企业按照边际成本等于边际收益实行垄断定价时，如图 17－2 所示，垄断企业的最优产量为Q_0，与该产量相对应的产品价格为P_0。在这样的最优产量和价格水平上，垄断企业获得如图 17－2 阴影部分所示的生产者剩余，也即梯形面积S_{BCDE}，而三角形S_{ABE}正好是需求曲线与产品价格差额所围成的面积，它刻画出了消费者从购买商品数量Q_0所获得的消费者剩余。需求曲线、边际成本曲线与最优产量直线所围成的三角形面积S_{BCH}刻画了消费者可以从新增加的单位产品中所愿意支付的产品价格与单位产量边际成本的差额面积，它可以定义为垄断企业实施垄断定价所带来的无谓损失。

当垄断企业实行一级价格歧视时，由于需求曲线表示为消费者对于新增的每单位产量所愿意支付的最高价格，因此垄断企业可以按照需求曲线对于新增的每单位产品收取相应的价格。如图 17－3 所示，此时垄断企业的最优选择是根据 $MC=P$ 来选择最优生产产量 Q_1，并对于每单位产量按照需求曲线依不同单位产量所对应的消费者愿意支付的最高价格来定价。在一级价格歧视之下，垄断企业正好实现资源配置的帕累托效率。当垄断企业实行一级价格歧视时，垄断企业获取了原本属于消费者的全部消费者剩余，三角形面积S_{ADH}全部成为垄断企业的生产者剩余。

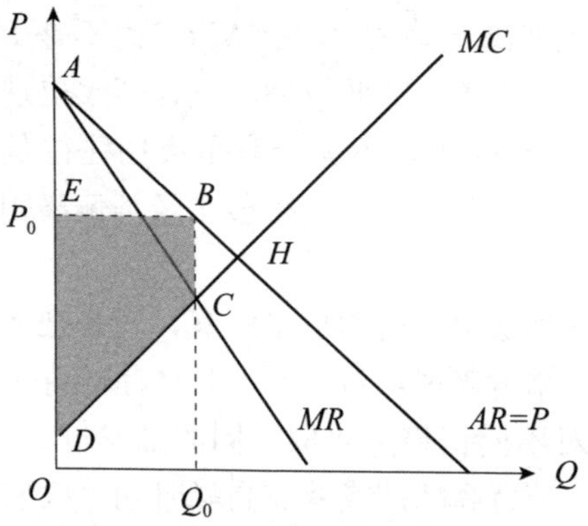

图 17－2　垄断企业实行垄断定价

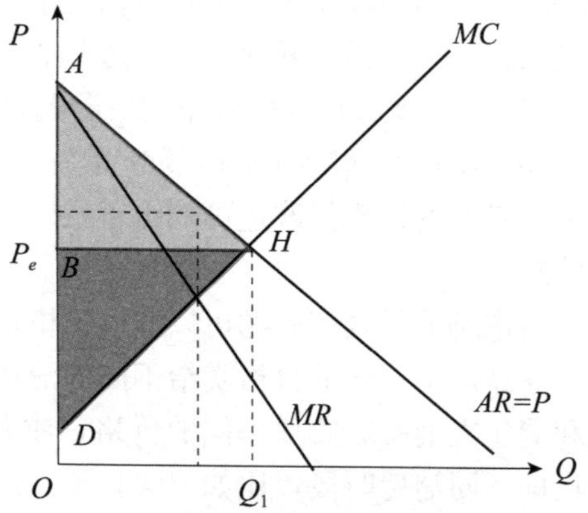

图 17－3　垄断企业实行一级价格歧视

当垄断企业实行二级价格歧视时，如图 17－4 所示，对于不同的产量Q_1、Q_2和Q_3，企业相应地收取不同的产品价格P_1、P_2和P_3。对比图 17－2 和图 17－4，可以发现二级价格歧视使得垄断企业的生产者剩余增加了，它从原来的一整块梯形面积变成了阶梯形状的面积，这样一个阶梯形状由三个不同的梯形面积S_{BLKG}、S_{MGFC}和S_{NFED}所构成。与此同时，消费者剩余则由原来的一个三角形面积变成了三个小三角形的面积，它们分别为S_{ALB}、S_{BMC}和S_{CND}。在二级价格歧视下，垄断企业的无谓损失变成了小三角形面积S_{DEH}。

当垄断企业实行三级价格歧视时，这意味着垄断企业能够对于不同消费群体或者不同地区实行分割并且进行差别性定价。如图 17－5 所示，为了实现利润最大化，垄断企业在不同市场当中分别根据每个市场各自的需求情况确定每个市场的边际收益曲线，并在每个市场的边际成本和边际收益相等的位置分别提供不同的产品产量Q_1和Q_2，产品收取的价格分别为P_1和P_2。在三级价格歧视下，垄断企业所获得的生产者剩余为两个市场各自阴影部分的梯形面积$S_{B_1C_1D_1E_1}$和$S_{B_2C_2D_2E_2}$之和，消费者生产则是每个市场需求曲线与相应价格所围成的两个小三角形面积$S_{A_1B_1E_1}$和$S_{A_2B_2E_2}$之和。垄断企业在三级价格歧视下同样会造成无谓损失，为两个小三角形面积$S_{B_1C_1H_1}$和$S_{B_2C_2H2}$之和。

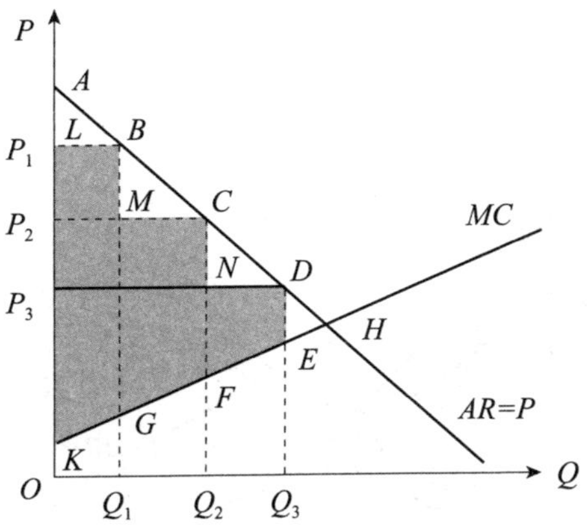

图 17-4　垄断企业实行二级价格歧视

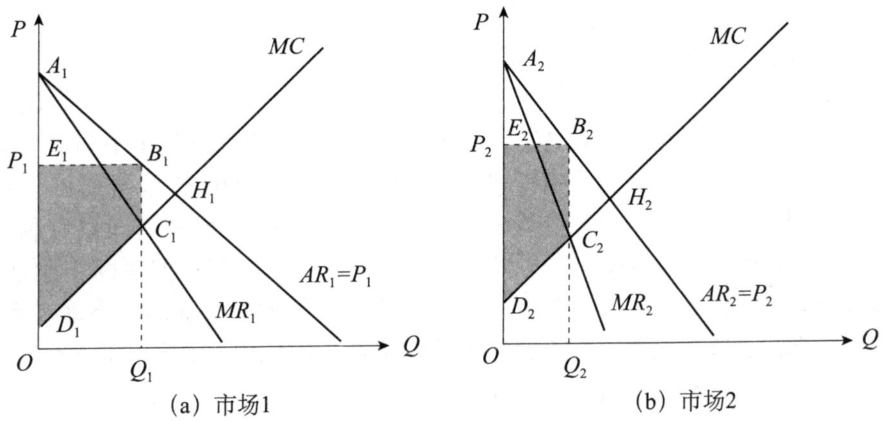

图 17-5　垄断企业实行三级价格歧视

二、垄断的治理政策

由于垄断往往会导致资源配置缺乏帕累托效率，因此政府会对各种垄断行为进行相应的管制。政府通常会试图通过管制垄断价格来提高资源配置效率，价格管制的治理政策手段主要有完全竞争市场定价方法、平均成本定价法和边际成本定价法等。

如图 17-6 所示，一个垄断企业面临的市场需求曲线和平均收益曲线 AR 重合，MR 是边际收益曲线，AC 和 MC 分别是垄断企业的平均成本和边际成本曲线。在没有管制时，垄断企业生产根据利润最大化原则（$MR=MC$）决定利润最大化的产量 Q^*，垄断价格为 P^*。此时，垄断企业的均衡数量和均衡价格既缺乏效率又缺乏公平，这是因为其产品价格高于边际成本，存在帕累托改进余地，同时垄断企业获得了超额利润，即经济利润不为零。

当政府对垄断企业进行价格管制时，为了达到最优效率可以将管制价格定在 P_M，最大化产量为 Q_M。在该产量水平上，价格恰好等于边际成本，实现了帕累托有效。当管制价格定为 P_M时，垄断企业可以实现帕累托有效的资源配置，但垄断企业依然获得了超过正常利润的经济利润（平均收益超过平均成本的部分）。若为了追求公平，管制价格应当定为 P_A，此时平均收益等于平均成本，经济利润为零，但边际成本大于价格，不符合帕累托有效标准。

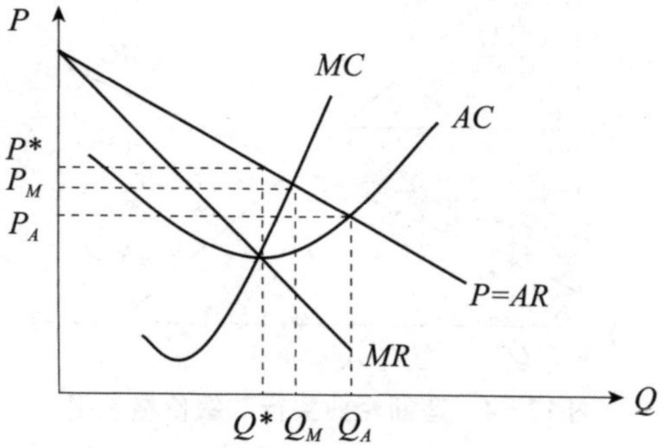

图 17－6　对垄断的管制（1）

以上分析基于垄断企业的平均成本具有向右上方倾斜特征的情形。对于自然垄断的情况，即平均成本不具有递增部分而是持续下降的情形，政府对其管制价格的情况也会有所不同。如图 17－7 所示，平均成本 AC 呈现下降趋势，边际成本总位于平均成本下方。当市场不存在管制政策时，垄断企业根据利润最大化原则 $MC=MR$ 选择产量 Q^*，并将价格定为 P^*，这同样是既不公平也没有效率。如果政府对该垄断企业进行价格管制，按照边际成本定价方法，管制价格确定为 P_M时，此时达到帕累托有效，但垄断企业是亏损的。因此需要政府补贴才能继续生产。如果采用平均成本定价方法，管制价格确定为 P_A，垄断企业的经济利润为零。然而，由于此时它的边际成本大于边际收益，同样不符合帕累托有效标准，规模经济优势也没有充分发挥。

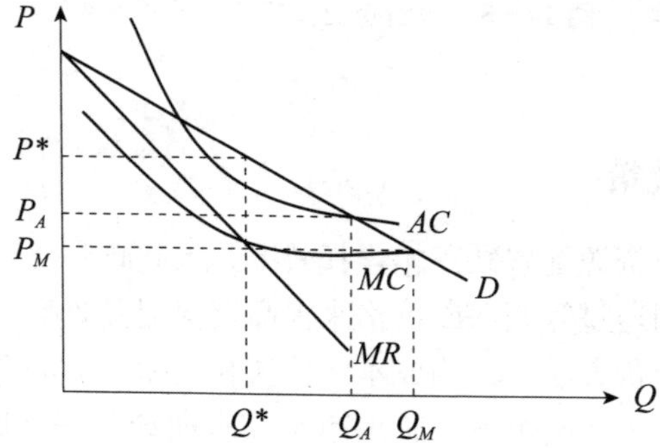

图 17－7　对垄断的管制（2）

第二节　外部性

一、外部性与资源配置失灵

外部性是指生产者或消费者在自己的活动中产生了一种有利影响或者有害影响，这种有利影响带来的利益（收益）或者有害影响带来的损失（成本）都不是由消费者或者生产者本人所获得或承担的。外部性的实质在于一个当事人对其他当事人的福利产生直接影响，但是这种直接影响效应没有反映在市场价格上面。

按照外部性的积极或者消极影响效果，可以把外部性分为正外部性和负外部性。正外部性是指经济行为主体的生产和消费行为直接给其他行为主体产生积极影响效果，但是该行为主体并没有由此获得回报。负外部性是指经济行为主体的生产和消费行为直接给其他行为主体产生负面影响效果，但是该行为主体并没有因此而承担相应的成本。诸如教育或者技术研发创新，都可以归为正外部性的例子。而诸如噪声、废水或废气的排放等都是负外部性的具体例子。

外部性会造成一个后果：市场对资源的配置缺乏效率。换句话说，即使假定整个经济仍然是完全竞争的，由于存在外部性，整个经济的资源配置不可能达到帕累托最优状态。在存在外部性的条件下，也不可能实现潜在的帕累托改进。

举例来说，诸如废水、废气污染排放和噪声等负外部性，它们会给社会带来额外治理成本（外部成本），但这一成本如果没有在市场中表现出来，就会导致市场机制配置偏离帕累托最优，从而形成市场失灵。

我们可以通过引入私人边际成本和社会边际成本的概念，来区分和识别是否考虑外部性的市场配置效果。当市场存在负外部性时，生产者的供给除了会产生私人边际成本，其负外部性也会产生外部边际成本，社会边际成本就是二者之和。然而，生产者最优化决策依据的是产品的私人边际成本等于产品的边际收益，由于生产者忽略了负外部性造成的社会成本，实际产出会明显偏离社会最优产出。如图 17－8 所示，私人边际成本形成的供给曲线 *MPC* 与需求曲线决定均衡数量 Q_0、均衡价格 P_0；考虑了外部性的社会边际成本供给曲线 *MSC* 与需求曲线决定均衡数量 Q_1、均衡价格 P_1。对比两者情形，可以发现 $Q_1 < Q_0$，$P_1 > P_0$，让市场自发调节的完全竞争市场机制配置的资源状态偏离了社会最优配置状态（P_1，Q_1），此时市场机制的资源配置效率失灵了。

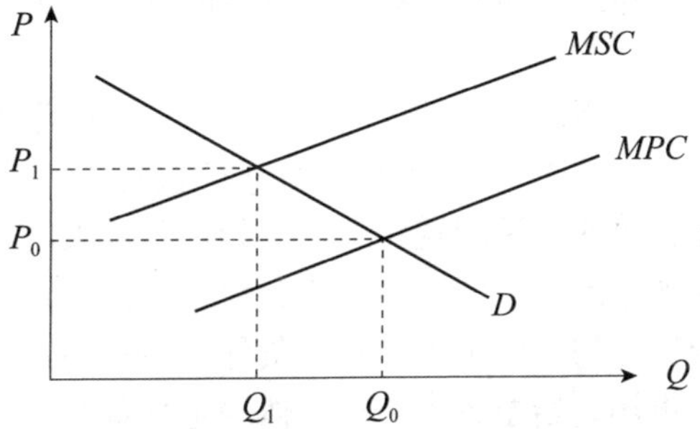

图 17－8　负外部性导致的市场失灵

当市场存在正外部性时，它同样也会出现市场机制配置资源失灵情形。如图17－9所示，假设该完全竞争市场存在着一项具有外部性的经济生产活动。对于个人来说，其最优生产决策是个人收益曲线 *MPB* 与供给曲线共同决定，市场机制实现的均衡状态是（P_0，Q_0）。而如果考虑正外部性给社会带来的积极影响效果，社会边际收益曲线是在原来的私人边际收益曲线 *MPB* 基础之上增加正外部性带来的积极效果，由此形成位于私人边际收益曲线上方的 *MSB* 曲线。此时社会最优的资源配置状况是社会边际收益与供给曲线的交点（P_1，Q_1）。对比来看，可以发现，当市场没有考虑正外部性的积极效果时，会使得资源配置数量相对不足，产品价格明显低估。

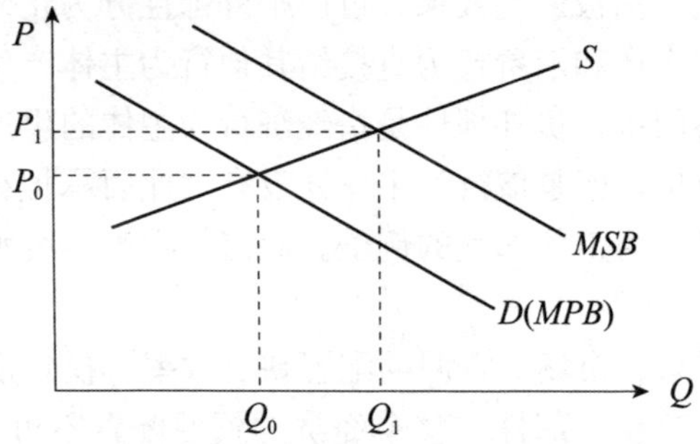

图 17-9　正外部性导致的市场失灵

二、外部性的社会治理政策

无论是正外部性还是负外部性，都会导致市场机制配置资源失灵，因此需要寻求纠正市场失灵的治理政策。一般来说，行政命令和行业标准政策、税收或补贴政策、外部性内部化手段等可以用于解决外部性问题。

（1）行政命令和行业标准政策。很多外部性问题，根源在于现实产权界限不清楚、不明晰或者产权无法私有化。因此，借助行政命令或行业标准政策，可以明晰产权边界，由此缓解外部性问题。例如，对于排放废水废气的企业，政府可以规定具体的排放总量或者排放标准。政府也可以通过规定在公共场所不许吸烟等行政命令，以此明晰和清楚界定公共场所不受烟味污染的权利边界。

（2）税收或补贴政策。对于负外部性行为，通过征税政策，相当于使私人边际成本曲线增加其所忽略的社会成本，由此减少负外部性的消极后果。而对于正外部性行为，通过补贴政策，相当于使私人边际价值曲线增加其所忽视的社会价值，由此增加正外部性的积极效果。

（3）外部性内部化手段。当产生外部性的根源是产权不明晰或者界定不清楚时，如果产权能够明晰或者具备私有化条件，那么通过明晰产权边界，或者通过共有产权的私有化，同样可以实现帕累托有效的资源配置状态。例如，养蜂人的蜜蜂和果园场主的花朵互为正外部性，通过养蜂人和果园场主的一体化或者稳定合作关系，可以把正外部性行为内部化，这样同样可以实现资源的有效配置。对于负外部性的污染问题，可以通过确定碳排放权和成立碳排放权交易市场，给予各个市场主体一定数量的碳排放数额，再通过碳排放权交易市场，以市场化手段引导各个市场主体采用节能减排等生态环保的生产技术，实现碳减排目的。

第三节　信息不对称

一、信息不对称和市场失灵

除了垄断和外部性，信息不对称也是导致市场失灵的另外一个非常重要的因素。2001

年，加利福尼亚大学的乔治·阿克尔洛夫（George Akerlof）、斯坦福大学的迈克尔·斯彭斯（Michael Spence）和美国哥伦比亚大学的约瑟夫·斯蒂格利茨（Joseph Stiglitz）三位经济学家，因他们在信息不对称方面所做出的开创性研究而获得2001年度诺贝尔经济学奖。这三位经济学家各自研究的主题是不同的，其中阿克尔洛夫研究的是二手车市场，斯蒂格利茨研究的是保险公司和投保人、农业土地租赁市场里的地主和农民，而斯彭斯研究的是学历文凭的信号传递功能。虽然这三位经济学家各自研究的领域有所差异，但是主题都跟信息不对称相关，因此共同获得2001年的诺贝尔经济学奖。

传统经济学假定买卖双方的信息是对称的，买者知道卖者的信息，卖者知道买者的信息，买者知道卖者知道买者的信息，卖者知道买者知道卖者的信息，其他多阶的理性共识信息以此类推。然而，实际生活当中买者和卖者的信息往往是不对等的。比如医生和病人，医生知道病人具体的病情信息，知道是否要做手术，是否应该用上昂贵的进口药。而病人对于自己病情情况可能是一知半解甚至是无知的，这时医生和病人之间就是典型的信息不对称状况。另外，上市公司高管和散户之间的信息也是不对等的，作为公司高管，容易提前获知所经营公司什么时候发生财务困境，什么时候发生重大重组或者利好收购事件，什么时候已经资不抵债，而散户往往是后知后觉。当信息处于不对称状态时，如何避免市场失灵问题，避免具有信息优势一方侵占信息劣势一方的福利，这是一个需要值得深究的研究话题。

信息不对称是指市场上某些参与者拥有信息，而另外一些参与者没有拥有信息；或者是一些参与者掌握的信息多，而另外一些参与者掌握的信息少。信息不对称根据信息类型可分为两类：(1) 具有信息优势的一方能够观察到另一方不能观察到的一些商品或服务的特征，例如二手市场中的卖者比买者更清楚产品质量。(2) 具有信息优势的一方能够采取影响对方却不被对方观测到的行为，例如员工在工作时的走神等，它可称为隐蔽行动的信息不对称。

美国经济学家阿克尔洛夫于1970年在《经济学季刊》上发表的《柠檬市场：质量不确定性和市场机制》，首次对信息不对称导致的市场失灵和逆向选择问题进行分析。英语Lemons（柠檬）含有次品或者二手的意思，在他的文章里面，他刻画了一个二手车交易市场。在他看来，在二手车市场上，存在大量的买家和卖家。卖家知道每辆车的具体质量，理性卖家会按照“一分钱一分货”的原则出售二手车。然而买家并不能够得知具体二手车的信息，只能根据二手车的质量分布概率给予相应的估值。假设二手车质量 q 在0～1之间均匀分布，最差质量水平为0，最高质量为1。对于质量为 q 的汽车，对于卖家来说，保留价格正好是 q（即只有价格不低于 q 时，卖家才愿意卖掉它）；而对于买家来说，质量为 q 的车的保留价格为 $1.5q$（即价格不超过 $1.5q$，买家愿意购买）。

在这样的假定前提下，由于买家不清楚具体车辆质量，对于二手车质量 q 在0～1的均匀分布，其给出的质量预期是 $q/2$，因此买家愿意给出的最高价格是 $1.5\times q/2=3/4q$。然而卖家知道每辆车的质量信息，并且要求一分钱一分货，因此对于买家最高出价 $3/4q$，卖家愿意提供的最高质量是 $3/4q$，换句话说，卖家愿意提供的二手车的质量区间不再是0～1，而是变成了0～$3/4q$；而质量 $3/4q$～q 之间的二手车将被迫退出市场。然而，买家对于二手车质量0～$3/4q$ 的预期就变成了 $3/8q$，其所愿意支付的最高出价将变成了 $9/16q$。

卖家再依据一分钱一分货原理供货，此时卖家愿意提供的二手车质量区间变成了 0～9/16q，博弈会再次导致 9/16q～3/4q 之间的二手车退出市场。随着博弈次数增加，可以发现买家对于二手车的质量预期越来越低，愿意给出的最高出价不断下降，而卖家按照一分钱一分货提供商品，会让质量最好的商品最先退出市场，出现典型的“劣币驱逐良币”现象。留在市场当中的产品会越来越差，最终使得二手车市场没办法进行交易。诸如二手车这类柠檬市场，质量更好的产品反而优先退出市场，质量较次的产品最终却留在市场，这样一个逆向选择结果使得二手商品市场交易很难火起来。

除了二手车之外，还有哪些产品或者市场具备类似于柠檬市场的特征呢？阿克尔洛夫提到了四个经典的例子。第一个是保险市场。众所周知，保险市场的保费往往依据全体居民发生某种疾病的概率设计相应的金融产品。但是，对于那些患病概率较低的居民来说，保险公司所征收的保费在他们看来可能会显得过于昂贵，因此这些人可能会选择不投保。这相当于质量较优的居民优先退出保险市场，这样一个逆向选择结果，将会使保险公司为了盈利考虑不得不提高公司保单费用，但是越高的保单费用又会驱逐出另一波保险质量相对较好的居民。这样一个逆向选择结果将使得疾病险种很难成为保险公司的盈利性项目。第二个是少数民族居民的就业问题。相比于其他民族居民来说，少数民族可能面临着教育和师资方面的局限，这使得少数民族学生的平均受教育水平和质量相对来说可能处于劣势。教育的相对劣势可能不利于少数民族群体在劳动力市场的竞争力，使得这些居民收入和下一代居民所接受的教育程度受到影响，因此容易陷入“穷者越穷、富者越富”的马太效应结果。第三个是欺骗性交易的代价。在市场上，商品质量有可能被真实地标记，也可能被虚假地标记。在出现被虚假标记质量的商品后，原本希望购买高质量商品的买者会由于辨别商品质量所需的成本而放弃交易，于是诚实地售卖商品的交易商会因为他们的商品价格高出市场平均水平而被逐出市场。第四个是不发达国家的信贷市场问题。由于信息不对称，银行通常会偏爱放贷给富人与大企业，穷人和中小企业则难以获得信贷。

二、信息不对称的社会治理政策

如何解决信息不对称带来的资源配置低效率问题？信息不对称问题的症结就在于买卖双方的信息不对等，因而有助于缓解交易双方信息不对称的方式都能够成为有效的治理机制。一般而言，通过担保、品牌和执业职照等社会治理机制安排，就可以缓解信息不对称带来的资源配置低效率问题。

首先，担保或者保证书的方式，可以解决买卖双方由于信息不对称导致的无法交易或者交易水平低下的问题。现实生活当中，淘宝在互联网交易过程当中就是通过扮演担保角色，从而化解了互联网上买卖双方可能由于信息不对称导致的交易无法实现的货物发送或者货款支付的交易难题，促进了线上互联网交易。

其次，品牌可以成为破解信息不对称难题的关键钥匙。通过建立良好的品牌，或者连锁店品牌，可以为潜在的市场消费者发送出企业能够提供优质服务或者有品质保障的商品信号，解决了消费者对于潜在消费商品的信息不对称问题，从而促进市场交易，提高经济效率。

最后，执业职照也为特殊行业的信息不对称问题提供了一种政府“背书”或者行业

"背书"，这同样可以缓解相应行业的信息不对称问题。例如，我们对于医生、教师、律师和会计师等，要求他们在进入相应的医疗、教育、法律、会计和审计等行业时拥有相应的从业资格证书。这种从业资格证书实际上可以解决消费者在进行相应产品或者服务消费过程当中对于服务供给方资质和能力的信息不对称问题，从而可以更好地规范、引导和促进相应行业的发展。

第四节　公共物品和公共资源

一、公共物品和公共资源的特征

市场中的经济物品有很多类别，根据排他性和竞争性可以对经济物品进行分类。所谓排他性，是指只有支付商品价格的人才能够使用该商品。排他性度量的是市场主体否具有可以阻止他人消费或使用该物品的权利。竞争性是指如果某人已经使用了某个商品，那么其他人就没办法或者不能够同时使用该商品。它度量的是一个人的使用是否会减少其他人对该物品的使用数量。根据排他性和竞争性，可以把经济物品可分为私人物品、公共资源、俱乐部物品和公共物品。这四类物品的特征具体如下：

（1）私人物品：同时具有排他性和竞争性的物品。例如，一双鞋子既具有排他性又具有竞争性。排他性体现在一个人拥有了这双鞋，其他人就不可能再拥有它；竞争性体现在一个人穿上了这双鞋，那么其他人就不能同时穿它。实际上，经济生活中大多数物品都属于私人物品。

（2）公共资源：具有竞争性和非排他性的物品。例如，公海中的鱼具有竞争性。当一个人捕到鱼时，留给其他人捕的鱼就少了。但是公海中的鱼并不是排他性物品，因为公海中无法限制渔民捕鱼。公共牧场或者草场也是非常典型的公共资源的具体例子。

（3）俱乐部物品：具有排他性和非竞争性的物品。俱乐部物品是一种非常形象的说法，只有成为俱乐部成员，才拥有享受俱乐部内部所提供的产品或服务，因此它具有排他性。作为俱乐部成员，使用俱乐部内部的产品或服务时，并不会影响其他成员对产品或服务的使用，因此它没有竞争性特征。例如，有线电视节目就是一个俱乐部物品，一户居民观看有线电视节目，并不会影响其他观看同样一个节目，因此有线电视节目是没有竞争性的物品。但是如果不付费购买有线电视节目使用权，就无法观看节目，因此它具有排他性。

（4）公共物品：具有非排他性和非竞争性的物品。例如，国防安全对于每个居民来说都是一项公共物品。国防安全没有排他性，一个居民在享受了国防安全的同时，并不能阻止其他居民同样享受这样的国防安全服务。而非竞争性则体现在，一个居民享受了国防安全，并不会减少其他居民对于国防安全的消费。生态环境、村庄公共道路同样是公共物品的具体例子。

由于公共物品同时具有非排他性和非竞争性特征，如果由私人来供给公共物品，那么就容易出现搭便车现象，导致公共物品供给不足。假设整个社会有 A 和 B 两个消费者，他们对于公共物品的需求曲线分别为 D_A 和 D_B，公共物品的供给曲线为 S，如图 17－10 所示。由于公共物品具有非竞争性和非排他性，每个消费者都消费相同总量的公共物品，每个人对于公共物品的个人估值叠加起来成为公共物品的社会价值，因此，不同于私人物品的社会需求曲线是个人需求曲线的水平加总，公共物品的社会需求曲线则是个人需求曲线的垂直加总，具体如图 17－10 所示。公共物品供给曲线 S 与市场需求曲线 D 相交，决定公共物品的最优数量为 Q^* 和对应的均衡价格为 P^*，其中 P^* 等于 P_1 和 P_2 之和。对比私人需求曲线 D_A 和 D_B 与供给曲线 S 交点，可以发现私人所决定的公共物品供给数量明显低于最优数量 Q^*。

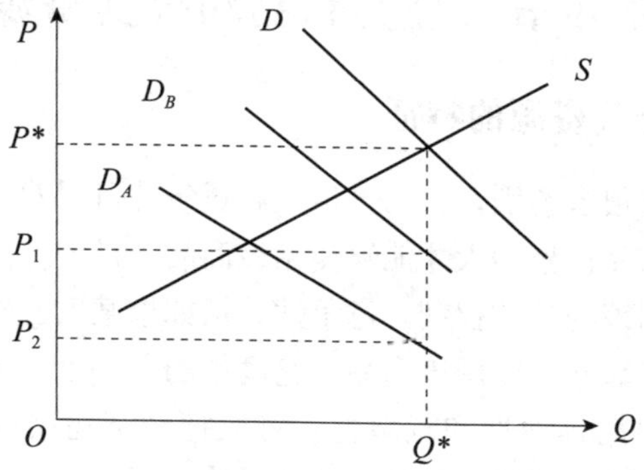

图 17－10　公共物品的最优供给数量

如图 17－10 所示，市场本身提供的公共物品通常低于最优数量，即市场机制分配给公共物品生产的资源明显不足。这样一个状况明显不同于完全竞争市场中私人物品的供给情景。在竞争的市场中，对于私人物品来说，市场均衡时的资源配置是最优的。生产者间的完全竞争使得消费者面对的商品价格等于边际成本，消费者消费一单位商品的机会成本是以市场价格卖给其他消费者的同样一单位商品，故没有哪个消费者会得到低于市场价格而买到商品的好处，消费者则在既定的商品产量上展开竞争。然而，对于公共物品来说，任何一个消费者消费一单位商品的机会成本为零。因此任何消费者都不会为他所消费的公共物品去与别人竞争。当消费者认识到自己消费的机会成本是零时，就会尽可能地减少公共物品的消费支出，通过“搭便车”方式消费公共物品。当所有消费者都采取类似的搭便车行为时，消费者所支付的总价格难以弥补供给公共物品所产生的生产成本，从而导致实际产出水平低于最优数量水平。此时公共物品的市场供给失灵了。

公共物品会由于理性经济人的“搭便车”行为而出现供给不足的困境，与此相反，具有竞争性和非排他性的公共资源则会由于理性经济人的过度捕捞或者过度使用而出现公地悲剧现象。公地悲剧具体是指这样的一种情形，即假设所有牧牛者共同使用同一片草地。公共草场是一种非常典型的公共资源，对于整片草地来说，最好的机制安排，是所有的牧牛者按照草地可承受的牛群最大容量分配相应的份额。如果所有的牧牛者都能进行合作，都遵守这样的一个安排，那么从社会的角度来看它是最优的。然而，对于只关心自己收益的个体来说，其最优的决策，恰恰是在别人达成合作协议遵守这样一个机制安排的同时，自己不进行合作，背叛这样一个明显或者是默认的合作协议，通过增加牛群的数量，可以使自己的个人收益变得更高。而当所有的牧牛者都是追求自己私利最大化的利己主义者时，随着牛群的不断增加，超过草地可承受容量的时候，整片草地最终因过度放牧而遭受破坏难以为继，这就出现了所谓的公地悲剧（Hardin，1968）。

“公地悲剧”问题最初是源自对类似于公地放牧现象的一种理论上的精简和概括，自从 1968 年哈丁把这样一篇《公地悲剧》（*The Tragedy of the Commons*）文章发表于《科学》杂志以来，近半个世纪以来如何解决现实当中的这类“公地悲剧”难题成为诸多经济学家、管理学家和社会学者等最感兴趣也最为头疼的话题之一。它不仅仅局限于哈丁所抽象描述的过度放牧现象，同时也可概述现实当中公海的过度捕捞现象、人口拥挤问题、环境污染问题、供公众免费进入的园地使用问题、传染病的传播控制问题以及其他类似性质的个体之间相互合作的问题。公地悲剧问题实际上是对亚当·斯密于 1776 年的《国富论》当中所提出的追求私利的动机最终会促进公共利益的“无形之手”理论的一个有力批判。它揭示出“无形之手”理论最终可能导致社会悲剧的致命缺陷，同时也意味着合作的个体理性和群体理性的两难处境。

二、公共物品和公共资源的治理政策

如何避免公共物品的搭便车问题和公共资源的公地悲剧现象？现有研究认为，政府供给和政府管制、征收庇古税、明晰产权和 PPP 模式等可以成为相应的治理政策。

（1）政府供给和政府管制。由于私人供给公共物品往往容易出现供给不足困境，因此现有替代解决方案之一就是由政府替代市场来集中提供公共物品。通过政府强有力的征缴税收手段，可以确保供给相应公共物品规模的资金问题，由此解决了公共物品的搭便车难题。而对于公共资源来说，通过政府管制手段，强制规定每个公共资源使用者的最高使用数量，并且保证这些规定得到切实的落实执行，那么公共资源过度使用问题就能够有效避免。不过政府供给往往只能提供标准化和同质的公共物品，在多样性公共物品的供给、更好地满足高质量公共物品的需求等问题上可能面临捉襟见肘的窘境。政府管制也面临如何确定最优公共物品使用数量及其动态调整的问题。

（2）征收庇古税。公共资源的过度使用本质上也是一种负外部性，每个个体在增加自己产出数量的同时，也会对其他个体产出的单位价值带来负面影响。借鉴负外部性的治理政策，可以对每个公共资源使用个体按照资源使用数量征收一定的比例税，即庇古税。庇古税可以将公共资源过度使用的负外部性内部化，从而减少对于公共资源的过度使用。通过征收税费，它也可以为公共物品集资筹建提供相应的资金来源，解决因搭便车问题而导致的公共物品建设资金供给不足困境。

（3）明晰产权和 PPP 模式。公共物品和公共资源共同具有非排他性特征，公共产权的非排他性特征容易导致公共物品供给激励不足，也使得公共资源可持续使用的激励不足。因此，实际操作过程当中，如果公共产权能够进行明晰，产权可以明确给个人，那么通过市场手段就可以实现资源的优化配置。例如，人民公社时期的“吃大锅饭”，实质上就是一种公共资源，这种“大锅饭”最后没法持续，这类似于哈丁所描述的公地悲剧。人民公社之后，我们在全国推行家庭联产承包责任制，这本质上就是通过明晰产权的方式，分产到户责任到人，由此大大调动了全国农民农业生产的积极性，农村发生了翻天覆地的变化。不过，公共产权私有化，也容易出现私有化悲剧问题。就好比一个公园或者景区，过度私有化会让公园或景区面积越变越小，最终公园和景区将消失殆尽，丧失了公共物品或公共资源的社会福利和社会保障功能。

此外，政府和社会资本合作模式，也即PPP（Public-Private-Partnership）模式，具体是指政府通过特许经营权、合理定价和财政补贴等事先公开的收益约定规则，引入社会资本参与基础设施等公益性事业投资和运营。PPP模式具有利益共享和风险共担特征，可以充分发挥政府和市场优势，提高公共产品和服务的供给质量和效率。

专栏17－1

灯塔：私人供给还是政府供给？

公共物品究竟应该由政府提供还是可以由私营企业供给？这一直是一个备受关注的研究议题。传统经济学理论认为，公共物品具有非排他性和非竞争性，市场容易出现搭便车行为，私人供给无法保证公共物品的供给效率，因此需要政府供给公共物品。在不少知名经济学家的著作当中，灯塔往往被作为一个必须由政府提供而不是由私人提供的物品例子。例如，穆勒在《政治经济学原理》写道："为了确保航行的安全，建造和维修灯塔、设置浮标等属于政府适当的职责。由于不可能向受益于灯塔的海上船只收取使用费，没有人会出于个人利益的动机而建造灯塔，除非由国家的强制征税给予补偿。"萨缪尔森在《经济学》一书当中也写道："灯塔的光亮有助于每个看到它的人，企业家不会为了盈利而建造它，因为要向每个使用者收费会引起极大的困难。这肯定是政府要从事的一种事业。"

然而，科斯在他的《经济学中的灯塔》一文当中，细述了英国灯塔的制度及其演变的基本常识，并发现了私人提供灯塔并且还能够获利的具体证据。他以案例研究结果表明，17世纪的英格兰灯塔的建造是私人企业家自愿行动的结果，他们响应货运承运者和船主的请愿，要求王室允许私人在特定地点建造灯塔，并向受益者收取费用。这些费用跟港口使用捆绑，船只在抵达港口时收取灯塔费，从而解决了公共物品的收费难题和供给融资问题。

具体来看，1820年英国灯塔的基本情况是：24座灯塔由领港公会经营，22座由私人或私人组织经营。但领港公会的许多灯塔原先不是由他们建造的，而是通过购买或租约到期而得到的。1820年24座由领港公会经营的灯塔中，12座灯塔是租约到期的结果，1座是1816年由切斯特理事会转让的。总的来看，1820年46座灯塔中只有11座是领港公会建造的，而34座是由私人建造的。到1834年，在英格兰和威尔士有42座灯塔（包括浮动灯塔）属于领港公会；3座灯塔由领港公会出租给个人；7座灯塔由国王出租给个人；4座灯塔起初根据专利权后来根据国会法令属于私人业主。也就是说，在总共56座灯塔中，有14座由私人或私人组织经营。在1820—1834年间，领港公会建造了9座新的灯塔，购买了5个租给个人的灯塔，购买了3座属格林威治医院所有的灯塔。由于灯塔收费越来越高，议会强烈支持领港公会购买私人灯塔，领港公会开始购买某些私人灯塔。1836年，议会的法令把英国所有的灯塔授予领港公会，领港公会有权购买剩余留在私人手中的灯塔。这一工作到1842年完成。从那以后，除"地方性的灯塔"外，在英国不再有属于私人所有的灯塔。

虽然英国政府在1842年之后限制了私人企业进入市场提供灯塔服务的机会，但是它却没法阻止私人经营可移动的海上灯船，灯船是跟灯塔功能相类似的用于标记危险的航道或浅滩、指引船只航行的浮动灯塔。Candela 和 Geloso（2018）考察了世界上第一艘现代灯船诺尔号灯船（Nore lightship）的运营情况。它由两位企业家 David Avery 和 Robert Hamblin 开发，并于 1731 年在英格兰泰晤士河入口处首次下水，其主要优势在于它们可以被放置在灯塔无法起到有效海标作用的区域。由于在泰晤士河入海口较浅的地方发生海难的风险最高，而此处的海运交通量在不断增加，这为诺尔号灯船照明服务提供了市场需求。另外，尽管灯船发出的灯光具有非竞争性特征，但是商船对于灯光的使用可以与海港的使用捆绑在一起，这使得灯船的使用具有了可排他性的特征。从成本来看，诺尔号灯船的建造成本低于灯塔，可以提供费用相对较低的照明服务；运营成本较低，相比灯塔更容易实现盈利。这艘灯船通过先付款后服务、港口价格歧视付款的机制，按照不同船只的吨位分段征收费用：船只按次收费，100 吨以下的船只，每艘支付 6 便士（0.5 先令）；100 至 200 吨的船只，每艘支付 1 先令；200 吨以上的船只，每艘支付 1.5 先令。总的来看，每吨货物平均费用为 0.045～0.12 便士。整个案例分析结果表明，私人提供照明服务实际上是可能的。相比于船主付费更便宜的私人灯船来说，1836 年英国试图减少船主支付的灯塔费用而选择将所有私人灯塔收归国有的做法，实际上反而是造成了照明服务的垄断经营，这是政府失灵的结果而不是市场失灵的结果。

与英格兰一样，瑞典也有私人灯塔，其资金来源同样是向停靠特定港口的船只征收。几个世纪以来，瑞典和英国的一些灯塔一直由私人利益集团管理和拥有。然而，私人建造和维护灯塔往往需要通过垄断来人为设定更高收费价格才能维持运营和盈利，航海货物托运商和船主等海员们可能不得不支付相对较高的灯塔费，同时享受着参差不齐的灯塔照明服务质量。面对海员们的抱怨和诉求，瑞典政府非常重视他们的利益，开始介入灯塔的融资和管理，确立了海员们为自己所要求的服务付费而不是全体纳税人付费的原则，建立了统一的灯塔税收基金，并进行了灯塔质量控制，实行了标准化管理。

到 1839 年，瑞典的最后一座私人灯塔被宣布国有化。Lindberg（2015）的研究回顾了 1650 年到 1890 年瑞典的灯塔供应情况，他们的案例分析研究结果表明，国家可将风险承担转移给私营企业家，私营企业则以风险承担换取从商品和服务生产中赚钱的特权。而随着特权企业收益的增加，国家可以通过各种手段接管这些私营企业。这既是英国政府的做法，也是瑞典政府的做法。他们同时指出，在瑞典这样的经济体当中，像灯塔这些大型公共产品的提供，更多依赖的是公共供给而非私人供给。

综上所述，灯塔例子的研究证据突破了传统经济学理论的认知：政府并不是供给公共物品的唯一主体。政府供给公共物品确实可以更加稳定并保质保量，但是私人参与公共物品供给具有成本优势和灵活性。因此，探索政府和私人合作的模式，可以充分发挥两者的优势。政府可以通过制定政策、提供资金和监管机制等方式为私人企业提供支持，促进私人企业积极参与公共物品供给。

资料来源：LINDBERG E. The swedish lighthouse system 1650—1890：private versus public provision of public goods [J]. European review of economic history，2015，19（4）：454－468；CANDELA R A，GELOSO V J. The lightship in economics [J]. Public choice，2018，176：479－506；罗纳德·科斯．企业、市场与法律．盛洪，陈郁，译校．上海：格致出版社，上海三联书店，上海人民出版社，2009：149－173.

思考题

1. 简述信息不对称的社会治理政策。
2. 简述公地悲剧现象。
3. 试论述负外部性导致的市场失灵。
4. 试论述垄断企业实行二级价格歧视的社会福利效应。

在线自测

扫一扫　练一练

宏观经济学原理

第十八章　国民收入核算概述

第一节　宏观经济学的概念、范畴与主要内容

宏观经济学（Macroeconomics）是一门独立的经济学分支学科，它以国民经济整体为研究对象，探讨长期经济增长、经济波动、失业、通货膨胀、国际收支等宏观经济问题，并深入分析宏观经济政策的性质及后果，目标是促进长期稳定的社会经济发展。

宏观经济学的主要内容包括：(1) 通过国民经济核算构建宏观经济指标，以此来科学度量宏观经济发展的历史、现状和未来趋势。(2) 从总供给的视角探讨宏观经济总体上的长期生产问题，研究长期增长的内在逻辑，找出促进长期增长的有效政策。(3) 研究短期的总需求问题，从货币体系与金融市场入手，分析消费、投资等行为，并进一步引入政府部门和开放经济，讨论政府购买与进出口，从而形成完整的总需求理论。(4) 结合总需求与总供给，通过基本的总供求模型分析宏观经济波动和治理这些波动的相关经济政策。(5) 从失业与通货膨胀这两个关键问题出发，讨论宏观经济政策（主要是货币政策与财政政策）背后的理论逻辑与实施效果。(6) 把宏观经济学的理论逻辑拓展到开放经济，讨论开放条件下的汇率、国际贸易、国际资本流动以及相关的宏观经济政策。

一般来说，宏观经济学所研究的问题分为三类：长期增长问题、短期波动问题以及宏观经济政策问题。长期增长问题主要讨论一国或地区整体上的长期经济增长，包括长期增长的条件、影响长期增长的主要因素及其机制、长期增长的后果及其评价、长期增长的国别差异分析和地区差异分析、长期增长的可持续性等。长期经济增长涉及实际总财富水平的持续变化，关系到社会成员的总体福利水平。持续稳定的长期增长是让人民满意的必要条件，其实现要求制度、技术进步、人口、资源、环境、资本等各方面都有利于增长。宏观经济学需要就这些方面给出解答。

短期波动问题主要涉及经济周期或者经济波动。从一个月、一年等短时期看，宏观经济总是处于波动当中，如果宏观经济整体上调控不当，就可能出现过热、衰退，甚至萧条等现象，导致社会成员福利水平急剧下降，严重影响社会成员的幸福感。宏观经济学需要分析经济波动的性质与起因，波动的程度与范围。具体来说，宏观经济学将使用合适的宏观经济总量指标刻画波动本身；从消费、投资、进出口、政府收支四个方面综合探讨波动的成因；从就业与失业、货币体系与金融市场、物价与通货膨

胀、汇率与国际收支平衡等多个方面全面分析波动的性质与后果，并据此给出治理波动的政策方案。

无论是促进长期增长还是治理短期波动，都离不开宏观经济政策。从宏观经济学诞生以来，宏观经济学家首先认识到可以通过管理总需求来治理短期波动。政府可以通过制定财政收支政策来决定政府购买，进而影响总需求。政府还可以通过中央银行控制货币发行、调控货币量，并通过金融市场的传导，调节利率水平与汇率水平，进而影响投资、进出口以及国际资本流动。政府甚至可以直接通过税收和补贴等政策影响家庭的消费。运用货币政策、财政政策、汇率政策等总需求管理政策，政府可以有效调控物价、就业、进出口、国际收支等关键宏观经济变量，从而实现促进就业、稳定物价水平、平抑通货膨胀、达到国际收支平衡等宏观经济目标。随着社会经济的发展以及宏观经济学的日益成熟，宏观经济学家还开发出了总供给管理政策，比如影响长期经济增长的制度创新、改革开放、政治稳定、技术进步、人口政策、资源环境可持续发展政策等。产业政策、国际贸易政策、政府管制政策、国有企业等也都会对总供给产生重要影响。

宏观经济学与微观经济学是两大经济学基础分支学科。微观经济学研究个体经济行为及其后果，涉及单个人、单个家庭、单个组织的经济决策与市场交易，市场的性质、边界与扩展，经济行为与市场交易后果的福利评价，市场的局限性等内容。而宏观经济学则是研究经济总体的经济行为及其后果，涉及作为总体的人和家庭、作为总体的组织的经济决策以及在总量上产生的后果。微观经济学可以看作是个体经济学，宏观经济学可以看作是总体经济学，两者相辅相成、互相补充，共同组成一个完整的经济学基础理论体系。

一般认为，宏观经济学发端于 20 世纪 20 年代末大萧条时期，也就是美国 1929 年大危机之后。当时，以马歇尔为代表的新古典经济学（neo-classical economics）无法解释大危机现象，也无法给出解决大危机的有效方案，越来越多的人开始怀疑自由市场经济的有效性。1936 年，约翰·梅纳德·凯恩斯出版了《就业、利息和货币通论》，这部划时代的巨作第一次跳出了新古典经济学的理论框架，首次把宏观经济整体作为研究对象，在宏观经济总量上构建分析逻辑，讨论了经济波动的原因和性质，从有效需求不足出发解答了大危机的成因，最后给出了总需求管理政策这一危机解决方案。《就业、利息和货币通论》的出版犹如黑暗中突然出现的一束光，指引着当时的经济学家进入一个崭新的领域。经过希克斯（John Hicks）、汉森（Alvin Hansen）、萨缪尔森（Paul A. Samuelson）、托宾（James Tobin）、莫迪利亚尼（Franco Modigliani）、索洛（Robert Solow）等一大批经济学家对凯恩斯的《就业、利息和货币通论》的解读、重构和创新，到 20 世纪 40 至 50 年代，宏观经济学作为一门独立的、与以马歇尔为代表的新古典经济学相并列的经济学分支开始兴起，并走入课堂，向全世界传播。自此之后，经济学开始分解为微观经济学与宏观经济学两大部分。随着萨缪尔森编写的《经济学》基础教材在 1948 年首次出版和此后的全球流行，宏观经济学与微观经济学的划分方法开始固定下来，并延续至今。

专栏 18-1

从宏观经济学视角学习党的二十大报告

党的二十大报告明确提出了我国发展的奋斗目标："到二〇三五年，我国发展的总体目标是：经济实力、科技实力、综合国力大幅跃升，人均国内生产总值迈上新的大台阶，达到中等发达国家水平；实现高水平科技自立自强，进入创新型国家前列；建成现代化经济体系，形成新发展格局，基本实现新型工业化、信息化、城镇化、农业现代化；基本实现国家治理体系和治理能力现代化，全过程人民民主制度更加健全，基本建成法治国家、法治政府、法治社会；建成教育强国、科技强国、人才强国、文化强国、体育强国、健康中国，国家文化软实力显著增强；人民生活更加幸福美好，居民人均可支配收入再上新台阶，中等收入群体比重明显提高，基本公共服务实现均等化，农村基本具备现代生活条件，社会保持长期稳定，人的全面发展、全体人民共同富裕取得更为明显的实质性进展；广泛形成绿色生产生活方式，碳排放达峰后稳中有降，生态环境根本好转，美丽中国目标基本实现；国家安全体系和能力全面加强，基本实现国防和军队现代化。"

这段话中多次出现了宏观经济学的相关知识。在宏观经济指标方面，出现了"人均国内生产总值""居民人均可支配收入"；在宏观经济学的基本目标方面，出现了"经济实力、……综合国力大幅跃升""创新型国家""现代化经济体系""共同富裕"等关键词；在宏观经济思想和政策方面，出现了"创新""新发展格局""公共服务"等关键词。

第二节 宏观经济的运行原理

学习宏观经济学，首先要了解宏观经济的运行原理。和微观经济学的局部均衡分析不同，宏观经济学是从全局视角分析宏观经济整体的运行过程与性质。作为整体的宏观经济包含了所有参与人、所有相关组织和所有市场。为了分析的方便，首先建立一个最简单的宏观经济模型，即两部门经济模型。在两部门经济模型中，经济活动的参与人简化为家庭和企业（即厂商）两个部门。家庭为了生存和发展需要消费，所消费的物品和劳务从产品市场购买；这些物品和劳务由企业生产出来并在产品市场上供给。企业为了生产家庭所需的物品和劳务，需要从要素市场购买原材料、机器设备、厂房、劳动等生产要素，并向这些要素支付报酬；家庭在要素市场向企业提供生产要素并获得报酬，这些报酬构成了家庭收入的来源。家庭从要素市场上获得收入，并把这些收入用于产品市场上物品与劳务的购买。如此，宏观经济形成了一个完整的循环。这就是宏观层面的两部门经济模型。两部门经济模型以最简洁的方式刻画了宏观经济的运行特征，关于宏观经济的诸多问题正是基于两部门经济模型展开。在两部门经济模型基础上引入政府，就形成了三部门经济模型。三部门经济模型基本上能够完整刻画真实世界的宏观经济运行状态。

一、两部门经济模型

宏观经济运行状况由整个国民经济系统决定。我们首先从最简单的情形开始，考察一个没有政府、没有对外贸易，只有家庭和企业部门的两部门经济中的国民经济活动状况。如图 18－1 所示，图中虚线代表货币的流动，实线代表要素、产品或服务的流动。

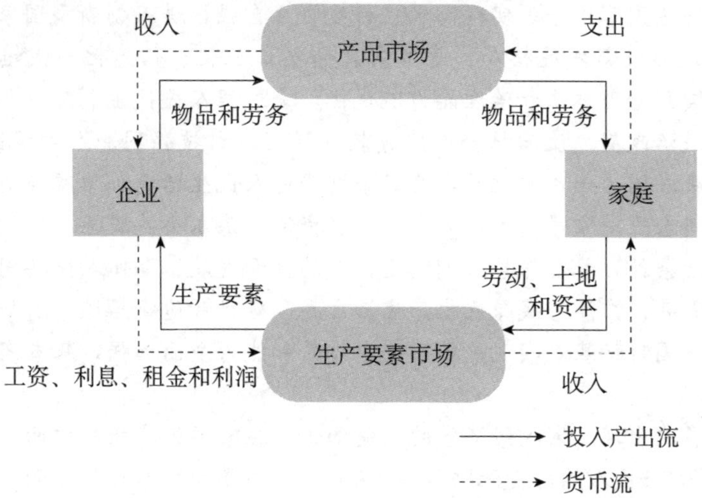

图 18－1　两部门经济模型

在两部门经济系统中，家庭和企业都具有双重身份，它们既是供给者也是需求者。家庭一方面有对各种物品和劳务的需求，另一方面又供给各种生产要素，并以要素收入的方式收取报酬；企业一方面提供生产的商品和劳务，另一方面则需要购买各种生产要素，并向作为生产要素所有者的家庭部门支付报酬。假设宏观经济系统中所有的企业生产了1 000单位的最终产品，企业会将这些产品以物品和劳务的形式在产品市场上出售给家庭，并获得相应的收入，表现为图 18－1 上方货币由家庭部门的消费行为经产品市场向企业流动，而物品和劳务由企业经产品市场向家庭部门流动。企业出售最终产品后获得了相应的货币收入，但生产这些最终产品需要购买相应的生产要素，包括原材料、机器设备、厂房、劳动等。企业购买生产要素需要支付相应的报酬，即使用各种生产要素的成本，它呈现出利息、租金、利润、工资等具体形式。企业在要素市场上购买生产要素，家庭作为生产要素所有者在要素市场供给这些要素，由此获得相应的收入。也就是说，企业在产品市场上出售最终物品获得的收入，通过按生产要素分配的形式，成为要素所有者的各类收入，家庭作为要素所有者获得这些收入，并把这些收入用在产品市场上消费。如图 18－1 下方，生产要素由家庭部门经生产要素市场流向企业，货币由企业经要素市场流向家庭部门。

家庭、企业、产品市场与生产要素市场共同构成了一个完整的宏观经济系统，其中家庭分别扮演了产品消费者与要素供给者的双重角色，企业扮演了产品供给者和要素需求者的双重角色，家庭与企业在产品市场与要素市场上进行自由交易，形成了宏观经济的内在循环过程。由于企业的收入来自家庭的支出，而家庭的支出来自家庭的收入，家庭的收入又是企业支出按要素分配而来的，因此，在上述两部门经济中，整体上家庭和企业呈现出收支平衡的状态，而由于家庭和企业是收支平衡的，整个宏观经济也是收支平衡的。这就是宏观经济学的收支平衡原理。宏观经济的收支平衡是宏观经济系统均衡运行的体现。在真实世界中，我们可能在某个时点上观察到收支的不平衡，这说明短期内宏观经济还没有达成均衡状态。当宏观经济实现了均衡，自然会表现出收支平衡。在具体的分析中，通过国民经济核算体系，同样可以实现账面上的收支平衡。这种账面上的收支平衡近似地反映了一定时期内宏观经济趋近均衡的状态。当然，真实世界中，宏观经济系统会经常处于失衡状态，具体表现为短期宏观经济的持续波动，出现经济过热或者经济衰退甚至萧条。宏观经济学的目标之一就是通过宏观经济政策来努力熨平短期经济波动，确保宏观经济能够平衡地长期增长。

总结：

宏观经济的收支平衡原理：宏观经济系统中的总收入＝宏观经济系统中的总支出

二、三部门经济模型

在两部门经济中得到的结论很容易扩展到三部门经济。真实世界中，完全竞争的市场条件很难满足，市场存在各种各样的局限，导致资源配置效率低下甚至无效率，在宏观层面上，市场的局限会导致短期经济波动，宏观经济无法短期出清，进而影响到宏观整体的资源配置效率和社会福利水平。因此，现代市场经济需要政府与市场的合作，政府通过政策干预和助推等多种形式介入宏观经济系统，从而维护宏观经济稳定运行。当政府介入到宏观经济系统中，两部门经济就扩展为三部门经济。此时，政府以收入和支出两端参与经济活动，实现对宏观经济的调控。如图 18－2 所示，图中虚线代表货币形态的收支流，实线代表要素、产品或服务的流动。

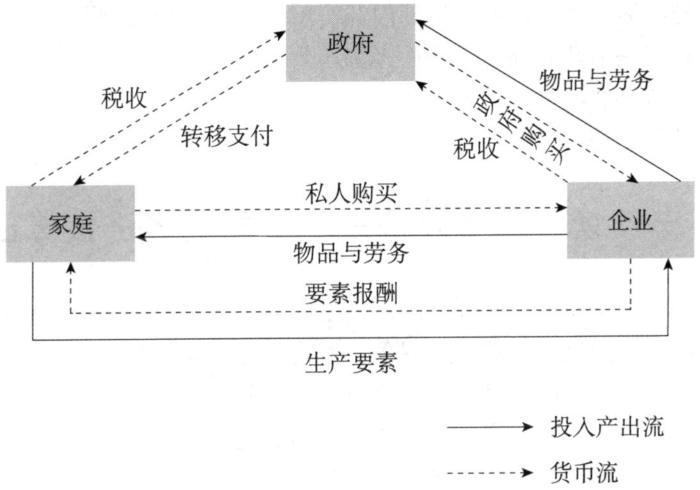

图 18－2　三部门经济模型

假定在图 18－1 的两部门模型基础上，引入政府部门，扩展为三部门经济模型。政府是如何与家庭和企业产生联系的呢？一方面，政府会对家庭征税和进行转移支付，税收和转移支付是调节家庭之间的收入差距、实现宏观经济整体上分配公平的重要措施。另一方面，政府运行需要相关的物品与劳务，这些物品与劳务以政府购买的形式在产品市场上获得。因此，与两部门模型中企业向家庭提供最终产品不同，三部门模型中的企业将统一向产品市场供给最终产品，而这些最终产品会通过私人购买和政府购买分别流向家庭和政府两个部门。

从收支角度对三部门进行分析：家庭既可以获得企业支付的生产要素报酬，也可以获得一部分政府补贴等转移支付；家庭除了需要支付个人物品与劳务支出外，还需将部分收入以税收的方式缴纳给政府。企业一方面向家庭和政府提供物品与劳务以取得收入；另一方面，它向生产要素所有者支付报酬，并向政府纳税。政府的收入来自税收；支付则包含政府购买以及向家庭的转移支付。

例如，假设企业生产的最终产品为 1 000 单位，以投资品和消费品的形式出售给家庭 850 单位，以办公用品等形式出卖给政府 150 单位，企业获得 1 000 单位的收入。另一方面，企业将 900 单位的收入作为要素报酬支付给家庭，并向政府缴纳 100 单位的税收。家庭获得 900 单位的收入，同时从政府部门获得 50 单位转移支付，并将 850 单位用于购买消费品和投资品，将 100 单位用于纳税。政府部门共获得 200 单位的税收收入，同时向企业购买 150 单位的产品和劳务，并向家庭转移支付 50 单位。这样，宏观经济整体上完成了一个循环流程，经济处于均衡之中。国民经济产出规模仍然可以由家庭和政府对消费品、投资品的购买表现出的价值量或由家庭和政府所得到的收入总和加以衡量，并且这两种方式得到的结果必然相等。所以，在三部门经济中，宏观经济的收支平衡原理仍然是成立的。

两部门经济与三部门经济一般又被称为封闭经济。为了分析的方便，后面将主要分析封闭经济，在封闭经济的基础上，再考虑开放经济。如果考虑到国际化问题，一个国家或地区参与到国际经济活动当中，那么三部门经济就会转换成四部门经济，即在三部门经济模型基础上，增加了一个开放部门，开放经济与封闭经济的区别就在于增加了国际贸易和国际资本流动。一般在“经济学原理”课程中，不考虑开放经济，在“中级宏观经济学”课程中，才会涉及开放经济。

第三节　读懂宏观经济——从国民经济核算出发

从前面的两部门经济模型和三部门经济模型中可以看出，宏观经济整体上是收支平衡的。无论是从总收入视角还是从总支出视角，宏观经济总量上是相等的，而这个经济总量恰恰又是生产部门生产出来的最终产品的价值总和。要学好宏观经济学，首先就要读懂宏观经济，其中的核心就在于理解宏观经济整体上的收支平衡原理。为了更好地理解这一原理，经济学家通过量化的形式度量出宏观经济收入视角、支出视角和生产视角的总量，以此来判断宏观经济横向的大小及纵向的变化。这种度量过程就是宏观经济指标的构建和测算过程，是国民经济核算的重要组成部分。宏观经济指标繁多，但最基本且最重要的主要有三个方面的指标：一是关于宏观经济总量的指标，比如 GDP；二是关于物价水平的指标，比如 CPI；三是关于就业和失业的指标，比如失业率。本章将简要介绍前两个指标。第三类指标将在后面的章节予以介绍。

一、国内生产总值（GDP）

要读懂宏观经济，首先就要读懂国内生产总值。国内生产总值很好地度量了一个国家或地区的总财富水平及其变化情况，从而可以有效刻画宏观经济整体的健康状况。在两部门模型中，国内生产总值被用来度量宏观经济中家庭部门的总财富水平，也就是总收入水平。按照宏观经济的收支平衡原理，这个总收入水平等于总支出水平，同时也等于企业生产出来的最终产品的总市场价值。图 18-3 表达了两部门经济模型中的 GDP 的循环流。其中家庭部门和企业部门都呈现出收支平衡状态，任何一个维度所度量出来的总财富水平都是等价的，都是宏观经济整体的财富水平。

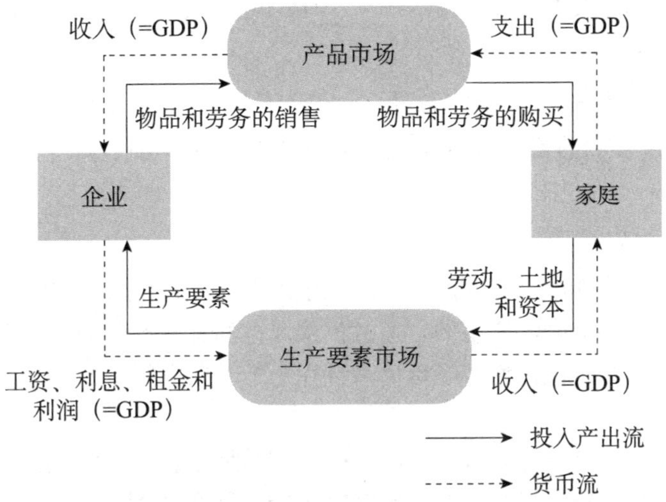

图 18-3　两部门经济模型中的 GDP 循环流

下面给国内生产总值一个标准定义。国内生产总值是指在一定时期内一个国家或地区生产的所有最终产品（包含物品与劳务）的市场价值总和。

GDP 的定义看似简单，但定义中的每一个词语都不容忽视。为了准确地理解 GDP 的含义，需要了解这些词语背后所蕴含的信息。

（一）一定时期内

GDP 衡量某一特定时间段内的总财富水平，比如一个月、一个季度、一年。

（二）一个国家或地区

GDP 衡量一个国家或地区的总财富水平，有严格的地理空间限制。无论生产者来自何处，只要其在一国境内生产，其生产的最终产品的价值就会被计入该国的 GDP 中。例如，一个法国公民在中国境内开办了企业，这个企业所生产的最终产品价值就会计入中国的 GDP，而不是计入法国的 GDP。在通常的宏观经济分析中，GDP 的空间口径也可以是一个地区或者一个区域，比如北京市的 GDP、欧盟的 GDP 等。

（三）生产的

GDP 统计的是当期生产的最终产品的价值，不是当期生产的产品不计入。比如，二手物品或上期库存产品不会计入当期的 GDP。

（四）所有

GDP 度量了整个国民经济的总财富水平，包括一个国家所有在产品市场上合法出售的最终物品与劳务。

（五）最终

GDP 只包含最终产品的价值，不包括生产最终产品所使用的各种中间投入品的价值。例如，日常生活中用小麦磨成面粉，然后用面粉制作成面条，家庭购买面条食用，面条就是最终物品，其价值计入 GDP。而小麦和面粉则是生产面条的过程中的中间投入品，其价值已经体现在作为最终物品的面条当中，因而不再把小麦与面粉的价值计入 GDP，否则就会出现重复计算。

（六）产品（包含物品与劳务）

GDP 不仅包含有形的最终物品，也包含无形的劳务。前者如手机、电脑、食品等，后者如理发、培训、各类中介服务等。

（七）市场价值

GDP 计算的是最终物品与劳务的当期市场价值。理论上说，市场经济中，最终物品和劳务都是在产品市场上合法交易的，通过供求双方的竞争形成均衡价格，此均衡价格计算出来的价值就是市场价值。用市场价值来计算一个时期内所生产出来的总财富水平，相对客观和准确。

不过，宏观经济异常复杂，GDP 很难准确完整地度量真实的总财富水平，只能近似度量。为了统计方便和技术可行，GDP 通常不包含以下的项目：

（1）家庭内部生产的物品和劳务不计入 GDP，比如家庭成员的烹饪活动。由于家庭内部成员所提供的物品和劳务没有在市场上公开交易，也就无法准确统计其真实价值。假如家庭不自己烹饪食物，而是聘请家政人员来家里烹饪食物，那么这构成了合法的市场交易，相当于家政人员提供了最终物品与劳务，其市场价值就需要计入 GDP。

（2）非法生产的最终物品和劳务不计入 GDP，比如毒品。市场经济是法治经济，计入 GDP 的最终物品与劳务必须是合法的。毒品是国家法律明令禁止生产与交易的，因而其价值不能计入 GDP。

（3）投入品和中间品不计入 GDP。GDP 计算的是最终物品和劳务的市场价值，投入品和中间品的价值已经体现在最终物品与劳务当中，如果计入，就会出现重复计算。

（4）二手产品通常不计入 GDP。比如古董不是当期生产的，其价值就不能计入 GDP。但如果古董进行了某种修复才进入市场交易，那么古董修复是当期发生的最终劳务，这部分的价值应该计入 GDP。

（5）股票债券等金融资产不计入 GDP。这类资产不属于生产出来的最终物品和劳务，而是仅仅表现为权利的转移，所以不计入 GDP。但是，金融业属于服务业，从事金融工作的人提供了当期的劳务，其价值则计入 GDP。

(6) 外国生产的物品和劳务不计入 GDP。GDP 是计算一个特定国家或地区内所生产的最终物品与劳务的价值，不在这个国家内生产的物品和劳务的价值不计入。

图 18－4 给出了我国改革开放以来的 GDP 规模及其增长率的情况。从图中可以看出，改革开放四十余年，我国的经济增长率多数时候保持两位数的水平，创造了中国经济增长的奇迹。

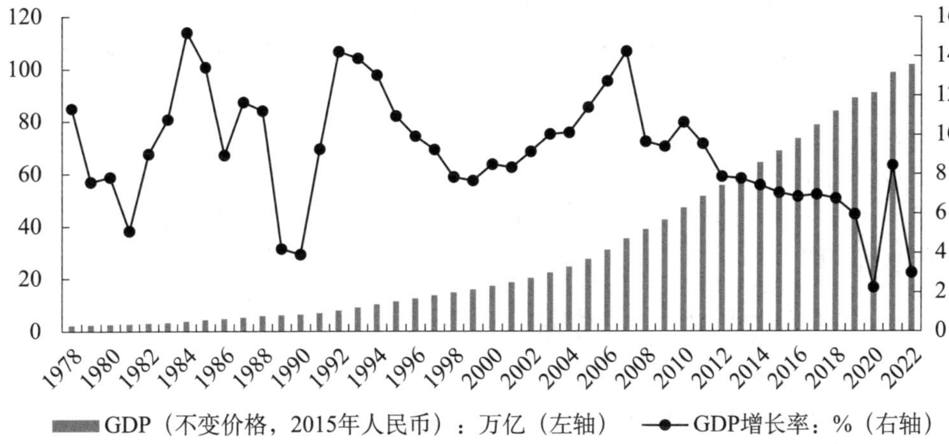

图 18－4 中国改革开放以来的 GDP 水平及增长率

资料来源：国家统计局.

二、GDP 的核算方法

按照宏观经济的收支平衡原理，GDP 既可以从需求方来衡量，也可以从供给方来衡量。若从需求方来衡量，在两部门经济中，家庭在产品市场上的总支出就构成了 GDP，在三部门经济中，家庭和政府在产品市场上的总支出就构成了 GDP，这就是 GDP 核算的支出法。若从需求方来衡量，家庭的总收入就构成了 GDP，这就是 GDP 核算的收入法。家庭的总收入等于家庭的总支出，因此支出法和收入法都是衡量 GDP 的有效方法。在三部门经济中，政府部门的收入来自税收，属于收入的再分配，这部分收入通过政府购买的形式体现在总支出当中，因而并不会影响宏观经济总体上的收支平衡。从供给方衡量 GDP，就是考虑生产问题，属于 GDP 核算中的生产法。GDP 是一定时期内生产出来的最终产品的市场价值，投入品和中间品不会被计算进来。

（一）支出法测算 GDP

支出法是从需求方来测算 GDP 的，一个国家在特定时期内所有经济部门所购买的全部最终物品与劳务的支出总和就是 GDP。在两部门经济中，在一定时期内，家庭在产品市场上购买最终物品和劳务进行消费，构成宏观经济中的消费支出。企业的角色则更为复杂，企业本身一般不参与消费，而是从事生产。企业在生产物品和劳务的过程中，需要消耗相应的生产要素，这些要素从要素市场上购买。生产要素一部分可以短期消耗掉，这称作可变要素；另一部分短期无法全部消耗，可以在多年存续期内反复使用，但会存在磨损，比如机器设备、厂房等，这称作固定要素。企业购买固定要素，但在当期仅仅损耗其一小部分，如果作为投入品或者中间品来处理，就会导致计算错误。在这种情况下，进行国民经济核算时，需要把企业的固定要素支出单独作为投资支出来对待，也视为当期宏观经济总支出的一部分。类似的，家庭购买住房等长期资产，应和企业购买固定要素类似，也归入投资支出，而不是消费支出。三部门经济中，政府部门在产品市场上购买最终物品与劳务，也作为支出部分计入当期的宏观经济总支出。假如考虑到开放经济，还涉及进出口问题，进口就是本国居民购买国外生产的最终物品与劳务，出口就是外国居民购买本国生产的最终产品与劳务。出口减去进口就是净出口，代表着国外净消费，这项支出同样构成了当期的宏观经济总支出。

支出法可以通过下面的方程式来表达：

假定 Q_1，Q_2，…，Q_n 分别表示一个国家在特定的时期内生产的所有最终商品和劳务，而 P_1，P_2，…，P_n 分别表示它们的价格，那么，所有这些产品的市场价值总和就是国内生产总值，即：

$$\text{GDP}=P_1Q_1+P_2Q_2+\cdots+P_nQ_n \tag{18.1}$$

上述最终物品与劳务分别由不同的经济部门购买，形成各自的支出，分别计为消费支出、投资支出、政府购买与净出口。具体分析如下：

1. 消费支出（标记为 C）

消费（Consumption）支出是指家庭部门用于消费的总支出，家庭在产品市场上购买最终物品与劳务进行消费。家庭购买食品、服装、旅游、医疗等非耐用品的支出统一计入家庭消费支出。但家庭购买住房等长期资产的支出不计入消费支出。

2. 投资支出（标记为 I）

投资（Investment）支出是指经济部门用于购买长期资产的支出。家庭购买的住房等属于长期资产，相应支出计入投资支出。企业购买机器设备、厂房等固定要素，属于长期资产支出，计入投资支出。一个特殊项目是存货。企业当期生产出来的产品可能当期没有全部出售，未出售的产品计为存货，由于存货没有变现，如果不计算其价值，就可能导致收入和支出不平衡，因此，在国民经济核算中，存货视为投资，计入投资支出，相当于企业自己购买了存货作为投资品，从而使国民收入收支平衡得以维系。

3. 政府购买（标记为 G）

政府购买（Government Purchase）是指政府在产品市场上购买最终物品与劳务的支出，包括政府工作人员的工资支出，用于国防、卫生、教育、医疗等公共服务的支出等。但需要注意的是，政府支出除了政府购买，还包括转移支付，由于转移支付是政府的收入再分配政策，是将部分政府收入以转移支付的形式转移给需要救济的家庭，并形成这些家庭的收入，因此这种单纯的收入转移不是消费支出，不构成宏观经济的总支出。

4. 净出口（标记为 NX）

开放经济中，涉及物品和劳务的国际流动。一国居民购买另一国生产的最终物品与劳务，称为进口（M）；反之，另一国居民购买本国生产的最终物品与劳务，称为出口（X）。出口减去进口，即 $X-M$，就是外国居民购买本国生产的最终物品与劳务的净支出，称为净出口（Net Export），构成宏观经济总支出的一部分。

综上所述，以支出法测算的 GDP 可以用以下方程式来表达：

$$GDP=C+I+G+NX \tag{18.2}$$

表 18－1 给出了我国改革开放以来按支出法测算的 GDP 水平。

表 18－1　我国改革开放以来按支出法测算的 GDP 水平

年份	支出法国内生产总值（亿元）	最终消费支出（亿元）	资本形成总额（亿元）	货物和服务净出口（亿元）	最终消费率（消费率）（%）	资本形成率（投资率）（%）
1978	3 606	2 234	1 383	－11	61.9	38.4
1979	4 047	2 579	1 488	－20	63.7	36.8
1980	4 541	2 968	1 588	－15	65.4	35.0
1981	4 922	3 278	1 626	17	66.6	33.0
1982	5 386	3 577	1 718	91	66.4	31.9
1983	6 034	4 061	1 922	51	67.3	31.9
1984	7 290	4 787	2 502	1	65.7	34.3
1985	9 180	5 921	3 554	－367	65.0	39.0
1986	1 0390	6 731	3 915	－255	64.8	37.7
1987	12 198	7 644	4 544	11	62.7	37.2
1988	15 210	9 429	5 932	－151	62.0	39.0
1989	17 250	11 044	6 392	－186	64.0	37.1
1990	18 969	12 012	6 447	510	63.3	34.0
1991	21 997	13 626	7 754	618	61.9	35.2
1992	27 140	16 239	10 625	276	59.8	39.1
1993	35 576	20 815	15 440	－679	58.5	43.4
1994	48 410	28 297	19 479	634	58.5	40.2
1995	61 050	36 229	23 823	999	59.3	39.0
1996	71 541	43 122	26 960	1 459	60.3	37.7
1997	79 416	47 549	28 317	3 550	59.9	35.7
1998	84 791	51 502	29 660	3 629	60.7	35.0
1999	90 095	56 667	30 891	2 537	62.9	34.3
2000	99 799	63 749	33 667	2 383	63.9	33.7
2001	110 388	68 661	39 403	2 325	62.2	35.7
2002	121 327	74 227	44 005	3 094	61.2	36.3
2003	137 147	79 735	54 447	2 965	58.1	39.7
2004	161 356	89 394	67 726	4 236	55.4	42.0
2005	187 658	101 873	75 576	10 209	54.3	40.3
2006	219 598	115 364	87 579	16 655	52.5	39.9
2007	270 499	137 737	109 339	23 423	50.9	40.4

续表

年份	支出法国内生产总值（亿元）	最终消费支出（亿元）	资本形成总额（亿元）	货物和服务净出口（亿元）	最终消费率（消费率）（%）	资本形成率（投资率）（%）
2008	318 068	158 899	134 942	24 227	50.0	42.4
2009	347 650	174 539	158 075	15 037	50.2	45.5
2010	408 505	201 581	191 867	15 057	49.3	47.0
2011	484 109	244 747	227 673	11 688	50.6	47.0
2012	539 040	275 444	248 960	14 636	51.1	46.2
2013	596 344	306 664	275 129	14 552	51.4	46.1
2014	646 548	338 031	294 906	13 611	52.3	45.6
2015	692 094	371 921	297 827	22 346	53.7	43.0
2016	745 981	410 806	318 198	16 976	55.1	42.7
2017	828 983	456 518	357 886	14 578	55.1	43.2
2018	915 774	506 135	402 585	7 054	55.3	44.0
2019	990 708	552 632	426 679	11 398	55.8	43.1
2020	1 025 628	560 811	439 550	25 267	54.7	42.9
2021	1 145 283	619 688	495 784	29 810	54.1	43.3
2022	1 205 017	641 633	523 890	39 494	53.2	43.5

注：最终消费率指最终消费支出占支出法国内生产总值的比重；资本形成率指资本形成总额占支出法国内生产总值的比重。

资料来源：中华人民共和国统计局．中国统计年鉴［M］．北京：中国统计出版社，2022.

（二）收入法和生产法测算GDP

收入法是根据经济组织一定时期内获得的收入总额来测度GDP。企业出售最终产品获得收入，这些收入按照生产要素的边际贡献进行分配，形成各要素的收入。两部门经济中，企业在要素市场上购买劳动和资本，并支付相应的要素报酬。资本呈现出资金形态的资本、土地等长期资本、企业家才能等具体形态，并分别对应利息、租金和利润的收入形式。工资收入、利息、租金和利润就构成了宏观经济中的总收入。三部门经济中，还需要考虑税收和转移支付问题。

具体来说，收入法测算的GDP是所有生产要素的货币收入的总和。企业出售产品的收入被用于以下几个方面：支付劳动者的工资；支付资本的租金和利息；间接税；折旧；利润等。

总结一下，用收入法测算的国内生产总值可以表示为：

GDP＝工资＋租金＋利息＋利润＋间接税＋折旧

生产法从生产环节统计 GDP。GDP 是一国在一定时期内生产的所有最终物品和劳务的市场价值总和，在宏观经济中，最终物品和劳务的生产是由各个行业完成的，那么将各个行业所生产的所有物品和劳务的市场价值的净额加总起来，就是生产法测算的 GDP。由于生产环节存在一系列投入品和中间品的产出，为避免重复计算，需要扣除投入品和中间品的价值，剩下的就是各个产业创造的增加值，也就是各个产业生产出来的最终物品和劳务的净值总额，可以看作是各个产业部门对 GDP 的贡献。在真实世界中，经常把产业划分为第一产业、第二产业和第三产业，也可以划分为更加详细的产业目录，国家统计局根据不同的产业分类分别统计各自创造的 GDP，加总起来就是宏观经济整体的 GDP。

总结：支出法反映了经济部门在消费和投资上的支出行为；收入法反映了经济部门收入分配的结果；而生产法则反映了经济部门的生产活动。按照宏观经济的收支平衡原理，无论是按支出法计算，还是按收入法和生产法计算，宏观经济整体上的 GDP 应该是一致的。三种方法的计算结果理论上应该相等。当然，真实世界中，因为宏观经济非常复杂，三种方法的计算结果也会出现不相等的情况，这个时候通常会采用误差项进行调整，以保持结果的一致性。考虑到支出法最能客观体现需求方的行为，且更容易统计，因而通常都是以支出法为主来测算 GDP，辅之以收入法和生产法。

（三）测算 GDP 需要注意的问题

1. 使用支出法计算时

第一，有些支出项目不应计入 GDP 中。这些项目包括对过去时期生产的产品的支出（如购买二手设备）、非最终物品和劳务的支出（如购买股票、债券的支出）。此外，政府的转移支付也不应计入 GDP 之中，因为转移支付仅仅是收入的再分配，并没有增加整体的收入和支出。

第二，避免重复计算。由于最终产品的价值已经包含了投入品和中间品的价值，在测算过程中为了避免重复计算，如果最终产品的价值全部计入 GDP 中，那么投入品和中间品就不应计入 GDP 中。如果中间品在此之前已计入 GDP 之中，那么在计算当期的 GDP 时，需要从最终产品的价值中扣除中间品的价值。

2. 使用收入法计算时

有些项目不应计入收入。首先，销售上一期生产的产品和劳务取得的收入不计在内，例如销售上期房屋、汽车等，只是所有权变更，并未创造新收入。其次，与生产无关的收入不计在内，例如出售股票和债券，它们只是一种金融交易，并不是该期生产产品的收入。此外，政府的转移支付也不能算作受益者的收入。

三、其他重要的总财富衡量指标

（一）国民生产总值（Gross National Product，GNP）

国民生产总值衡量一个国家的国民（即公民）一定时期内所获得的收入总额。GNP

和 GDP 的统计口径差异在于前者按公民身份计算，后者按地理身份计算。例如，一个中国公民在英国工作，其获得的工资收入是英国 GDP 的一部分，因为他提供劳务的地点是英国。但这是中国公民在英国获得的收入，按照 GNP 的统计口径，就应该计入中国的 GNP 中。GNP 的计算方式为在 GDP 的基础上加上本国公民从其他国家获得的要素报酬，减去支付给在本国工作的其他国家的公民的要素报酬：

GNP＝GDP＋来自外国的要素报酬－支付给外国的要素报酬

（二）国内生产净值（Net Domestic Product，NDP）

国内生产净值是 GDP 减去资本折旧。资本折旧是对长期资本在当期损耗计提，相当于对当期损耗的补偿，计入生产成本，但这部分损耗又不是当期新生产的产品，把这部分从 GDP 中扣除掉，可以有效反映当期宏观经济的净价值。国内生产净值可以使 GDP 反映经济活动的“净结果”：

NDP＝GDP－折旧

（三）国民收入（National Income，NI）

间接税构成生产环节的成本，但并不构成要素的收入，从国内生产净值中扣除掉，就可以度量各种生产要素的实际报酬，称之为国民收入，它等于国内生产净值减去间接税。

国内生产总值、国内生产净值和国民收入之间的关系可以简单地概括为：

GDP＝NDP＋折旧＝NI＋间接税＋折旧

上述三个统计指标都反映了宏观经济的最终成果，从定义上来看，三者之间具有一些差异，但它们的变动方向是一致的。通常将 GNP 和 GDP 称为广义的国民收入，而将 NI 称为狭义的国民收入。在进行理论分析时，如果目的不在于分析折旧、间接税等数量在 GNP 中所占的份额，那么上述三个总收入量可以近似地看成相同，并泛称它们为国民收入。

除了上述三个总收入量之外，我们还可以从 NI 得到个人收入（Personal Income，PI）和个人可支配收入（Personal Disposable Income，PDI）两个重要的总收入量。

个人收入是指个人从经济活动中所获得的收入，它等于 NI 减去社会保险税、公司所得税和公司未分利润，再加上政府和企业对个人的转移支付、政府对个人支付的利息净额。即：

PI＝NI－社会保险税和公司所得税－公司未分利润＋转移支付＋政府支付的利息净额

个人收入并非全部归个人支配。个人可支配收入则是个人最终能够自由支配的收入数量，其等于个人收入减去个人所得税和其他非税支付。即：

PDI＝PI－个人所得税－其他非税支付

在宏观经济分析中，不仅重视总量上的 GDP，而且更重视人均 GDP，这个指标体现了人均财富水平，能够更好地测度一个国家或地区的总财富在人口中的分布情况。

专栏 18－2

全球人均 GDP 的比较

从全球比较看，就人均 GDP 来说，高收入国家和地区保持持续增长的趋势，且增速很快；中等收入国家和地区在最近 20 年开始逐步增长；我国改革开放以后，经济开始起飞，并在最近十多年逐步赶超中等收入国家和地区的平均水平，如图 18－5 所示。另一个可见的趋势是，富国越富，高收入国家和地区的人均 GDP 与低收入国家和地区相比，两者之间的差距越来越大。

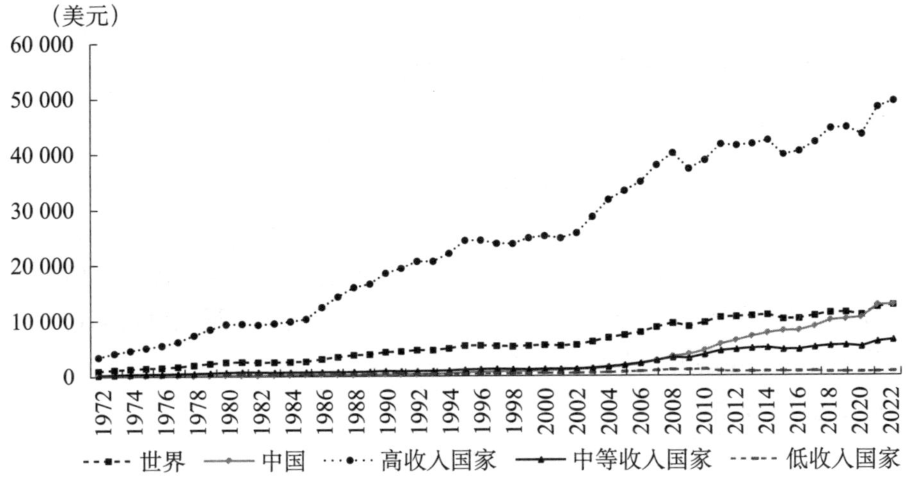

图 18－5 全球人均 GDP

资料来源：World Bank. World development indicators. https：//databank. worldbank. org/reports. aspx?source＝2&type＝metadata&series＝NY. GDP. PCAP. CD#.

四、国民收入核算恒等式

按照宏观经济的收支平衡原理，从支出法、收入法和生产法各自计算的 GDP 总量上应该是相等的。令 GDP 为 Y，按照式（18.2）就有：

$$Y=C+I+G+NX$$

（一）两部门经济

在两部门经济中，不考虑政府部门，也不考虑开放经济。从总支出的角度来看，$Y=C+I$；从总收入的角度来看，经济部门的全部收入在当期进行配置，要么用于消费，剩下的就是储蓄（S），故 $Y=C+S$。根据宏观经济的收支平衡原理，总支出＝总收入，那么就有：$C+I=C+S$，移项得：

$$I=S \tag{18.3}$$

这个式子的经济含义是：宏观经济的收支平衡原理体现了宏观经济的均衡状态，而这一均衡的本质在于宏观经济整体上的投资支出等于储蓄。也就是说，通过储蓄与投资的平衡，实现了宏观经济整体上的均衡。而储蓄与投资的平衡是通过金融系统来实现的，这一点后面的章节会详细讲解。

（二）三部门经济

在三部门经济中，引入政府部门。政府部门一方面通过对经济组织征税，获得收入；另一方面通过政府购买和转移支付来进行支出，但由于转移支付是收入的再分配，因而不用考虑进来。令 G 代表政府购买，T 代表政府税收收入。那么总支出为：$Y=C+I+G$；总收入为：$Y=C+S+T$。根据宏观经济收支平衡原理，总支出＝总收入：$C+I+G=C+S+T$，移项得：$I+G=S+T$；进一步移项得：

$$I=S+(T-G) \tag{18.4}$$

和两部门经济相比，式（18.4）多出了一项（$T-G$），这项称为政府储蓄。即在三部门经济中，宏观经济的总投资总是等于家庭的私人储蓄与政府的公共储蓄之和。政府储蓄可以为正值，也可以为负值，这要取决于政府部门的预算制度。假如政府部门采取预算盈余制度，那么政府储蓄为正；假如政府部门采取预算赤字制度，那么政府储蓄为负；假如政府部门采取预算平衡制度，那么政府储蓄为 0。

（三）四部门经济

在四部门经济中，进一步引进开放经济，即进出口。令 X 代表出口，M 代表进口，NX 代表净出口。总支出为：$Y=C+I+G+(X-M)$；总收入为：$Y=C+S+T$。根据宏观经济收支平衡原理，总支出＝总收入：$C+I+G+(X-M)=C+S+T$。移项可得：$I+G+NX=S+T$。进一步移项得：

$$I=S+(T-G)-NX \tag{18.5}$$

也就是说，国内总投资水平等于国内私人储蓄与公共储蓄的和，再加上国际资本流入（净出口为负时）或流出（净出口为正时）的影响。

专栏 18－3

人均一万美元的门槛

2019 年全年我国国内生产总值（GDP）为 99.086 5 万亿元，比上年增长 6.1%，稳居世界第二位；人均 GDP 首次站上一万美元的新台阶。2015 年，世界银行将人均 GDP 高于 12 736 美元列为高收入国家，按照这个标准看，我国经过改革开放四十余年的努力，如今已经逐步迈入高收入国家门槛。图 18－6 为美国、日本、新加坡、韩国、中国的人均 GDP。

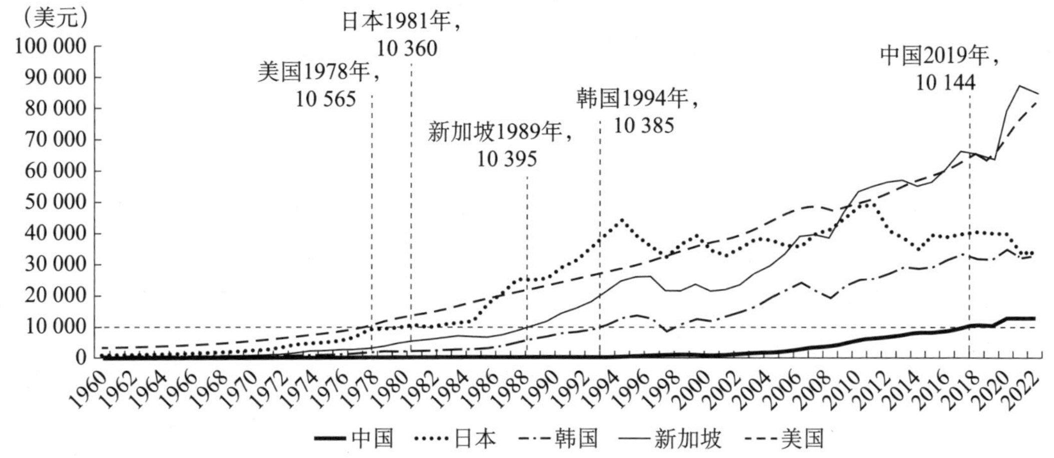

图 18-6　美国、日本、新加坡、韩国、中国的人均 GDP

资料来源：World Bank. World development indicators. https：//databank. worldbank. org/reports. aspx? source=2&type=metadata&series=NY. GDP. PCAP. CD＃. International Monetary Fund，World Economic Outlook Database. https：//www. imf. org/en/Publications/WEO/weo—database/2023/October/weo—report? c=528，&s=NGDPDPC，&sy=1980&ey=2 022&ssm=0&scsm=1&scc=0&ssd=1&ssc=0&sic=0&sort=country&ds=. &br=1.

五、实际 GDP 与名义 GDP

由于 GDP 衡量了一国的总支出，因此如果统计结果表明今年的 GDP 相比上一年增加了，则下列两种情况中至少有一种发生了：(1) 所生产的最终物品和劳务的数量增加了，(2) 这些产品和劳务的价格上涨了。为了区分这两种情况，有必要引入实际 GDP 与名义 GDP 的概念。

名义 GDP 又称货币 GDP，是按当期价格计算的所有最终物品和劳务的市场价值。实际 GDP 是按不变价格计算的所有最终产品和劳务的市场价值。不变价格是相对于某个基期而言的，先确定某个时期为基期，然后以此期的当期价格为不变价格，后面各期的实际 GDP 则按照该基期价格与当期数量的乘积加权总和而成。用基期价格来计算后续各期的 GDP，是为了剔除价格变动因素的影响。由于实际 GDP 剔除了价格变动因素，将它与名义 GDP 对比，就可以获得整体上的物价水平变动情况。

举个例子。假设一个国家在 2010 年生产苹果 1 000 吨，生产橘子 2 000 吨，该国的苹果价格为 1 万元/吨，橘子价格为 1.5 万元/吨，则（只考察这两种产品）该国在 2010 年的 GDP 为：$GDP_{2010}=1\ 000\times1+2\ 000\times1.5=4\ 000$ 万元。假定 2020 年该国生产苹果 1 500 吨，生产橘子 2 500 吨，而苹果价格为 2 万元/吨，橘子价格为 2 万元/吨，则该国在 2020 年的 GDP 为：$GDP_{2020}=1\ 500\times2+2\ 500\times2=8\ 000$ 万元。与 2010 年相比，2020 年的 GDP 增加了 4 000 万元，增长了 100%。但从生产的产品数量角度来看，该国的苹果与橘子产量均没有增长 100%。由于产品产量增加的同时，产品价格也在提高，故名义 GDP 高估了实际的生产量。为了消除价格对一国生产的商品和劳务数量的影响，我们需要计算实际 GDP。以 2010 年为基年，按这一年的价格计算该国 2020 年的 GDP，得到：实际 GDP=1 500×1+2 500×1.5=5 250 万元。与 2010 年相比，2020 年的实际 GDP 只增长了 1 250 万元，即增长了 31.25%。

正式分析如下：实际 GDP 反映了产品生产数量的增加。一般地，如果一个国家在某一时期生产的最终产品数量为 Q_1，Q_2，…，Q_n，而当期的价格分别为 P_1，P_2，…，P_n，则名义 GDP=$P_1Q_1+P_2Q_2+\cdots+P_nQ_n$；如果这些最终产品在基期的价格为 P_1^0，P_2^0，…，P_n^0，则该年度的实际 GDP=$P_1^0Q_1+P_2^0Q_2+\cdots+P_n^0Q_n$。

定义名义 GDP 与实际 GDP 之比为 GDP 平减指数（GDP Deflator，也称为缩减指数或折算指数），即

GDP 平减指数=（名义 GDP/实际 GDP）×100%

GDP 平减指数本质上度量了宏观经济整体上的物价水平的变动，通过剔除物价的影响，可以通过实际 GDP 观察宏观经济中真实财富水平的水平及其变化，从而更准确地反映真实经济的实际状况。

第四节　物价

一、宏观经济学中的价格水平

微观经济学中，物品和劳务的价格是指某个特定物品和劳务的价格，某类物品和劳务的市场价格是其市场均衡价格。比如每个苹果的价格、每斤苹果的价格、苹果市场的价格等。但在宏观经济中，物品和劳务的种类繁多，各不相同，显然，不可能将不同物品和劳务的价格简单加总成一个总量价格。如何才能度量整体的价格水平呢？宏观经济学家采用一种加权平均的方法，测算宏观经济中各种物品和劳务的平均价格，以此作为宏观经济整体价格水平的刻度，这就是物价。

测算宏观经济整体物价水平至关重要。对一个国家或地区来说，居民的真实财富水平的增长才是最重要的。当期的 GDP 水平能够度量当期一个国家或地区的总财富水平，但这种总财富水平未必是真实财富水平，原因在于，在产出不变甚至减少的前提下，通过物价水平的上涨，同样可以提高当期的 GDP 水平。物价水平的变化会导致财富水平被高估或者低估，只有剔除物价水平的影响，才能得到真实财富水平的数据。在上一节中，通过确定基期价格，用基期价格和当期产出计算当期 GDP，就可以得到实际 GDP，这就是真实财富水平。将名义 GDP 和实际 GDP 相除，就可以得到 GDP 平减指数，这个指数就度量了整体的物价水平。但这种计算方法存在局限，因为其只考虑了国内所生产的物品与劳务的价格变动，无法反映进口商品的价格变化。比如，假设国内汽车价格下降，而进口汽车的价格上涨了，当其他商品与服务的价格不变时，GDP 平减指数下降。但如果居民主要消费的是进口汽车，那么实际上居民购买汽车的价格会上升，居民的生活成本增加，但这并没有在 GDP 平减指数中反映出来。

为了更加准确地度量宏观经济整体物价水平的变化，经济学家不仅严格定义了物价这一概念，而且还发展出多种度量方法与指标，来全方位展现宏观价格水平的变化。宏观经济学中的物价水平是指一般价格水平（物价水平），一般价格水平指各种商品价格的平均数，也就是所有最终物品和劳务价格的均值，是宏观整体上的平均价格。

当期的一般价格水平度量当期宏观整体上的物价情况，而不同时期物价水平的变化则度量价格水平的变动。这种随时间的变动更为重要。通过度量和观察不同时期物价水平的变动，可以监测宏观经济的热度，并能够度量真实财富水平以及居民生活成本随时间的变化。

一般价格水平的变动称为通货膨胀或通货紧缩。随着时间的变化，物价水平普遍而持续的上升称为通货膨胀；反之，物价水平普遍而持续的下降称为通货紧缩。当经济过热，出现通货膨胀，意味着物价水平上涨过快，会导致居民真实财富水平严重缩减，生活成本快速上升，宏观经济就会出现严重危机。当经济过冷，通货紧缩，意味着物价水平持续下降，会严重挫伤生产者积极性，阻碍价格机制的正常运行，同样会给宏观经济带来很大的伤害。

迄今，宏观经济学给出了物价水平的三种度量方法：

（1）消费者价格指数（Consumer Price Index，CPI）：从需求端度量一般物价水平，反映居民消费的物品和劳务的整体价格变动，目的是度量居民生活成本及其变动。

（2）生产者价格指数（Producer Price Index，PPI）：从生产端度量一般价格水平，反映资本品（成品、半成品和原材料）的物价变动。

（3）GDP 平减指数（GDP Deflator）：度量所有国内生产的最终物品和劳务的价格变化。

图 18－7 描述了我国 2000—2021 年的各项价格指数的变化趋势。从图中可以看出，CPI 和 PPI 的变动基本一致，且一直比较平稳；而 GDP 平减指数的变化趋势和 CPI、PPI 相差较大，且 GDP 平减指数呈现上涨趋势。

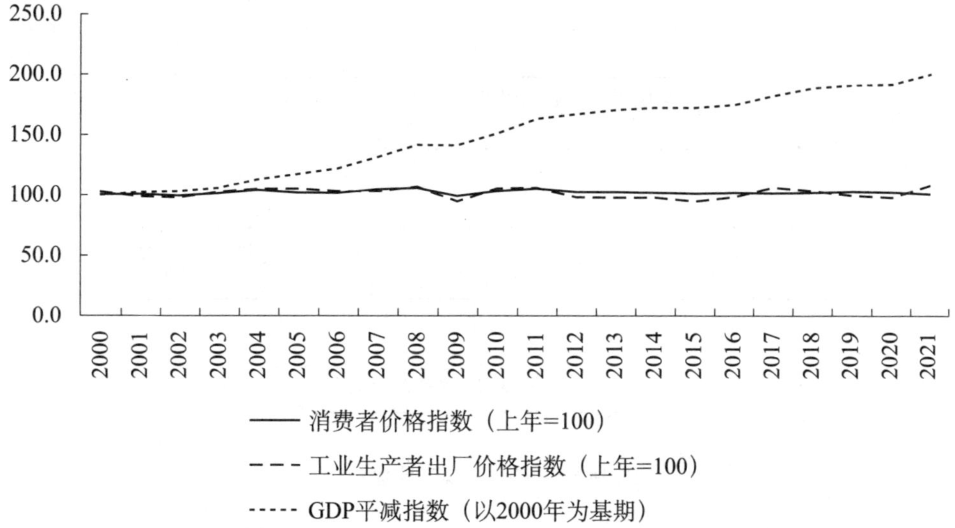

图 18－7　我国 2000—2021 年各项价格指数

资料来源：国家统计局.

注：国家统计局从 2011 年 1 月开始实施新的工业生产者价格统计调查制度方法。“工业品价格统计”改称为“工业生产者价格统计”，“工业品出厂价格指数”改称为“工业生产者出厂价格指数”。

二、消费者价格指数的测算

一般物价水平就是经济中所有最终物品和劳务的平均价格。其中最重要的就是消费者价格指数。这一指数全称为居民消费价格指数，是度量居民生活消费品和服务价格水平随着时间变动的相对数，综合反映居民购买的生活消费品和服务价格水平的变动情况。CPI能够比较准确地衡量居民真实生活成本，是宏观经济政策制定的重要依据。通常经济学家根据消费者支出的定期调查，挑选一组产品和服务的组合，称之为“一篮子产品和服务”。然后把这样相同的一篮子产品和服务的每一年支出和某个基年支出进行比较，支出的变动就是物价总水平的变动。这个就是价格指数方法。

按照我国国家统计局的规定，居民消费价格统计调查的范围涵盖居民生活消费的各类物品和劳务，包括食品烟酒、服装、居住、生活用品及服务、交通通信、教育文化娱乐、医疗保健、其他用品及服务等8大类、268个基本分类的商品与服务价格。国家统计局采用抽样调查方法进行抽样调查，包括城镇和农村两部分，目前数据来源于全国31个省（区、市）约500个市县、近10万家价格调查点。

专栏 18-4

国家统计局发布的CPI编制工作流程图

如图18-8所示。

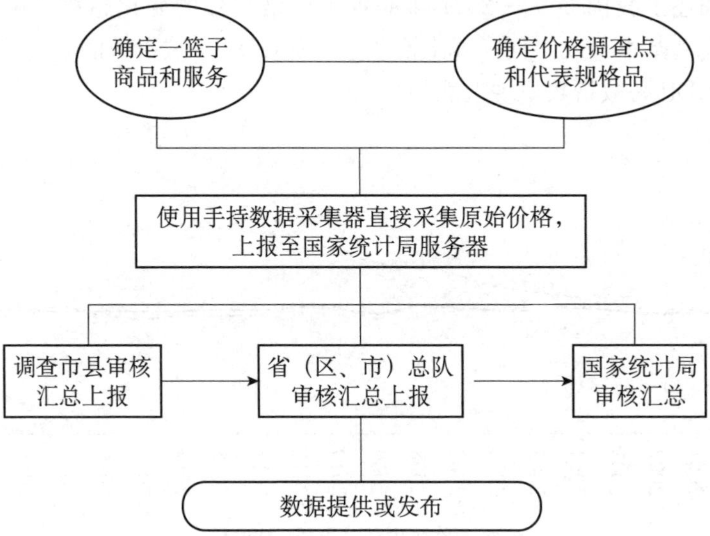

图18-8　CPI编制工作流程图

资料来源：国家统计局网. http：//www.stats.gov.cn/zs/tjws/tjzb/202301/t20230101_1903757.html.

（一）如何计算消费者价格指数

（1）构造并固定“篮子”。由于家庭消费物品和劳务的种类繁多，通常国家统计局会按照代表性消费品的思路，通过调查消费者的日常消费行为，找出普通消费者“购物篮”中的代表性物品，并以此为基础构造一篮子物品和劳务。

（2）找出价格和数量。国家统计局定期通过抽样调查，收集样本购物篮中家庭当期消费的所有物品数量与价格的数据。

（3）计算这一篮子物品和劳务的费用。按照所有家庭当期一篮子物品和劳务的消费数量，确定各类物品和劳务对一篮子物品费用的贡献程度，以此确定各类物品和劳务在一篮子物品费用计算中的权数，然后结合各类物品和劳务的当期价格，进行加权平均，最后计算出一篮子物品和劳务的加权平均价格，这就是这一篮子物品的费用，也就是 CPI。

有了测算 CPI 的方法，就可以测算当期的 CPI 以及不同时期 CPI 的变动。不过，为了准确反映一般物价水平的变化，通常会确定某个年份为基期，比如 1980 年为基期，以基期篮子为计算基准，计算后续各期的一篮子费用，将这些费用与基期篮子费用对比，就可以得到 CPI 及其变动的数据。具体计算如下：

CPI＝（一篮子物品和劳务的当期费用/一篮子物品和劳务的基期费用）×100

确定基期一般物价水平为指数 100，计算后续各期物价指数相对于基期的变动百分比就是通货膨胀率，它度量了一般物价水平随时间的变化幅度，也就是度量居民真实生活费用随时间的变化情况。

举例：2022 年消费者调查显示，平均每人消费 2 件衣服和 200 斤大米。衣服均价是每件 200 元；大米均价是每斤 1.5 元。2023 年衣服 220 元/件；大米 1.8 元/斤。2022 年是基年，为 100。那么 2023 年的价格指数就是：

{（衣服现价×衣服基期数量＋大米现价×大米基期数量）/（衣服基价×衣服基期数量＋大米基价×大米基期数量）}×100＝{（220×2＋1.8×200）/（200×2＋1.5×200）}×100＝114.3。

由此可得：

2023 年的通货膨胀率＝{（114.3－100）/100}×100＝14.3%

（二）用 CPI 来衡量居民生活费用的变化的不足

（1）替代效应偏差（Substitution Bias）。当一篮子物品和劳务中，某种物品的价格上涨了，居民会寻求篮子以外的替代品，从而导致生活费用估计的偏差。例如，鸡肉计入一篮子物品，而鸭肉没有计入，假设今年鸡肉价格上涨较多，居民转而消费更多的鸭肉，减少鸡肉的消费，也就是说因为相对价格变化，居民用鸭肉替代了鸡肉。在计算 CPI 时，数据会显示一般物价水平上涨了，这一上涨是鸡肉价格上涨所致，意味着居民生活费用提高了。但实际情况是，由于居民用更便宜的鸭肉替代了鸡肉，生活费用并没有发生多少变化。因此，替代效应导致了真实生活费用估计的偏差。

（2）新产品偏差。由于技术和调查成本的原因，加之保持数据的平稳性的需要，国家统计局通常在确定一篮子物品之后，就会把篮子固定很长一段时间。但在此期间，一些新产品的问世和流行可能会导致居民消费行为的变化，甚至颠覆居民已有的消费习惯。比如智能手机的出现并普及，导致固定电话的衰落，但固定电话在一篮子物品当中，而智能手机还没有纳入一篮子物品，那么此时计算出来的 CPI 就无法真实反映居民的生活费用。还有就是住房问题。过去由于种种原因，没有把住房纳入一篮子物品，当住房成为居民真实生活支出中最大的部分时，CPI 可能严重低估居民的生活费用。

（3）质量等不可度量的因素的影响。一篮子物品只是统计了居民消费的数量和价格，并不统计物品和劳务的质量。随着产品质量的不断改进，产品的实际价格在下降，因为同样的货币能够购买到更高品质的同样的物品，相当于生活费用下降了。因此，在技术进步的推动下，产品质量等非价格和数量因素在不断改进，所带来的真实生活费用的下降并没有在 CPI 中体现出来，这意味着 CPI 可能高估了居民的真实生活费用。

最后，同样是测算一般物价水平，CPI 与 GDP 平减指数存在一定的差异，比如进口消费物品包含在 CPI 内，但不包含在 GDP 平减指数内；而资本品不包含在 CPI 内，但包含在 GDP 平减指数内（如果是在国内生产）；两者采用的篮子也不同，CPI 用固定的篮子，GDP 平减指数用一篮子现期生产的物品和劳务。

专栏 18－5

CPI 的篮子中有些什么？

图 18－9、图 18－10 对比了中美两国 CPI 的一篮子物品和劳务的构成，从中可以看出，衣食住行是一篮子物品的主要组成部分。但中美两国还是存在一定的差异，中国的家庭食品烟酒的占比相对较大，美国的家庭住房支出占比较大。造成这种差异的一个重要原因是我国的 CPI 统计中，住房计入了投资，而不是消费。根据国家统计局对人均居住支出口径的解释，我国现行统计的城镇居民居住支出包括：水电燃料费、住房装潢支出、维修用建筑材料支出、租赁房租、取暖费、物业管理费、维修服务费等，不包括购建房支出和自有住房虚拟租金。

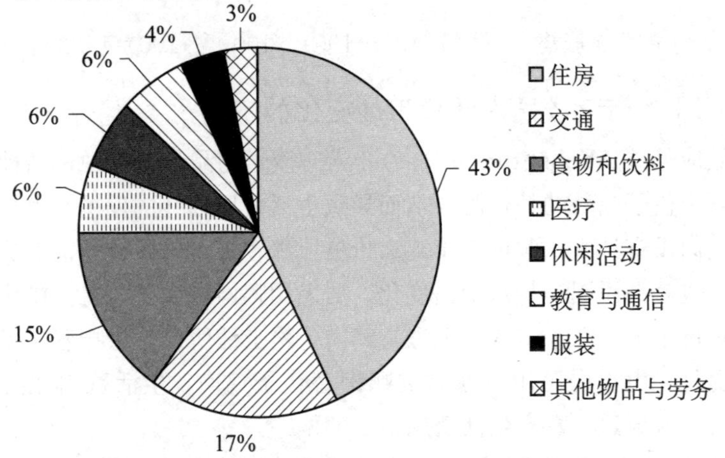

图 18－9　美国 CPI 篮子

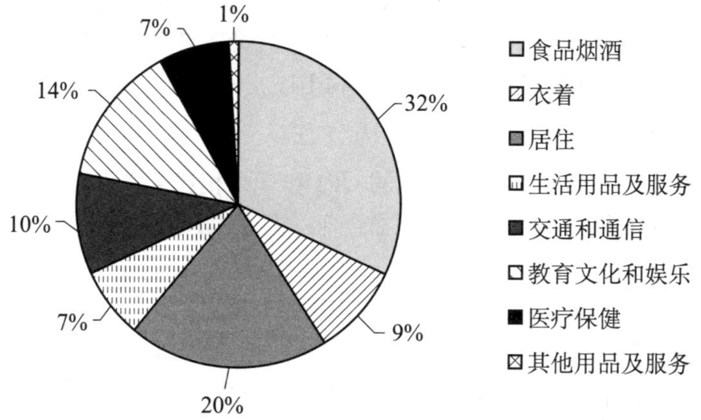

图 18-10 中国 CPI 篮子

图 18-11 是 2022 年我国居民人均消费支出的具体构成情况：

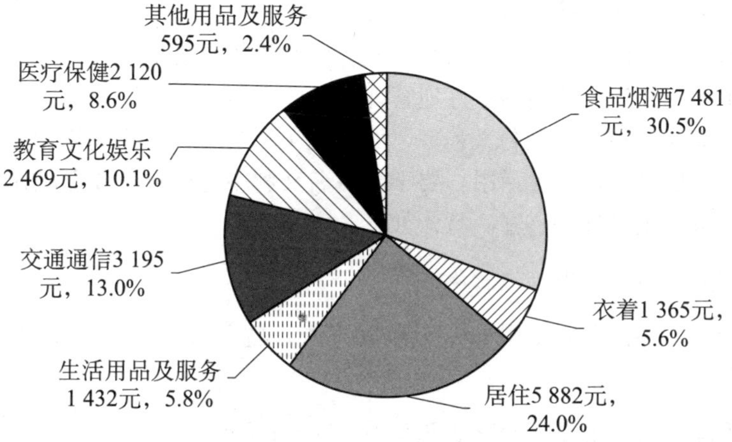

图 18-11 2022 年我国居民人均消费支出的构成

资料来源：国家统计局．“2022 年居民收入和消费支出情况”．https：//www. stats. gov. cn/sj/zxfb/202302/t20230203_1901715. html.

三、测算一般物价水平涉及的其他问题

（一）测算一般物价水平的其他方法

在统计学上，测算一篮子物品价格会用到不同的统计方法。如果用固定篮子计算，所得的价格指数称为拉氏指数（Laspeyres Index），如 CPI；如果按照可变篮子计算，所得的价格指数称为帕氏指数（Paasche Index），如 GDP 平减指数。

国家统计局还采用其他的统计口径计算物价指数，比如 PPI（工业生产者出厂价格指数）。PPI 实际上是生产者价格指数，是从生产端统计一般物价水平的变化。PPI 的计算方

法和CPI的计算方法类似，首先根据不同企业的实际产出情况进行抽样调查，并形成产品目录、当期产出数量以及价格，国家统计局称之为相同规格品，然后计算各规格品的当期价格，对比基期计算价格相对数，并最终得到PPI。

（二）度量一般物价水平变化的不同方法

（1）环比：和上一期比较。比如2月的CPI和1月相比上涨了多少？

（2）同比：和去年同一时期比较。比如今年2月的CPI和去年2月的CPI比较，上涨了多少？

（3）定基比：和某个基期相比，比如和2020年2月相比，2023年2月的CPI上涨了多少？

例如，国家统计局公布的2023年1月份CPI数据：2023年1月份，全国居民消费价格同比上涨2.1%。其中，城市上涨2.1%，农村上涨2.1%；食品价格上涨6.2%，非食品价格上涨1.2%；消费品价格上涨2.8%，服务价格上涨1.0%。1月份，全国居民消费价格环比上涨0.8%。其中，城市上涨0.8%，农村上涨0.5%；食品价格上涨2.8%，非食品价格上涨0.3%；消费品价格上涨0.7%，服务价格上涨0.8%[①]。

（三）一般物价水平的应用

在日常生活中，人们通常关心自己存款或者所购买的有价证券的利息收入。如果了解一点一般物价水平的知识，就能够更好地管理自己的财富。这是因为储蓄产品和其他有价证券产品，通常标注的利率都是名义利率，而不是实际利率。对家庭来说，实际利率才是真实收入。因此，居民在日常生活中，要学会对名义利率进行通货膨胀的影响校正，得到实际利率，才能够真正管理好财富。具体如下：

真实利率＝名义利率－通货膨胀率

例如：假定张三存入一年期限的10 000元存款，名义利率为3%，2023年的通货膨胀率是1.5%。那么：

真实利率＝名义利率－通货膨胀率＝ 3%－1.5%＝1.5%

也就是说，对张三而言，10 000元存款所得到的实际收益为1.5%的利息率，并非银行告诉你的3%的利息率。试想一下，假如2023年的通货膨胀率是3.5%，张三的10 000元存款不仅没有获得利息收入，反而亏了0.5%。

一般物价水平的数据也可以用于校正相关的经济政策。例如，当通货膨胀出现时，固定工资收入的群体就会受损严重，此时，就可以采取指数化政策，来帮助这些受损群体抵消通货膨胀带来的负面影响。假设2023年某个国家的通货膨胀率达到了10%，而该国的高校教师的工资收入并没有增长，这意味着这些教师在2023年的真实生活水平反而下降了10%。通过指数化政策的设计可以抵消这种负面影响，比如政策规定，高校教师的工资收入可以按照通货膨胀率自动增长，这样高校教师群体的固定工资收入就不会因为物价水平的快速上涨而受损。指数化政策可以广泛运用到经济政策的设计当中，是对抗通货膨胀的重要政策手段。

---

① 国家统计局网站. http：//www.stats.gov.cn/xxgk/sjfb/zxfb2020/202302/t20230210_1902 654.html.

思考题

1. 国内生产总值（GDP）与国民生产总值（GNP）之间有何区别？请举例说明。
2. 请简述使用 CPI 衡量居民生活成本的变化存在哪些不足。

在线自测

扫一扫 练一练

第十九章　长期经济增长

在第十八章中，对宏观经济以及宏观经济学的基本概念、范畴及内容框架做了简单的介绍，并重点介绍了GDP和一般物价水平两个核心概念。本章开始进入到宏观经济学的主体内容的学习。宏观经济问题从时间维度看，可以区分为长期和短期，长期就是经济增长，短期则是经济波动。长期经济增长是从生产的视角看待宏观经济；而短期经济波动主要是从需求的视角看待宏观经济。最后我们还会统一两个视角，通过构建总需求-总供给分析框架来形成对宏观经济的完整看法。由于短期经济波动涉及的问题比较多，所以我们先讨论经济增长，从第二十章开始重点讨论经济波动。

长期经济增长就是一国或地区在一个较长时期内的总产出和人均产出的增长率，通常考察时期为年。这一增长率可以表现为总量水平的变化，也可以表现为人均水平的变化。比如从GDP的角度看，可以考察一国或地区的年度GDP增长率和年度人均GDP增长率。长期经济增长是宏观经济系统中一个长期的变化过程，是长期中的实际经济变化。长期经济增长涉及社会总财富水平和总福利水平的变化，直接关系到人民的生活质量和幸福感。现在的经济学家基本上都同意，长期经济增长不仅能够增进居民财富，提升综合国力，而且还能有利于社会道德水平的提升以及文明的进步。因此，理解长期经济增长至关重要。本章首先给出一个关于长期经济增长的基本观点，然后分别介绍两个代表性的经济增长理论，最后讨论政策含义以及中国的长期经济增长。

第一节　有关长期经济增长的基本观点

一、长期经济增长的含义

长期经济增长一般指的是一个国家或地区在一个较长时期内国内生产总值在总量上和人均总产出上的持续增长，即总产出量和人均产出的增加。通常衡量经济增长的指标有两个，一个是衡量经济体总产出的指标——实际GDP，即用不变价格衡量的国内生产总值，其能够反映整个经济体的产出变化趋势；另一个是衡量人均收入的指标——人均实际GDP，其能够反映人均生活质量的变化，因为更高的收入通常意味着更高的生活水平。

和经济增长相关的一个概念是经济发展。经济增长与经济发展的含义并不相同。经济增长主要指能够用数量衡量的实际国民收入或人均实际国民收入的增加；而经济发展的内涵则更为广泛，不仅包括经济在数量上的增长，还包括质量上的改善，例如社会转型、落后经济体的经济起飞、制度变革与经济结构优化等方面。经济发展的内容要比经济增长宽泛很多。为了突出主线内容，本书不考虑发展问题，主要围绕经济增长展开分析。

虽然亚当·斯密等古典政治经济学家都或多或少分析了经济增长问题，但经济学很长一段时间并未形成正式的有关长期经济增长的理论。如果要溯源现代经济增长理论的开端，一般都认为，1928年英国经济学家弗兰克·拉姆齐发表的《储蓄的一个数理理论》，是后来许多经济增长模型的源头。通常认为，经济学家在凯恩斯的《就业、利息和货币通论》（简称《通论》）出版之后，才逐步开始关注经济增长问题。凯恩斯在《通论》中，假定劳动力、资本数量和生产技术水平短期不变，侧重讨论有效需求不足对经济波动的决定性影响，长期经济增长反而被忽视了。凯恩斯的《通论》发表之后，一些经济学家看出了其中增长环节的缺失，于是开始尝试拓展，其中代表性的人物就是英国经济学家哈罗德和美国经济学家多马，他们的理论形成于20世纪30—40年代，经济思想史上称之为哈罗德-多马经济增长模型，这可看作是现代经济增长理论的第一代。到20世纪50年代中期，索洛和斯旺建立了新古典增长理论，形成了第二代增长理论。到20世纪80年代，罗默和卢卡斯等人又开发出了内生增长理论（新增长理论），构成了第三代增长理论。迄今关于经济增长的分析主要依据新古典增长理论和新增长理论。

二、长期经济增长的基本思想

一般认为，相较于过去出现过的其他经济形态而言，市场经济是最有利于长期经济增长的，这不仅仅在于和乡土社会与亲缘网络、计划经济等资源配置机制相比较而言，多数时候市场机制配置资源的交易成本更低，效率更高；更重要的是，市场经济通过货币化交易，能够不断拓展交易网络，实现市场边界的扩展，并且在产权明晰的前提下，通过法治和其他治理机制来提供制度保障，使得长期经济增长可持续。

各国和地区的经济增长实践已经提供了不少有关经济增长的共识性话题，主要有以下四个方面：

（一）资本和资源存量是促进长期经济增长的基本动力

一个国家或地区通过不断地增加新增资本的积累，来持续提高产出水平和居民财富水平。随着社会总投资水平的提升，通过新增投资来创造新增财富；当财富水平不断提升时，家庭就会相应提升储蓄水平，这就进一步提升投资水平，从而整个宏观经济就能够通过收入—储蓄—投资的循环形成可持续增长。我国改革开放以来的持续高增长很大程度上就是通过高投资来实现的。一国或地区的资源存量同样决定了长期经济增长。经济增长就是最终物品与劳务的生产，这离不开资源的投入。资源存量越多、种类越丰富，越有利于长期经济增长。如果资源耗竭，将会阻碍经济增长。通过技术进步不断开发可替代资源和再生资源，可以在一定程度上缓解自然资源的损耗。由于自然资源大多存在可耗竭的特征，因此，强调可持续发展就非常重要。通过改善环境、推行绿色经济、突出企业的社会责任，能够加快经济的可持续发展，从而能够更好地维系长期经济增长的健康稳定的路径。

（二）人口和人力资本投资是长期经济增长的另一个基本动力

人口水平决定了一个经济体的劳动力数量，而教育、医疗、健康、营养等能够提升人口的质量，改善人力资本，决定了经济体劳动力的质量。人口和人力资本投资的提升都能够促进长期经济增长。假如一个经济体因为生育率下降而导致新增人口不足，就会影响到未来的人口总量，进而给未来的经济增长带来负面影响。尤其是在老龄化社会中，生育率下降带来的负面影响可能会更大。所以，我国目前通过人口政策的调整来鼓励生育率，就是为了化解生育率下降的潜在风险。教育、医疗和营养健康等能够改进人的体能和知识水平，延长预期寿命，降低死亡率，提高新生儿的存活率，从而达到提升人口整体质量的目标。高人口质量不仅可以带来生产率的全面提升，更重要的是有利于创新，让宏观经济步入高质量发展的路径。

（三）创新是高质量经济增长的源泉

资本、人口和人力资本是促进长期经济增长的基本动力，而创新则是提升经济增长质量的主要动力。创新包含两个方面：一是对现存知识和技术的改进和普及，实际上人力资本投资很大程度上也是通过这个途径作用于经济增长；二是新思想、新知识、新技术和新技能的发现，这是著名经济学家熊彼特讲的创新，一种“创造性的毁灭”。比如人工智能技术的兴起就是一种全新的技术进步，人工智能技术不仅颠覆了过去的商业模式和企业组织形态，而且还在不断影响和改造现有的社会秩序和社会交往模式，给人类社会带来全新的观念和变革，甚至可以看作是一种新的数字文明形态。这种创新给长期经济增长带来深远的影响。实际上，市场经济逐步发展的过程中，铁路、电话、电报、电网等固定网络技术的兴起，以及后来的互联网的出现，每一次重大的技术进步都深刻地改变着社会，并伴随着长期经济增长路径的跃升。

（四）制度对长期经济增长很重要

好的制度能够促进经济增长，而坏的制度则会阻碍经济增长。市场经济制度出现后，人们的收入水平得到快速提升，整个社会的生产率显著改进，分工和专业化促进了市场边界的扩展，并带来了资源配置效率的提高，相应地社会整体上得以不断进步。我国改革开放以来，通过向市场经济转型，取得了巨大的成就，不仅宏观经济获得了持续的高速的增长，综合国力不断增强，而且居民收入显著提高，人民群众的获得感和幸福感都明显提升。和西方国家相比，我国的改革开放并非仅仅体现在市场化改革上，而是走出了中国特色的市场经济道路。我国构建的是高水平社会主义市场经济制度，这种经济制度有五个显著特点：一是同样是产权明晰，但和西方国家私有制经济不同，我国是公有制为主导，其他所有制形式并存；二是和西方国家的市场为主、政府为辅不同，我国是采取市场与政府合作的模式，有效市场与有为政府相结合，市场机制在资源配置中起决定性作用，政府在资源配置中起重要作用；三是经济组织方面，国有经济与民营经济共进，相互补充，共同发展；四是经济发展以人民为中心，以增进民生福祉为目标；五是高水平开放，兼容并蓄，促进人类命运共同体构建。

图 19－1 描述了我国改革开放以来的长期经济增长情况。

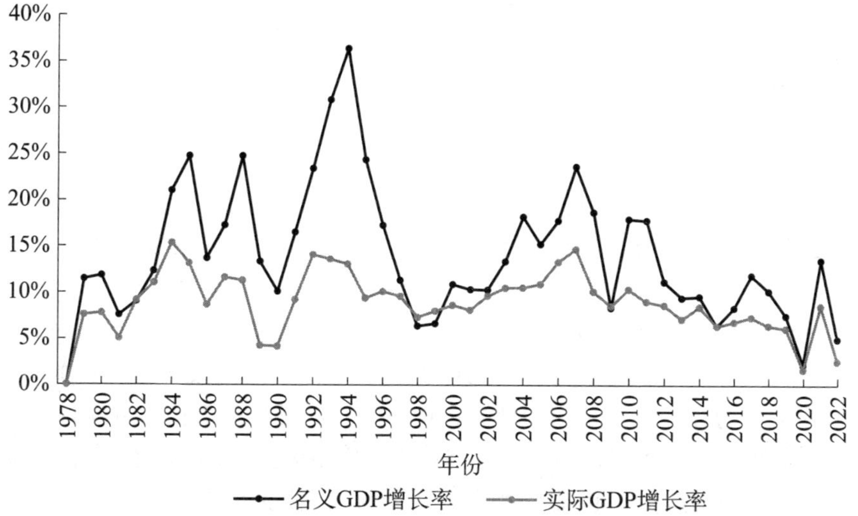

图 19-1 改革开放以来实际 GDP 增长率和名义 GDP 增长率（以 1978 年为基期）

资料来源：国家统计局 . https：//data. stats. gov. cn/search. htm？ s=GDP.

三、长期经济增长的理论逻辑

长期经济增长就是较长时期内经济体产出水平的持续增长，资本、资源、人口、人力资本、创新、制度等都是影响长期经济增长的重要因素。假设把一个国家和地区看作是一个整体的企业，经济增长问题首先是某个时点或者某个时期的生产问题，采取类似微观经济学中的生产函数的设计，将社会总产出水平看作是人口、资本等的生产函数，从而构建出一个宏观经济的生产函数，具体函数形式如下：

$$Y=AF(L, K, H, N) \tag{19.1}$$

其中 Y 为经济总产出水平，可以是名义的，也可以是实际的。A 为技术和制度；L 为劳动力数量；K 为实物资本；H 为人力资本；N 为自然资源；$F(\cdot)$ 代表一种函数关系，意味着某个国家和地区在宏观层面将资本、劳动力等生产要素通过相关的技术和制度转换为总产出。其中要特别说明的是，在大多数教科书中，A 被称作生产技术，因为潜在地假定制度等因素不变。但针对我国这种转型加新兴经济中，不仅仅存在技术进步，更重要的是有改革开放，改革开放是市场化、政府转型、开放以及其他制度变革的综合体现，可以统称为制度因素。无论是技术还是制度，都会影响资本、劳动力等生产要素整体的生产率水平，在式（19.1）中，实际上就是 A。因此，我们给出一般化的定义，将 A 看作是技术和制度。另外，不同的理论对 A 的看法不同，内生增长理论把 A 看作是宏观经济系统内生的，而其他理论则将其看作是外生的。为了分析的方便，本章一般将 A 看作是外生的。

利用式（19.1）可以推算出经济增长的源泉，即测算不同生产要素对经济增长的贡献。为简单起见，假设生产函数采取如下最简单的柯布-道格拉斯函数形式：

$$Y=AK^{\alpha}L^{1-\alpha} \quad (0<\alpha<1) \tag{19.2}$$

$$\frac{\Delta Y}{Y}=\alpha\frac{\Delta K}{K}+(1-\alpha)\frac{\Delta L}{L}+\frac{\Delta A}{A} \tag{19.3}$$

$$\frac{\Delta A}{A}=\frac{\Delta Y}{Y}-\alpha\frac{\Delta K}{K}-(1-\alpha)\frac{\Delta L}{L} \tag{19.4}$$

从上面的式子就可以分析出经济增长的影响因素。从上面的式子可以看出，假定宏观经济中只存在劳动、资本和其他三种要素，那么 α 就代表了新增资本对新增产出的贡献率；而$(1-\alpha)$代表了新增劳动力对新增产出的贡献，其他的要素贡献则通过经济增长率扣除资本和劳动的贡献后剩下的部分，也就是 $\Delta A/A$。由于这个方法是经济学家索洛率先开发出来的，故称为索洛剩余（Solow Residual），或全要素生产率（Total Factor Productivity，TFP)。从索洛剩余的本质看，称其为“对我们未知的度量”（Measure of Our Ignorance）可能更为准确，这是因为计算各种生产要素对经济增长的贡献时，凡是经济增长中不能被资本和劳动力所解释的部分，都计入了索洛剩余。因此，索洛剩余包含了所有影响要素整体生产率的成分，包括技术进步（创新)、制度变革、开放、政府行为、人力资本等。当然，要搞清楚不同要素的贡献度，也可以采用更复杂的函数形式，更多地包含各种要素变量。这样分解出来的索洛剩余所包含的成分就会少很多。

表 19-1 给出了中国、美国和日本 1952—2003 年经济增长的影响因素分析。从中可以看出，对比改革开放前后，共同的特点就是我国的经济增长主要是资本存量的贡献，也就是经济学家经常讲的投资驱动型增长模式。与同时期的美国、日本相对比，差异比较大的有两个，一是出口，二是全要素生产率。我国在改革开放之前，出口增长缓慢，全要素生产率对经济增长的贡献是负的。而改革开放以后，出口与全要素生产率均快速增长。这说明改革开放以来，技术进步、制度变革、开放和政府转型极大地促进了长期经济增长。改革开放之前有一点非常突出，就是教育对经济增长的贡献非常大，这说明新中国成立以后，通过识字的普及和教育事业的发展，我国的人力资本水平得到了显著提升，大大促进了经济增长，也给后来的改革开放打下了扎实的基础。对比美国和日本的数据，这两个国家的全要素生产率对经济增长的贡献在两个时间段都是正的，说明发达经济体经济增长主要依赖技术进步。日本在 1952—1978 年间的情况和我国改革开放后类似，同样都表现出投资驱动型，同样都是出口的巨大贡献，同样都是技术进步带来全要素生产率的显著贡献。这是因为日本这段时期正好是采取外向型经济模式起飞的时期，而我国后来的改革开放对日本这段时期的经验进行了借鉴。

表 19-1　中国、美国与日本基本经济增长核算的结果（1952—2003 年）
（年均复合增长率%）

	中国		美国		日本	
	1952—1978 年	1978—2003 年	1952—1978 年	1978—2003 年	1952—1978 年	1978—2003 年
人口	2.02	1.2	1.34	1.07	1.1	0.41
GDP	4.39	7.85	3.61	2.94	7.86	2.53
人均 GDP	2.33	6.57	2.24	1.85	6.69	2.11
劳动投入	2.57	1.89	1.12	1.1	1.12	0.07

续表

	中国		美国		日本	
	1952—1978年	1978—2003年	1952—1978年	1978—2003年	1952—1978年	1978—2003年
教育	4.49	2.63	1.12	1.2	1.19	1.12
质量调整过的劳动投入	4.87	3.23	1.69	1.61	1.72	0.63
非居民资本存量	7.72	7.73	3.39	3.23	9.57	5.03
劳动生产率	1.78	5.85	2.47	1.82	6.67	2.46
资本生产率	−3.09	0.11	0.22	−0.38	−1.56	−2.39
每个劳动力资本存量	5.02	5.73	1.85	1.81	7.97	4.38
全要素生产率	−1.37	2.95	1.28	0.69	3.32	0.36
出口	2.6	14.42	5.19	5.91	13.17	4.09

资料来源：安格斯·麦迪森．中国经济的长期表现：公元960—2030年（修订版）．上海：上海人民出版社，2016：71.

从表19-1可以得到一些有益的启发，那就是对长期经济增长来说，经济起飞时期投资驱动非常关键，开放特别重要，技术进步和制度变革无论是起飞时期还是稳定发展时期都是经济增长的最大助力之一。具体来说，一般认为，如下五个方面是促进长期经济增长的重要经济政策：

（1）劳动力质量的提升。通过提升劳动力质量，每一个工人能够在生产中付出更多的有效劳动量，进而提高总的劳动投入水平，增加产出。劳动力的质量包括劳动力的身体素质、受教育水平等。政府可以通过在卫生健康、教育文化事业上增加投入，提高工人的身体素质与受教育程度，促进劳动力质量的提升，进而促进经济的增长。

（2）资本投入的增加。资本作为重要的生产要素，其投入的增加将促进产出的增长。要增加经济中的资本存量，一方面可以通过本国居民将收入中的更多部分用于储蓄，进而增加投资支出来实现，另一方面也可以吸引外国投资，引入国际资本。对于处于经济发展初期，资本极度缺乏的国家而言，引进外资不仅可以增加经济中的资本存量，还可以学习国外先进的技术与管理经验。

（3）鼓励研究与创新。除了增加要素投入，更有效率地将投入的要素转化为产品同样是经济增长的关键所在。更先进的生产技术水平将带来更高的产出，而技术的进步离不开研究与创新工作。由于知识在很大程度上是一种公共物品，强大的正外部性与高度的非排他性导致私人对于研究与创新的投入低于社会的最优水平，因此需要政府对研究创新特别是基础研究进行鼓励与资助，如设立专利保护制度，由国家牵头开展科技研究，为科技创新企业减免税负，等等。

（4）良好的制度。设计良好的制度可以降低经济活动的交易成本，有效地激励经济主体的行为，从而能对经济中的各种资源进行更为充分的利用，促进经济的增长。制度既包括正式制度，即国家或组织所创立的法律、规章、条约等，也包括非正式的制度，即传统习俗、道德规范等。

（5）稳定的政治环境与廉洁高效的政府。经济的发展离不开和平稳定的外部环境，各种法律与制度也需要政府去制定和施行。政府的高效运转、官员的廉洁奉公将为经济活动提供有利的外部环境，减少经济活动的负外部性，促进社会公平，提高资源配置的效率。

专栏 19－1

我国的高水平社会主义市场体制

党的二十大报告中明确讲述了我国高水平社会主义市场经济体制的基本内容："（一）构建高水平社会主义市场经济体制。坚持和完善社会主义基本经济制度，毫不动摇巩固和发展公有制经济，毫不动摇鼓励、支持、引导非公有制经济发展，充分发挥市场在资源配置中的决定性作用，更好发挥政府作用。深化国资国企改革，加快国有经济布局优化和结构调整，推动国有资本和国有企业做强做优做大，提升企业核心竞争力。优化民营企业发展环境，依法保护民营企业产权和企业家权益，促进民营经济发展壮大。完善中国特色现代企业制度，弘扬企业家精神，加快建设世界一流企业。支持中小微企业发展。深化简政放权、放管结合、优化服务改革。构建全国统一大市场，深化要素市场化改革，建设高标准市场体系。完善产权保护、市场准入、公平竞争、社会信用等市场经济基础制度，优化营商环境。健全宏观经济治理体系，发挥国家发展规划的战略导向作用，加强财政政策和货币政策协调配合，着力扩大内需，增强消费对经济发展的基础性作用和投资对优化供给结构的关键作用。健全现代预算制度，优化税制结构，完善财政转移支付体系。深化金融体制改革，建设现代中央银行制度，加强和完善现代金融监管，强化金融稳定保障体系，依法将各类金融活动全部纳入监管，守住不发生系统性风险底线。健全资本市场功能，提高直接融资比重。加强反垄断和反不正当竞争，破除地方保护和行政性垄断，依法规范和引导资本健康发展。"

第二节　哈罗德-多马模型

在理解长期经济增长的基本含义和核心思想后，可以就代表性的经济增长理论加以讨论。本节将讨论哈罗德-多马模型（Harrod-Domar Model），下一节讨论新古典增长模型。英国经济学家哈罗德和美国经济学家多马在 20 世纪 40 年代分别独立提出了自己的经济增长模型，由于他们的模型在假设和结论上基本相似，因而被称为哈罗德-多马模型。

一、模型的假设条件

哈罗德-多马模型的基本假设包括：

（1）全社会只生产一种产品，其既可以用于个人的消费，也可以用于生产过程。

（2）生产产品只使用劳动 L 与资本 K 两种生产要素，要素之间不能相互替代。

(3) 生产的规模报酬不变。

(4) 国民收入中用作储蓄的比例保持不变。

(5) 劳动力的数量按照固定的比率增长。

(6) 生产技术水平保持不变，即不存在技术进步；也不存在资本的折旧。

二、模型求解与分析

根据以上假设条件，可以构建模型并对其进行求解。假设国民收入为 Y，收入中用于储蓄的数量为 S，则经济体的储蓄率 s 可以表示为：

$$s=\frac{S}{Y} \tag{19.5}$$

根据假设 (4)，储蓄率 s 保持不变。

假设 (2) 与假设 (3) 暗示了生产函数的形式为：

$$Y=\min\{AL，BK\} \tag{19.6}$$

生产每单位产品所使用的劳动与资本数量是固定的。资本投入 K 与产出 Y 之间的比例为：

$$\nu=\frac{K}{Y}=\frac{1}{B} \tag{19.7}$$

ν 被称为资本-产出比，表示每单位产出所需的资本投入是一个不变的量。可以进一步得到，当资本投入数量变化时，产出也随之发生变化，且二者之间满足：

$$\frac{\Delta K}{\Delta Y}=\nu \tag{19.8}$$

其中 ΔK，ΔY 分别代表资本投入数量与产出数量的变化。

根据假设 (6)，不存在资本折旧，因此资本数量的变化等于经济中的投资 I：

$$\Delta K=\nu\Delta Y=I \tag{19.9}$$

当经济处于均衡时，储蓄 S 等于投资 I：

$$S=I \tag{19.10}$$

将式 (19.5) 和式 (19.9) 代入式 (19.10) 中，可得：

$$sY=\nu\Delta Y$$

因此可以得到：

$$G_{\omega}=\frac{\Delta Y}{Y}=\frac{s}{\nu} \tag{19.11}$$

式 (19.11) 为哈罗德-多马模型的基本公式，即当经济处于均衡时，实际产出的增长率等于储蓄率除以资本-产出比。

哈罗德-多马模型指出，经济增长率取决于储蓄率和资本-产出比。在资本-产出比固定时，如果要取得经济增长，就必须保持一定的储蓄率；反之，若要使经济中的储蓄完全被投资所吸收，经济就必须保持一定的增长率。

在资本-产出比不变时，经济增长率正比于储蓄率，储蓄率越高，经济的增长率越高。在储蓄率不变时，经济增长率与资本-产出比成反比，资本-产出比越低，经济增长率越高。

三、经济稳定增长的条件

由式（19.6）可得人均产出：

$$y=\frac{Y}{L}=\min\{A, Bk\}$$

其中 $k=\frac{K}{L}$ 表示人均资本存量。假设人口增长率为 n，那么经济中人均资本存量的变化为：

$$\mathrm{d}k=\mathrm{d}\left(\frac{K}{L}\right)=\frac{L\mathrm{d}K-K\mathrm{d}L}{L^2}=\frac{\mathrm{d}K}{L}-k\,\frac{\mathrm{d}L}{L}=sy-kn \tag{19.12}$$

进而可得人均资本存量的变化率：

$$\frac{\mathrm{d}k}{k}=s\,\frac{y}{k}-n=\frac{s}{\nu}-n \tag{19.13}$$

在哈罗德-多马模型中，在充分利用资源的情况下，生产每一单位产品的劳动与资本投入比是某个固定的值，这也意味着人均资本存量必须保持在这一水平上才能充分利用各种资源，实现充分就业。由此可得经济实现充分就业下的稳定增长的条件为：

$$\mathrm{d}k=0\Leftrightarrow\frac{s}{v}=n \tag{19.14}$$

即人口增长率需要等于储蓄率除以资本-产出比。又根据式（19.11）可知，这意味着人口增长率等于经济增长率。

由式（19.13）可知，如果 $n<\frac{s}{v}$，那么人均资本存量将持续上升，劳动将无法继续按照原有的比例与资本组合，劳动成为制约经济发展的因素，经济中存在闲置的资本。此时实际的经济增长率将高于人口增长率，无法实现均衡的增长。如果 $n>\frac{s}{v}$，那么经济中的资本无法按照比例分配给所有人进行生产，存在失业人口，人均资本存量和人均产出将持续下降，经济依旧不处于均衡之中。

但是在实际中，难以保证 n 与 $\frac{s}{v}$ 一直相等，因此式（19.14）给出的充分就业下的稳定增长条件难以达到，而且一旦有所偏离就无法自动回到均衡的增长状态中，故哈罗德-多马模型给出的稳态增长路径被称为“刀刃”型增长。

哈罗德-多马模型假设技术不变，此时，经济增长率就主要取决于储蓄率。即一国或地区的储蓄率越高，经济增长率就会越高；反之也是。这一模型说明了给定其他条件不变，一国或地区的经济增长主要由投资驱动的，因为投资来自新增资本存量，即资本积累，而资本额积累来自宏观层面的储蓄水平。例如，如果资本-产出比率为 2，当储蓄率为 20%时，增长率就是 10%。我国改革开放以来，由于居民储蓄率较高，足以支撑全社会的高投资率，通过高投资拉动高增长，因此，经济增长率才可以维持在一个较高的水平。

专栏 19－2

拉姆齐和拉姆齐模型

弗兰克·普兰顿·拉姆齐（Frank Plumpton Ramsey，1903—1930 年），是极具影响力的英国数学家、哲学家、逻辑学家和经济学家，他去世很早，但对相关领域的贡献卓著。代表性的有：23 岁时发表的《真理与概率》（1926 年），这篇论文讨论了主观概率和效用，为后来的博弈论奠定了基础；24 岁时发表的《对赋税理论的一个贡献》（1927 年），是现代税收理论的基石，也是激励理论的源头之一；25 岁时发表的《储蓄的数学理论》（1928 年）[①] 则奠定了现代经济增长理论的基础。

在《储蓄的数学理论》中，拉姆齐提出了一个正式的有关经济最优增长的理论，即拉姆齐模型（Ramsey Model）。这篇文章的目标是回答："一个国家应该要储蓄多少?"文章分为三节。在第一节中，拉姆齐陈述了文章的理论假定和主要观点。第二节中，拉姆齐假定工资和利率是外生的，讨论了消费与储蓄的配置，并给出了最优积累率和最优增长的基础。最后，在第三节中，拉姆齐讨论了均衡利率的确定，并给出了经济增长的均衡路径及其条件。此外，拉姆齐在最后一部分还讨论了贴现率的异质性以及不平等等话题。

拉姆齐的这篇论文给后来的宏观经济学带来了深远影响。首先，这篇论文直接触发了 20 世纪 60—70 年代的卡斯-库普曼斯模型（Cass-Koopmans Model），这是新古典增长理论的重要内容。其次，这篇论文在分析消费和储蓄决策时，提出了持久收入假说和生命周期假说的雏形。再次，这篇文章提出的世代交叠模型经过 20 世纪 50—60 年代萨缪尔森与戴蒙德相继发展后，成为宏观经济学的重要理论模型之一。此外，这篇文章中关于均衡利率的形成机制以及资本积累与不平等等话题的讨论对后来的相关研究都产生了重要影响。

第三节　新古典增长模型

哈罗德-多马模型只能在一定程度上解释经济增长的真实面，但过于强调储蓄和投资对增长的驱动，忽略了其他因素对经济增长的促进作用，特别是该模型中忽略了技术进步

① RAMSEY F P. A mathematical theory of saving. Economic Journal，1928，38 (152)：543 - 559.

这个关键因素，使得该模型不太符合所观察到的经济增长的事实，因此，其后许多宏观经济学家试图发展新的经济增长理论模型，以替换哈罗德-多马模型，其中最为著名的是索洛等人提出的增长模型。由于其采用了一些新古典经济学中的基本设定，故被称为新古典增长模型（New-Classical Theory of Economic Growth Model）。因新古典增长模型主要是经济学家索洛发展的，也可称为索洛经济增长模型（Solow Growth Model）；又因这类模型假定技术进步是外生给定的，故也可称为外生经济增长模型。

一、模型设定与假设条件

新古典增长模型的基本假设包括：

（1）全社会只生产一种产品，其既可以用于个人的消费，也可以用于生产过程。

（2）生产产品只使用劳动 L 与资本 K 两种生产要素，要素之间可以部分替代。

（3）生产的规模报酬不变，生产要素的边际产出递减，且满足：$\lim\limits_{K,L\to 0^+} F_k$，$F_L\to+\infty$，$\lim\limits_{K,L\to+\infty} F_k$，$F_L\to 0$。

（4）国民收入中用作储蓄的比例保持不变。

（5）资本按照固定的折旧率进行折旧。

（6）人口增长率是外生给定的，且不发生改变。

（7）生产技术水平保持不变，即不存在技术进步。

将新古典增长模型与哈罗德-多马模型的假设条件进行比较，可以发现除了对资本折旧的假设存在不相同外，二者对于生产函数中生产要素之间替代性的假设也存在明显区别。正是由于生产要素替代性的不同假定，两个模型得出的结论才具有显著的差别。

二、模型求解与分析

（一）经济稳态的求解

根据假设（2），生产产品只使用劳动 L 与资本 K 两种生产要素，可以将经济体的生产函数写成如下形式：

$$Y=F(L, K) \tag{19.15}$$

根据假设（3），生产的规模报酬不变，因此人均产出 y 可以表示为：

$$y=\frac{Y}{L}=\frac{1}{L}F(L, K)=F\left(\frac{L}{L}, \frac{K}{L}\right)=F\left(1, \frac{K}{L}\right)=f(k) \tag{19.16}$$

其中 $k=\dfrac{K}{L}$，表示人均资本存量。

对于产出的需求来自消费 C 和投资 I，因而人均产出也可以被划分为人均消费 c 与人均投资 i：

$$y=c+i \tag{19.17}$$

根据假设（4），储蓄占国民收入的比例不变，因而人均储蓄占人均收入的比例也不变，假设这一比例为 s，那么消费占人均收入的比例为 $(1-s)$：

$$c=(1-s)\,y \tag{19.18}$$

将式（19.18）代入式（19.17）中可得：

$$i=sy \tag{19.19}$$

因此，人均投资占人均产出的比例等于储蓄率。

根据假设（5），若资本的折旧率为 δ，即第 t 期的 K 单位资本在第 $t+1$ 期将只剩下 $(I-\delta)K$，δK 单位的资本由于磨损而消失了。因此整个经济体中资本存量的变化可以表示为：

$$\mathrm{d}K=I-\delta K=sY-\delta K \tag{19.20}$$

根据假设（6），假定人口增长率为 $\frac{\mathrm{d}L}{L}=n$。因此，人均资本存量的变化可以表示为：

$$\mathrm{d}k=\mathrm{d}\left(\frac{K}{L}\right)=\frac{L\mathrm{d}K-K\mathrm{d}L}{L^2}=\frac{\mathrm{d}K}{L}-k\frac{\mathrm{d}L}{L}=\frac{\mathrm{d}K}{L}-kn \tag{19.21}$$

将式（19.20）代入式（19.21）可得：

$$\mathrm{d}k=\frac{sY-\delta K}{L}-nk=sy-\delta k-nk=sf(k)-(\delta+n)\,k \tag{19.22}$$

这意味着，人均资本存量一方面由于投资而增加，另一方面由于折旧和为新增加的人口分配资本而减少。我们可以在图中表示这两方面的影响：

如图 19-2 所示，曲线表示的是经济中的投资对人均资本的促进作用，直线表示的是折旧与人口增长对于人均资本存量的“稀释”作用。由于假设（3）中对于要素边际产出的假定为 $\lim\limits_{K,L\to 0^+}F_k$，$F_L\to+\infty$，故投资曲线 $sf(k)$ 与直线 $(\delta+n)k$ 的交点不在原点附近，而是位于 k^* 处。k^* 被称为稳定状态的资本水平（简称稳态资本水平）。

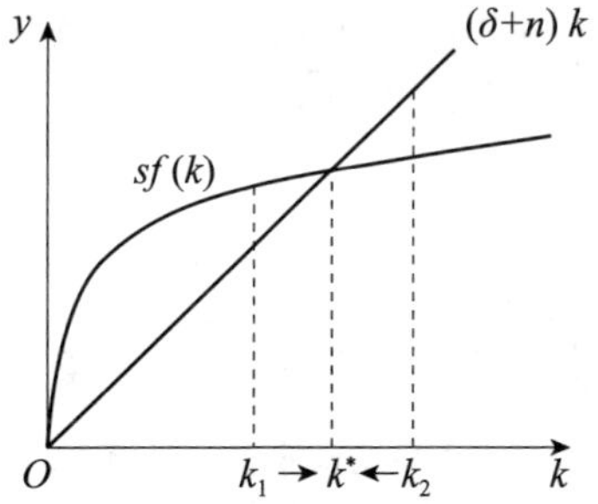

图 19-2　人均资本存量的稳态

为什么 k^* 被称为稳态资本水平呢？这是因为，第一，当人均资本存量等于 k^* 时，根据式（19.22），随着时间推移，人均资本存量不再发生改变。第二，如果经济体的人均资本存量偏离了 k^* 的水平，那么会随着时间推移自动向着 k^* 进行调整，最终回到 k^* 的水平。为了证明这一点，考虑 $k=k_1<k^*$ 时的情况，此时人均资本存量较低，每年折旧的资本数量较少，按照当前的人均资本存量为新增人口配置的资本数量也较少，二者之和 $(\delta+n)k_1$

仍然未达到投资所产出的资本数量 $sf(k_1)$，因而可以将剩余的资本再分配给每一个人，人均资本存量会不断增加，直至$k=k^*$。如果$k=k_2>k^*$，此时人均资本存量较高，每年折旧的资本数量较多，按照当前的人均资本存量为新增人口配置的资本数量也较多，二者之和$(\delta+n)k_2$超过了投资所产出的资本数量 $sf(k_2)$，需要降低对每个人的资本分配，故人均资本存量会不断下降，直至$k=k^*$。

我们可以通过式（19.22）得到给定的储蓄率、资本折旧率与人口增长率之下的稳态人均资本水平。如果这些因素发生变化，稳态会如何改变呢？我们依旧可以使用图形方便地考察这一问题。如图 19－3 所示，δ、n 不变，储蓄率由s_1上升到s_2，每一个资本水平 k 所对应的投资都增加了，曲线 $y=s_1f(k)$将向上移动，与直线 $y=(\delta+n)k$ 的交点在原有交点的右侧，对应的稳态资本水平k_2^*大于原有的稳态资本水平k_1^*。

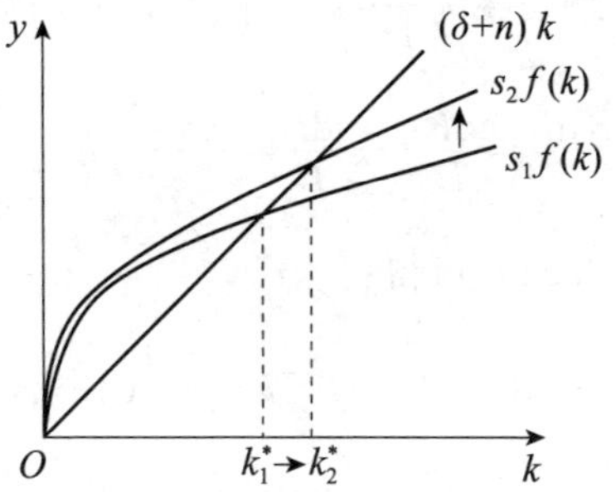

图 19－3　储蓄率上升对稳态的影响

如图 19－4 所示，δ、s 不变，人口增长率 n 上升，直线 $y=(\delta+n)k$ 将变得更为陡峭，与曲线 $y=sf(k)$的交点将位于原有交点的左侧，对应的稳态资本水平k_2^*小于原有的稳态资本水平k_1^*。而当折旧率上升时也有类似的结论。

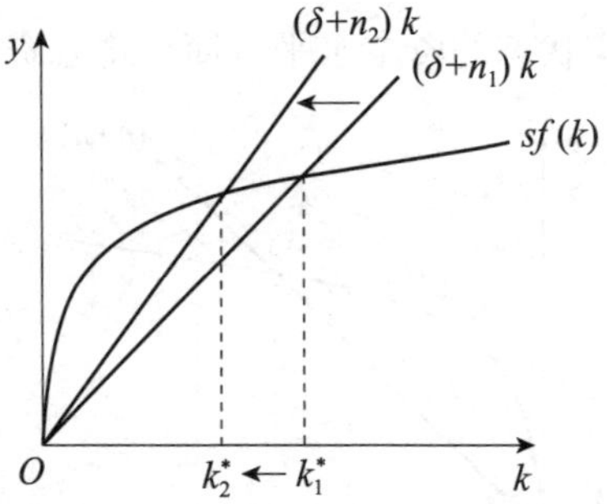

图 19－4　人口增长率上升对稳态的影响

由以上的分析可以得知，经济的稳态人均资本水平取决于储蓄率 s、资本折旧率 δ 与人口增长率 n。储蓄率越高，稳态人均资本水平越高；资本折旧率和人口增长率越高，稳态人均资本水平越低。

当经济处于稳态时，人均资本存量不再变化，故人均产出保持不变，但是经济中的总产出水平在保持增长。由于经济中的人口增长率为 n，故总产出的增长率：

$$\frac{dY}{Y}=\frac{d(yL)}{yL}=\frac{dy}{y}+\frac{dL}{L}=n \tag{19.23}$$

即经济体总产出的增长率等于人口增长率。

（二）资本存量的黄金律水平

通过前面的分析，我们知道了经济体稳态人均资本存量是如何决定的。那么，是不是稳态人均资本存量越高就越好呢？不同的稳态之间，是否存在一个最优的资本存量水平呢？

经济发展的最终目的是改善人们的生活水平与福利，我们需要比较不同稳态之下经济体的福利水平，以确定最优的资本存量。由于居民的效用来源于消费，如果存在一个人均资本存量水平能够使人均消费实现最大化，那么这就是我们所追求的最优资本存量水平。使消费最大化的稳态人均资本存量被称为资本存量的黄金律水平，记作k_g^*。

由式（19.18）可知，人均消费$c=(1-s)y$。由于我们所考虑的是稳态时的状况，因此产出$u=f(k^*)$，且式（19.22）是成立的，即$sf(k^*)=(\delta+n)k^*$。将式（19.22）代入式（19.18）可得：

$$c=f(k^*)-(\delta+n)k^* \tag{19.24}$$

我们只需要确定一个能最大化式（19.24）的稳态人均资本存量k^*，就可以得到资本存量的黄金律水平。式（19.24）两端对k^*求导，可得：

$$f'(k^*)=\delta+n \tag{19.25}$$

满足式（19.25）的k^*就是资本存量的黄金律水平k_g^*。式中的$f'(k^*)$是人均产出关于人均资本存量的导数，故其表示资本的边际产出。于是，当资本存量处于黄金律水平时，资本的边际产出等于折旧率加上人口增长率。此时，由于经济体处于稳态之中，故人均产出不变，总产出的增长率等于人口增长率n。

新古典增长模型正确地推断了人口、技术进步、人力资本对经济增长的关键作用，一国或地区的经济增长不可能主要依赖资本积累，即如果经济体一直依赖投资驱动的增长模式，那么这种增长模式是不可持续的。新古典增长模型还推断出了一个重要结论，那就是给定边际生产力递减规律，不同发展水平的经济体的经济增长率将会趋同，也就是说，发达经济体的增速会减缓，而欠发达经济体的增速会加快，从而经济增长率在不同发展水平的经济体之间会在长期呈现出收敛趋势。这就意味着欠发达经济体能够实现赶超。赶超效应的存在给欠发达经济体以希望。从经济增长的实践看，新古典增长模型一定程度上有效解释和预测了欠发达经济体的起飞及其结果。20世纪60年代开始的日本、韩国、新加坡以及我国台湾和香港地区（后四个经济体被誉为“亚洲四小龙”）都通过经济起飞进入到发达经济体行列。20世纪80年代中国的改革开放再次展示了欠发达经济体的追赶效应。但新古典增长模型也存在明显的缺陷，主要是忽略了投资函数，一些参数假定也存在争议。当然，最关键的是给定了技术外生，忽略了制度变革、政府行为等因素，以至于无法解释当今世界不同国家和地区之间存在的严重的不平等，所谓富国越富、穷国越穷，两者的差距反而加大了。这严重违反了新古典增长模型讲的收敛效应的预测。后来内生增长理论的出现才解决了这个难题。

专栏 19-3

内生增长理论

内生增长理论，也可以称为内生增长模型、新增长理论（New Growth Theory）等。这一理论出现在 20 世纪 80 年代中期，代表人物为罗默（Romer）、卢卡斯（Lucas）等人。新增长理论最重要的突破是将知识、技术、人力资本等内生化，将这些内生技术变化因素引入新古典增长模型；同时，抛弃了边际生产力递减假设，引入了报酬递增假定，即随着技术进步，边际生产力不减反增，也就是说，新技术的不断引入让生产率水平的提高变得更加容易和快速。由于给出了这些假定，资本收益率就可能不变或增长，从而人均产出可以无限增长。特别是，随着新技术不断被经济系统内生出来，经济增长在长期内可以单方面递增，无须依赖其他因素。这就使得长期经济增长可以突破资本积累的约束，甚至人口、资源等的约束。

新增长理论主要研究思路如下：假定市场总是不完全的，人们不断追求垄断利润，刺激了技术创新，导致企业不会出现规模不经济。同时，知识的溢出或者扩散可以改进全社会的技术水平。企业也可以不断通过建立新工厂来避免报酬递减。因此，只要人们不断进行研究与开发（R&D）活动，资本的边际生产力递减假定就可以避免，报酬递增机制可能出现，人均实际 GDP 就可以无限增长，增长率取决于人们创新的能力和实际利率。新增长理论主要有两种建模思路：一是假定知识外溢效应和干中学机制，激发了技术的内生化；二是构造一个内生技术变化，比如经济分为两个部门，一个是生产部门，另一个是研发部门，后者专门创新技术，供生产部门采用，只要研发部门能够持续提供新技术，那么生产部门就能够始终维持报酬递增路径。这两种机制可以通过本国对研发部门的投入实现，也可以通过参与国际分工来实现。

第四节　如何理解真实世界的经济增长

通过前面的经济增长理论，可以比较好地理解经济增长的内在逻辑。那么如何才能运用这些理论逻辑来解释真实世界的经济增长？在真实世界中，各国和地区的经济增长呈现出两种特征事实：一是部分经济体通过合理的经济政策实现了经济起飞，获得了追赶效应，从而实现了对发达经济体的赶超，比如 20 世纪 60—70 年代的日本、韩国、新加坡、我国台湾和香港地区等，都符合这一理论预测。这意味着新古典经济增长理论在一定程度上是有解释力的，对真实世界的经济增长有一定的指导意义。二是，我们在第一节里讲到，经济起飞阶段，新增资本对经济增长的贡献很大，这说明资本积累和投资驱动型增长也是很重要的，从而说明哈罗德-多马模型有一定的现实意义。

但是，当今世界各国和地区之间经济增长呈现严重不平等的趋势，富国越来越富，穷国越来越穷，这说明新古典经济增长模型所预测的增长率收敛结果不完全正确。同时，当今世界创新越来越重要，甚至超越劳动和资本等要素，成为经济增长的第一推动力。这意味着哈罗德-多马模型同样存在很大的局限。两种传统模型都无法解释真实世界经济增长的完整画面。而 20 世纪 80 年代兴起的新增长理论则可以解释这些最新现象。新增长理论认为，由于存在溢出效应、干中学等机制，技术不断被经济系统内生出来，并反哺经济系统本身，使得经济系统获得了报酬递增机制，这就导致发达经济体技术创新的投入更大，创新的力度更大，创新的成果更多，对经济增长的推动作用更明显，所以，真实世界中，富国会变得越来越富。反之，对穷国来说，由于制度环境和政府行为都不利于创新，国家或地区对创新的投入也不够，技术进步缓慢，技术水平不高，从而导致这些贫穷的国家和地区越来越贫穷，或者即便有发展，也发展缓慢，和富裕国家和地区的差距越来越大。实际上，前面讲到的赶超效应，也可以看作是一些欠发达国家和地区进行了合理的制度变革、政府转型、开放以及鼓励创新的政策导向，才激发了经济体内部的活力，生产率水平得到大幅度提升。从这个角度讲，赶超效应可以看成是技术内生的一种特定现象。

真实世界复杂多变，每一种增长理论也仅仅能够有效解释其中的某个或者某几个方面而已。迄今还没有一种理论能够全面合理地解释所有经济增长的特征事实。不过，即便理论上存在很大的改进余地，经济学家还是非常努力地解读真实的经济增长，核心就在于理清经济增长的来源。只有把源头搞清楚了，才能针对性地设计促进增长的相关政策。第一节中我们给出了一个简要的关于经济增长来源的说明。本节将详细回答：如何度量各种因素对经济增长的贡献程度？这一问题可以通过对经济增长率的分解来解决。

假设经济体使用劳动与资本两种生产要素，生产是规模报酬不变的，生产函数可以表示为如下形式：

$$Y=AF(L,K) \tag{19.26}$$

其中，A 是衡量生产技术水平的参数，被称作全要素生产率。

对生产函数两端取微分，可得：

$$\mathrm{d}Y=F\mathrm{d}A+A\mathrm{d}F \tag{19.27}$$

$$\mathrm{d}F=\frac{\partial F}{\partial L}\mathrm{d}L+\frac{\partial F}{\partial K}\mathrm{d}K=MP_L\mathrm{d}L+MP_k\mathrm{d}K \tag{19.28}$$

式（19.27）两端同时除以 Y，可得：

$$\frac{\mathrm{d}Y}{Y}=\frac{F\mathrm{d}A+A\mathrm{d}F}{AF}=\frac{\mathrm{d}A}{A}+\frac{\mathrm{d}F}{F} \tag{19.29}$$

式（19.28）两端同时除以 F，可得：

$$\frac{\mathrm{d}F}{F}=\frac{MP_L\mathrm{d}L}{F}+\frac{MP_k\mathrm{d}K}{F}=\frac{L\cdot MP_L\mathrm{d}L}{L\cdot F}+\frac{K\cdot MP_k\mathrm{d}K}{K\cdot F} \tag{19.30}$$

由于要素的实际报酬等于要素的边际产出，因此 $L\cdot MP_L$ 等于经济中劳动力所获得的总收入，$K \cdot MP_K$等于资本所获得的总收入。故，$\frac{L \cdot MP_L}{F}$就是劳动收入占总收入的比例，$\frac{K \cdot MP_K}{F}$是资本回报占总收入的比例，因为生产函数具有规模报酬不变的特征，这两个比例之和为 1。所以式（19.30）可以化为：

$$\frac{dF}{F}=\alpha\frac{dL}{L}+(1-\alpha)\frac{dK}{K} \tag{19.31}$$

其中α表示劳动收入占总收入的比例。将式（19.31）代入式（19.29）中，可得：

$$\frac{dY}{Y}=\frac{dA}{A}+\alpha\frac{dL}{L}+(1-\alpha)\frac{dK}{K} \tag{19.32}$$

于是，总产出的增长分解为了全要素生产率的贡献$\frac{dA}{A}$，劳动投入增加的贡献$\alpha\frac{dL}{L}$与资本投入增加的贡献$(1-\alpha)\frac{dK}{K}$。

例如，当$\alpha=0.6$，劳动投入增长 10%，资本投入增长 5%时，全要素生产率增长 2%时，经济增长率为：

$$2\%+0.6\times10\%+(1-0.6)\times5\%=10\%$$

所以，全要素生产率的提高使产出增长了 2%，对经济增长的贡献率为 20%；劳动投入的增加使产出增长了 6%，对经济增长的贡献率为 60%；资本投入的增加使产出增长了 2%，对经济增长的贡献率为 20%。

不过在实际中，全要素生产率的变化对于产出的贡献通常无法直接观察到，需要间接地测算。由于实际产出、投入要素数量的变化是可以观察到的，故可以通过以下式子推算出全要素生产率的变化：

$$\frac{dA}{A}=\frac{dY}{Y}-\alpha\frac{dL}{L}-(1-\alpha)\frac{dK}{K} \tag{19.33}$$

因此，全要素生产率（TFP）的变化反映的是不能用投入要素的变化所解释的所有产出的变化。它的变动常常是由于技术进步、制度变革、政府行为、开放政策等因素所引起的，因此，常常用 TFP 度量要素贡献以外剩下的部分。传统的 TFP 就是索洛剩余，主要用作衡量技术进步率的指标。后来由于制度等因素对经济增长的作用逐步被人们所认识和重视，索洛剩余也常用来测度这些因素对经济增长的整体影响。

就我国的经济增长实践看，经过四十余年的改革开放，不仅实现了经济起飞，而且经济很长时间内都保持在两位数的高增长率，出现了经济增长的奇迹。按照世界银行公布的分析报告，如图 19－5 所示，2013—2021 年间，中国对世界经济增长的平均贡献率达到了 38.6%，相比之下，G7 的平均贡献率只有 25.7%，其中贡献最大的美国也才贡献了 18.6%。

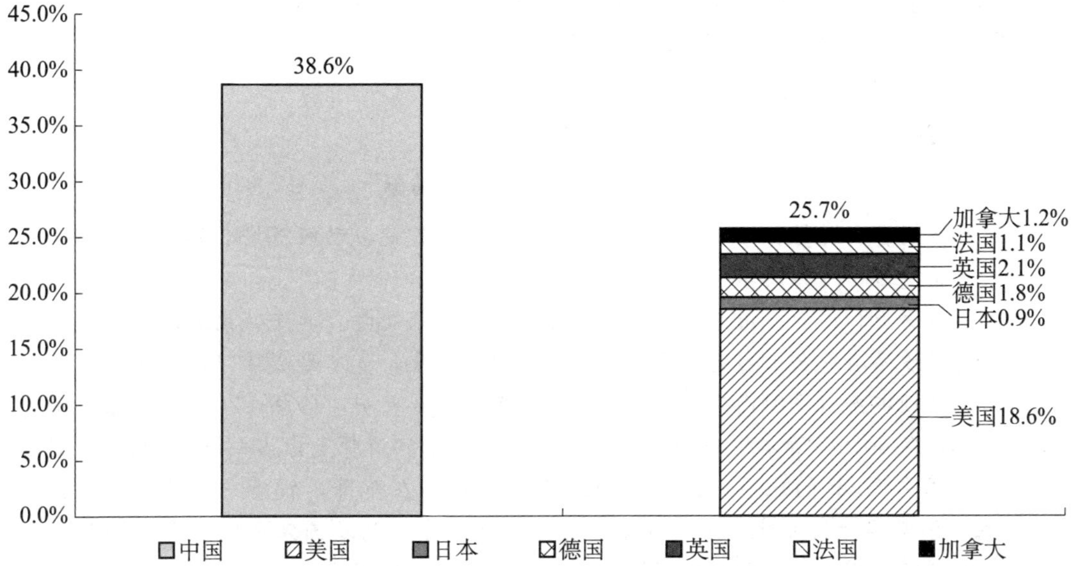

图 19-5 中国和 G7 对世界经济增长的贡献（2013—2021 年）

资料来源：新华社．世行报告：中国经济十年对世界经济增长贡献率超 G7 总和．https：//www. gov. cn/xinwen/2022-11/28/content_5729266. htm? eqid=f04e8b630007401600000006648 81f2e.

中国的长期经济增长主要是由什么因素驱动的？人们普遍认为，改革开放以来中国的经济增长模式是粗放型的、投资驱动型的。第一节表 19-1 的数据表明，新增资本在改革开放前后的确对经济增长的贡献度都很大，而改革开放以后，开放本身（即出口）对经济增长的贡献显著。表 19-1 还表明，改革开放以后，全要素生产率对经济增长的贡献非常突出。结合出口因素，充分说明了改革开放才是带来 40 余年中国经济长期高增长的最主要的动力。这一结论被另一个学者朱晓东教授所证实。朱晓东教授在《理解中国的经济增长：过去、现在和未来》一文中，详细测算了中国 1952 年以来长期经济增长的来源，结果如表 19-2 所示。从这个表中可以看出，改革开放以后，经过合理的贡献分解，对经济增长贡献最大的是 TFP，也就是说，正是我国实行了改革开放，采用了社会主义市场经济制度，持续鼓励创新，激发技术进步，加大制度变革，努力实现政府转型，逐步形成有效市场与有为政府相结合的特色新模式，才带来了全要素生产率的巨大提升，从而实现了持续的高增长。

表 19-2 理解中国的经济增长（1952—2007 年）

时期	年平均增长率（%）				
	人均 GDP	劳动参与率	资本/产出比率	平均人力资本	全要素生产率（TFP）
1952—1978 年	2.97	0.11	3.45	1.55	−1.07
1978—2007 年	8.12	0.57	0.04	1.18	3.16
时期	对人均 GDP 增长的贡献率				
	人均 GDP	劳动参与率	资本/产出比率	平均人力资本	全要素生产率（TFP）
1952—1978 年	100	3.63	116.15	52.25	−72.03
1978—2007 年	100	7.05	0.51	14.55	77.89

资料来源：ZHU X D. Understanding China's growth: past, present, and future. Journal of economic perspectives, 26 (4): 103-124.

表 19-2 表明，只有坚定改革开放，走高质量发展道路，不断完善高水平社会主义市场经济体制，我国的长期经济增长才能可持续。

专栏 19-4

拉动经济增长的“三驾马车”

通常把投资、消费、净出口对经济增长的影响看作是拉动经济增长的“三驾马车”。国家统计局对这“三驾马车”的分析如下：

先分析消费和投资。用最终消费率和资本形成率来衡量。其中，最终消费率（即消费率）是指最终消费支出占支出法国内生产总值的比重；资本形成率（即投资率）是指资本形成总额占支出法国内生产总值的比重。图 19-6 表明，1978—2000 年，最终消费率基本稳定在 60%，资本形成率基本稳定在 40%，最终消费支出占 GDP 的比重明显高于资本形成占 GDP 的比重；2000—2010 年，消费率在下降，投资率在上升；2010—2019 年，消费率开始上升，而投资率则缓慢下降。这说明我国宏观经济开始逐步摆脱投资驱动型增长模型，消费对经济增长的拉动作用日益显著。

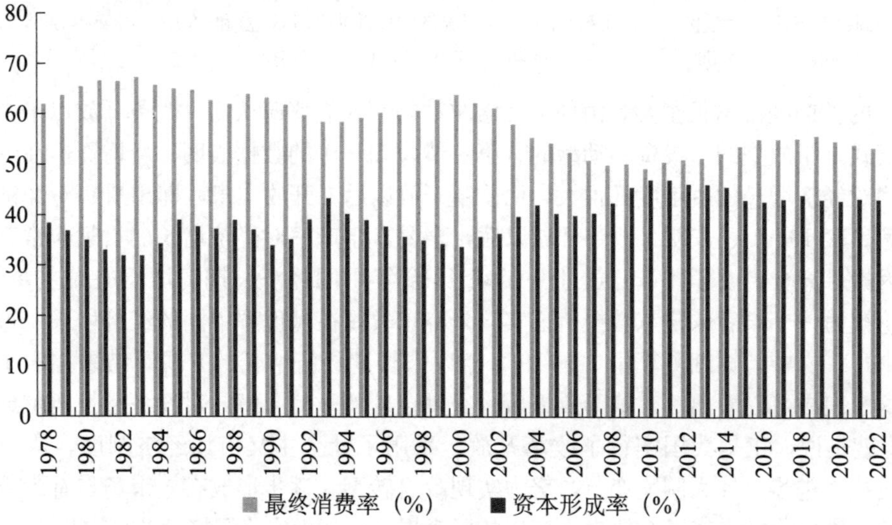

图 19-6　1978—2022 年我国最终消费率和资本形成率

再看“三驾马车”对 GDP 增长的贡献。如图 19-7 所示，在 1978—1985 年，消费对经济增长的贡献率快速上升，投资对经济增长的贡献率波动较大，而由于刚刚开始改革开放，净出口的作用还没有发挥出来，净出口对经济增长的贡献为负；在 1985—1995 年，这 10 年间消费和净出口对经济增长的贡献率快速上升，而投资的贡献反而剧烈波动；到 1995—2009 年，投资对经济增长的贡献率逐步上升，并超越消费的贡献；2009—2019 年，这 10 年间投资对经济增长的贡献缓慢下降，而消费对经济增长的贡献稳中有升，并逐步超越投资的贡献，这再次说明我国经济增长模式已经开始发生转变，从投资驱动型向消费驱动型转变。

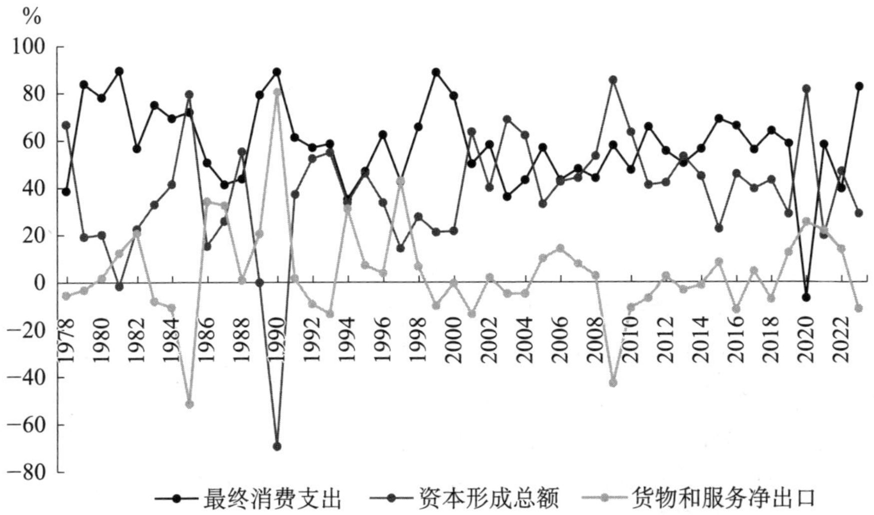

图 19－7　1978—2022 年“三驾马车”对 GDP 增长的贡献率

资料来源：国家统计局．什么是拉动经济增长的“三驾马车”．http：//www.stats.gov.cn/zs/tjws/tjzb/202301/t20230101_1903947.html.

思考题

1. 请简要说明哪些因素会对经济增长产生影响。

2. 政策制定者会选择一个资本高于黄金律稳态水平的稳态吗？会选择一个资本低于黄金律稳态水平的稳态吗？请简要解释。

3. 请推导新古典增长模型中经济稳定增长的条件。

在线自测

扫一扫　练一练

第二十章　货币、金融系统与利率的决定

宏观经济从长期看有持续增长的趋势，但从短期看，总产出水平以及总产出的增长率都是波动的，时高时低。一般认为，经济的短期波动会损害社会成员的福利，比如经济过热时的通胀会导致宏观经济资源错配和浪费，居民实际财富水平下降；经济不景气带来失业率上升；等等。我们在第十九章讨论了长期经济增长，从本章开始将讨论经济波动。从短期看，由于长期总供给相对稳定，经济波动主要是总需求带来的。总需求包含消费需求、投资需求、政府购买和净出口四大类。我们首先给出关于总需求的微观基础分析，然后讨论短期宏观经济的均衡问题。后面几章逐步构建关于总需求及短期宏观经济均衡的理论，最后讨论治理宏观经济波动的宏观经济政策。

要理解短期宏观经济均衡，最关键的是揭示这一均衡的核心机制，即储蓄＝投资。在第十九章中，主要涉及宏观经济中产出的长期总供给问题。长期经济增长取决于人口、资源、资本、技术、制度等长期实际变量，这些变量中，除了资本外，其他变量在短期都可以看作是不变的，比如说，一年内、一个季度内、一个月内等，人口等变量可以看作是不变的。但资本会发生变化，资本存量的变化是宏观经济中投资带来的。投资导致新增资本增加，从而增加资本存量，并最终影响经济总产出。宏观经济中，投资的实现不仅取决于投资需求，还取决于投资所需的资金来源。资金来源由家庭的储蓄决定，家庭通过当期的消费与储蓄决策，决定了最优储蓄水平；储蓄决定了当期的资金供给。当短期内储蓄与投资均衡时，宏观经济也就实现了均衡。

本章通过引入金融市场来解释上述逻辑。首先，构造一个可贷资金市场，这个市场上的可贷资金需求就是投资需求；可贷资金供给就是家庭储蓄；均衡时决定了均衡实际利率水平和均衡投资水平。其次，进一步引入货币市场，货币供给取决于中央银行的货币发行和银行体系的货币创造；货币需求取决于家庭对流动性的需求；货币市场上的供求关系决定了均衡名义利率水平和均衡货币量。最后，当宏观经济一般均衡时，实际利率等于名义利率减去物价总水平；货币量影响通货膨胀；货币政策可以有效调节通货膨胀。

第一节　总需求的微观基础

在第十八章中，已经简述了总需求的基本内容。三部门经济中，总需求＝消费（C）＋投资（I）＋政府购买（G）。那么，这三类需求又是如何决定的呢？

一、家庭的消费与储蓄决策

在特定时点上，家庭需要决定当期的消费水平。对家庭而言，一方面需要通过消费来

维系生存和发展；另一方面，还需要应对未来的不确定性。如果家庭在当期把钱花完，在未来将无法应对各种风险的冲击。理性的家庭将会对收入进行合理的配置，一部分收入用于当期消费，而另一部分收入则作为储蓄，存起来用于未来消费。

由于家庭是理性经济人，不可能将储蓄简单地搁置在保险柜里，而是会通过选择储蓄产品或者股票等投资产品来实现保值增值。家庭选择储蓄多少取决于家庭的时间偏好；同样，选择哪些投资方式取决于家庭的风险偏好。如果家庭更偏好短期，就会选择更多的当期消费、更少的储蓄（未来消费）；如果家庭的风险厌恶水平较高，就会更多选择安全的理财产品，比如银行储蓄产品或者国债等，反之，如果风险厌恶程度较低，就可能更多选择股票或者债券投资等。无论采取哪种类型的投资，家庭都可以获得回报，这种回报构成了利率的依据。也就是说，只有家庭通过投资获得了正收益，才会有利率的体现。因此，利息就是对家庭放弃现在消费的一种补偿，由于未来充满不确定性，利息也可以看作是风险的补偿。

家庭投资的收益来自哪里？家庭向银行储蓄，银行把钱贷给企业，满足企业的投资需求。企业通过投资生产部门创造利润，并偿付贷款利息；银行通过贷款利息获得收入，并支付家庭存款利息。又如，家庭直接购买企业发行的股票和债券，企业获得资金并投入生产部门创造利润，然后向家庭直接支付利息或者红利。无论是哪种方式，企业的投资利润都是家庭获得利息收入的来源。家庭和企业的这种相互依存关系是通过金融系统来实现的。金融系统将家庭的短期资金供给与企业的长期资金需求（投资需求）有效地链接起来，从而实现了宏观经济在不同时期上的资源合理配置。所以，金融系统是维系宏观经济短期和长期稳定关系的关键。

家庭的消费和储蓄决策也叫跨期决策。这是因为家庭的储蓄是应对未来的不确定性的。家庭在消费和储蓄之间的权衡实际上就是在当期消费与未来消费之间的权衡，因此，本质上是时间偏好的决定过程。具体来说，家庭每一期都需要做出消费和储蓄决策。储蓄本质上就是把钱放到未来消费。从时间的角度看，家庭的最优消费决策是权衡现在和未来的消费，是一种跨期决策，如图 20－1 所示。

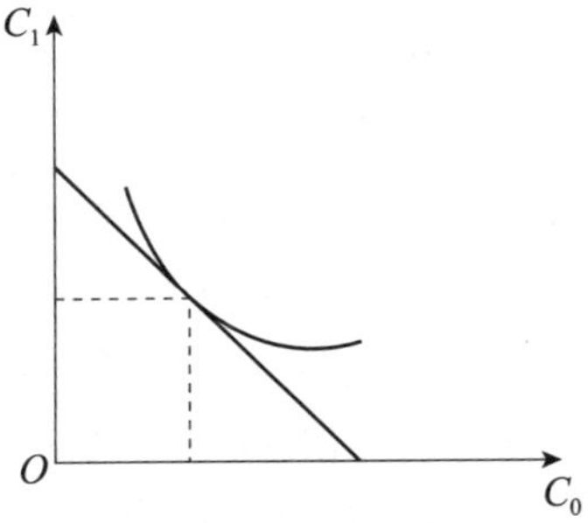

图 20－1　家庭的跨期决策

图 20－1 中，C_0代表家庭的当期消费；C_1代表家庭的未来消费。用 Y 代表家庭的总收入，S 代表家庭的储蓄。家庭在当期进行收入配置，总收入 $Y=C_0+S$，即C_0用于当期（即第 0 期）的消费，剩余的收入作为储蓄，留作未来消费，所以家庭储蓄 $S=Y-C_0$。家庭将钱存入银行将获得 1 期的利息，所以第 1 期的消费总数为第 0 期的储蓄加上储蓄所得

的利息。令 r 为利率，那么 $S(1+r)=C_1$，所以 $S=\frac{C_1}{1+r}$，即储蓄等于未来消费的现值，代入 $Y=C_0+S$，得 $Y=C_0+S=C_0+\frac{C_1}{1+r}$。也就是说，家庭的跨期决策实际上就是当期消费 C_0 和未来消费现值 $\frac{C_1}{1+r}$ 之间的权衡。

从图 20－1 可以看出，家庭的跨期决策就是无差异曲线与预算线的相切处，即家庭当期消费对未来消费的边际替代率等于预算线的斜率。预算线的斜率取决于什么呢？就是取决于利率 r。利率 r 代表社会对当期消费与未来消费的相对看法，由于当期消费和未来消费主要是时间的问题，也就是说，家庭的跨期决策本质上就是不同时期的资源配置，那么可以说：利率 r 是时间的价格，即未来消费相对于现在消费的价格，就是预算线斜率的经济学含义，也是 $Y=C_0+S=C_0+\frac{C_1}{1+r}$ 这个等式的经济学的含义。

从微观层面看，家庭跨期决策决定了两个变量：一是消费；二是储蓄。储蓄就是社会中资金的供给，可称为可贷资金供给。

二、宏观经济学中的消费理论与消费需求的决定

从图 20－1 可以看出，家庭的消费不仅取决于时间偏好，还取决于收入。由于早期微观层面的时间偏好很难度量，因此经济学家一般都把关注点放在消费与收入的关系上，并且通过对不同收入内涵的理解，形成了各自的消费理论。根据不同的消费类型，宏观经济学迄今有以下几个主要的消费理论。

（一）绝对收入假说（Absolute Income Hypothesis）

这是凯恩斯早期提出来的一种消费理论。该理论认为，在短期中，家庭的消费取决于家庭当期的收入水平，消费与收入之间的关系用消费倾向来衡量。每单位收入中家庭意愿消费支出的份额就是平均消费倾向；每额外增加一单位收入，带来的消费的相对增加额就是边际消费倾向。同时，存在边际消费倾向递减规律，即随着收入的增加，消费也将随之增加，但消费的增长速度低于收入的增长速度，消费增量在收入增量中所占的比重是递减的。

（二）生命周期理论（the Theory of Life Cycle Consumption）

这种理论主要是由经济学家莫迪利安尼提出来的。他认为，消费者是理性经济人，理性的消费者考虑的不仅仅是当期的收入，还会考虑未来的收入。即消费者所考虑的收入是预期的一生将可能得到的全部劳动收入和财产收入，也就是生命周期收入。消费者根据这一生命周期收入来配置消费和储蓄。由于人的一生当中，未成年时期没有收入，只能由父母养育，相当于从父母那里借入收入来满足消费；退休了，也没有收入来源，只能靠先前积攒的储蓄和社保来满足消费。在工作期间，消费者就不得不将收入分成三份，一份用于当期消费；一份用于储蓄，用来应对未来退休后的消费；一份用于养育后代、赡养老人。因此，理性的消费者通过合理配置收入，使一生的消费能够保持平稳状态。也就是说，宏观层面上，家庭通过合理配置生命周期收入，达到了不同时期平滑消费（也就是一生当中

均匀消费）的目标。

（三）持久收入假说 （Permanent Income Hypothesis）

这种理论是由经济学家弗里德曼提出来的。这种理论认为，消费者的消费支出不是由其当期收入决定的，而是由其持久收入决定的。所谓持久收入，就是家庭能够长期稳定获取的收入，比如工资收入可以看作持久收入，而彩票收入就不算。持久收入可以理解为消费者长期可预期的平均收入水平，在具体计算时，可以简化为过去若干时期收入的均值。理性的消费者根据持久收入决定消费，以实现效用最大化。

（四）相对收入假说 （Relative Income Hypothesis）

这种理论是由经济学家杜森贝利提出来的。这种理论认为，消费者在进行消费决策时，不是根据当期的绝对收入水平来决策，也不是根据长期绝对收入水平来决策，而是根据当期收入与最高收入水平的比值来决策。按照现代行为经济学的观点，消费者所能得到的最高收入水平是一个参照点，消费者在进行消费决策时，会将当期收入和参照点收入进行对比，然后根据对比的相对收入水平进行决策。这种理论还包含两种效应：一是示范效应，说的是消费者在进行消费决策时，消费行为会相互影响，他人的消费会影响自身的消费决策；二是棘轮效应，说的是消费者过去的消费经历会影响现在的消费决策，并且经常出现收入水平短期波动，但消费存在向下刚性的情形，即使现在收入水平下降了，消费者也不愿意削减当前的消费水平。

（五）心理账户假说 （Mental Accounting ）

这是最新的消费理论，由经济学家塞勒提出。心理账户是行为经济学中的一个重要概念。在日常生活中，消费者往往面临不同来源的收入，比如工资、奖金、股票等投资收益，甚至彩票等一次性所得。由于不同来源的收入所含风险不同，消费者会将这些收入分门别类，在心理上构造出一个心理账户，比如稳定收入和暂时性收入两大类，并且根据不同类别的收入分别进行消费决策。比如对稳定收入部分会设有稳定的储蓄率；而暂时性收入常常用来挥霍。前面各种理论都是将所有可得收入合并为一个统一的收入来考量，而心理账户假说则强调收入来源对消费决策的重要影响。

以上五种代表性的消费理论给出了家庭的消费需求的决定因素。封闭经济中，家庭的消费决策决定了消费需求；开放经济中，家庭的消费决策还决定了净出口的需求，因为净出口就是出口减去进口，而出口是国外消费者对本国商品的消费，进口则是本国消费者对国外商品的消费，本质上都是家庭消费决策的结果。不过需要注意的是，由于开放经济涉及汇率问题，汇率会影响国内外商品的相对价格，所以，净出口的问题要复杂很多。

三、投资需求

宏观经济学中，企业发现盈利机会，进行投资，形成了投资需求。这里的投资是指长期资产的投资，而不是证券投资。投资需要资金，企业有两种资金来源：一是自有资金；二是外源资金。自有资金需要考虑机会成本，即假如不投资，可以把这笔钱借给别人获得利息收入，这笔利息收入就构成了投资的机会成本。外源资金可以通过借债或者发行股票等来获取，借债需要支付债息，发行股票需要支付红利。

投资支出就是资金运用，代表资金需求；资金来源就是储蓄，代表资金供给。在金融市场上，利息是投资需求的机会成本，也是储蓄的收益。资金的供求双方通过市场机制相互作用，最终达到均衡状态，形成均衡的利率和均衡的资金量。所以，利息就是资金的均衡价格。市场上的利率会受到物价总水平的影响，实际利率加上通货膨胀率就是名义利率。中央银行的货币政策会影响物价总水平，因而利率又会受到中央银行货币政策的影响。

储蓄水平取决于家庭的消费-储蓄决策，也就是图 20 - 1 描述的跨期决策。宏观经济学中，关于储蓄本身也有说法。一般认为，家庭的储蓄由三个储蓄动机决定：第一，生命周期储蓄动机。这种动机实际上就是前面讲的生命周期理论的观点，即家庭会针对整个生命周期的收入进行配置，平滑各期的消费和储蓄。第二，谨慎动机。这种动机指的是家庭针对未来可能出现的各种不确定性，为了避险，进行适当储蓄的动机。第三，遗赠动机。这一说法本质上也是来自生命周期理论。家庭考虑到养育后代，通过适当的储蓄来赠予后代，实现收入的代际转移支付。

四、政府购买

宏观经济中，政府在产品市场上直接购买物品与劳务形成直接的购买需求。政府购买就是政府财政支出。政府财政支出以预算和决算的形式呈现。政府财政预算就是制定支出计划，包含支出的总量和支出的结构。我国的财政支出包含范围很广，不仅仅是一般性公共服务支出，而且包含教育、医疗卫生和社会保障等民生支出，以及基本建设支出，各种转移支付和补贴等。财政支出是财政政策的重要组成部分，在第二十三章的宏观经济政策中会进一步讨论。

财政支出是资金运用，所需的资金来自政府收入。政府的收入分为税收收入、非税收入和债务收入三个主要方面。税收就是针对经济活动的行为和结果进行征税，我国主要的税种有增值税、企业所得税、个人所得税等。非税收入是指政府依照相关法规征收相关的费用，主要包括行政事业性收费、政府性基金、国有资源有偿使用收入、国有资产有偿使用收入、国有资本经营收益、罚没收入等。政府的债务收入就是通过发行国债和地方债等形式获得的收入。

政府的支出水平取决于收入水平。如果政府采取平衡预算的制度，那么政府预算支出必须等于政府预算收入；如果政府采取赤字财政的制度，政府的预算支出就可以超出预算收入，超出的部分通过发债来弥补；如果政府采取预算盈余的制度，那么政府的预算支出小于预算收入，此时政府还会有资金结余，形成公共储蓄。三种预算制度各有优劣，需要根据不同时期以及不同国家和地区的实际情况来确定。比如经济不景气时期，政府为了刺激总需求，采取扩张性财政政策，快速增加短期财政支出，就适合采取赤字财政的制度。

第二节　金融系统与总需求

一、金融系统在总需求决定中扮演关键角色

总需求的构成中，消费需求取决于家庭的消费决策；净出口需求同样和家庭的消费决

策有关，同时和汇率有关；政府购买取决于政府的预算制度和财政收支状况；投资需求取决于企业的预期收益。投资需求和其他需求有本质差异，这是因为投资需求是针对长期资产的投资需求，而长期资产是为了生产所需确定的，所以是引致需求。给定投资的预期收益水平，投资的机会成本决定了最优投资水平，这就是成本最小化原则。投资需求的机会成本就是金融市场的均衡利率，也就是金融市场产品的均衡价格。对投资需求而言，如果要实现最优投资水平，还需要可匹配的资金，这就涉及资金来源问题。企业投资的资金来源要么是自有资金，要么是股票和债券等外源资金。自有资金的机会成本同样是金融市场的均衡利率。而外源资金则来自家庭的储蓄。家庭消费决策决定了当期的最优消费水平和储蓄水平，家庭将储蓄投入银行等金融中介，或者在金融市场上直接购买股票或者债券等有价证券，无论是哪种形式，家庭都可以获得投资收益，这种投资收益也和金融市场的均衡利率相关。图 20－2 描述了金融系统和总需求的关系。

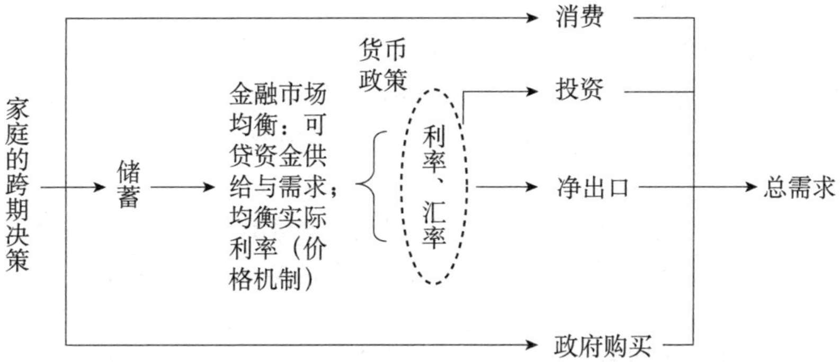

图 20－2 金融系统与总需求

如图 20－2 所示，家庭进行跨期决策，决定了最优储蓄水平和消费水平，消费直接构成消费需求。家庭缴纳税收和其他费用，构成政府收入，政府根据所得收入来决定支出，形成政府购买。家庭将储蓄通过金融中介和金融市场购买相关金融产品并获得投资收益；企业拥有投资机会，进行投资决策，投资所需的资金来自家庭的储蓄。这种资金供求关系称为可贷资金供求关系，形成可贷资金市场，其中投资需求就是可贷资金需求，储蓄就是可贷资金供给。当可贷资金市场上供求均衡时，决定了均衡的实际利率水平和实际资金量。同时，引入货币及银行体系，中央银行通过货币政策调节货币量，影响宏观经济的物价总水平的变化。考虑到货币政策，形成了一个货币市场，货币需求是家庭对流动性的需求；货币供给就是央行调节的货币量，货币供求达到均衡，决定了均衡的名义利率水平和货币量。名义利率减去通货膨胀率就是实际利率。可贷资金市场和货币市场构成完整的金融系统，金融系统通过金融市场的均衡来实现储蓄等于投资，从而决定了宏观经济中的最优投资水平。当然，在开放经济中，中央银行的货币政策还会通过外汇市场影响汇率水平，从而影响净出口需求。

由此可见，金融系统在总需求中其实扮演了关键的角色，同时也在宏观经济短期和长期关系中扮演关键的角色。金融系统通过储蓄与投资相等，决定均衡的投资水平，投资形成当期的新增资本，新增资本的大小决定了当期的产出水平，不同的投资水平带来新增资本水平的差异，从而导致短期经济波动。新增资本的积累构成长期资本，从而决定了长期经济增长的路径。从这个角度看，金融系统实际上是连接宏观经济短期与长期的纽带。均衡利率作为金融市场的均衡价格水平可以调节投资水平，从而可以起到调节经济和促进经济增长的目标。

二、金融系统简述

金融系统（Financial System）是配置资金的相关制度、组织和机制的组合。金融系统将家庭的储蓄与企业的投资相匹配，使经济中的稀缺资源从储蓄者流动到投资者的手中。在真实世界中，金融系统由金融市场和金融中介机构组成。其中，金融市场是储蓄者可以直接向投资人提供资金的组织，包括股票市场、债券市场等；金融中介机构是储蓄者可以间接向投资人提供资金的组织，如银行、保险公司等。在金融市场上，企业为投资需求融资，向家庭发行股票、债券等金融产品，家庭购买这些金融产品，相当于将资金直接供给企业。对企业来说，融资满足投资需求，通过投资获得预期收益，并向家庭支付红利和债息，红利和债息构成了家庭储蓄资金的收益。金融市场上资金供求双方相互作用，并达成均衡，均衡时的金融市场价格水平和均衡利率相关，即无论是企业的预期投资收益还是家庭储蓄资金所得收益都和均衡利率相关。对金融中介而言，家庭将储蓄资金存进银行，或者购买保险产品等，银行和保险公司等金融机构又将这些资金以贷款或其他形式投向企业，金融中介从企业获取收益，并支付给家庭。家庭储蓄资金从银行存款或者保险产品上获得的收益同样和均衡利率相关。家庭无论是直接参与金融市场，还是通过金融中介间接参与金融市场，都扮演了资金供给方的角色，而企业则扮演了资金需求方的角色，金融系统通过价格机制自动调节资金资源，实现金融市场的均衡，进而实现宏观经济的均衡。

在真实世界中，金融系统大同小异，但也会略有差别。比如美国的金融中介包含了存款机构，例如商业银行、储蓄贷款协会等；契约型储蓄机构，例如保险公司、养老基金等；投资型中介机构，例如金融公司（或财务公司）、共同基金、货币市场共同基金等；政策性金融中介，例如农业信贷系统、联邦住宅贷款银行系统等政府直属中介，以及联邦全国抵押协会、联邦住宅贷款抵押公司等政府支持型中介。美国的金融市场包括股票市场，该市场包括交易所市场，例如纽约证券交易所（NYSE）和美国证券交易所（AMEX），以及柜台交易或场外交易市场（OTC），例如纳斯达克（NASDAQ）、场外柜台交易系统（OTCBB）等；衍生品市场，例如芝加哥期权交易所（CBOE）和芝加哥商品交易所（CME）；债券市场，例如联邦政府债券市场、联邦政府机构债券市场、州及地方政府债券市场、公司债券市场等。

我国的金融中介包含了政策性银行，比如国家开发银行、中国农业发展银行、中国进出口银行等；商业银行，比如中国工商银行、中国建设银行、中国银行、中国农业银行、招商银行等；非银行金融机构，如保险公司、信用社、信托投资公司、证券公司、财务公司、金融租赁公司、基金公司等；各类外资金融机构，比如汇丰银行等。我国的金融市场包括股票市场，比如上海证券交易所、深圳证券交易所、北京证券交易所等；衍生品市场，包括上海期货交易所、大连商品期货交易所、郑州商品期货交易所、上海金融期货交易所等；债券市场。

三、总需求与宏观经济波动的核心机制：储蓄与投资相等

图 20-2 已经给出了金融系统调节总需求实现宏观经济均衡的机制。回到国民收入恒等式，假定为四部门经济，有：$Y=C+I+G+NX$。

为了分析方便，假设为封闭经济环境，即 $NX=0$，则 $Y=C+I+G$，移项变换后可得 $I=Y-C-G=S$，该式说明了投资等于国民生产总值（总收入）减去消费和政府购买，即投资等于封闭经济环境的国民储蓄（S）。所以，通过金融市场，国民收入收支平衡转化为储蓄和投资的平衡（$S=I$）。

进一步引入政府收入变量，假设 T 表示政府收入，包括税收收入、非税收入和债务收入，减去转移支付，那么居民可支配收入（税后的收入）为 $(Y-T)$，私人储蓄为 $(Y-T-C)$。政府预算可以表达为 $(T-G)$，其中 G 为政府支出，也就是政府购买。显然，当 $T>G$ 时，政府预算盈余；当 $T<G$ 时，政府预算赤字。把政府预算定义为公共储蓄，那么公共储蓄就是 $(T-G)$。

回到国民收入恒等式，$I=Y-C-G$，在该式右边分别加减 T，重新组合为：$I=(Y-T-C)+(T-G)=S$。该式表明，宏观经济中的总储蓄等于居民的私人储蓄与政府的公共储蓄之和。而对整个宏观经济来说，储蓄必然等于投资（$S=I$）。即金融系统通过均衡利率调节资金供求关系达到均衡，此时 $S=I$。而金融市场的均衡导致了国民收入恒等式成立，也就是整个宏观经济实现均衡。这就是图 20-2 的含义。

四、可贷资金市场

可以构造一个可贷资金市场模型来进一步分析前述观点。假设经济只有一个最简化的金融市场，称为“可贷资金市场”（Market for Loanable Funds），经济中所有参与人都在这一市场上进行资金交易。所谓可贷资金，就是家庭当期消费结余可提供给投资需求方的资金。家庭进行跨期决策，决定最优消费和储蓄水平，储蓄不用于自己消费，而是通过金融中介间接贷给具有投资需求的企业，或者通过金融市场直接提供给这些企业。围绕可贷资金进行交易的市场就是可贷资金市场，在该市场上，有储蓄的家庭直接或间接提供资金，获得利息等相关收益；有投资需求但缺少资金的企业通过市场融取资金，并支付相应的资金成本，该成本也和利率有关。与经济中其他市场一样，可贷资金市场上价格（即利率）也是由供给和需求决定的。资金供求双方相互作用达成均衡，决定均衡利率和均衡可贷资金量。需要注意的是，由于可贷资金供求和实际变量有关，比如实际收入、实际收益等，因此，可贷资金市场中的利率是实际利率（=名义利率－通货膨胀率）。可贷资金市场模型如图 20-3 所示。

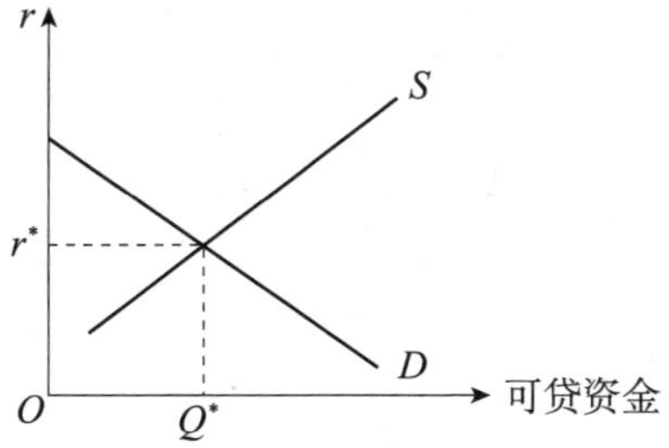

图 20-3　可贷资金市场模型

在图 20－3 中，可贷资金供求双方相互作用，价格和竞争机制引导双方达成均衡，决定均衡的实际利率和均衡的可贷资金量。

假如出现了某种政策扰动，就会导致均衡发生变化。例如，面对经济不景气，政府出台刺激投资的经济政策，通过税收优惠、财政补贴等鼓励私人投资。如图 20－4 所示，在既定利率条件下，刺激投资的经济政策会加大可贷市场的需求，从而使得可贷资金需求曲线向右移动，假定其他条件不变，达到新的均衡时，均衡利率上升，均衡可贷资金量同时上升。

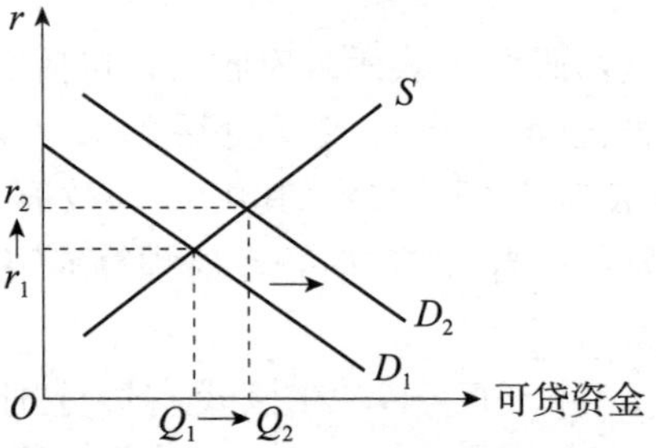

图 20－4　政府出台刺激投资的经济政策

专栏 20－1

三大需求对国内生产总值增长的贡献率和拉动

总需求对 GDP 增长具有拉动作用，这是总需求管理政策的逻辑起点。当经济不景气时，政府通过宏观经济政策（主要是财政政策和货币政策）刺激总需求，以快速恢复经济增长；当经济过热时，政府通过紧缩性财政政策和货币政策来遏制通货膨胀。表 20－1 给出了我国改革开放四十余年消费、投资和净出口对 GDP 增长的贡献及拉动作用。从表中可以看出，最终消费支出始终是拉动 GDP 增长的稳定力量；投资支出（资本形成总额）有着爆发性的效果，适合作为短期强有力的经济调节工具；当消费和投资两大需求低迷时，净出口成为重要的增长推动力。

表 20－1　三大需求对国内生产总值增长的贡献率和拉动

年份	最终消费支出		资本形成总额		货物和服务净出口	
	增长贡献率（%）	拉动（百分点）	增长贡献率（%）	拉动（百分点）	增长贡献率（%）	拉动（百分点）
1980 年	78.1	6.1	20.1	1.6	1.8	0.1
1985 年	71.9	9.7	79.6	10.7	−51.5	−6.9
1990 年	89	3.5	−69.4	−2.7	80.5	3.2
1995 年	46.7	5.1	46.1	5	7.2	0.8
2000 年	78.8	6.7	21.7	1.8	−0.5	0
2005 年	56.8	6.5	33.1	3.8	10.1	1.1
2010 年	47.4	5	63.4	6.7	−10.8	−1.1

续表

年份	最终消费支出		资本形成总额		货物和服务净出口	
	增长贡献率（%）	拉动（百分点）	增长贡献率（%）	拉动（百分点）	增长贡献率（%）	拉动（百分点）
2011年	65.7	6.3	41.1	3.9	−6.8	−0.6
2012年	55.4	4.4	42.1	3.3	2.5	0.2
2013年	50.2	3.9	53.1	4.1	−3.3	−0.3
2014年	56.3	4.2	45	3.3	−1.3	−0.1
2015年	69	4.9	22.6	1.6	8.4	0.6
2016年	66	4.5	45.7	3.1	−11.7	−0.8
2017年	55.9	3.9	39.5	2.7	4.7	0.3
2018年	64	4.3	43.2	2.9	−7.2	−0.5
2019年	58.6	3.5	28.9	1.7	12.6	0.7
2020年	−6.8	−0.2	81.5	1.8	25.3	0.6
2021年	58.3	4.9	19.8	1.7	21.9	1.9
2022年	32.8	1	50.1	1.5	17.1	0.5

注：1. 三大需求指支出法下国内生产总值的三大构成项目，即最终消费支出、资本形成总额、货物和服务净出口。

2. 贡献率指三大需求增量与支出法下国内生产总值增量之比。

3. 拉动指国内生产总值增长速度与三大需求贡献率的乘积。

资料来源：国家统计局.

第三节 货币与金融系统

一、货币的含义和功能

宏观经济中家庭和企业在市场上进行交易，需要相应的计价标准与支付媒介；家庭和企业取得收益，需要将收益留存，以实现财富的保值与增值。在人类社会的发展过程中，最开始都是采取易货贸易，用货物交换货物，各取所需，同时，价值储存的形式也是按具体的物品来呈现的，比如猪、牛、羊等家畜，狩猎所得的猎物，采集所得的瓜果蔬菜等。易货贸易的缺点在于没有统一的价值度量标准，同时物品本身也很难计价和存储，因而，人们逐步将贵金属（比如金、银、铜等）来作为交易媒介、计价单位以及价值存储的形式，这些贵金属就逐步演化为人类社会的货币形式。再后来，为了更方便地计价、交易与存储，人们又发明了纸币，用纸币来作为交易媒介、计价单位和存储单位。随着纸币这种货币形式的发行与普遍使用，市场得以更少的交易成本实现扩展，并逐步实现了经济的全球化，而纸币作为价值计价单位也逐步成为人们积累财富的主要形式。显然，对人们的日常生活而言，相较于贵金属作为计价形式，把纸币计价的财富存进银行等金融中介，或者在金融市场上购买股票与债券等有价证券进行投资，更加方便快捷，交易成本更低。

货币本身是一个逐步演变的过程，从早期的实物，到后来的贵金属，再到现在的纸币，人类社会一直都在寻求交易成本更低、交易效率更高的媒介和计价形式。在当代网络社会中，人工智能广泛应用于各个领域，数字货币逐步兴起，可以预见，数字货币将逐步演变成未来人类社会主要的货币形式。从货币的演化历史看，可以给货币本身一个一般性的定义，即货币（Money）是社会经济中人们用于交易、计价和价值存储的通用资产。

具体来说，首先，可以将货币看作是一组资产，能够代表相应的财富价值，无论是早期的贝壳、石器等，还是后来的贵金属，其本身都是有一定的价值的，可以称为一般等价物。纸币虽然本身没有价值，但通过法律或者权威的形式赋予其相应的价值，比如一百元的纸币代表一百元的购买力，这就是纸币的财富价值。其次，货币可以作为一种度量衡工具，货币越是通用，越是可标准化，越是可细分，其所带来的交易成本就越低。货币从实物到贵金属再到纸币的演化，就是这种交易成本不断降低的过程。最后，从实物到贵金属再到纸币，货币的媒介作用越来越大。货币便于携带、存储、结算、流通，能够盘活社会经济中的资源，促进供求双方的匹配，特别是到纸币时代，货币让非人格化交易更加便捷，这就导致整个社会经济的交易成本大幅度下降。实际上，货币的纸币化以及现代货币体系的不断完善，是导致市场经济全球化的重要推动力。

由此可见，货币具有以下三大功能。

（一）交换媒介

货币在社会经济中充当了物品和劳务交换的媒介，简化了交易过程，降低了交易成本，提高了交易效率。通过货币，人们可以方便地购买所需的物品或支付所需的服务，更重要的是，货币交易无须人格化，可以方便陌生人之间的交易，这就大大拓展了市场的边界。货币的标准化让其成为普遍可接受的资产，使得交易更加便利和高效。

（二）计价单位

货币作为计价单位，能够方便人们确定物品和劳务的价格。货币起着类似度量衡的作用，作为价值尺度，提供了一种衡量不同物品和劳务价值的标准。货币的形式越标准化、可分割性越强，货币就越通用，人们就越能接受其作为计价单位。通过货币的比较，人们可以更容易地评估和比较不同物品和劳务之间的价值，进而做出合理的决策。

（三）价值储藏

货币作为有价值的资产，可以作为价值储藏工具，允许个人和企业将财富储存起来并在未来使用。实物货币和贵金属货币本身具有价值，纸币虽然自身没有价值，但法律或者权威赋予了其对应的购买力价值，同样具有价值载体功能，这就导致货币具有流动性和广泛接受性，使得它成为一种普遍可接受的储值形式。人们可以将财富转化为货币形式，随时使用或在需要时进行兑换。

货币对宏观经济的作用显而易见。除了上述交换媒介、计价单位和价值储藏功能外，货币还可以促进资产市场化和证券化。作为交易媒介和普遍接受的价值尺度，货币使得资产更容易以标准化的形式进行交易和转让。货币的可分割性和流通性增加了市场的流动性和活跃度，吸引更多的投资者参与资产市场。此外，货币也为证券化提供了基础，将资产转化为可交易的证券，提高了资产的可变现性，增加了投资者的选择。

传统的货币数量论认为，货币影响宏观经济中的名义变量，而不会影响实际变量。货币如同一层面纱，覆盖在经济活动的表面。货币作为交换媒介和计价单位，使得经济活动更加便利和高效。但货币并不是实际经济部门的根基，在第十九章中，我们分析了长期经济增长的决定因素，可以看到，实际经济部门的发展依赖于资本、技术进步、劳动力、资源和制度等实际变量，这些实际变量和货币无关。因此，货币以及货币体系出现以后，市场经济被一些经济学家看成两个部门：一个是实体部门，即实体经济；另一个是虚拟部门，即虚拟经济。货币通过货币市场影响名义价格水平，即通货膨胀；实际经济变量决定实际产出。

二、货币的本质与分类

要了解货币的本质，就必须理解流动性。对家庭和企业来说，它们具有不同类型的资产，比如房子、机器设备、原材料、现金等。这些不同类型的资产中，有些很容易变现，比如原材料；有些变现比较困难，比如房子。通常，长期资产变现较为困难，而短期资产变现较为容易。在企业的资产负债表中，资产一栏通常是按照流动性的大小排列，从货币资金、应收账款、存货、固定资产等项目逐一列示。什么是流动性？流动性（Liquidity）就是指一种资产可以兑换为现金资产的容易程度。显然，货币资金（即现金）是流动性完美的资产，以货币资金为基准，其他类别的资产兑换货币资金的容易程度就是流动性的度量，兑换货币资金越容易，则变现能力越强，流动性就越强；反之，则变现能力越弱，流动性就越弱。

货币的本质就在于流动性。由于货币是最具流动性的资产，容易分割和标准化，容易存储和携带，容易交割和结算，容易作为计价单位，所有这些特点都是流动性带来的。当货币具有完美的流动性的时候，才足以承担起交换媒介和计价单位的功能，也才能够有效降低经济中的交易成本，提高交易效率。反之，流动性差的资产是很难具有交易便利性的，相应的交易成本也高。早期经济中将实物作为货币，只是因为相较于其他物品而言，作为实物的货币（比如特定的石器、贝壳等）更具有流动性而已。当人们发现贵金属流动性更好时，贵金属自然就替代实物货币成为新的货币形式。而纸币流动性比贵金属更好，纸币自然就替代了贵金属。数字时代，数字货币的流动性比纸币更好，可以预见，数字货币可能会逐步替代纸币。虽然往深层次说，货币还具有社会意义，体现了一定的社会关系，但流动性才是货币的最直观和最基本的属性。

从历史来看，经济中的货币出现了商品货币和法定货币两种形式。商品货币是指以有内在价值的商品为形式的货币，比如金、银、铜等贵金属货币。法定货币是指没有内在价值、通过政府法令或者组织权威而作为通货使用的货币，这就是纸币。要注意的是，历史上纸币可以由政府发行，也可以由某个私人银行发行，不过现在基本上都是由政府发行。现代社会中，经济中的货币主要由现金及其他具有较好流动性的金融资产组成。不同国家和地区的货币度量口径略有差异，但大体上相同。

例如，美国经济中的货币主要有几种度量口径：基础货币（Monetary Base），包括硬币、纸币在内的流通货币以及银行准备金余额；M1，包括基础货币，以及旅行支票、活期存款；M2，包含 M1，以及储蓄账户存款、金额小的定期存款、货币市场基金等；M3，包含 M2 以及大额定期存款、机构发行的货币市场基金 、定期回购协议等，不过 2006 年后不再统计该口径。

我国经济中的货币有三种度量口径：M0，即流通中的现金；M1，为狭义货币供应量，包括 M0 及活期存款，其中活期存款包括企业单位活期存款、农村存款、机关团体部队存款；M2，也称为广义货币供应量，包括 M1 及准货币，其中准货币包括企业单位定期存款、自筹基本建设存款、个人储蓄存款和其他存款等。表 20－2 给出了我国 1990—2022 年的货币供应量数据。

表 20－2　1990—2022 年我国货币供应量（年底余额）　　单位：亿元

年份	货币和准货币（M2）	货币（M1）	流通中现金（M0）	货币供应量中活期存款	准货币	准货币供应量——定期存款	准货币供应量——储蓄存款	准货币供应量——其他存款
1990 年	15 293.4	6 950.7	2 644.4	4 306.3	8 342.7			
1991 年	19 349.9	8 633.3	3 177.8	5 455.5	10 716.6			
1992 年	25 402.2	11 731.5	4 336	7 395.2	13 670.7			
1993 年	34 879.8	16 280.4	5 864.7	10 415.7	18 599.4	1 247.9	15 203.5	2 148
1994 年	46 923.5	20 540.7	7 288.6	13 252.1	26 382.8	1 943.1	21 518.8	2 920.9
1995 年	60 750.5	23 987.1	7 885.3	16 101.8	36 763.4	3 324.2	29 662.2	3 777
1996 年	76 094.9	28 514.8	8 802	19 712.8	47 580.1	5 041.9	38 520.8	4 017.4
1997 年	90 995.3	34 826.3	10 177.6	24 648.7	56 169.1	6 738.5	46 279.8	3 150.7
1998 年	104 498.5	38 953.7	11 204.2	27 749.5	65 544.9	8 301.9	53 407.5	3 835.5
1999 年	119 897.9	45 837.3	13 455.5	32 381.8	74 060.6	9 476.8	59 621.8	4 962
2000 年	134 610.3	53 147.2	14 652.7	38 494.5	81 463.1	11 261.1	64 332.4	5 869.7
2001 年	158 301.9	59 871.59	15 688.8	44 182.8	98 430.3	14 180.1	73 762.4	10 487.8
2002 年	185 006.97	70 811.79	17 278.03	53 603.8	114 125.2	16 433.8	86 910.7	10 780.7
2003 年	221 222.8	8 411 857	1 974 599	64 372.6	137 104.3	20 940.4	103 617.7	12 546.2
2004 年	253 207.7	95 970.82	21 468.3	74 502.52	157 236.88	25 382.2	119 555.4	12 299.34
2005 年	298 755.48	107 278.57	19 745.99	64 372.6	137 104.3	20 940.4	103 617.7	12 546.2
2006 年	345 577.9	126 028.1	27 072.62	98 955.4	219 549.9	38 715.9	161 578.3	19 246.7
2007 年	430 401.3	152 519.17	30 334.32	122 184.9	250 882.1	46 932.51	172 534.19	31 415.43
2008 年	475 166.6	166 271.13	34 218.96	131 998.17	308 949.47	60 103.06	217 885.35	30 961.06
2009 年	610 224.5	221 445.8	38 247	183 198.8	388 778.7	84 819.5	260 752.7	43 206.5
2010 年	725 851.8	266 621.5	44 628.2	221 993.4	459 230.3	105 858.65	303 302.5	50 069.1
2011 年	851 590.9	289 847.7	50 748.46	239 099.2	561 743.22	166 616.04	352 797.5	42 329.7
2012 年	974 148.8	308 664.2	54 659.77	254 004.5	665 484.6	95 940.1	411 362.6	58 181.9
2013 年	1 106 524.98	337 291.05	58 574.44	278 716.61	769 233.93	232 696.58	467 031.12	69 506.23
2014 年	1 228 374.81	348 056.41	60 259.53	287 796.88	880 318.4	264 055.71	508 878.12	107 384.57
2015 年	1 392 278.11	400 953.44	63 216.58	337 736.86	991 324.67	288 240.66	552 073.48	151 010.53
2016 年	1 550 066.67	486 557.24	68 303.87	418 253.37	1 063 509.47	307 989.61	603 504.2	152 015.62
2017 年	1 690 235.31	543 790.15	70 645.6	473 144.55	1 146 445.17	320 196.23	649 341.5	176 907.44

续表

年份	货币和准货币（M2）	货币（M1）	流通中现金（M0）	货币供应量中活期存款	准货币	准货币供应量——定期存款	准货币供应量——储蓄存款	准货币供应量——其他存款
2018 年	1 826 744.2	551 685.9	73 208.4	478 477.50	1 275 058.3	340 178.9	721 688.6	213 190.8
2019 年	1 986 488.82	576 009.15	77 189.47	498 819.68	1 410 479.67	363 486.04	819 161.84	227 831.79
2020 年	2 186 795.89	62 558 099	84 134.53	541 266.46	1 561 214.9	383 837.34	932 966.35	244 411.22
2021 年	2 382 899.56	647 443.35	90 825.15	556 618.2	1 735 456.21	412 951.55	1 032 441.18	290 063.47
2022 年	2 664 320.84	671 674.76	104 706.03	566 968.73	1 992 646.08	462 001.61	1 211 692.83	318 951.64

注：货币供应量已包含住房公积金中心存款和非存款类金融机构在存款类金融机构的存款。从 2001 年 6 月起，将证券公司客户保证金计入货币供应量（M2），含在其他存款项内。

资料来源：国家统计局.

专栏 20－2

宋代的纸币

一般认为，纸币是中国的发明。早期的纸币雏形有西汉的白鹿皮币和唐代的飞钱。到了宋代，交子开始出现。交子是公认的最早的纸币形式。交子的发展大概可以分为三个阶段：第一阶段是自由发行时期，由十六家富商主持，时间大概在北宋大中祥符年间（1008—1016 年）。第二阶段开始由许多富商联合发行，并且此时的交子开始统一印刷，比较标准化，具有图案、密码、花押、图章等，已经具备了现代纸币的主要形式。当时发行交子的富商称为交子铺或者交子户。第三阶段是北宋天圣元年（1023 年），设置了益州交子务，天圣二年（1024 年）二月正式发行官交子，这是最早的法币雏形。交子的流通区域在当时主要是四川，流通不广。到了南宋，纸币主要是以会子的形式出现，流通范围非常广，和交子相比，南宋的会子更像现代意义的纸币。下图就是南宋会子。

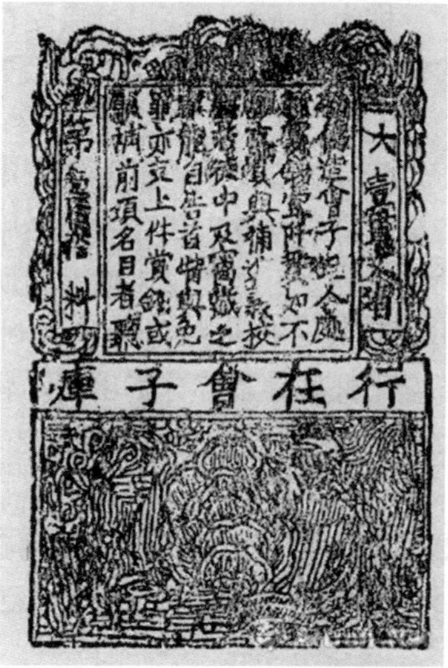

资料来源：彭信威．中国货币史：上册．北京：中国人民大学出版社，472－480.

第四节　银行体系和货币创造

一、中央银行与货币供给

当代各国和地区的货币通常都是中央银行发行的。不同国家和地区的银行体系略有差异，就我国来说，我国的银行体系是由中央银行、政策性银行、商业银行及监管机构组成的。我国的中央银行是中国人民银行，是国务院的组成部门；政策性银行包含国家开发银行、中国农业发展银行、中国进出口银行等；商业银行包括全国性商业银行、全国性股份制银行、城商行、农村合作金融机构、外资银行、民营银行等，代表性的如中国工商银行、中国建设银行、中国银行和中国农业银行四大行。银行业的监管机构是金融监督管理局和自律机构，如中国银行业协会。

中央银行的核心功能就是发行货币，调控经济中的货币供给量。所谓货币供给量，是指经济中可供使用的货币量。中央银行通过调节货币供给量来调节总需求，这种做法就是货币政策。进一步看，中央银行就是为了监督银行体系和调节经济中的货币量而设计的决策机构，主要有两大作用：一是监督银行体系，确保银行安全稳健运营，保护存款人权益，管控金融体系风险；二是制定和实施货币政策，通过利率政策和货币政策工具来影响货币供给和需求，以促进经济的稳定和增长。

二、银行体系与货币创造

中央银行发行货币，并通过货币政策调节经济中的货币供给量。但在现代银行体系的作用下，宏观经济中的实际货币量会被银行体系放大，这个放大的过程就是经济中的货币创造过程。具体来说，假设某个经济体不存在银行。中央银行发行了 100 元货币。随后，某人开办了第一家商业银行，称为甲银行，该银行接受存款，但不发放贷款，其作用相当于保险柜。这种只存不贷的银行体系被称为“百分之百准备金银行体系”，与之相对的是“部分准备金银行体系”。

现在先定义几个概念。银行存款准备金，就是银行得到但不能贷出去的存款；存款准备金率，就是银行作为准备金持有的存款占比，一般由中央银行规定。针对银行存款准备金，一般有两种制度：一种是百分之百准备金制度，即所有存款都作为准备金持有，这个时候银行就不能把存款贷出去；另一种是部分准备金制度，银行只把部分存款作为准备金，此时，银行可以把准备金之外的存款部分贷出去，获取贷款收益。

假定银行采取百分之百准备金制度，设计 T 形账户来表达经济中的货币周转情况，如图 20－5 所示。

假设张三拿到了中央银行发行的 100 元货币，并存进甲银行。此时，100 元存款作为准备金滞留在甲银行，银行不能向其他人提供贷款。经济中的货币就是中央银行发行的 100 元。

但是，在部分准备金制度下，这种情况发生了彻底的改变。假定现在存款准备金率是 10%。张三把 100 元存进了甲银行，甲银行接受了 100 元的存款，以 10%的存款准备金率

甲银行

资产	负债
准备金	负债
¥100.00	¥100.00
总资产	总负债
¥100.00	¥100.00

图 20－5　百分之百准备金制度下甲银行的 T 形账户

持有 10 元的存款准备金，并将剩下的 90 元贷给李四，相当于李四拿到了 90 元货币。银行的资产负债情况如图 20－6 的 T 形账户所示。此时张三的活期存款仍是 100 元，但现在经济中流通的货币除了张三这 100 元外，还有李四手里的 90 元，现金加活期存款等于 190 元，也就是经济中总的流通货币量，因此，经济中货币供给量变成了 190 元。

甲银行

资产	负债
准备金	负债
¥10.00	¥100.00
贷款	
¥90.00	
总资产	总负债
¥100.00	¥100.00

图 20－6　部分准备金制度下甲银行的 T 形账户

随后，李四又把 90 元钱存入乙银行。两个商业银行的 T 形账户如图 20－7 所示。乙银行的存款准备金率同样为 10%，李四存入 90 元，乙银行提取 9 元存款准备金，并将剩下的 81 元再贷给王五，王五又把所得 81 元贷款存入别的银行，如此循环。乙银行贷出 81 元给王五后，意味着经济中的货币量为张三的 100 元＋李四的 90 元＋王五的 81 元，总共 271 元。

由此可见，在部分准备金制度下，当经济中中央银行初始发行 100 元基础货币后，通过商业银行体系实现货币的流通，帮助经济参与人的生产和交易活动正常展开，在这个过程中，经济中实际流通的货币量被商业银行体系放大了，远大于最初的 100 元初始货币量。那么，商业银行究竟能够放大多少货币量呢？这就涉及货币乘数问题。

所谓货币乘数，就是指银行体系用 1 元准备金所产生的货币量。货币乘数是银行存款准备金率的倒数。货币乘数的计算方法为：

令 R 为银行存款准备金率，M 为货币乘数，那么有：

$$M=\frac{1}{R}$$

甲银行		乙银行	
资产	负债	资产	负债
准备金 ¥10.00	存款 ¥100.00	准备金 ¥9.00	存款 ¥90.00
贷款 ¥90.00		贷款 ¥81.00	
总资产 ¥100.00	总负债 ¥100.00	总资产 ¥90.00	总负债 ¥90.00

图 20-7　部分准备金制度下甲银行和乙银行的 T 形账户

例如，当银行存款准备金率 R 为 20%时，货币乘数为 5。

图 20-8 总结性地描述了在前文示例中，当银行存款准备金率为 10%时，100 元的初始货币量通过商业银行体系的流通和货币创造，最终形成 1 000 元的货币总供给，这是经济中流通的货币总量。其中 $M=1/10\%=10$。即此时的货币乘数是 10，100 元初始货币经过商业银行体系的货币创造，变成了 1 000 元流通中的货币总量。

初始存款	=¥100.00
甲银行贷款	=¥90.00= [0.9×¥100.00]
乙银行贷款	=¥81.00= [0.9×¥90.00]
……	……
货币总供给	¥1 000.00

图 20-8　商业银行体系的货币创造过程

第五节　中央银行的货币政策、货币供给与通货膨胀

一、中央银行的货币政策

中央银行发行基础货币，通过银行体系的信用创造，经济中流通的货币量被创造出来，货币量的大小取决于货币乘数。由于货币量会影响物价总水平等宏观经济的名义变量，如何调节货币量以有利于经济的稳定和发展就非常重要。中央银行调节货币量的相关政策就是货币政策。如果中央银行通过货币政策工具扩大经济中的货币供给量，就称为扩张性货币政策；反之，如果中央银行通过货币政策工具缩减经济中的货币供给量，就称为紧缩性货币政策。现行的各国和地区中央银行货币政策实践表明，一般来说，主要有以下三种主要的货币政策工具。

（一）公开市场业务

公开市场业务就是中央银行在金融市场上公开买卖政府债券，以此实现调节货币供给量的目标。当经济不景气时，中央银行在金融市场上购买政府债券，释放出现金，相当于向市场注入资金，从而增加经济中的货币供给量；反之，当经济过热时，中央银行在金融

市场上抛售政府债券，回笼资金，这就相当于减少经济中流通的现金，导致货币供给减少。中国人民银行实施公开市场业务的债券种类包括国债、央行票据、政策性金融债等；具体做法主要有针对一级交易商的回购、针对二级交易商的现券交易和作为中国人民银行发行的短期债券的央行票据（也是针对一级交易商）等。

（二）法定准备金

法定准备金制度是银行体系创造货币的关键。中央银行通过调整存款准备金率来有效调节经济中的货币供给量。当经济不景气时，中央银行可以降低存款准备金率，提高货币乘数，从而提高经济中的货币供给量；反之，当经济过热时，中央银行提高存款准备金率，降低货币乘数，从而减少经济中的货币供给量。在我国，法定准备金制度是一项重要的货币政策工具，自 1984 年建立该制度以来，一直被广泛使用。

（三）再贴现政策

中央银行可以通过调整再贴现率来影响货币供应量。再贴现率是指中央银行向商业银行发放贷款的利率。当经济不景气时，中央银行可以减少再贴现率，商业银行增加向中央银行的借款，并将获得的现金向其他经济组织发放贷款，这就等于增加了经济中的货币供给量；反之，当经济过热时，中央银行可以增加再贴现率，这样商业银行就会减少向中央银行借款，这就降低了商业银行的可贷资金数量，相应就减少了经济中的货币供给量。

专栏 20－3

我国的结构性货币政策工具

改革开放四十余年，我国不断地探索货币政策的有效机制，逐步形成了全新的结构性货币政策工具。和通常的货币政策工具不同，按照中国人民银行的解释，结构性货币政策工具兼具总量和结构双重功能，一方面，结构性货币政策工具建立激励相容机制，将央行资金与金融机构对特定领域和行业的信贷投放挂钩，发挥精准“滴灌”实体经济的独特优势；另一方面，结构性货币政策工具具有基础货币投放功能，有助于保持银行体系流动性合理充分，支持信贷平稳增长。

目前，结构性货币政策的具体工具主要有：（1）支农再贷款；（2）支小再贷款；（3）再贴现；（4）普惠小微贷款支持工具；（5）抵押补充贷款；（6）碳减排支持工具；（7）支持煤炭清洁高效利用专项再贷款；（8）科技创新再贷款；（9）普惠养老专项再贷款；（10）交通物流专项再贷款。这十大工具可分为三个维度：一是长期性工具和阶段性工具，主要服务于普惠金融长效机制建设，包括支农、支小再贷款和再贴现。二是总行管理的工具和分支行管理的工具，面向全国性金融机构，“快进快出”，确保政策高效落地、及时退出。三是提供再贷款资金的工具和提供激励资金的工具。

表 20－3 给出了截至 2022 年 6 月末的结构性货币政策工具情况总结。

表 20-3　结构性货币政策工具情况（截至 2022 年 6 月末）

	工具名称	支持领域	发放对象	利率（1 年期）/激励比率	额度（亿元）	余额（亿元）
长期性工具	支农再贷款	涉农领域	农商行、农合行、农信社、村镇银行	2%	7 600	5 404
长期性工具	支小再贷款	小微企业、民营企业	城商行、农商行、农合行、村镇银行、民营银行	2%	16 400	13 997
长期性工具	再贴现	涉农、小微和民营企业	凡有贴现资格的银行业金融机构	2%（6 个月）	7 000	6 145
阶段性工具	普惠小微贷款支持工具	普惠小微企业	地方法人金融机构	2%（激励）	400	44
阶段性工具	抵押补充贷款	棚户区改造、地下管廊、重点水利工程等	开发银行、农发行、进出口银行	2.80%	—	26 203
阶段性工具	碳减排支持工具	清洁能源、节能减排、碳减排技术	21 家全国性金融机构	1.75%	8 000	1 827
阶段性工具	支持煤炭清洁高效利用专项再贷款	煤炭清洁高效利用、煤炭开发利用和储备	工农中建交、开发银行、进出口银行	1.75%	3 000	357
阶段性工具	科技创新再贷款	科技创新企业	21 家全国性金融机构	1.75%	2 000	0
阶段性工具	普惠养老专项再贷款	浙江、江苏、河南、河北、江西试点、普惠养老项目	工农中建交、开发银行、进出口银行	1.75%	400	0
阶段性工具	交通物流专项再贷款	道路货物运输经营者和中小微物流（含快递）企业	工农中建交、邮储、农发行	1.75%	1 000	0
合计						53 977

资料来源：货币政策司．一图看懂结构性货币政策工具．中国人民银行官网，2022－08－19；罗知之．结构性货币政策工具有哪些？人民银行开课了！．人民网，2022－08－19.

二、货币供给和通货膨胀

（一）货币供给和通货膨胀：长期观点

理解货币供给与通货膨胀的关系，首先要了解货币周转或者流通的速度。货币流通速度就是平均一元钞票在给定时期中转手的次数。记 V 为货币流通速度；T 为经济的总交易价值，也就是名义 GDP；M 为经济中的货币供给量。那么有：

$$V=\frac{T}{M}$$

进一步记 P 为一般物价水平；Y 为宏观经济的实际总产出，也就是实际 GDP，那么 $T=P\times Y$，代入上式得：

$$V=\frac{P\times Y}{M}$$

对上式进行变换可得货币数量方程式：

$$M\times V=P\times Y$$

现在假定 V 是一个外生给定的常数，即 $V=\bar{V}$，则有：

$$M\times\bar{V}=P\times Y$$

那么，数量方程式的增长率形式为：

$$\frac{\Delta M}{M}+\frac{\Delta V}{V}=\frac{\Delta P}{P}+\frac{\Delta Y}{Y}$$

由于我们假设 V 是一个外生给定的常数，所以 $\frac{\Delta V}{V}=0$；记 π 为通货膨胀率，即 $\pi=\frac{\Delta P}{P}$，代入 $\frac{\Delta M}{M}=\frac{\Delta P}{P}+\frac{\Delta Y}{Y}$，并移项，可得：

$$\pi=\frac{\Delta M}{M}-\frac{\Delta Y}{Y}$$

由于 $\frac{\Delta Y}{Y}$ 是经济实际产出的增长率，也就是长期经济增长率，根据第十九章的分析，经济增长率仅仅取决于经济中的资源、人口、资本、人力资本、技术、制度等实际变量，这些变量在一定时期内是相对稳定的。所以，可以推知，通货膨胀率 π 仅仅与货币的增长有关。这就是货币数量论的核心观点。也就是说，在货币数量论看来，从长期看，通货膨胀本质上就是一种货币现象。货币不过是实体经济上的一层面纱，只是影响经济的名义变量，而不会影响经济的实际变量。需要注意的是，人们对货币数量论迄今一直争议不断。比如货币的流通速度并非不变，随着技术进步，货币流通速度会加快；货币也未必是外生的，而是由经济系统内生出来的。尽管存在这些不同的观点，但是货币数量论将通货膨胀与货币供给量挂钩，为后来的货币政策的设计提供了有力的依据。

货币数量论反映在利率上，就是实际利率＝名义利率－通货膨胀率。这经常被称为“费雪效应”。或者也可以写成：名义利率＝实际利率＋通货膨胀率，这就是费雪方程式。该式是美国经济学家费雪提出来的，其实是货币数量论的一个变化而已。

（二）货币供给和通货膨胀：短期观点

从短期看，货币引入经济系统，就给金融系统添加了一个新的市场——货币市场。货币市场上存在货币的需求和供给，双方互动决定了均衡的货币量和均衡的名义利率。和可贷资金市场决定均衡的实际利率不同，货币市场决定的是均衡的名义利率，这是因为货币仅仅影响名义变量。但由于实际利率＝名义利率－通货膨胀率，所以，货币市场可以通过影响名义利率水平来影响实际利率水平，从而影响总需求。这一逻辑关系决定了货币政策在宏观经济中的定位。只要上述逻辑成立，政府就可以通过货币政策来影响经济中的名义利率水平，进一步影响实际利率水平，进而影响经济中的投资需求，并最终实现调节总需求的目标。货币政策已经成为各国和地区政府管理总需求的最重要的政策之一。

1. 货币需求

家庭和企业从事消费和生产等经济活动，必然需要货币。如前所述，货币的本质在于流动性。宏观经济学的奠基人凯恩斯认为，人们的货币需求本质上就是对流动性的需求。实际货币余额的需求（定义为 M/P）取决于两个主要因素：

（1）收入。一个国家和地区的总收入决定了其总的交易价值，总收入水平的高低决定了经济的实际货币余额的需求，即实际 GDP 水平越高，经济中的生产活动和交易活动的体量就越大，对货币的需求也就越大；反之反是。货币需求和总收入正相关。

（2）名义利率。利率是持有货币的机会成本，名义利率水平越高，持有货币的机会成本越大，货币需求就越低，此时，人们更愿意持有非货币金融资产；反之反是。因此，货币需求和利率成反比。

图 20－9 描述了货币需求曲线。该曲线的形状取决于实际货币余额与利率之间的关系，货币需求对利率越敏感，该曲线就越平坦；反之就越陡峭。总收入水平决定了该曲线的位置，总收入增加，该曲线会右移；总收入下降，该曲线会左移。第二十一章会给出关于货币需求更深层的理论分析。

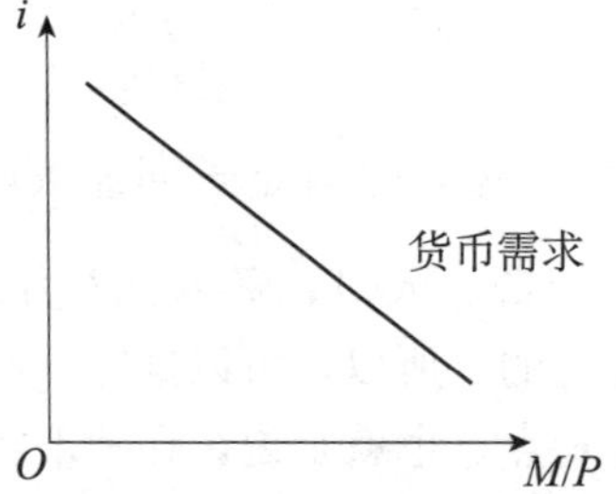

图 20－9 货币需求曲线

2. 货币市场均衡

货币供给是由中央银行决定的。中央银行发行基础货币，同时通过货币政策工具调节经济中的货币创造。从这个角度看，经济中的货币供给量就是由中央银行决定的，可以看成是经济系统外生给定的变量。在任一既定的时点上，中央银行控制的货币供给量都是给定的，因而，可以将货币供给量看作是一个固定量。图 20－10 描述了货币市场的均衡。其中货币供给曲线是某一给定的实际货币余额上的垂直线，这是因为货币供给量是由中央银行给定的，是外生的。

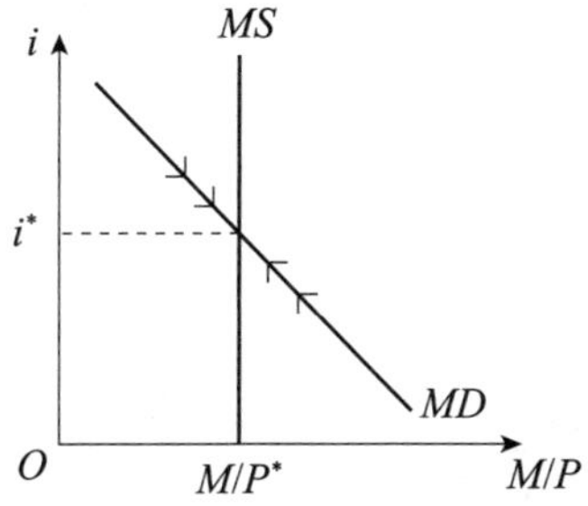

图 20－10　货币市场的均衡

从图 20－10 可以看出，货币市场由货币需求和货币供给及双方的互动组成。货币需求取决于总收入水平和利率；货币供给由外生给定。当货币需求与货币供给相等时，货币市场出清，决定了均衡的利率水平和实际货币余额水平。假定经济中只有货币和债券两种资产。如果货币供给大于货币需求，出现超额货币供给，人们就会增加债券的购买，减少货币的持有，这就会导致债券价格上升，利率下降。如果货币需求大于货币供给，出现超额货币需求，人们就会抛售债券，增加货币持有，这就会导致债券价格下降，利率上升。最终，货币市场会实现均衡。

3. 货币政策的作用机理及后果

中央银行可以通过控制货币发行、利用货币政策工具来调节经济中的货币供给量。如图 20－11 所示，假如出现经济过热，中央银行采取紧缩性货币政策，降低货币供给量，货币供给曲线从 MS_0 移动到 MS_1，给定其他条件不变，货币供给量减少将导致均衡利率上升与均衡货币量减少。利率上升会导致投资需求的下降，从而降低总需求，达到给经济降温的目标。假如出现经济不景气，则中央银行采取扩张性货币政策，提高经济中的货币供给量，给定其他条件不变，货币供给量增加将导致均衡利率的下降与均衡货币量增加，这就进一步导致投资需求增加，总需求增加会延缓经济衰退、加速经济复苏。

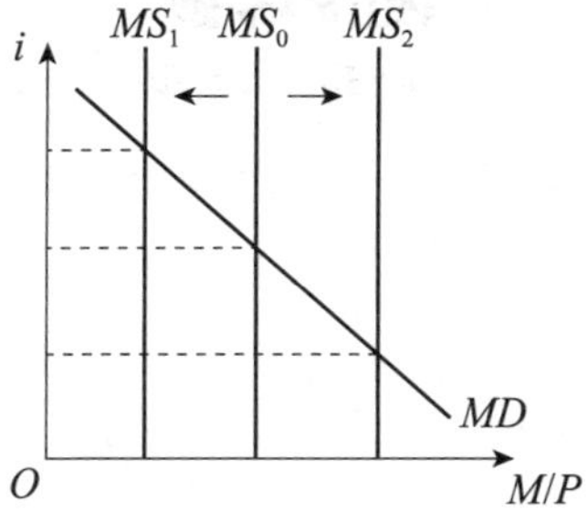

图 20－11　货币供给量的变动对均衡的影响

图 20－12 给出了改革开放以来我国的经济增长、物价水平变化与货币量的变化。从

图中可以看出，实际 GDP 增长率和 M2 增速以及 CPI 的变化并不一致，对比 M2 的变化与实际 GDP 增长率的变化，可以看到早期逆周期调节的货币政策思路。不过，除了 2008 年美国次贷危机的特定冲击外，近 20 年中央银行的货币政策基本趋向于稳健。对比 M2 增速与 CPI 的变化，两者大部分时候都趋于一致，这也在一定程度上说明了通货膨胀本质上是一种货币现象。从长期看，货币供给量更多地影响名义变量。

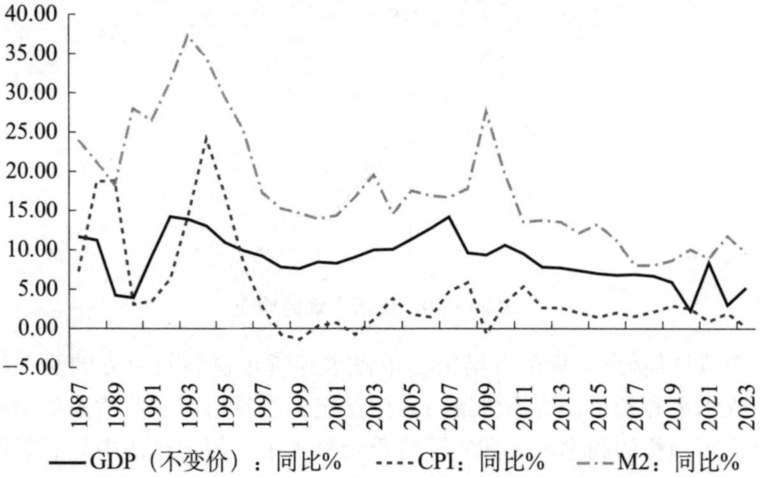

图 20－12　改革开放以来中国经济增长、物价水平变化和货币量的变化

资料来源：国家统计局；世界银行．

思考题

1. 中央银行如何控制货币供给量？
2. 名义利率是如何决定的？

在线自测

扫一扫　练一练

第二十一章　国民收入的决定与总需求分析

理解宏观经济波动，就需要解决短期宏观经济的均衡问题。早期凯恩斯主义者通过构建一个简单的国民收入的决定理论，从社会成员的支出行为出发，分析宏观层面总需求的影响因素和动态调整机制，然后在此基础上，通过分别构建产品市场的均衡理论（*IS* 曲线）与货币市场的均衡理论（*LM* 曲线），形成了宏观经济整体上的一般均衡理论。这一理论是整个宏观经济理论的起点，现代宏观经济学都是在对凯恩斯主义的宏观经济均衡理论的扬弃上演变而来。因此，要学好、学懂宏观经济学，就必须对凯恩斯主义的基本理论有大致的了解，从而更好地学习后面的总需求与总供给模型，以及更好地运用这些理论来解释宏观经济现象，并为宏观经济政策的制定提供有益的参考。

第一节　总需求的构成

宏观经济波动是一个短期现象，是由总需求的波动引发的。理解短期波动，首先就要理解总需求。总需求是在价格、收入等变量给定时，消费者、企业和政府计划购买的物品和劳务的总量。按照经济活动参与人的类别和行为，可以将总需求划分为消费需求、投资需求、政府购买需求与净出口需求四个部分。为了分析的简便，在本节中将以两部门经济模型为基础，假设经济中只存在家庭与企业两个部门，不存在政府购买与国外需求，从而将总需求简化为消费与投资两大类需求，这也是总需求最基础、最关键的部分。

一、消费、储蓄与宏观经济行为

消费需求是总需求最直观的表现。在宏观经济中，家庭在产品市场上购买物品和劳务，就形成消费需求。消费需求是企业生产的动力，是宏观经济系统运行的发动机。消费需求由家庭的消费决策决定。家庭根据预算约束和效用函数来权衡当期消费和未来消费，并对当期所有可得资源（表达为收入的形式）进行分配，一部分资源用于当期消费；另一部分资源作为储蓄，留作未来消费。在宏观经济学中，家庭的这种资源配置行为通过消费函数和储蓄函数来刻画。

（一）消费与消费函数

宏观经济学认为，家庭的消费行为受到产品价格、收入以及其他诸多因素的影响，其中最主要的是收入。具体来说，消费者收入、产品价格、预期收入、个体偏好、社会环境等一系列因素，都影响或制约消费者的消费支出。从宏观经济来看，整个经济的制度、环境、消费者心理等因素可以被假定为不变的。如果进一步假定经济中的价格总水平保持不变，那么，家庭部门的消费数量主要由经济的总收入即国民收入所决定。

消费与国民收入之间的关系可以使用消费函数加以刻画。用 C 表示消费水平，Y 表示国民收入，则在两部门经济中，消费与收入之间的关系可以用以下函数形式表达：

$$C=C(Y)$$

该函数被称为消费函数。具体分析这一函数：第一，一般来说，家庭的消费和家庭的收入之间是正相关关系，即家庭的收入增加，会相应地导致其消费需求增加。第二，宏观层面上，家庭的收入究竟在多大程度上影响其消费需求取决于两个变量：平均消费倾向（Average Propensity to Consume，APC）与边际消费倾向（Marginal Propensity to Consume，MPC）。

平均消费倾向是指家庭每单位收入平均用于消费需求的比例，即消费在收入中所占的比重，表示为：

$$APC=C/Y$$

它说明了家庭收入在消费和储蓄之间的配置行为。例如，平均消费倾向为 70%，其含义就是家庭会将每 1 元收入中的 0.7 元配置在消费上，剩下的 0.3 元则用于储蓄，以应对未来的各种不确定性。一般的，家庭为了生存和发展必然会有非 0 的消费，即 $C>0$，故 $APC>0$。

边际消费倾向是指家庭每额外增加一单位收入，花在消费需求上的份额，即家庭每一单位收入变动时，所带来的消费的变化量。用公式表示为：

$$MPC=\frac{\Delta C}{\Delta Y}$$

其中，ΔY 表示家庭收入的微小变化量，即边际上的变化量；ΔC 表示因收入的额外变动所带来的消费的变化量。边际消费倾向说明了收入变化量在消费和储蓄之间的配置情况。若边际消费倾向为 80%，则是指假如家庭每额外增加 1 元收入，额外增加消费支出 0.8 元。一般而言，边际消费倾向总是大于 0 而小于 1，即 $0<MPC<1$。家庭不会把额外增加的每一单位的收入全部在当期花完，也不会把钱全部存起来不花。

考虑一种最简单的消费函数形式，将消费函数表示为线性形式：$C=a+bY$。其中，系数 a、b 为常数，$a>0$，$0<b<1$。截距项 a 被称为自主性消费，它不受收入变化的影响，代表了维持生存所必需的基础性消费；bY 是由收入变化引致的消费，与收入成正比例增加。线性消费函数可以在坐标轴中用一条直线加以表示，如图 21-1 所示。

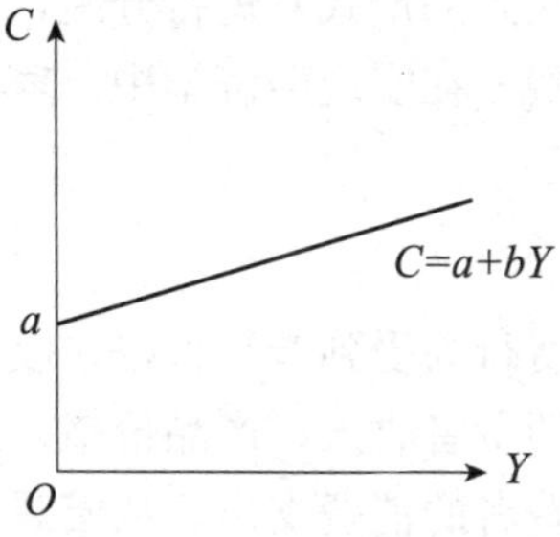

图 21-1　线性消费函数

（二）储蓄与储蓄函数

一般来说，家庭出于对未来各种不确定性的担忧，会将一部分资源以储蓄的方式搁置并用于未来消费。在第二十章中，我们已经给出了储蓄的具体动机，主要包括生命周期储蓄动机、谨慎动机以及遗赠动机等。消费和储蓄是家庭对当期资源的配置，既然消费取决于当期收入，那么储蓄同样也取决于当期收入。可以用储蓄函数来刻画储蓄与收入之间的关系。假定 S 表示储蓄，则储蓄与收入之间的函数关系可以表示为：

$$S=Y-C(Y)=S(Y)$$

一个家庭的储蓄既可以为正，也可以为负。如果储蓄为负，则表明家庭在借债进行消费。一般而言，储蓄和收入之间存在正相关关系，即随着收入的增加，储蓄也随之增加。

和平均消费倾向与边际消费倾向类似，储蓄与收入之间的对应关系也可以由平均储蓄倾向（Average Propensity to Saving，APS）和边际储蓄倾向（Marginal Propensity to Saving，MPS）加以说明。

平均储蓄倾向表示储蓄占收入的比重，用公式表示为：

$$APS=S/Y$$

边际储蓄倾向是指家庭收入每变动一单位时，储蓄的变化量。可以用公式表示为：

$$MPS=\frac{\Delta S}{\Delta Y}$$

其中，ΔY 表示家庭收入每变动一单位的变化量，ΔS 表示家庭储蓄随收入变动而变动的变化量。

如果消费函数采取线性形式：$C(Y)=a+bY$，那么也可以得到线性形式的储蓄函数：

$$S(Y)=Y-C(Y)=-a+(1-b)Y$$

其中，$-a$ 是自主储蓄，与收入无关。$(1-b)Y$ 是引致储蓄，边际储蓄倾向为 $(1-b)$，由于 $0<b<1$，故边际储蓄倾向大于 0，储蓄随着收入的增加而增加。

总结：家庭在做出支出决策时，将所有可得资源（总收入）在当期消费与未来消费之间进行合理配置，目标是一生的效用最大化。由于全部收入要么用于储蓄，要么用于消费，家庭配置资源的过程就可以表述成下列关系式：

家庭总收入在消费和储蓄之间进行最优配置，储蓄用于未来消费。有：

$$C(Y)+S(Y)=Y$$

家庭配置资源的过程中，平均每单位收入配置在消费和储蓄上，表现为平均消费倾向和平均储蓄倾向，有：

$$APC+APS=1$$

家庭配置资源的过程中，平均每额外增加一单位收入配置在消费和储蓄上，表现为边际消费倾向和边际储蓄倾向，有：

$$MPC+MPS=1$$

以上三个方面完整刻画了家庭的宏观消费和储蓄行为。家庭的消费-储蓄决策决定了宏观层面的总消费支出。

二、投资与宏观经济行为

（一）宏观经济学中的投资

通常人们谈论投资，有的是金融市场上的投资，比如有价证券买卖，期货、期权等衍生品的买卖；也有的是一些特定物品的投资，比如艺术品、古董、文玩等收藏品的买卖；还有的是长期资产的投资，比如住房等的买卖。宏观经济学中的投资特指第三类说法，即长期资产的买卖。原因在于前两类都是价值转移，并非价值创造，只有第三类说法才涉及价值创造。

按投资对象分类，宏观经济学中的投资有三类：（1）企业固定资产投资，比如购买机器设备、厂房等；（2）存货投资，存货是指当期已经生产出来但当期还未销售的结余产品，在期末，企业对存货的处理通常视为自己购买这些产品，作为投资品，延到下期出售，企业的这种处理方式称为存货投资；（3）居民住房投资，住房是长期资产，居民当期购买住房，会在未来很多年居住，显然和普通消费品有本质差异，故而视为投资品。

按投资目的分类，可将投资分为重置投资与净投资。重置投资是指对已有长期资产进行价值复原，通常采取计提折旧的方式，即机器设备、厂房等长期资产在使用期限内会逐步产生损耗，假定这些损耗可以分期补偿，每期按估计的损耗金额计提折旧，折旧的数额正好弥补当期的长期资产损耗。折旧计提完毕，长期资产损耗殆尽，折旧总额正好等于长期资产的总价值，也就是说，长期资产通过计提折旧的方式价值复原了，相当于该项资产得到重置。重置投资实际上是对现有资本存量的复原，不会改变资本存量原本的总价值。在会计学中，还有重置价值一说，即原先购买的某台机器，假设在当期重新购买大概花费的金额。比如同型号的笔记本电脑当时购买花了 5 000 元，现在如果购买一台同型号的电脑，只需要花 4 000 元，这 4 000 元就是这台电脑的重置价值。产生的 1 000 元贬值部分就是随时间变化的资产价值损耗。通过计提折旧的方式可以把价值损耗提前弥补回来。净投资则是指新增资本存量的投资，比如在原先的机器设备、厂房等长期资产的基础上进行扩建，产生的新增长期资产就是净投资。净投资是为了扩大生产规模或者扩大潜在生产能力而进行的投资，它可以为正值、负值和零。由于资本存量是某一时点一个经济体的全部资本价值，而投资则是一个时期的资本存量价值变动，也就是两个时点的资本存量差额，因此投资总额就是重置投资与净投资之和。

（二）投资决策

投资的目的在于盈利，故在进行投资决策之前，需要比较投资行为的成本与收益。当投资收益大于成本时，投资便有利可图，经济主体会乐于进行投资。宏观经济学中的投资是长期资产的购买，长期资产不会只在当期产生效益，而是会在未来一段时期内都产生效益，因而投资的收益流是在未来各期体现出来的，受时间因素的影响，未来存在各种不确定性，为了弥补这些不确定性带来的风险，需要给予投资者相应的补偿，也就是时间贴现。利率就是用于时间贴现的，可以看作是时间贴现率，也就是投资的机会成本。假如投资使用的是外源资金，那么投资的机会成本就是金融市场的均衡价格，即按不同风险水平贴现的均衡收益率，也就是市场收益率；假如投资使用的是自有资金，那么自有资金的机会成本就是假定这笔自有资金放到金融市场上，对应的风险贴现后的收益。

宏观经济学通常采用“资本的边际效率”这一概念来定义投资收益。假设一个资本品现在的价格为 R_0，其在未来每一年的预期收益分别为 R_1，R_2，…，R_n，贴现率为 i，则其未来 n 年收益现金流的现值为：

$$\frac{R_1}{1+i}+\frac{R_2}{(1+i)^2}+\cdots+\frac{R_n}{(1+i)^n}$$

故该资本品产生的净现值（Net Present Value，NPV）为：

$$NPV=-R_0+\frac{R_1}{1+i}+\frac{R_2}{(1+i)^2}+\cdots+\frac{R_n}{(1+i)^n}$$

令 $NPV=0$，则此时投资该资本品处于盈亏平衡状态，解得贴现率 i，这个贴现率就是该资本品的边际效率。也就是说，资本的边际效率是使资本的购买价格等于资本预期收益现值总额时的预期收益率，即投资盈亏平衡时的收益率。这一收益率是投资决策的底线，只有投资的实际收益率大于等于该预期收益率，投资决策才是可行的。

（三）投资行为与投资函数

如果把市场利率 r 看作是投资的成本，投资的收益由预期收益率（即资本的边际效率）i 刻画，那么投资行为可以通过投资函数来表达：

$$I=I(r,\ i)$$

给定这一投资函数，当预期收益率 i 不变时，投资和市场利率 r 成反比，因为市场利率 r 是所有投资项目的成本，r 上升，投资成本上升，全社会的投资量相应地会下降。因此，I 与 r 呈负相关。当 r 不变时，投资与预期收益率 i 成正比，因为预期收益率 i 是投资项目的预期收益，当 i 上升时，全社会的投资量相应地上升，故 I 与预期收益率 i 呈正相关。

投资函数也可以用图 21－2 来表达。图中纵轴代表投资 I，横轴代表市场利率 r，I 和 r 呈负相关，由图中的投资曲线来表达。投资曲线的位置取决于预期收益率 i，每一条曲线对应了一个不同的预期收益率 i。投资曲线越往外远离原点，表示 i 越大。当 i 确定时，I 只随市场利率 r 而变化。即 r 的变化仅导致 I 沿着某条投资曲线变化；而 i 的变化会导致投资曲线的位置变化，即整条投资曲线的移动。

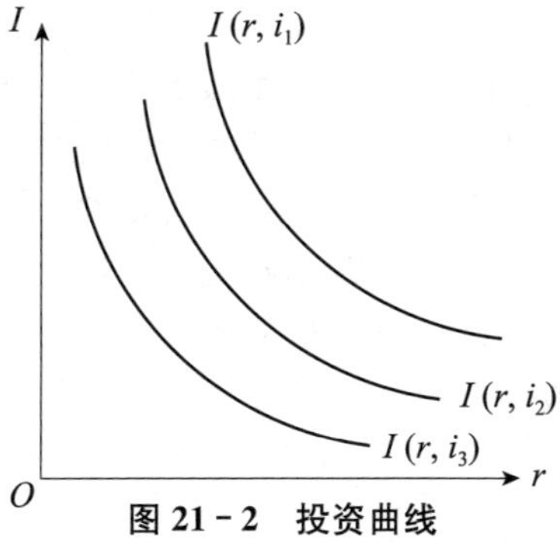

图 21－2　投资曲线

在分析时，通常会假设在所考察的时间内预期收益率 i 不发生变化，故投资函数可以写成 $I=i(r)$ 的形式。为简便起见，可以将投资函数以线性形式表示为：

$$I=I_0-dr$$

其中，I_0 为自主投资，是一个常数。dr 是市场利率变化带来的投资变化量，称为引致投资。由于 I 和 r 成反比，因此 d 是一个大于 0 的常数。

专栏 21－1

凯恩斯与宏观经济学的创立

凯恩斯是公认的宏观经济学的主要创立者。1929—1933 年，全球经济出现了前所未有的大危机，这次大危机持续时间长达 5 年之久，给全球经济带来了长期萧条。主要表现为：主要资本主义国家的生产水平倒退到 1900 年前后的水平；失业率快速上升，例如，当时美国失业率接近 25%；生产危机与金融危机并存，例如美国的股票价格平均下跌了 79%，且大量银行倒闭。大危机警醒了当时的经济学家，过去所认为的价格机制自动调整导致市场出清的理论失灵，常规的货币政策也难以见效，绝大多数经济学家要么判断失误，要么束手无策。在这样的背景下，凯恩斯的宏观经济学理论横空出世。

凯恩斯 1902 年进入剑桥国王学院（剑桥大学）学习，大学毕业后进入英国财政部印度事务部工作，1908 年任剑桥大学的经济学讲师。他曾任《经济学》杂志主编；英国皇家印度通货与财政委员会委员，兼任皇家经济学会秘书；英国财政部巴黎和会代表；曾主持英国财政经济顾问委员会工作。凯恩斯于 1942 年被封为勋爵，1944 年出席布雷顿森林会议，并担任了国际货币基金组织和国际复兴开发银行的董事，1946 年病逝。

针对大危机以及当时经济学的困境，凯恩斯结合自己的思考以及丰富的工作经验，于 1936 年发表了《就业、利息和货币通论》。这本书对当时以马歇尔为代表的新古典经济学起到了颠覆作用。当时新古典经济学处于主流支配地位，核心理论是价格机制会自动调节供求双方，实现市场出清，如果经济出现危机，也只是暂时的供求失衡，市场会很快自动修复。针对 1929 年开始的大危机，新古典经济学显然无法给出令人信服的解答。凯恩斯另辟蹊径：首先，他认为新古典经济学只是微观的、局部的、个体的分析，无法应对大危机这种宏观的难题，需要从宏观总量的视角来重构经济学的理论。其次，从宏观层面讲，由于短期总供给暂时是可以看作不变的，经济波动的根源就只能来自总需求，总需求就是经济参与人整体上对物品和劳务的需求总额。凯恩斯提出了“有效需求”的概念，有效需求就是企业回本并能获得最低预期收益时的总需求。当宏观经济中出现有效需求不足时，经济危机就会出现。也就是说，宏观上的生产和就业水平取决于总需求，即有效需求的水平。按照凯恩斯的说法，有效需求受“三个基本心理规律”的影响：边际消费倾向递减规律、资本边际效率递减规律、流动性偏好规律。凯恩斯在这些思想的基础上提出了独特的政策观：通过财政政策刺激总需求，从而达到缓解、化解经济危机的目标。凯恩斯的《就业、利息和货币通论》催生了此后各种宏观经济学理论流派，奠定了宏观经济学作为一门独立的经济学分支学科的理论基础和框架基础。

资料来源：约翰·梅纳德·凯恩斯．就业、利息和货币通论．高鸿业，译．北京：商务印书馆，2021；MICHEL DE VROEY. 宏观经济学史．房誉，李雨纱，等译．北京：北京大学出版社，2019.

第二节 简单的国民收入决定理论

一、均衡国民收入决定

按照宏观经济收支平衡原理，当宏观经济系统均衡时，经济参与人的总支出必然和总收入相等。宏观经济系统的均衡是如何实现的？在两部门经济模型中，经济活动的主体是家庭和企业，家庭的总预算由消费和储蓄两部分组成，储蓄形成投资，由此，家庭的总支出＝消费支出＋投资支出。消费支出由消费函数定义。假定投资支出为常数 I_0，即仅仅考虑自主投资，不考虑引致投资。收入记为 Y。那么，当经济处于均衡状态时，总收入等于总支出，即 $Y=C+I$。

把家庭的消费行为、投资行为以及收支平衡原理用下面的联立方程组来表达：

$$\begin{cases} C=C(Y) \\ I=I_0 \\ Y=C+I \end{cases}$$

图 21－3 说明了均衡国民收入的决定过程。图中横轴表示总收入，纵轴表示总支出，在 45°线上，总收入与总支出相等，表明经济处于均衡状态。图中两条斜率小于 1 的直线分别表示消费曲线 $C(Y)$、总支出（消费＋投资）曲线 $C(Y)+I_0$。由于假定了投资支出为常数，不受 Y 的影响，故两条直线互相平行。两条直线之间的截距差代表了投资的数量。代表总支出的曲线 $C(Y)+I_0$ 与 45°线的交点，即为经济的均衡点 E，其对应的总收入 Y^* 即均衡国民收入。

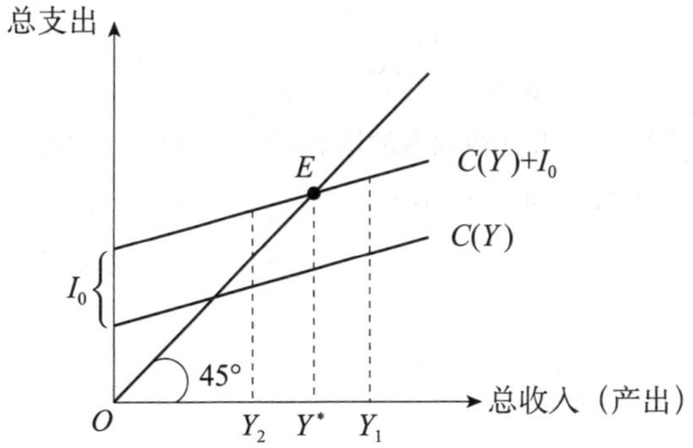

图 21－3 均衡国民收入的决定

如图 21－3 所示，如果经济偏离了均衡状态，会发生什么呢？假设总收入（同时也是总供给）为 $Y_1>Y^*$，则此时对应的总支出 $C(Y)+I_0$ 小于总供给 Y_1，经济体对于产品与劳务的需求小于经济所提供的数量，即供过于求，库存增加，价格总水平下降，这会促使企业缩小生产规模，从而总供给下降，直至宏观经济回到均衡水平。假设总收入为 $Y_2<Y^*$，此时总支出的数量大于经济体的总供给，经济面对供给不足，库存下降，价格总水平上升，这会促使企业扩大生产规模，总供给上升，直至宏观经济回到均衡水平。

总结：当总支出＝总收入时，宏观经济处于均衡状态，此时的国民收入就是均衡国民收入；短期总支出有可能偏离总收入，就会导致宏观经济的动态调整，这一调整过程呈现出来的就是经济波动状态。经济波动就是宏观经济短期偏离均衡的过程。

二、消费和储蓄的变动与均衡国民收入的决定

家庭的消费、储蓄和投资会随着各种因素的变化而变化，一旦这些变化出现，宏观经济就会产生波动，并最终形成新的均衡国民收入水平。可以采取比较静态分析的方法，讨论宏观经济因外在冲击而发生的可能变化。

（一）消费变动的情形

如果家庭改变了消费支出，会产生什么结果？消费的增加可能来自自主性消费的增加，也可能来自边际消费倾向的增加，抑或二者兼有。无论是哪一种情况，依据均衡条件 $Y=C+I$，更多的消费都将导致均衡的国民收入增加。

假设消费函数为线性形式：$C=a+bY$。如图 21－4 所示，当自主性消费 a 增加时，每一个收入水平所对应的消费都等额增加，原有的总支出曲线向上平移，与 45°线交于点 E_1，E_1 点便是新的均衡点，对应的总收入为 Y_1，$Y_1>Y_0$。

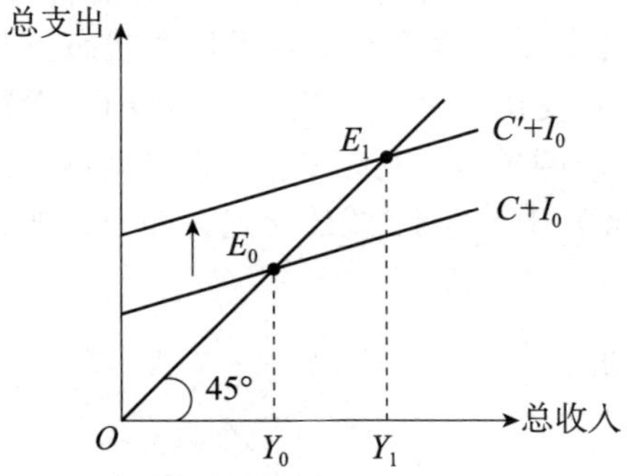

图 21－4　自主性消费的增加对均衡国民收入的影响

如图 21－5 所示，当边际消费倾向增加时，每一个收入水平所对应的消费水平都增加了，但收入水平越高，消费的增加额也越高，故原有的总支出曲线斜率变大，与 45°线相交于新的均衡点 E_2，对应的总收入为 Y_2，$Y_2>Y_0$。

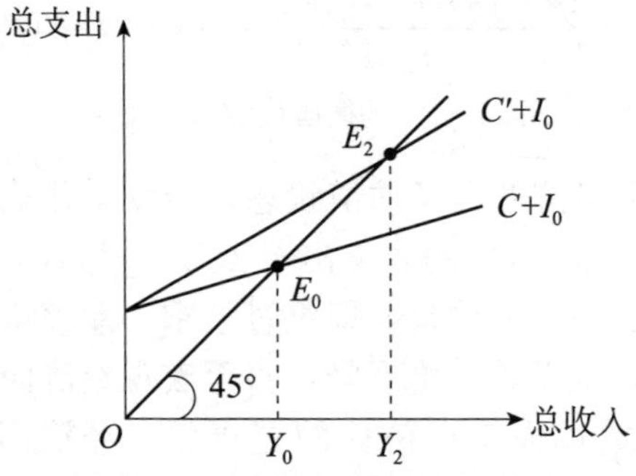

图 21－5　边际消费倾向的增加对均衡国民收入的影响

（二）投资变动的情形

假定其他条件不变，宏观经济中的投资水平由 I_0 增加到 I_1，那么由均衡条件 $Y=C+I$ 易知，均衡时的国民收入会增加。如图 21-6 所示，投资的增加使得原有的总支出曲线向上平移，与 45°线相交于新的交点 E_1，E_1 点便是新的均衡点，对应的总收入为 Y_1，$Y_1>Y_0$。

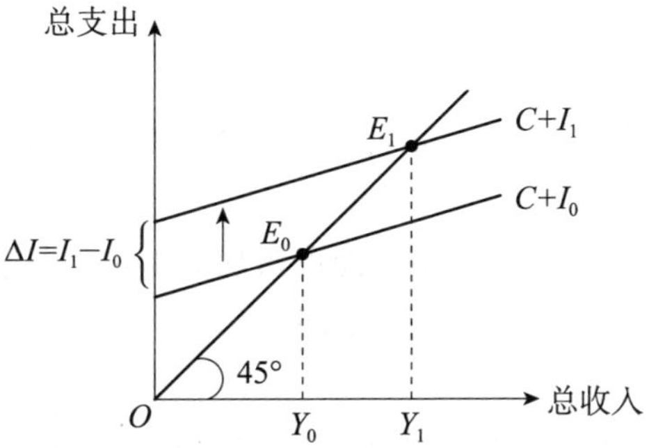

图 21-6　投资增加对均衡国民收入的影响

（三）投资乘数

在宏观经济波动中，投资的变化比较复杂。这是因为投资变化会产生连锁反应，例如，当企业增加厂房和机器设备的投资时，企业收入增加，相应的分配给要素的收入就会增加，家庭的消费和储蓄也相应增加。一方面，家庭消费增加会进一步增加总需求，从而购买企业生产的最终产品增加，企业收入增加，这进一步会增加要素收入；另一方面，企业增加了厂房和机器设备的投资，就会带动下游企业的生产增加，进而带动参与这些企业的要素收入的增加，如此循环往复，直到这种连锁反应完全耗尽。可见，投资每增加1 元，通过上述连锁反应所产生的总收入的增加会大于 1 元，这种现象被称为乘数效应。

乘数效应用投资乘数来刻画。投资乘数指的是由于投资的变化而导致的国民收入的变化量与最初的投资变化量之比，即：

$$K=\Delta Y/\Delta I$$

更一般地，假设家庭的边际消费倾向为 MPC。当投资增加 ΔI，按照宏观经济收支平衡原理，家庭收入也会相应增加 ΔI。家庭将配置这笔收入，消费 $\Delta I \cdot MPC$，这笔消费支出会再次增加同等的收入。家庭继续配置这笔新增收入，产生的第三轮收入增量为 $\Delta I \cdot MPC^2$，如此循环，则国民收入的增加总量为：

$$\Delta Y=\Delta I+\Delta I \cdot MPC+\Delta I \cdot MPC^2+\cdots=\frac{\Delta I}{1-MPC}$$

因此投资乘数就可以写成：

$$K=\frac{\Delta Y}{\Delta I}=\frac{1}{1-MPC}$$

上式被称为投资乘数定理。边际消费倾向越大，投资乘数越大，乘数效应也就越大。

举例说明。如果投资增加了 1 元，这意味着支出和收入都增加了 1 元。假设边际消费倾向 MPC 为 0.8，那么收入增加 1 元意味着消费会增加 0.8 元。消费的这一增加又一次提高了总收入，增加的 0.8 元收入中的 0.64（0.8×0.8）元被再次消费。这一过程不断进行下去，则国民收入的总增加量为：

$$\Delta Y=1+1\times 0.8+1\times 0.8^2+1\times 0.8^3+\cdots$$

这一等比数列的求和结果为 5，故最初投资增加 1 元最终能使国民收入增加 5 元，于是投资乘数 $K=5$。

需要注意的是，尽管我们在分析时以投资增加为例说明了投资乘数定理，但其同样适用于投资减少的情况，当投资减少时，国民收入亦将成倍地下降，故乘数效应是双向的。

投资乘数定理的成立要满足一定的条件。首先，由投资乘数的推导过程可以看出，由投资增加导致的国民收入增加不是一次完成的，其需要不断地经历收入增加—消费增加—收入增加的循环过程，因此投资乘数反映的是较长时间段内的累积结果，而不是一次性变化。我们同时需要假设在这一较长的时间段内边际消费倾向保持稳定。其次，以上的分析过程假定总供给能够不断增加，要素供给是充足的。如果总需求上升后要素供给不足，要素价格随之上涨，那么总供给的增加就会受到限制，增加额会小于由投资乘数定理计算出的结果。因此，投资乘数定理往往在萧条时期，即总供给曲线是水平的时候才能成立。

三部门经济中，政府行为同样会带来乘数效应，分别为政府购买乘数和税收乘数。政府购买乘数是指由于政府购买数量的变化所导致的国民收入的变化量与最初政府购买的变化量之比，即：

$$\text{政府购买乘数}=\frac{\Delta Y}{\Delta G}$$

税收乘数指的是由于政府税收的变化而导致的国民收入变化量与税收变化量之比，即：

$$\text{税收乘数}=\frac{\Delta Y}{\Delta T}$$

政府购买乘数和税收乘数的分析与投资乘数类似，此处不再赘述。

在制定宏观经济政策时，乘数效应具有重要的参考意义，我们能够使用乘数定量地考察不同政策对于国民收入的影响，从而提高政策制定的精准性。例如，在经济萧条时，政府有可能采取扩张性的财政政策，增加政府购买以刺激总需求。但是，究竟要增加多少政府购买的金额才能够使经济回归正常水平呢？如果政府支出增加过少，则不足以刺激总需求，经济难以复苏；如果政府支出增加过多，则可能会带来财政上的压力。因此，需要在政策制定实施之前对政策可能带来的国民收入变化，即相应的乘数效应进行准确的估计，从而确定最优的政策力度。

专栏 21-2

凯恩斯主义经济学与新古典综合派

凯恩斯的《就业、利息和货币通论》出版后，渐渐被年轻的经济学家接受，经过不断地解读和加工，逐步形成了比较系统化的宏观经济理论，可以称为“凯恩斯主义经济学”。之所以这样称呼，是因为二战后全球主要经济体普遍接受并采取了凯恩斯的部分经济思想和经济政策观，总需求管理政策逐步成为各国和地区宏观经济政策的核心。

凯恩斯主义经济学正是在这样一种背景下逐步兴起的，其中美国的麻省理工学院是最活跃的阵地。以萨缪尔森为代表的一批美国经济学家通过对《就业、利息和货币通论》的解读、提炼和加工，逐渐形成了“新古典综合派”的宏观经济学，自此，经济学开始有了微观和宏观的区分，而宏观经济学作为一门独立的经济学分支学科正式登上历史舞台。在经济思想史上，新古典综合派先后自称“后凯恩斯主流经济学（Post-Keynesian Mainstream)”和“现代主流经济学新综合”。不过从该流派的主要思想和政策观看，就是凯恩斯的思想的局部衍生，并用新古典经济学的逻辑加以改造完成，所以称为“凯恩斯主义经济学”可能更为准确。这个流派的主要代表人物有汉森、萨缪尔森、莫迪利安尼、托宾和索洛等，他们中的很多人都先后获得过诺贝尔经济学奖。

该流派的主要思想包括：认为凯恩斯的有效需求不足思想是理解经济波动的关键，而有效需求不足来自三大心理规律（边际消费倾向递减、资本边际效率递减和流动性偏好）和工资刚性；引入“菲利普斯曲线”，将通货膨胀与失业率的冲突作为政策权衡的依据；简化和精练了凯恩斯的“总收入-总支出模型”，并引入希克斯和汉森发展的“IS-LM模型”，构建了比较完整的总需求决定论；引入哈罗德-多马经济增长模型，试图建立一个长期动态的宏观经济理论；以“乘数-加速数模型”为代表，试图建立一个关于经济周期的理论；建立了开放条件下的宏观经济理论，具有代表性的如“蒙代尔-弗莱明模型”；建立了以生命周期理论为代表的消费函数及对应的消费需求理论；引入费雪的利息论思想，建立了投资需求理论。该流派的政策观主要体现在：“逆经济风向行事”的财政政策和货币政策，即宏观经济政策以总需求管理为核心，采取反经济周期的思路，及时进行宏观调控；可以采取赤字财政来刺激经济快速增长。

资料来源：MICHEL DE VROEY. 宏观经济学史．房誉、李雨纱，等译．北京：北京大学出版社，2019.

第三节　产品市场均衡：*IS* 曲线

本章第二节介绍了简单的国民收入均衡理论，其中做了一个假定，即假定投资支出是一个常数，也就是说，只考虑自主投资部分，不考虑引致投资部分，这就排除了金融市场的影响。为了更全面地分析均衡国民收入的决定，本节将引入引致投资部分，其中金融市场通过均衡市场利率来影响引致投资，从而影响国民收入。此时，投资函数的一般形式为 $I=I\ (r,\ i)$。假设投资的预期收益率 i 保持不变，则投资函数可以简化为 $I=I_0-dr$，线

性形式就是 $I=I_0-dr$，即投资是市场利率的减函数。如图 21-7（a）所示，投资曲线表明，对每一个给定的市场利率水平 r，都对应一个投资额 I。

根据第二节简单国民收入均衡的分析逻辑，假设市场利率水平为 r_1 时，对应的投资为 I_1，则此时的总支出为 $C+I_1$。总支出曲线与45°线的交点 E_1 即为均衡点，对应的均衡国民收入为 Y_1，如图 21-7（b）所示。此时，产品市场实现了均衡，即产品市场上总收入=总支出，决定了均衡的国民收入水平。

当市场利率水平发生变化时，均衡国民收入是否会改变呢？假设新的利率水平为 r_2，$r_2<r_1$，由图 21-7（a）的投资曲线可以确定新的投资为 I_2，且 $I_2>I_1$。由于市场利率仅仅影响投资，不影响消费，因此总支出的变化完全来自投资的变化。于是，原有的总支出曲线向上平移，与45°线交于新的一点 E_2，此时的均衡国民收入为 Y_2，且 $Y_2>Y_1$。即市场利率下降导致投资水平上升，进而导致了均衡国民收入水平的上升。因此，市场利率的变化导致产品市场均衡发生了改变。

由此，我们可以根据市场利率的变化引致投资水平的变化，并进而引致均衡国民收入水平的变化，绘制一条市场利率 r 与均衡国民收入 Y 的关系曲线，将该曲线定义为 IS 曲线，该曲线刻画了宏观经济中的产品市场均衡。如图 21-7（c）所示，由于当利率上升时，引致投资下降，总投资下降，总支出曲线向下移动，导致均衡国民收入水平下降，因此 IS 曲线向右下方倾斜。

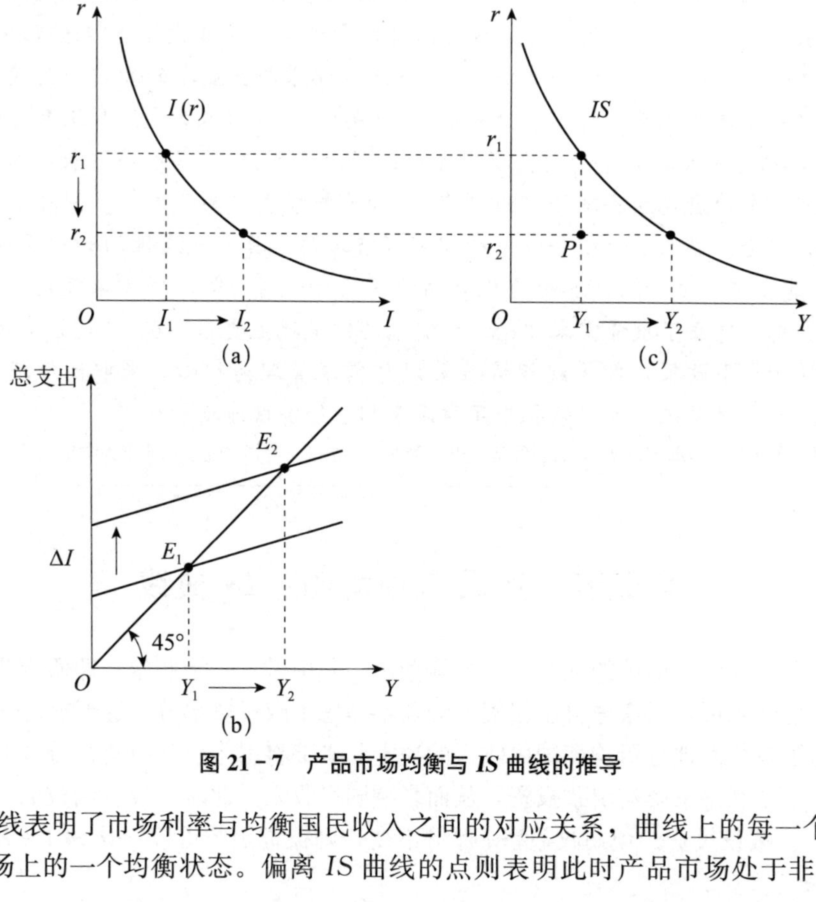

图 21-7　产品市场均衡与 *IS* 曲线的推导

IS 曲线表明了市场利率与均衡国民收入之间的对应关系，曲线上的每一个点都代表了产品市场上的一个均衡状态。偏离 IS 曲线的点则表明此时产品市场处于非均衡状态，如图 21－7（c）所示，位于 IS 曲线左下方的点 P，其对应的利率为 r_2，但 P 点处的收入 Y_1 小于该利率水平 r_2 所对应的均衡收入 Y_2。

在推导 IS 曲线时，我们假定除了市场利率之外其他因素保持不变。当其他因素发生变化时，IS 曲线也会发生移动。例如，当自主性消费增加时，在每一个给定的利率水平下，总支出上升，IS 曲线向右移动。

第四节　货币市场均衡：*LM* 曲线

在本章第三节中，我们讨论了市场利率的变动与均衡国民收入变动之间的关系。IS 曲线刻画了产品市场均衡，其中假定了市场利率 r 是外生的，这一外生性假定显然不能完全反映宏观经济的全貌。在宏观经济中，r 是内生的，由宏观经济系统自身决定。名义市场利率由货币市场决定，因此，必须建立一个名义市场利率的均衡决定理论，才能解决 r 的内生问题。第二十章给出了货币的创造过程，并描述了一个简单的货币供求关系模型。本节将在此基础上进一步讨论凯恩斯主义视角下的货币需求，并解释利率是如何在货币市场上内生出来的。为解释这个问题，本节首先分别讨论货币需求与货币供给，然后构建一个货币市场均衡理论，来推导 r 的内生过程，并用 LM 曲线刻画货币市场均衡。

一、货币需求

货币需求本质上就是人们对流动性的需求，货币是流动性最强的资产，凯恩斯将货币需求称为“流动性偏好”。按照凯恩斯的理论，货币需求来自以下三种动机：

（1）交易动机，指人们因日常交易活动的需要而产生的持有货币的动机，由此产生的货币需求被称为货币的交易需求。直观地看，交易量越大，货币的交易需求就越大。而交易量又由国民收入水平决定，因此，货币的交易需求和国民收入成正比。

（2）预防动机，指人们为了应对未来的各种不确定性而持有货币的动机，由此产生的货币需求被称为货币的预防需求。货币的预防需求一方面取决于收入，另一方面取决于预期，即对未来各种不确定性的推测和风险的评估。假定参与人对未来的预期给定，那么，货币的预防需求和国民收入也是正相关的。

（3）投机动机，指人们面对金融市场上各种套利机会时，为了准备套利而持有货币的动机，由此产生的货币需求被称为货币的投机需求。假定参与人持有货币和非货币资产两类，持有货币的收益为 0，持有非货币资产的收益率为金融市场均衡价格，即市场利率 r。那么，市场利率便是持有货币的机会成本。当市场利率上升时，持有货币的机会成本也随之上升，参与人就会减少对货币的持有，转而用货币买入非货币资产以获取更高的收益。反之则反是。因此，货币的投机需求与市场利率负相关。

在以上三种货币需求中，交易需求与预防需求对利率不敏感，主要取决于收入，由于交易需求和预防需求与国民收入都是正相关关系，用 L_t 表示货币的交易需求与预防需求之和，则其与国民收入 Y 之间的关系可表示如下：

$$L_t = L_t(Y) = kY$$

其中 $k>0$，反映了交易需求和预防需求与国民收入的正相关关系。图 21－8 反映了货币的交易需求、预防需求与国民收入之间的关系。

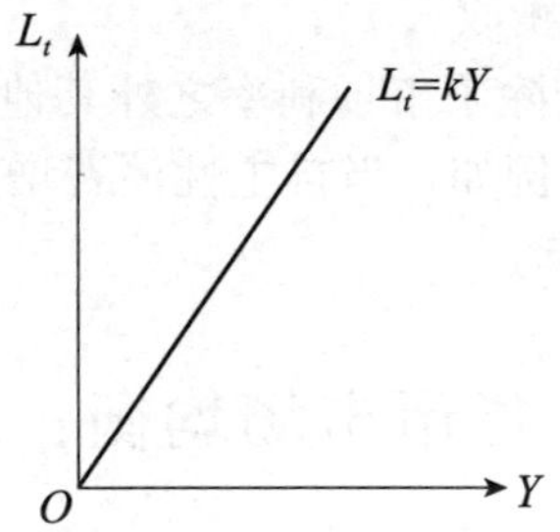

图 21-8　货币的交易需求、预防需求与国民收入的关系

货币的投机需求记为 L_s，其与市场利率 r 负相关，可以表示为：

$L_s=L_s(r)$

图 21-9 描绘了货币的投机需求与市场利率 r 之间的负相关关系，它是一条向右下方倾斜的曲线。

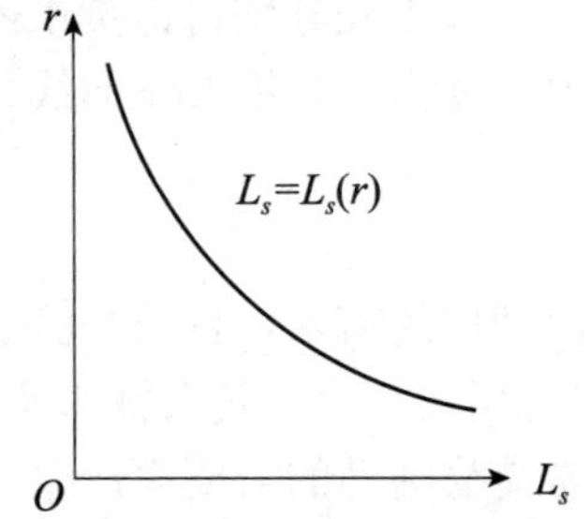

图 21-9　货币的投机需求与市场利率的关系

将三种货币需求加总后，便可以得到货币的总需求，其主要取决于国民收入与市场利率：

$L=L_t(Y)+L_s(r)$

即：

$M^D=L(r, y)$

图 21-10 描述了给定国民收入下的货币需求曲线。在货币需求曲线上，给定每一个国民收入水平，货币需求曲线的形状主要由投机需求决定，投机需求与市场利率 r 成反比。国民收入水平决定了货币需求曲线的位置，国民收入水平上升，货币需求曲线向外移动。

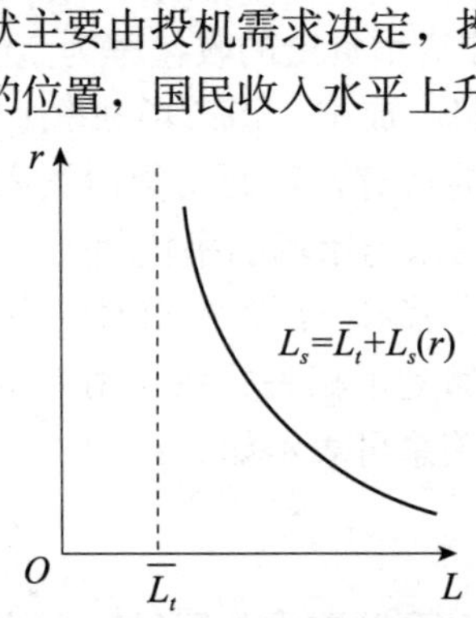

图 21-10　给定国民收入下的货币需求曲线

二、货币供给

货币供给指的是一个经济体中可用于交易的货币总量。假设名义货币量为 M，经济中的价格总水平为 P，则货币能购买到的产品总量，也就是实际货币余额为 M/P。通常假定货币供给量是外生变量，由央行决定。因此，货币供给曲线是一条垂直线，和市场利率 r 无关，如图 21－11 所示。

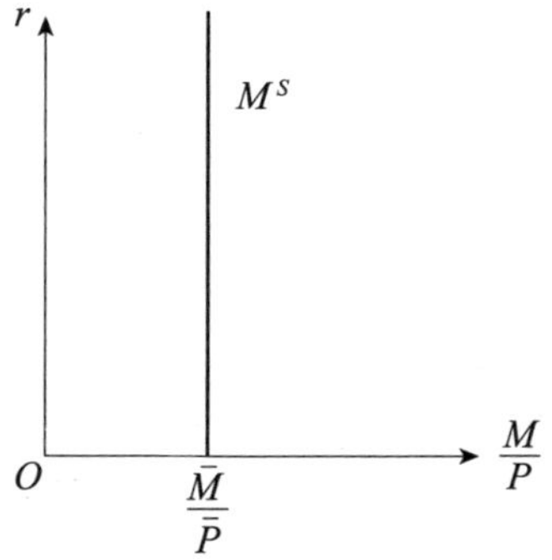

图 21－11　货币供给曲线

三、利率的决定

货币市场上的供求关系决定了货币市场的均衡价格水平，即均衡市场利率 r。给定国民收入水平$\overline{Y}$、价格水平$\overline{P}$与名义货币供应量$\overline{M}$，在同一个坐标系中绘制货币需求与货币供给曲线，两条曲线的交点决定了均衡时的利率$\overline{r}$与实际货币余额$\overline{M}/\overline{P}$，如图 21－12 所示。

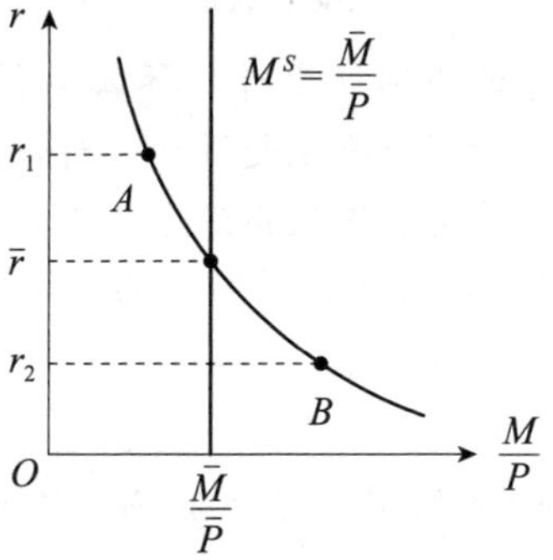

图 21－12　均衡利率的决定

由于货币供给是中央银行外生决定的，是一个常数，故利率需要调整以使得实际货币需求等于货币供给。当利率高于均衡利率$\overline{r}$时（例如点 A），持有货币的机会成本上升，人们的货币投机需求下降，故市场上的货币需求小于供给，于是利率将下降，直至回到均衡水平。而当利率低于均衡利率$\overline{r}$时（例如点 B），市场上的实际货币需求大于货币供给，推动利率提升直至回到均衡水平。最终货币需求等于货币供给，货币市场实现均衡，并决定了均衡市场利率水平。

当货币供给或需求发生变动时，均衡的利率也会相应发生改变。例如，当人们对未来的担忧增强，货币预防需求就会上升，货币需求曲线会向右移动，当货币供给水平保持不变时，均衡利率会提高，如图 21－13（a）所示。再比如，如果面临经济不景气，央行决定采取扩张性货币政策，将货币供给从 M_1 增加至 M_2，当价格水平 P 保持不变时，实际货币余额将增大至 M_2/P，M^S 曲线向右移动，与 M^D 曲线相交于一个更低的利率水平，故均衡利率下降，如图 21－13（b）所示。显然，r 下降会刺激引致投资，从而达到刺激经济的政策目标。

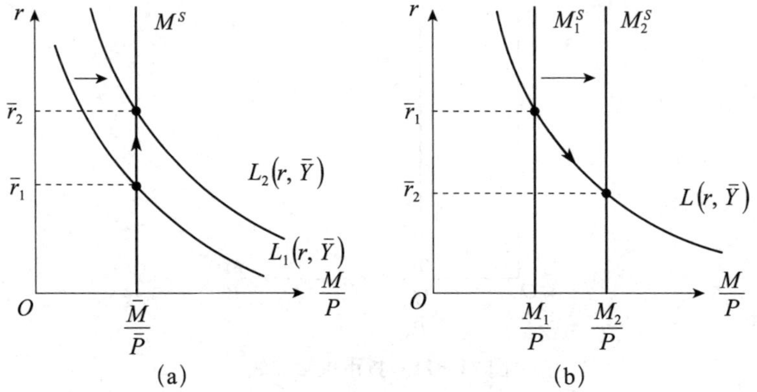

图 21－13　均衡利率的变化

专栏 21－3

流动性陷阱

货币的投机需求会随着利率的下降而上升，那么当利率接近 0 时，会发生什么呢？凯恩斯对此的看法是，当利率不断下降直至趋近于 0 时，人们会普遍预期利率几乎不可能再继续下降。由于此时货币与其他资产的报酬率几乎相等，持有货币的机会成本接近于 0，因此人们都愿意卖出其他金融资产，持有货币这一流动性最强的资产，以便之后利率上升时使用货币进行投资。此时货币需求曲线趋近于一条水平线，无论央行向市场上供给多少货币，人们都愿意持有这些货币，不愿将它们用于投资，市场利率无法继续降低。央行向市场注入的流动性如同陷入了无底洞，故凯恩斯形象地将这种现象称为“流动性陷阱”。

实际上，流动性陷阱并不一定需要在利率接近 0 的时候发生，只要当所有人都预期利率不会再继续下降时，对货币的投机需求就会无限增加，从而产生流动性陷阱。

资料来源：约翰·梅纳德·凯恩斯．就业、利息和货币通论．高鸿业，译．北京：商务印书馆，2021.

四、货币市场均衡与 LM 曲线的推导

如上所述，货币需求或者货币政策的变动都会导致货币市场均衡的变动。假定其他条件不变，国民收入和市场利率之间存在什么关系？和 IS 曲线分析类似，可以建立一个货

币市场均衡模型，即 LM 曲线，来讨论当货币市场实现均衡时，市场利率与国民收入水平的一一对应关系。

如图 21－14（a）所示，当国民收入由 Y_1 增长至 Y_2 时，每一个利率水平之下对货币的需求（具体而言，对货币的交易与预防需求）都增加了，故货币需求曲线向右移动。其与货币供给曲线相交于一个更高的点，此时，均衡时的市场利率由 r_1 上升至 r_2；反之则反是。将货币市场均衡时的国民收入与市场利率的这种关系通过（Y，r）组合坐标图表示出来，如图 21－14（b）所示，便得到了一条向右上方倾斜的曲线，这就是 LM 曲线，它反映了货币市场均衡。

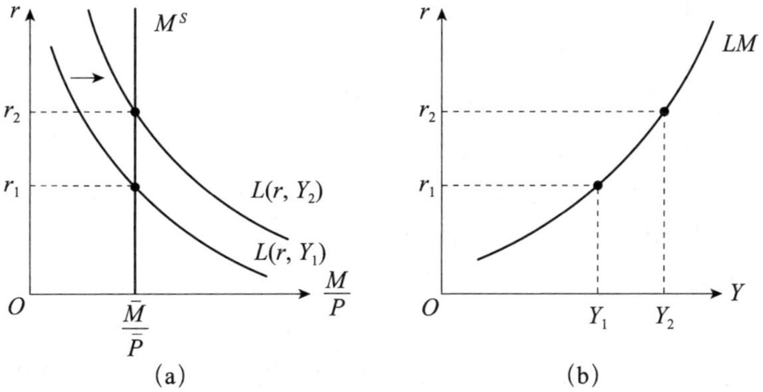

图 21－14 *LM* 曲线的推导

LM 曲线上的每一个点都代表了货币市场上的一个均衡状态，也就是使货币需求与货币供给相等的国民收入与市场利率水平。因此，当货币供给或货币需求变动导致均衡发生改变时，LM 曲线也会随之移动。LM 曲线的形状反映了均衡国民收入水平与均衡市场利率水平之间的正相关关系。LM 曲线的位置取决于其他条件的变化。

例如，假设央行采取扩张性货币政策，增大货币供给，利率将下降，使得货币市场的供求关系重新达到平衡，这对于每一个给定的国民收入水平 Y 所决定的货币需求都是成立的，即货币需求曲线与 M^S 的交点对应的均衡利率将下降。于是，LM 曲线将整体向右移动，如图 21－15 所示。

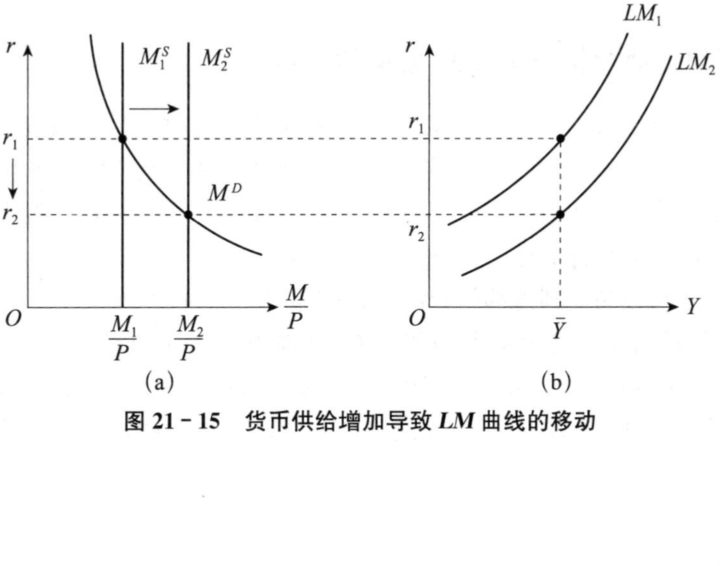

图 21－15 货币供给增加导致 *LM* 曲线的移动

第五节 产品与货币市场的一般均衡：IS-LM 模型

一、IS-LM 模型与均衡国民收入决定

宏观经济系统同时包含了产品市场和货币市场，宏观经济系统均衡意味着这两个市场都要实现均衡才行。任何一个市场出现不均衡，都会引致另一个市场出现不均衡。两个市场同时达到均衡，决定了均衡的国民收入水平。凯恩斯主义以代表产品市场均衡的 IS 曲线与代表货币市场均衡的 LM 曲线作为宏观经济均衡的分析模型（称为 IS-LM 模型），其中两条曲线分别确定了各自市场在处于均衡时的利率与国民收入水平。在一个经济体中只会存在一个利率与国民收入水平，只有当某个特定的利率-国民收入组合能够同时使产品市场与货币市场达到均衡时，经济才处于均衡状态。

如何确定 IS-LM 模型中的均衡呢？如图 21－16 所示，向右下方倾斜的曲线是 IS 曲线，其上的每一个点都代表了产品市场处于均衡时的一个利率-国民收入组合。向右上方倾斜的曲线是 LM 曲线，其上的每一个点都代表了货币市场处于均衡时的一个利率-国民收入组合。在 IS 曲线与 LM 曲线相交的 E 点处，产品市场与货币市场同时处于均衡状态。E 点所对应的利息率 r^* 与国民收入 Y^*，便是整个宏观经济系统处于一般均衡时的利率与国民收入。

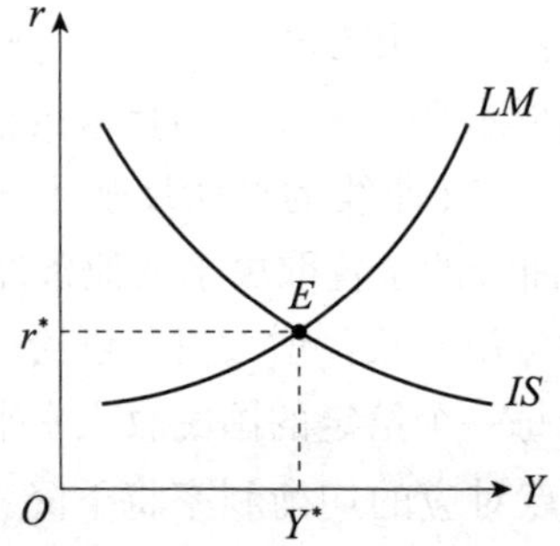

图 21－16 IS-LM 模型中均衡的决定

二、均衡的变动分析与 IS-LM 模型的应用

IS 曲线或 LM 曲线的变动将使均衡状态的利率或国民收入发生改变。例如，当自主性消费增加时，IS 曲线向右移动，如果 LM 曲线保持不变，则均衡时的国民收入与利率都将上升；反之，当自主性消费下降时，IS 曲线向左移动，若 LM 曲线保持不变，则均衡时的国民收入与利率都将下降。如图 21－17 所示。

IS-LM 模型也可以拓展到三部门经济中。三部门经济的总需求由消费、投资与政府购买组成。政府行为的变化和上述思路类似，关键看影响了哪条曲线的位置。例如，当政府购买增加时，IS 曲线将向右移动，从而使得均衡时的国民收入增加，利率上升，如图 21－18（a）所示；当税收增加时，IS 曲线将向左移动，均衡国民收入下降，均衡利率下

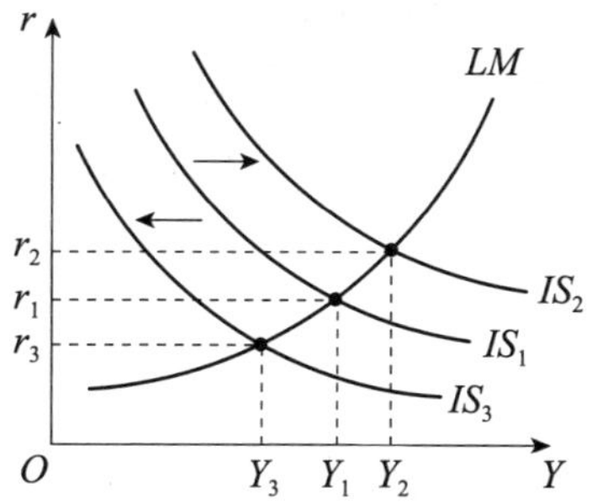

图 21－17 *IS* 曲线移动导致均衡变化

降，如图 21－18（b）所示；当央行增加货币供给时，*LM* 曲线将向右移动，均衡国民收入上升，均衡利率下降，如图 21－18（c）所示；当货币需求增加时，*LM* 曲线将向左移动，均衡国民收入下降，均衡利率上升，如图 21－18（d）所示。

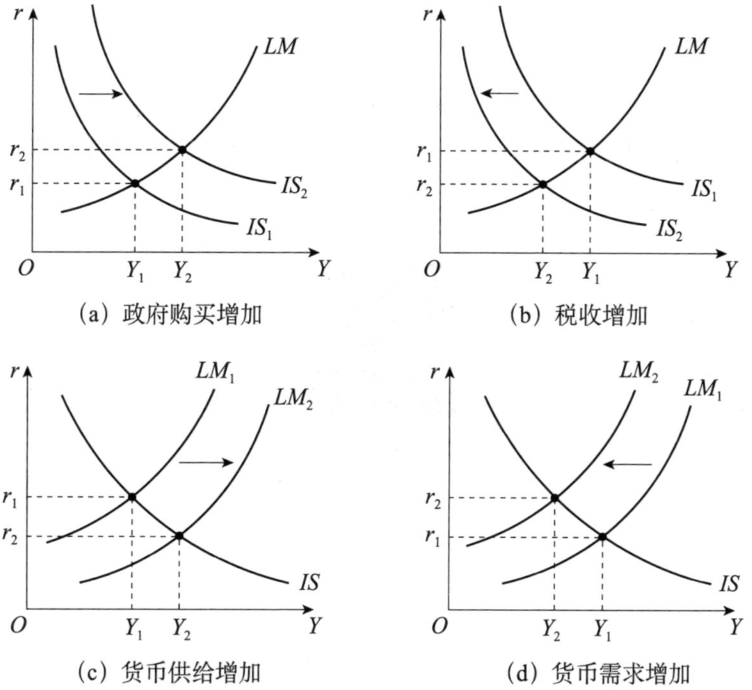

图 21－18 IS-LM 模型中均衡的改变

IS-LM 模型不仅为我们提供了一个总需求的决定理论，还为我们提供了分析短期（即价格水平保持相对稳定的一段时期）经济波动的工具。当经济面临外生冲击时，我们可以分析这一冲击将如何影响 *IS* 或 *LM* 曲线，进而如何影响经济的均衡。因此，IS-LM 模型也为宏观经济政策的制定提供了理论基础。需要注意的是，IS-LM 模型是凯恩斯主义关于宏观经济波动和宏观经济政策的理论，首先，这一模型仅仅是关于总需求决定宏观经济波动的理论，并没有考虑总供给问题；其次，严格说来，*IS* 曲线所反映的支出变量都是流量概念，而 *LM* 曲线所反映的实际货币余额是一定时点上的存量概念，将两者放在一个框架里分析是有问题的；再次，这一模型体现了比较静态分析的方法，但没有对宏观经济的动态变化给出分析；最后，这一模型所展现的凯恩斯主义思想和凯恩斯本人的思想有本质区别，凯恩斯本人强调经济的不确定性，强调人的心理因素对宏观经济波动的影响，强调动态非均衡的实际情形，而凯恩斯主义的 IS-LM 模型完全违背了凯恩斯的这些核心思想。

思考题

1. IS 曲线的斜率会受到哪些因素的影响？

2. 请用 IS-LM 模型简要分析以下情况对经济体的均衡利率与国民收入带来的影响：

（1）随着新能源汽车技术的发展成熟，许多司机决定将原有的燃油车更换成电动汽车，政府也决定出资建设更多的充电桩。

（2）一部以国内某景区为背景拍摄的电影在国际上获得巨大关注，许多国外游客慕名前来参观游览。

（3）政府设立的医疗保险、养老保险、失业保险等覆盖面不断增大，保障力度不断增强。

3. 如果对货币的需求取决于可支配收入 $Y-T$，即货币需求函数采取以下形式：$M^D=L(r, Y-T)$，请使用 IS-LM 模型分析税收变动会对经济产生什么影响。

在线自测

扫一扫　练一练

第二十二章　总需求与总供给分析

第二十一章讨论了凯恩斯主义的总需求决定理论，这一理论通过产品市场和货币市场的同时均衡来决定均衡国民收入，但没有考虑总供给的影响以及总需求与总供给的互动。本章将在第二十一章的基础上进一步引入总供给，通过总需求-总供给模型来全面分析宏观经济问题。总需求-总供给模型是当代宏观经济学最主要的分析框架，对学习和掌握宏观经济学的基本原理具有非常重要的意义。

大多数宏观经济学家都认为，从长期来看，市场能够灵活调整，促使经济趋向均衡，达到充分就业水平，而多数经济学家还认为，从短期来看，经济总是波动的，总是呈现出繁荣、衰退、萧条、复苏、再繁荣等周而复始的周期状态，宏观经济学家称为经济波动或者经济周期。宏观经济学家还发现，不同经济体的经济波动呈现出三个共同的特征：一是经济波动是无规律的且不可预测的，具有某种随机性；二是大多数宏观经济变量都表现出同时波动的特点；三是经济波动的过程中，产出与失业成反比，即随着产出的减少，失业会增加，反之则反是。面对经济波动，多数宏观经济学家认为，经济政策的目标是熨平经济波动，即当经济过热时，通过政策使之降温；当经济衰退甚至萧条时，通过政策刺激经济，加速经济复苏。

宏观经济学家常常通过总需求-总供给模型来分析经济波动问题，并基于该模型设计相关的宏观经济政策。图 22 - 1 给出了宏观经济的总需求-总供给模型的基本框架。要理解并掌握这个模型，首先就要理解总需求。本章将把总需求作为一个宏观经济总量来对待，讨论其性质。其次，本章将引入总供给，通过分析总供给曲线及其背后的决定因素，来展示各种关于总供给的理论。最后，把总需求和总供给纳入一个统一的理论框架中，构造总需求-总供给模型，以此来解释宏观经济波动以及相关的政策含义。

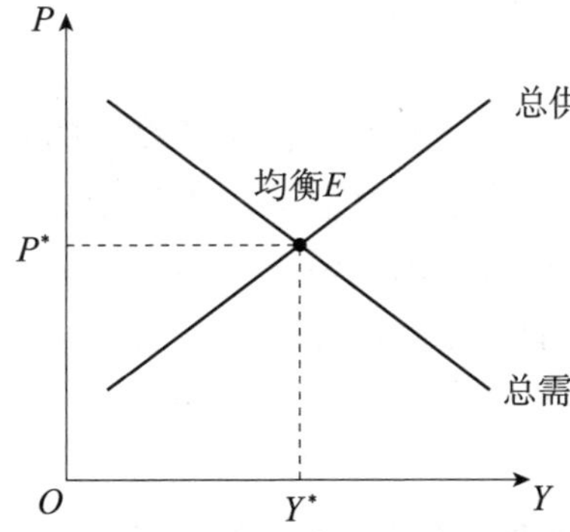

图 22 - 1　宏观经济的总需求-总供给模型

注：总供给曲线和总需求曲线通常用曲线表示，很多时候为了分析的方便，也可采用线性的方式。

第一节　总需求理论：总需求曲线

一、总需求曲线

回忆一下，宏观经济的总需求从支出的角度可以表达为：$Y=C+I+G+NX$。随着一般物价水平的变化，总需求也会改变。一般认为，总需求与一般物价水平之间的关系类似微观经济学中需求与物品价格之间的关系，都符合需求定律。不过总需求曲线和微观经济学中的需求定律和需求曲线形状的成因不同，微观经济学中，假定其他条件不变，替代效应导致了物品的需求与物品自身的价格成反比。宏观经济学中，假定其他条件不变，如果一般物价水平上涨（或下跌），居民的实际购买力就会减少（或增加），从而导致总需求下降（或上升）。这种现象有时候也称为庇古效应（Pigou Effect）。

可以用总需求曲线来刻画一般物价水平与总需求的关系，如图 22－2 所示。图中，总需求曲线上的每一个点都代表了在某一特定的价格总水平下，经济处于均衡时的总支出。因此，总需求曲线代表了经济中均衡的总支出量随着价格总水平变动的轨迹。总需求与物价总水平之间呈反向关系，总需求曲线是向右下方倾斜的，这意味着随着价格总水平的提高，总需求下降；反之，当价格总水平降低时，总需求增加。

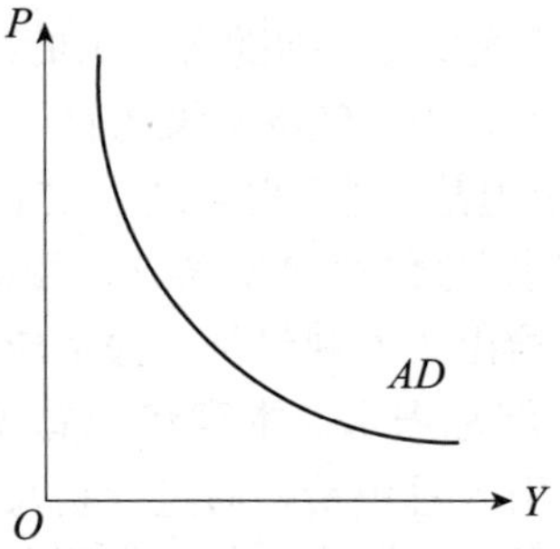

图 22－2　总需求曲线

以下三个原因导致了总需求曲线向右下方倾斜：

（1）财富效应。

当价格总水平上升时，因为人们手中持有同等数量的货币能购买到的产品的数量变少了，即货币的实际购买力下降了，这意味着人们的真实财富水平下降，使得人们感觉自己变得更为贫穷，因而会减少消费需求，使得总需求减少。而价格总水平下降会提高货币的实际购买力，人们感觉自己变得更富有，消费需求随之增加，导致总需求增加。

（2）利率效应。

价格总水平能够影响货币需求，当价格总水平上升时，需要更多的货币用于购买产品，这会使得人们在金融市场上出售债券或其他资产以换取货币。由于中央银行的货币供给保持不变，更高的货币需求会导致市场利率的上升。利率是投资的成本，它上升了，就会降低投资需求，进而导致总需求下降。反之，价格总水平的下降将导致货币需求减少，利率下降，投资需求增加，总需求增加。

（3）汇率效应。

在开放经济中，价格总水平的变化还将通过汇率渠道影响总需求。价格总水平的上升会导致国内市场的利率上升，进而增加外国投资者对以本国货币计价债券的需求，使得外汇市场上对本币的需求上升，本币升值。对于外国消费者而言，这意味着本国产品变得更为昂贵，于是减少对本国产品的购买；对本国消费者而言，这意味着外国产品变得更为便宜，于是增加对外国产品的购买。本币升值导致出口下降、进口增加，从而使净出口下降，总需求下降。

二、总需求曲线的移动

总需求曲线描述了某一组特定条件下经济的总需求与价格水平的关系。社会经济条件的改变，比如当事人的自身因素变化（偏好和约束）、政府政策的改变、国际经济形势发生变化等，都可能导致总需求曲线发生移动。这些因素是如何导致总需求曲线移动的？或者说总需求曲线的位置是如何决定的？因为总需求曲线描述了价格总水平与总需求之间的对应关系，故在价格水平给定时，能够导致总需求发生变化的因素也将导致总需求曲线的移动。在四部门经济中，总需求由消费、投资、政府购买与净出口组成，每个组成部分的变动都将使总需求曲线发生移动，以下将分别举例对此加以说明。

（1）消费需求的变化。

如果人们对未来经济形势的看法变得更为乐观，预期未来收入将持续增加，那么人们会减少现期的预防性储蓄，增加消费支出。这会增加给定的价格总水平下的总需求，导致总需求曲线向右移动。反之，如果消费需求下降，则总需求曲线将向左移动。

（2）投资需求的变化。

如果在经济过热时中央银行降低货币供给，导致利率上升，此时投资的成本提高了，投资需求受到抑制。在给定的价格总水平之下，总需求曲线向左移动。相反，如果在某种因素刺激下投资需求上升，则总需求曲线向右移动。一般情况下，总需求的波动大部分是由于投资需求的变化导致的。

（3）政府购买的变化。

政府购买是宏观财政政策影响总需求的直接途径。当政府购买增加时，总需求曲线向右移动；反之，减少政府购买将导致总需求曲线向左移动。

（4）净出口的变化。

如果外国经济陷入衰退，外国消费者的消费意愿下降，从而对本国产品的需求下降，那么出口需求将下降。假设此时国内的进口需求保持不变，则净出口减少，总需求也随之减少，总需求曲线向左移动。当本国货币贬值时，出口需求增加，进口需求减少，净出口增加，总需求曲线向右移动。

图 22－3 描述了总需求曲线移动的情形。居民预期收入增加导致消费需求增加；或者政府采取扩张性货币政策导致市场利率下降，进而导致投资需求增加；政府采取扩张性财

政政策，政府购买增加；本币贬值导致净出口增加等，都可以导致总需求曲线右移。反之，导致总需求减少的冲击出现，总需求曲线就会左移。

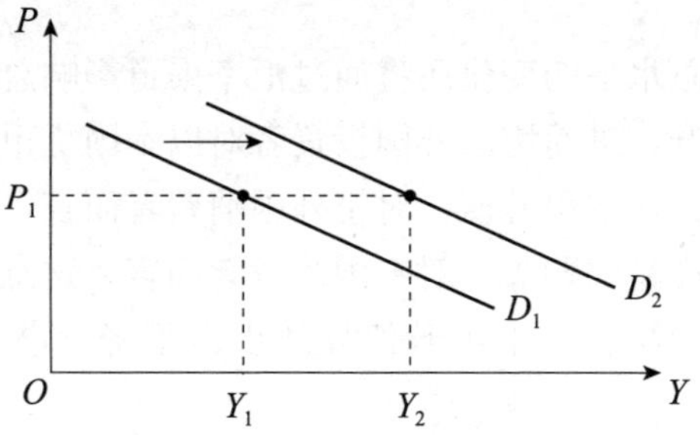

图 22－3　总需求曲线的移动

专栏 22－1

货币主义和理性预期学派

现代货币主义（Modern Monetarist）是 20 世纪 50—60 年代在美国兴起的一种宏观经济学流派，代表人物是米尔顿·弗里德曼。货币主义是出于对当时的凯恩斯主义的不满而形成的一个流派，其主要思想和政策观包括：货币是导致名义收入变动的决定因素，不影响实际变量，货币是中性的，只不过是实际经济上的一层“面纱”；坚持新古典经济学的立场，认为市场会导致经济出清，凯恩斯主义的宏观经济政策干预无效；通货膨胀起源于“太多的货币追逐太少的商品”，主张“单一规则”的货币政策，反对凯恩斯主义“相机抉择”的货币政策思路，货币政策的主要目标就是保持物价的稳定。

理性预期学派是 20 世纪 70 年代从现代货币主义中分化出来的一个流派，它将宏观经济学建立在个体行为分析的基础之上，经济思想史上也称其为新古典宏观经济学。由于理性预期假说在其后的宏观经济学发展中起到了至关重要的作用，经济思想史上也称其为理性预期革命。该学派主要代表有卢卡斯、萨金特和华莱士等。

理性预期学派首先缘起经济学家穆斯提出的理性预期假说，在《理性预期与价格变动理论》一文中，穆斯首次提出，预期会呈现出理性的形式，宏观经济中的个体总是以尽可能收集到的信息作为决策依据。后来卢卡斯发表了《预期与货币中性》一文，将穆斯的理性预期假说引入货币主义模型。在萨金特、华莱士等人的进一步发展下，最终形成了以理性预期假说和个体决策为核心的宏观经济理论模型，理性预期学派自此形成。

理性预期学派的核心思想是：宏观经济的短期波动和长期增长来自社会成员个体决策的后果，个体在进入市场交易之前就会根据能够采集到的最大可得信息进行理性决策，做出相应的价格预期。当政府实施经济政策调控经济时，公众通过理性预期预判了政策的可能后果，并据此做出行为调整，结果这种调整抵消了政策实施的效果。因此，给定个体理性预期，政府干预经济的任何措施都是无效的。只有当经济系统受到预期之外的冲击时，才会使实际产量偏离均衡。理性预期学派认为无论是凯恩斯主义还是货币主义都算不上正式的理论体系，因为缺乏一个微观基础，只有将宏观经济理论建立在理性经济人的个体微观决策基础上，才能形成稳固的有说服力的理论体系。理性预期学派之后，现代宏观经济学都是沿用其逻辑思路建构自己的理论体系，所以称其为理性预期革命并不过分。

资料来源：FRIEDMAN MILTON，ANNA JACOBSON SCHWARTZ. A monetary history of the United States：1867—1960. Princeton：Princeton University Press，1963；MUTH J F. Rational expectations and the theory of price movements. Econometrica，1961，29（3）；LUCAS R E. Expectations and the neutrality of money. Journal of economic theory，1972，4（2）.

第二节　总供给理论：总供给曲线

宏观经济系统由总需求与总供给两个方面组成，两者的互动形成宏观经济的波动和周期。第二十一章中凯恩斯主义给出了一个总需求的决定理论，但没有考虑总供给问题，因而很难完整解释宏观经济现象。后来的宏观经济学家通过引入个体决策，假定宏观经济系统是由一个个拥有理性预期的经济人组成的整体，其中个体类似微观中的当事人那样决策。个体参与宏观经济的生产活动就是总供给行为。总供给可以看作是一个国家或地区一定时期内生产最终物品与劳务的总量，也就是社会总产出。

一般认为，在长期市场比较完善、近似充分竞争状态时，价格机制灵活调整导致市场出清，反映到宏观经济系统整体上就是经济实现了充分就业的产出水平。此时，整个社会的长期总供给仅仅取决于技术、资源、人口、制度等长期因素，和价格总水平等短期因素无关。因此，长期总供给从短期看可以视为既定的。在短期，宏观经济学家的分歧很大。当代宏观经济学主要区分为真实经济周期和新凯恩斯主义两个学派。真实经济周期理论认为，即使在短期，总供给仍然只取决于技术等实际变量；而新凯恩斯主义认为，短期市场是不完善的，存在价格和工资黏性，价格机制无法自动调整导致市场出清，因此，短期宏观经济的实际产出会偏离充分就业水平，从而产生经济波动，此时，宏观经济的短期总供给就和物价总水平相关联。由于真实世界中，新凯恩斯主义对宏观经济行为和宏观经济政策的影响更大且更普遍，本节将以新凯恩斯主义的主要理论为主体，讨论宏观经济的总供给问题。

宏观经济的总供给理论通过总供给曲线来刻画。总供给曲线表示在给定的价格总水平下经济体所能产出并销售的产品总量。按照新凯恩斯主义的理论，存在两种总供给曲线：短期总供给曲线与长期总供给曲线，如图 22-4 所示。“长期”与“短期”的区别在于，在长期中，市场充分竞争，所有价格都可以灵活调整；而短期中市场竞争不完全，存在价格和工资黏性，部分价格是固定不变的。

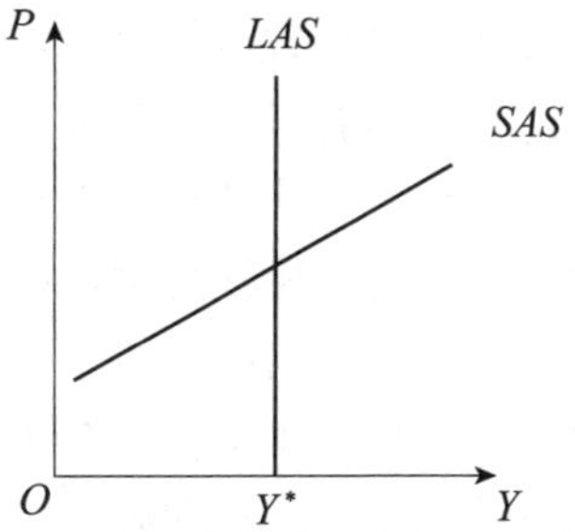

图 22-4　短期总供给曲线与长期总供给曲线

一、长期总供给曲线

首先考察长期总供给。无论是真实经济周期理论还是新凯恩斯主义学派都同意，长期市场可以看作是充分竞争的，价格机制的灵活调整总是能够实现市场出清，宏观经济的产出水平总是达到充分就业的水平。此时，长期总供给就和价格总水平等短期变量无关，而是仅仅取决于技术、资源、人口、制度等长期因素，这些因素都是实际变量，这些实际变量决定了宏观经济的潜在产出水平（即充分就业产出水平）。由于这些实际变量在一定时期内是相对稳定的，可以看作是保持不变的，给定这些实际变量，宏观经济就确定了一个充分就业的产出水平，也就决定了长期总供给水平。只有当这些实际变量发生了变化，比如技术进步、制度变革、人口总量变化（比如老龄化和出生率变化带来的）、资源存量变化（比如资源耗竭）等，这些变化称作宏观经济所面临的实际冲击，这些实际冲击才会导致长期总供给发生变化。

用长期总供给曲线来刻画长期总供给，显然，它是一条垂直线（如图 22－4 中 LAS 线所示）。长期总供给曲线是位于宏观经济充分就业产出水平（Y^*）的一条垂直线。这个充分就业产出水平（Y^*）只取决于长期实际变量。当宏观经济面临实际冲击时（实际变量发生变化），比如技术进步、制度创新等，长期总供给曲线就会向右移动；反之则反是。垂直的长期总供给曲线意味着，在长期中，无论价格水平如何变化，经济体的产出都是固定的。这一产出量被称为充分就业的产出水平，也被称作自然产出水平或潜在产出水平，表示当失业率处于自然失业率水平时经济的产出水平。在经济处于自然产出水平时，各类资源得到有效利用，即以现有的生产技术水平而言，投入生产过程的资源均得到合理配置与最佳组合。

为什么长期总供给曲线是一条垂直的线呢？让我们回忆生产函数，产出的数量由劳动、资本、自然资源等生产要素的数量，以及将这些生产要素转变为产品的生产技术水平所决定。在长期中，作为名义变量的价格并不会影响实际变量，经济体中可用于生产的劳动、资本、自然资源的数量与生产技术水平不会因为价格而变化。因此，无论价格总水平如何变动，经济体的总产出都是相同的，从而长期总供给曲线是一条垂直的线。

二、短期总供给曲线

在短期，新凯恩斯主义学派认为，由于短期市场不完全，存在价格和工资黏性，价格机制无法灵活调整导致市场出清，因而，短期宏观经济的总供给水平就会偏离充分就业产出水平，这种偏离有可能是正向的（经济过热），也可能是负向的（经济衰退或者萧条），从而短期宏观经济始终处于波动状态。

短期总供给通过短期总供给曲线来表达。如图 22－4 中 SAS 线所示，短期总供给曲线是一条向右上方倾斜的曲线，即短期宏观经济的总产出水平和物价总水平正相关。需要注意的是，当产出水平低到一定程度时，短期总供给曲线接近于水平，这一区域被称为“凯恩斯区域”。表明在短期内，当产出非常低时，能够在不提高价格水平的情况下增加产出，但一般情况下随着价格总水平的增加，经济体所供给的产品与服务数量也会增加。在凯恩斯区域内，产出水平很低，经济处于萧条之中，大量经济资源（劳动力、资本等）被闲置，企业能够以不变的价格雇用任意数量的工人与租赁机器，生产成本不会上升，进而价格总水平也不会上升。

位于凯恩斯区域内的水平的短期总供给曲线是一种极端的情况，其出现于经济危机时期，而在正常情况下短期总供给曲线是向上倾斜的。新凯恩斯主义学派提出了三种代表性的理论，对短期总供给曲线向上倾斜的现象给出了解释。

（一）黏性工资理论

这种理论认为，真实世界中劳动市场有各种各样的正式或非正式的制度规范，这些制度规范会导致名义工资或者实际工资不能够灵活调整，并导致劳动市场出清，最终导致宏观经济短期内无法实现充分就业产出水平。一般认为，导致名义工资黏性的主要理论解释有交错调整工资论和长期劳动合同论等；导致实际工资黏性的主要理论解释有隐含合同论、效率工资论和局内（工会）-局外人理论等。

名义工资黏性理论认为，名义工资对于经济形势变动的反应是相对缓慢的，也就是说，名义工资在短期中并不能自由调整，是“黏性的”。劳动合同制度是造成这一现象的重要原因。在真实世界中，雇员与雇主签订的劳动合同规定了名义工资水平以及支付方式。一种情况是，不同的人签订劳动合同的时间是不一样的，从宏观上看，雇员所签订的劳动合同在期限上交错开来，比如有些人是年初签订的合同，有些人是年中签订的合同，这样就导致劳动合同调整时，宏观层面上出现时间不一致的情形，部分人年初调整合同，工资随之调整，而另一部分人因为要等到年中才能调整合同，其名义工资水平就保持相对不变。所以，在宏观上，劳动市场就出现了名义工资黏性的情形，部分工资始终是没有调整的，因为没到合同期。还有一种情形是长期工资合同（一般为若干年），雇员与雇主将根据预期的价格水平变化决定名义工资，但一旦签订了合同，合同期限会比较长，这样可以保持雇员的稳定性，并给予雇员一定的就业保障。长期合同的存在意味着，在合同期之内名义工资是固定不变的，名义工资呈现出了黏性。

假定名义工资存在黏性，在价格总水平发生变动时，名义工资保持不变，企业所支付的实际工资水平就会发生改变。记 P 为物价总水平，W 为名义工资水平，实际工资水平 $E=W/P$。显然，当物价总水平 P 上升，但名义工资水平 W 保持不变时，企业支付的实际工资 E 会下降，因而，企业的劳动需求就会增加，全社会就业水平上升，产出也随之增加；反之，物价总水平下降时，实际工资上升，企业的劳动需求下降，产出下降。因此，短期总供给曲线是向上倾斜的。

新凯恩斯主义学派认为，实际工资本身也会出现黏性，其原因主要有效率工资论、局内（工会）-局外人理论及隐含合同论等。效率工资论认为，真实世界中，一些企业为了吸引更高生产率、更高努力水平及更忠诚的雇员，会支付高于市场均衡工资水平的效率工资。面对效率工资，一方面，企业能够吸引更多潜在的优秀雇员；另一方面增加了在位优秀雇员的退出成本，提高了雇员的忠诚度。这就相当于企业用高于市场均衡工资水平的效率工资与雇员的高生产率和更高努力水平交换，是企业和雇员之间的交换过程。局内（工会）-局外人理论是指，西方国家许多行业存在行业工会，这些行业的工资水平并非按照市场均衡工资来确定，而是由行业工会代表雇员集体与雇主进行谈判来确定。由于行业工会具有垄断性质，工会与雇主谈判，获得高于市场均衡工资水平的实际工资。这一实际工资只能由工会成员享有，非工会成员无权享有，且这一实际工资水平在一定时期内相对固定，只有重新谈判才能对该工资进行调整。这就造成了宏观上劳动市场实际工资水平呈现黏性。还有一种解释是隐含合同论。由于真实世界比较复杂，劳动合同很难穷尽所有细节，一些企业就与雇员围绕未来努力和支付等问题达成正式合同之外的一些默契和约定，比如面临暂时的订单不足时，雇员宁可少拿点工资，企业也不会解雇雇员，这样雇员不仅工作稳定，长期看对企业忠诚，而且工作积极性也会大幅度提高。

总之，黏性工资理论中，实际价格水平与预期价格水平的偏离，导致了实际工资与合同所暗含的实际工资的偏离，这将激励企业按照价格总水平的变化调整产量，从而导致短期总供给与物价总水平之间呈现出正相关关系。

（二）黏性价格理论

不仅仅名义工资与实际工资存在黏性，一些产品的定价在短期中也不会随着经济形势变化而调整，从而价格也是“黏性的”。价格黏性同样表现出名义价格黏性和实际价格黏性两类。价格黏性理解起来要比工资黏性简单。名义价格黏性主要由菜单成本、交错调整价格等因素导致；实际价格黏性主要由厂商信誉、不完全竞争市场等因素导致。

黏性价格理论认为，产品的定价由生产产品的成本所决定，而成本投入包含了劳动、资本等要素价格，因而工资黏性与价格黏性是联系在一起的。如果工资具有黏性，则价格往往也具有黏性。导致黏性价格的原因还包括调整名义价格需要付出成本，也就是菜单成本，其包括研究与确定新价格、印刷与分发价格表、改变价格标签等所需的成本等。如果改变价格所带来的利润小于菜单成本，那么企业则会维持原有的价格水平。还有一种情况是多品种的情形，当企业的产品品种繁多，每种产品的出厂时间和定价时间都不同，存在价格交错现象，此时，即便企业要适时调整价格，也很难在同一时点针对全部产品调整价格，而只能是一段时间调整一部分产品的价格，这种交错调价就会导致短期的名义价格黏性。

实际价格也会出现黏性。当市场不完全时，比如垄断的存在，就会导致产品的实际价格在一定时期内相对稳定。还有一种情况。面对环境的变化，即便企业想根据环境的变化而适时调整价格也非常困难，原因在于，如果企业调价频繁，则会导致客户预期不稳定，影响企业的声誉，企业和客户总是希望有稳定的长期的交易关系，调价次数多了，就会影响这种关系的建立。声誉通常在重复博弈中才能产生，相对稳定的价格有助于形成重复博弈的均衡。因此，真实世界中，很多企业即便有调价的需要，也不愿意短期频繁调节价格。

假定存在名义或者实际价格黏性，这意味着经济中至少有一部分企业在短期是不能灵活调整价格的。假定开始时所有企业根据对价格总水平和未来经济状况的预期决定自身的产品价格，随后发生了某种负向冲击，比如流行疾病，导致了总需求下降，此时，经济整体上供求失衡，供大于求，能够灵活调整价格的企业开始降价销售产品，而不能灵活调整价格的企业维持原价，由于原先的产品价格现在已经高于新的市场均衡价格，因此导致价格黏性的企业销量减少，产出下降，从而在宏观上就表现出价格下降（灵活调价企业的价格下调结果）与产出下降（价格黏性企业的产出下降所致）同步。反之，如果经济中出现了某种正向冲击，导致总需求增加，那么价格灵活的企业就会相应调高价格，导致宏观上的价格总水平上升；而价格黏性的企业的产品价格不变，低于新的市场均衡价格，导致这些企业产品销量上升，产出提高，并最终导致总产出水平上升，价格总水平与总产出水平再次正向同步变化。所以，价格黏性会导致物价总水平与总产出水平正相关，短期总供给曲线向右上方倾斜。

如果经济中所有企业的价格都能够灵活调整，那么短期总供给曲线将是一条垂直线，即价格总水平的变化改变产出的数量。如果所有企业的价格都是黏性的，则短期总供给曲线是一条水平线，即固定在某个价格总水平之上。但更可能的情况是，一部分企业的价格是黏性的，另一部分企业的价格是灵活调整的，因此短期总供给曲线会向上倾斜，价格总水平的变化会导致产出的增加。

（三）不完全信息理论

该理论最早由卢卡斯提出。不完全信息理论假设所有价格能够自由调整，但生产者并不了解价格的变化是总水平的变化还是相对价格的变化，或者生产者处理价格变化信息的能力有限。这是因为生产者通常会密切关注自己的产品所处市场的价格，可是经济中的产品种类如此之多，其难以观察到所有产品的价格变化。例如，种苹果的果农在之前对苹果的价格做出了预期，在价格总水平上升时，果农观察到苹果的价格上涨到超过自己预期的水平，但其不确定这究竟是苹果的相对价格上涨了还是其他所有产品价格都同时上涨（即苹果的相对价格不变）。理性的判断是，两种情况都有一定的概率发生，从而果农从苹果的名义价格上升推断苹果的相对价格也一定程度上升了。于是，果农选择更努力地生产，扩大产量。这一逻辑也适用于其他类型的生产者，故经济体的总产出在短期内将随着价格总水平的上升而增加，短期总供给曲线是向上倾斜的。

虽然以上三种理论从不同的方面解释了短期总供给曲线为何会向上倾斜，但其共同之处在于，当实际价格水平偏离了预期价格水平时，产出就会偏离自然产出水平。具体而言，当价格水平高于预期时，产量高于其自然水平；当价格水平低于预期时，产量低于其自然水平。

三、总供给曲线的移动

长期总供给曲线的形状由实际变量和市场完备假定决定；而短期总供给曲线的形状则由工资黏性、价格黏性及信息不完全决定。假定其他条件不变，总供给曲线的形状就能确定下来。当其他条件发生变化，总供给曲线就会发生位置的变化。

（一）长期总供给曲线的移动

任何能够改变自然产出水平的因素（技术等长期实际变量）都将使得长期总供给曲线移动。这包括有效劳动力数量的变化、可利用的资本存量的变化、自然资源数量的变化、生产技术水平的变化等。新矿藏的发现能够增加自然资源储量，技术进步能够提高生产率水平，这都可以提高自然产出水平，使长期总供给曲线向右移动。而自然灾害、战争等因素导致的人口数量减少、资本存量下降等，将降低自然产出水平，使长期总供给曲线向左移动（如图 22-5 所示）。

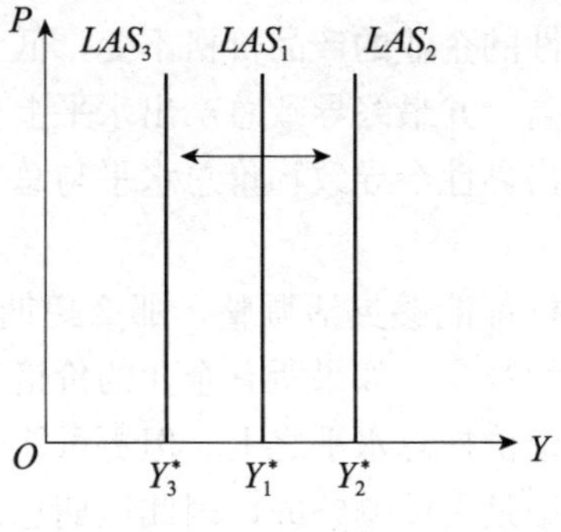

图 22-5　长期总供给曲线的移动

（二）短期总供给曲线的移动

经济体在短期内的产出水平会围绕其长期中的自然产出水平上下波动，因而影响长期总供给曲线的劳动、资本、自然资源数量与生产技术水平亦会对短期总供给曲线产生影响。更多的生产要素数量与更先进的生产技术将提高经济的自然产出水平，使短期总供给曲线向右移动。

短期总供给曲线反映了短期中价格总水平与产出之间的关系，而价格总水平是经济中所有企业提供的产品价格的平均水平。当企业的生产成本发生改变，从而改变对产品收取的价格，进而使得价格总水平也发生改变时，短期总供给曲线也会发生移动。例如，国际油价的上涨提高了企业的生产成本，若需要在原有的规模上继续生产，则需要为产品设定更高的价格，因而价格总水平上升，短期总供给曲线向左移动。

我们在解释短期总供给曲线向上倾斜的原因时，强调了预期的作用，预期价格水平的变化也是使短期总供给曲线发生移动的原因。这是因为人们会根据对未来的价格水平的预期决定工资、产品售价，一旦实际的价格变动与预期发生偏离，产出水平也会偏离自然产出。以黏性价格理论为例，假设预期的价格水平提高了，企业便会设定一个更高的产品价格，对于任何一个给定的实际价格水平而言，这将减少对产品的需求，因而企业减少产量，总产出下降，故短期总供给曲线向左移动（如图 22-6 所示）。

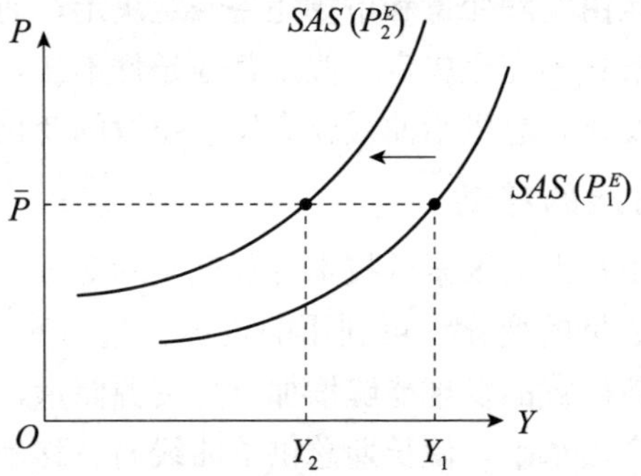

图 22-6　预期价格水平的变化导致短期总供给曲线移动

专栏 22-2

真实经济周期理论与新凯恩斯主义

理性预期学派之后，出现了两个相互竞争的宏观经济学流派：真实经济周期理论与新凯恩斯主义。这两个流派都继承了理性预期学派的个体主义和理性预期假说，但理论和政策观却呈现出对立态势。这两个流派主导了 20 世纪 80 年代以来的宏观经济学，两者“相爱相杀”，构成了当代宏观经济学的主旋律。

20 世纪 70—80 年代，美国经济学家爱德华·普雷斯科特（Edward Prescott）、基德兰德（F. E. Kydland）合作完成了两篇论文：《规则而不是相机抉择》《建立时间和总量波动》，这两篇论文开创了真实经济周期理论（Real Business Cycle，RBC），他们因此获得了 2004 年诺贝尔经济学奖。真实经济周期理论认为，宏观经济系统中，市场机制原本就是完善的，在长期或短期中都可以自发地调节供求关系，使经济实现充分就业的均衡，所谓的经济波动的本质是真实产出围绕潜在产出波动的看法是错误的，因为经济波动原本就是潜在产出的波动。经济波动并非总需求导致，而主要是由一些对经济有持续影响的实际冲击引发的，比如技术进步或生产率的变化，这些实际冲击会引发相对价格波动，进而引致经济当事人理性地改变劳动供给和消费决策，最终引发产出和就业的周期性波动。由于经济波动是长期实际冲击所致，宏观经济就不能简单区分为短期和长期，在长期和短期中决定经济的因素是相同的，人为地把经济分为长期与短期是无意义的。长期实际冲击有正向的，也有负向的，这就导致了经济波动和长期增长共存。此时，宏观经济政策会面临时间一致性问题，政府的总需求管理政策毫无意义。

与真实经济周期相对立的是新凯恩斯主义。面对理性预期学派和真实经济周期理论宣布凯恩斯主义消亡的论断，在 20 世纪 70 年代后期，斯坦利·费希尔（Stanley Fischer）、埃德蒙·费尔普斯（Edmund Phelps）、约翰·泰勒（John Taylor）等人陆续发表了一系列论文，代表性的有费希尔的《长期合同、理性预期和最佳货币供应规则》、费尔普斯和泰勒的《在理性预期下货币政策的稳定性力量》等。他们赞同理性预期假说，但提出了工资和价格黏性假说，从而形成了新的宏观经济理论模型。这些研究被称为新凯恩斯主义经济学（New Keynesian Economics，NKE）。“新凯恩斯主义宏观经济学”的称谓由劳伦斯·鲍尔（Lawrence Ball）、格雷戈里·曼昆（N. Gregory Mankiw）和戴维·罗默（David Romer）正式提出，他们 1988 年发表了《新凯恩斯主义经济学和产出量-通货膨胀交替关系》一文。这个流派正式登场则是因为曼昆和罗默主编了《新凯恩斯主义经济学》系列论文集，该论文集于 1991 年开始出版，囊括了相似立场的重要学术论文，通常把这个论文集中的作者都统一放在新凯恩斯主义的旗帜之下。新凯恩斯主义经济学者的其他代表人物还有奥利维尔·布兰查德（Olivier Blanchard）、乔治·阿克尔洛夫（George Akerlof）、珍妮特·耶伦（Janet Yellen）、约瑟夫·斯蒂格利茨

(Joseph Stiglitz)、本·伯南克（Ben Bernank）等。新凯恩斯主义经济学对真实世界的影响远大于其他流派，这不仅仅是因为这个阵营人数众多，更重要的是这个流派的不少学者先后担任过美国的美联储主席和美国财政部长等职，比如伯南克、耶伦等人，直接决定和影响了美国乃至世界的宏观经济政策。

新凯恩斯主义经济学的核心在于回答两个宏观经济学的关键问题：一是货币是否非中性；二是市场是否充分竞争。为了回答这两个问题，新凯恩斯主义做出了如下基本假设：价格和工资黏性假设；市场不完全性假设；理性预期假设；理性经济人假设。和理性预期学派及真实经济周期理论相比，新凯恩斯主义同意对凯恩斯主义的批评，并接受了理性预期假定和理性经济人假定，也就是说，新凯恩斯主义同样基于个体主义构建其理论模型。但与理性预期学派及真实经济周期理论存在本质差别的是，NKE假定了市场的不完全，这一不完全伴随着价格和工资黏性。市场不完全来源于真实世界中充分竞争市场的条件不满足，而各种市场摩擦因素导致了名义和实际的价格和工资黏性。NKE通过菜单成本、长期合同、隐含合同、不对称信息、局内人-局外人理论、效率工资假说、交错合同等解释了这些价格和工资黏性。给定市场不完全假定，名义或者实际价格和工资出现黏性时，经济一旦出现需求扰动，工资和价格就不能迅速调整，直至市场出清，因此，短期宏观经济必然处于非充分就业均衡状态，总需求冲击就会引起非自愿失业的变动，进而引致经济波动。NKE承认长期价格和工资可以灵活调整，进而市场可以实现出清，宏观经济趋于充分就业状态，但短期不行。由于经济波动会带来非自愿失业，即便是短期，也会损害社会成员的福利水平，此时，采取宏观经济政策对熨平经济波动就很有必要。NKE认为，凯恩斯以及凯恩斯主义关于总需求管理的政策在一定条件下是有效的，只是和凯恩斯及凯恩斯主义不同，NKE强调了宏观经济政策调控的审慎原则，而不是盲目地反周期调节。也就是说，宏观经济政策的制定也得注意理性预期因素，重视预期管理和规则的运用。当然，NKE阵营人数众多，内部观点分歧也比较大。

资料来源：KYDLAND F E，PRESCOTT E C. Time to build and aggregate fluctuations. Econometrica，1982，50（6）；KYDLAND F E，PRESCOTT E C. Rules rather than discretion：the inconsistency of optimal plans. Journal of political economy，1977，85（3）；FISCHER S. Long-term contracts，rational expectations，and the optimal money supply rule. Journal of political economy，1977，85（1）；PHELPS E S，TAYLOR J B. Stabilizing powers of monetary policy under rational expectations. Journal of Political Economy，1977，85（1）；BALL L，MANKIW N G，ROME D. The new Keynesian economics and the output-inflation trade-off. Brookings Papers on Economic Activity，1988（1）.

第三节　宏观经济一般均衡：总需求与总供给的均衡

在得到总需求与总供给曲线后，我们便可以建立总需求-总供给模型（AD-AS模型），利用该模型来说明经济的均衡国民收入与价格总水平是如何决定的。由于总供给曲线分为短期和长期两种情况，故我们将分别考察经济在短期与长期内的均衡，并分析经济遭遇外生冲击后由短期均衡向长期均衡的过渡。

一、经济在短期内的均衡

如图 22－7 所示，总需求曲线与短期总供给曲线相交于一点 E，E 点处的总需求与总供给相等，经济处于均衡状态，E 点处对应的均衡价格总水平为 P^*，均衡国民收入为 Y^*。

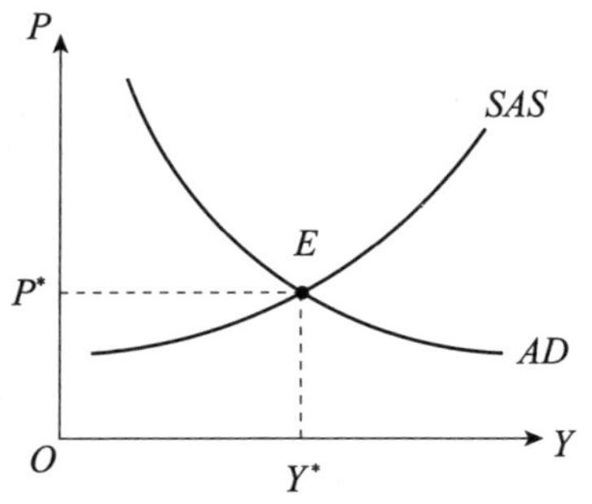

图 22－7　经济在短期内的均衡

当经济遭受冲击时，总需求或总供给曲线将发生移动，短期均衡状态也将发生改变。下面讨论了几种可能的情况：

（1）当总供给曲线保持不变，总需求曲线向左移动时，如图 22－8（a）所示，经济处于衰退之中。由于对产品与服务的总需求下降，故价格总水平下降，均衡时的国民收入也相应下降。

（2）当总需求曲线保持不变，总供给曲线向左移动时，如图 22－8（b）所示，经济处于“滞胀”之中，即经济停滞与通货膨胀并存的状态。不利的供给冲击使得企业的生产成本上升，推动价格总水平的上涨。在更高的价格水平之下，社会对产品与服务的需求下降了，因而均衡时的总收入也随之下降。

（3）当总供给曲线保持不变，总需求曲线向右移动时，如图 22－8（c）所示，经济处于繁荣状态，旺盛的需求推高了产品与服务的价格水平。在需求的刺激下，经济中的闲置资源被调动起来，企业开足马力进行生产，总供给水平随之提升，均衡时的国民收入水平也提高了。

（4）当总需求曲线保持不变，总供给曲线向右移动时，如图 22－8（d）所示，经济会经历价格总水平的下降与国民收入的提升。有利的供给冲击之下，企业的生产成本下降，所设定的产品价格也更低了，价格总水平下降。这也增加了社会对产品与服务的需求，因此均衡时的国民收入上升。

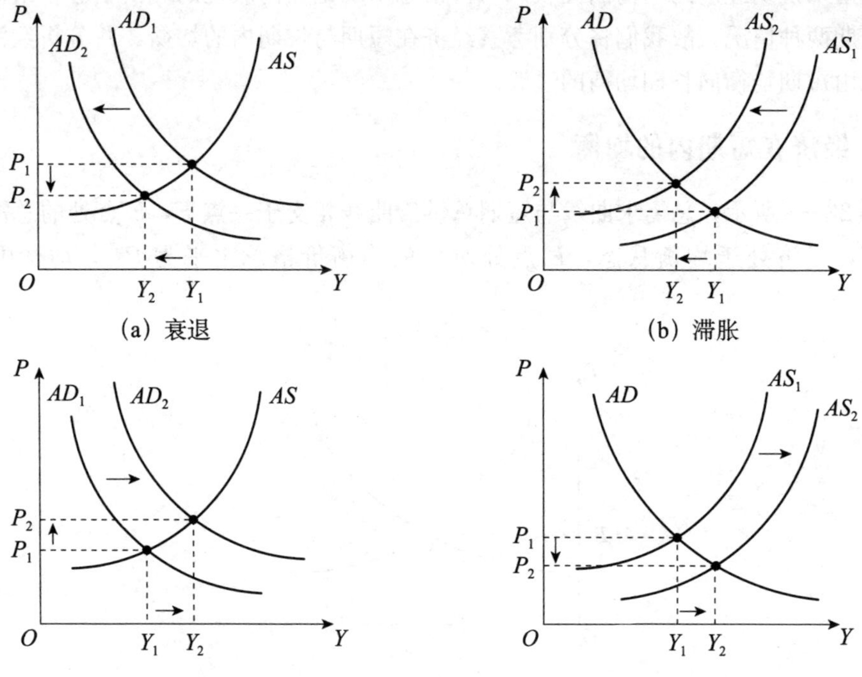

(a) 衰退　(b) 滞胀

(c) 需求旺盛　(d) 有利的供给冲击

图 22-8　短期经济均衡的变化

以上列出的是总需求与总供给曲线中的一条曲线发生变动的情况，两条曲线同时发生变动也可以展开类似的分析，此处不加赘述。总之，经济体的均衡状态不是一成不变的，在短期中各种影响总需求与总供给的因素均可能改变经济的均衡，从而造成经济波动。

二、经济在长期中的均衡

在长期中，总供给曲线不再是一条向上倾斜的曲线，而是一条位置固定的、垂直的线（此处并未考虑经济增长导致长期总供给曲线的移动）。因此，长期中的均衡产出或收入水平等于自然产出水平。

总需求的变化会如何影响经济在长期中的均衡呢？如图 22-9 所示，假设最初的均衡价格总水平为 P_1，当总需求增加，AD 曲线向右移动时，价格总水平会上升至 P_2。因此，在长期中，无论总需求曲线如何移动，其与总供给曲线的交点所对应的产出水平都等于自然产出水平$\overline{Y}$。但均衡时的价格水平会发生改变，即总需求增加，则均衡价格水平上升；总需求下降，则均衡价格水平下降。

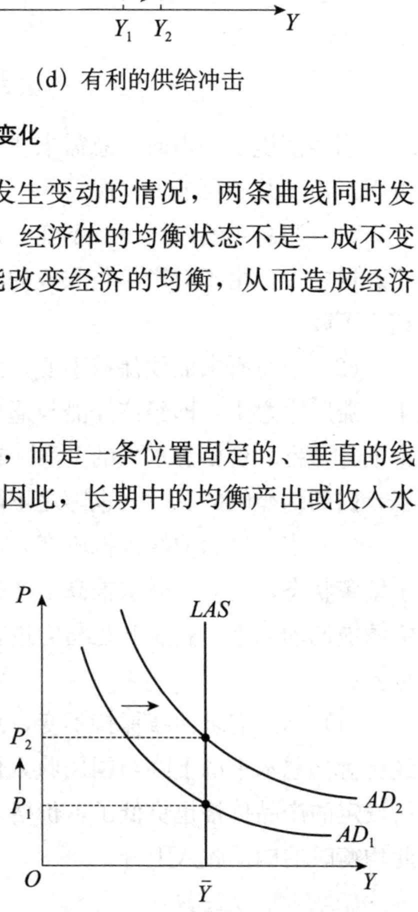

图 22-9　长期经济均衡的变化

三、由短期均衡向长期均衡的调整

AD-AS 模型指出，虽然经济在短期内会发生波动，导致价格水平的变化与产出相对自然产出水平的偏离，但在长期中均衡产出会回到自然产出水平。这就意味着存在一个短期均衡向长期均衡的调整过程。下面，我们将以总需求增加而导致的经济过热为例，说明经济是如何由短期均衡向长期均衡调整的。类似的分析步骤也适合于分析其他状况下由短期均衡向长期均衡的过渡。

如图 22－10 所示，经济初始的均衡位于点 E_1 处，国民收入与自然产出水平 $\bar{Y}$ 相等，价格总水平为 P_1。随着总需求的扩张，总需求曲线向右移动至 AD_2 处，与短期总供给曲线 SAS_1 相交与点 E_2。在旺盛的需求之下，企业增大对工人的雇佣数量，各种机器设备也在日夜不停地运转，工人的工作时间随之延长，生产活动处于高度活跃状态，生产强度也超过了正常水平，此时经济的总产出能够超过自然产出水平 $\bar{Y}$，均衡的国民收入上升为 Y'，价格水平也上升至 P_2。但是，这种状态无法长期维持，机器设备需要检修更新，工人要求为高强度的工作支付更高的报酬，因而企业的生产成本上升，也会对产品设定更高的价格。于是，短期总供给曲线向左移动。在这一过程中，经济的均衡点，即短期总供给曲线与 AD_2 曲线的交点会沿着 AD_2 曲线向左上方移动，产出水平逐渐下降，而价格总水平不断上升。最终，当经济体的均衡位于 E_3 处时，产出恢复到自然产出水平，这便是经济体新的长期均衡位置。此时，价格水平由最初的均衡水平 P_1 上升至 P_3。

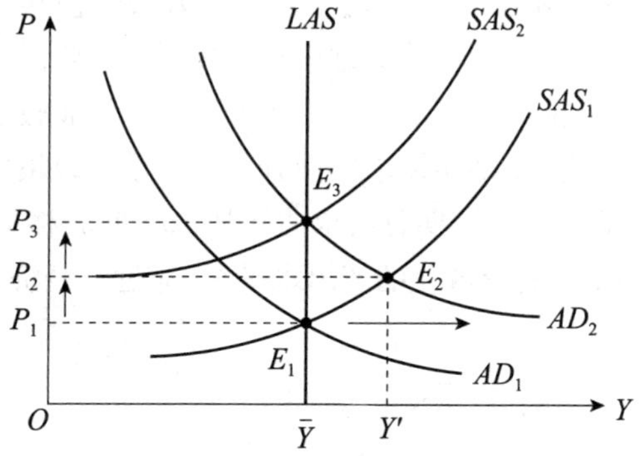

图 22－10　由短期均衡向长期均衡的调整

四、总需求-总供给模型的应用

总需求-总供给模型不仅能为短期内经济产生波动给出解释，更重要的是能够为宏观经济政策提供设计指南和理论依据。根据该模型的理论逻辑，在短期内，政府应该采用相机抉择的政策思路，适时地改变政策，在萧条时期刺激总需求，在繁荣时期抑制总需求，从而减小经济的波动。具体而言，当经济萧条时，总需求疲软，均衡时的收入低于充分就业水平下的国民收入。这时，应通过扩大政府购买、减税等财政政策，或采取降低准备金率、降低再贴现率等货币政策手段，刺激总需求回升，使总需求曲线向右移动，从而使均衡国民收入回到充分就业时的水平。而在经济过热时，则采取相反的政策以抑制总需求，降低价格总水平。在长期内，则没有必要执行宏观经济政策，因为政策是“无效的”，即财政与货币政策只会使价格总水平发生波动，不会改变实际产出。

以美国经历的经济大萧条和石油危机为例，分析经济波动与经济政策的实施。大萧条是20世纪持续时间最长、影响最广、强度最大的一次全球经济衰退，它发端于美国1929年的股灾，随后席卷整个资本主义世界。在美国，大萧条影响最严重时GDP下降超过30%，工业生产缩减超40%，失业率则飙升至25%。在股灾发生后，大量家庭的财产在股票市场中遭受损失，家庭的财富缩水，于是人们的消费需求也随之下降。消费需求的下降使得企业的产品即使降价也难以售出，社会被悲观预期所笼罩，企业家对未来缺乏信心，投资需求疲软。消费和投资的下降使得总需求大幅萎缩，如图22-11所示，短期总需求曲线从AD向左移动到AD_1，均衡从E移动到E_1，相较于E，E_1点所代表的产出和价格水平都更低，经济严重偏离充分就业水平，萧条出现了。

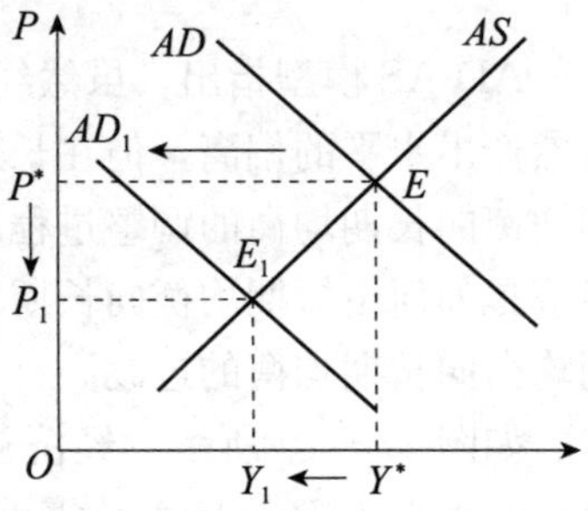

图22-11　大萧条对经济的冲击

经济大萧条给美国人民尤其是工人阶级带来了巨大的痛苦。在各个城市，随处可见失业者和流浪者，排队领取救济食品的人群可以长达几个街区，饥荒和营养不良遍及全美。在经济萧条之下，各种社会矛盾也不断激化，政府必须采取措施，使经济复苏，稳定社会环境。1933年，罗斯福总统上台后，推行了以救济（Relief）、复兴（Recovery）和改革（Reform）为核心的一系列政策，包括整顿银行与金融体系、大力兴建公共工程、推行“以工代赈”、制定《社会保险法》等。政府部门对公共基础设施的投资直接刺激了总需求，而工人参与基建项目能够获得收入，从而有能力进行消费。退休养老金、失业救济和各种福利补贴等转移支付直接增加了居民收入，刺激了消费需求的回升。在一系列政策举措下，短期总需求曲线逐步向右移动。如图22-12所示，短期总需求曲线从AD_1向右移动到AD_2，均衡从E_1移动到E_2，产出增长到Y_2，逐步向充分就业的产出水平Y^*靠近，经济进入复苏阶段。

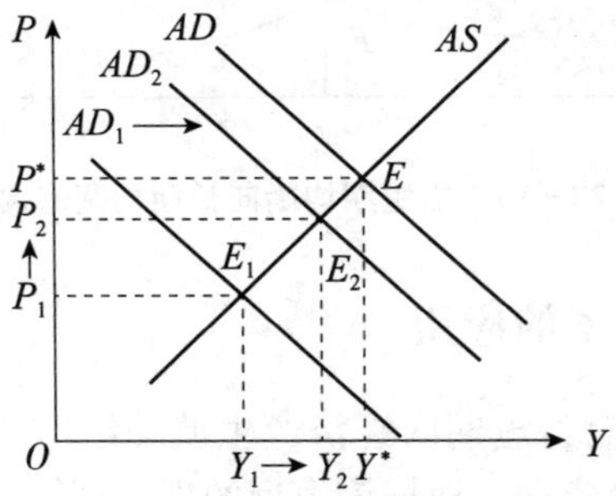

图22-12　总需求刺激政策对经济的影响

专栏22-3

国务院发布《扎实稳住经济一揽子政策措施》

2022年5月31日，国务院发布了《扎实稳住经济的一揽子政策措施》，具体内容如下。

一、财政政策（7 项）

（1）进一步加大增值税留抵退税政策力度。（2）加快财政支出进度。（3）加快地方政府专项债券发行使用并扩大支持范围。（4）用好政府性融资担保等政策。（5）加大政府采购支持中小企业力度。（6）扩大实施社保费缓缴政策。（7）加大稳岗支持力度。

二、货币金融政策（5 项）

（8）鼓励对中小微企业和个体工商户、货车司机贷款及受疫情影响的个人住房与消费贷款等实施延期还本付息。（9）加大普惠小微贷款支持力度。（10）继续推动实际贷款利率稳中有降。（11）提高资本市场融资效率。（12）加大金融机构对基础设施建设和重大项目的支持力度。

三、稳投资促消费等政策（6 项）

（13）加快推进一批论证成熟的水利工程项目。（14）加快推动交通基础设施投资。（15）因地制宜继续推进城市地下综合管廊建设。（16）稳定和扩大民间投资。（17）促进平台经济规范健康发展。（18）稳定增加汽车、家电等大宗消费。

四、保粮食能源安全政策（5 项）

（19）健全完善粮食收益保障等政策。（20）在确保安全清洁高效利用的前提下有序释放煤炭优质产能。（21）抓紧推动实施一批能源项目。（22）提高煤炭储备能力和水平。（23）加强原油等能源资源储备能力。

五、保产业链供应链稳定政策（7 项）

（24）降低市场主体用水用电用网等成本。（25）推动阶段性减免市场主体房屋租金。（26）加大对民航等受疫情影响较大行业企业的纾困支持力度。（27）优化企业复工达产政策。（28）完善交通物流保通保畅政策。（29）统筹加大对物流枢纽和物流企业的支持力度。（30）加快推进重大外资项目积极吸引外商投资。

六、保基本民生政策（3 项）

（31）实施住房公积金阶段性支持政策。（32）完善农业转移人口和农村劳动力就业创业支持政策。（33）完善社会民生兜底保障措施。

思考题

1. 请简述一种解释短期总供给曲线向上倾斜的理论。

2. 为什么总需求曲线向下倾斜？

3. 从理论上说，对于宏观经济政策的制定者而言，为什么应对需求冲击比应对供给冲击相对而言更为容易？请简述理由并举例说明。

在线自测

扫一扫　练一练

第二十三章 宏观经济政策

在分别讨论了长期经济增长和短期经济波动以后，需要回到宏观经济学的初衷，即学习宏观经济学究竟为了什么？长期经济增长的目标是社会总财富水平和民生福祉持续稳定的提高；而短期经济波动给宏观经济系统带来了风险，经济有可能过热，也有可能衰退甚至萧条，故短期宏观经济的目标是尽可能保持平稳性。在真实世界中，至少短期内市场存在各种不完全信息，价格和工资黏性会导致价格机制难以灵活调整，所以，在短期，宏观经济常常偏离充分就业水平，造成资源配置的扭曲，降低社会财富，损害民生福祉。一般认为，通过恰当的总需求管理政策有助于熨平短期经济波动，减轻经济波动带来的损失。总需求管理政策是宏观经济政策的主要部分，宏观经济学的争议主要在总需求管理政策是否短期有效上。本章主要讨论总需求管理政策。

第一节 宏观经济政策概述

宏观经济政策就是政府通过制定一系列制度、规章、政策和行政举措，针对一个或者多个或者全部宏观经济问题进行调节，达到减缓或者解决这些问题的目的。比如，当经济下滑时，政府及时出台扩张性的财政政策来刺激经济，弥补总需求下降的部分。当房地产行业一度出现泡沫时，政府通过货币政策来抑制房地产行业的盲目扩张。宏观经济政策针对宏观经济系统全局展开调控，就存在多目标问题，一来目标本身复杂，二来多目标之间容易产生内在的冲突，需要谨慎权衡。一般而言，宏观经济学把政策目标划分为以下四个：充分就业、物价稳定、经济增长与国际收支平衡。在不同时期，政府会根据宏观经济的实际情况设计目标组合，并确定重点目标作为调控重点。

一、充分就业

充分就业是指某一工资水平下，愿意工作的劳动力都获得了工作，也就是宏观经济系统处于均衡状态时的就业水平。充分就业意味着宏观经济处于均衡时的产出水平，即自然产出水平，也是社会潜在产出水平或者最大产出水平。不过，宏观经济学中的充分就业并非所有劳动力全部就业，也并非失业率为0。由于存在摩擦性失业和结构性失业，宏观经济系统在短期总是存在某个稳定的失业率水平，这被称为自然失业率。该失业率对应着真实世界的充分就业水平。也就是说，自然失业率可以看作是宏观经济均衡时的失业率。

二、物价稳定

物价稳定指的是宏观经济中全部物品与劳务的平均价格水平在一定时期内波动幅度较

小、趋于稳定态势，在宏观经济学中，一般物价水平通常包括消费价格指数（CPI）、生产价格指数（PPI）和GDP平减指数，那么物价稳定就是针对这些价格指数而言的，即一段时期内这些价格指数表现平稳，波动很小。真实世界中，如果物价水平波动很大，会给宏观经济带来很大的困扰。比如，如果物价水平上涨过快，就会产生通货膨胀，导致居民实际购买力下降，实际财富水平下降。如果物价水平持续下跌，就会带来通货紧缩，损害企业的生产积极性，同样会导致资源配置扭曲。通过宏观经济政策的合理设计和有效实施，对一般物价水平进行短期调控，尽可能使一般物价水平在短期保持平稳或者波动幅度较小。特别是，当通货膨胀或者通货紧缩出现时，通过宏观经济政策的有效调节，可以避免两者可能带来的负面后果。

三、经济增长

经济增长指的是一个国家或地区在一定时期内总产出和人均产出的增长，经济增长通常受到资本、劳动力、资源、人力资本、技术进步和制度等实际变量的影响，宏观经济政策需要通过激励资本积累、提高劳动力参与率、提高人口数量和质量、鼓励技术创新和制度变革，以实现长期稳定的高质量经济增长。对欠发达经济体而言，为了能够快速起飞，通常还会采取产业政策来鼓励重点行业的发展，实现“弯道超车”。在我国，可以通过做大做强国有经济，通过国有部门的发展状态来提高经济增长水平，还可以通过再分配政策的多样性设计改进收入分配的公平性，促进经济和谐发展，实现共同富裕。这就是有效市场和有为政府合作共进的理念，是高水平社会主义市场经济体制优越性的体现。

四、国际收支平衡

开放经济下，国际收支平衡非常关键。国际收支平衡指的是一个国家或地区的净出口与净资本流出相等。物品和劳务的进出口就是国际贸易，两者的净额就是净出口。净出口同时伴随着国际资本流动，这是因为物品和劳务的购买涉及本币与外币的交换，交换的价格就是汇率，物品与劳务的国际流动引致了对本币和外币的需求，从而汇率取决于外汇市场上的货币供求关系。国际资本的净流动就是净资本流出。显然，只有在净出口与净资本流出相等时，国际资本市场和国内金融市场才会形成均衡。而净出口和净资本流动的变化会引发国际市场价格波动，这会引致国内市场价格波动，导致国内宏观经济不稳定。宏观经济政策就需要恰当地调节净出口和汇率，保持国际市场的平稳性。

上述宏观政策目标之间既是可以协调的，也存在内在的冲突。假如长期内市场是完全的，价格机制总是能够灵活调整，实现宏观经济系统的均衡，从而经济始终处于充分就业时的产出水平。此时，经济政策的各个目标之间就是和谐的。不过在短期，面临各种各样的冲击、市场信息不完全、价格和工资黏性，价格机制无法灵活调整，这就带来了目标之间的冲突。比如，当经济出现通货膨胀时，政府为了防止通货膨胀的恶化，就需要采取紧缩性的财政政策和货币政策，但这样一来，社会总产出水平就会下降，失业率就会上升。反之，如果经济不景气，政府为了提振经济，采取扩张性的财政政策和货币政策，失业率下降了，但物价水平会上升。面对短期政策目标之间的内在冲突，政府就需要合理设计政策组合，并确立目标的主次，这就需要对不同目标进行谨慎权衡。

第二节　失业与通货膨胀的权衡

宏观经济政策目标中，最显著的一对冲突就是充分就业目标与物价稳定目标。经济学家发现，失业和通货膨胀之间存在某种权衡关系，如果追求充分就业目标，就可能无法保持物价稳定；而如果保持物价稳定，就可能无法保持充分就业。实际上，总需求管理政策很多时候就是为了这两个政策目标的权衡而设定的。

一、失业的基本考察

要理清失业与通货膨胀的关系，首先就要界定失业和通货膨胀的内涵。通货膨胀涉及一般物价水平的持续上涨，在第十八章中已经给出了详细的定义，本节将讨论失业。失业用失业率来度量。要测算失业率，首先需要将经济中的人口进行分类，如图 23－1 所示。图中，宏观经济的总人口在一定时点上是给定的。总人口可以划分为工作年龄人口和非工作年龄人口，后者包括未成年人、离退休人口、暂时失去劳动能力的人口（比如住院人口等）。工作年龄人口中有能力就业的且愿意就业的人口部分称作劳动力，有工作能力但没有工作意愿、不参与劳动市场的部分为非劳动力，比如全职在家且不参与劳动市场的人。在劳动力群体中，获得工作机会的人口就是就业人口，而没有获得工作机会的人口就是失业人口。当然，这些人口的分类也不是很固定的。比如随着寿命的延长和营养水平的提升，许多离退休人员有能力且愿意继续工作，就会重新进入劳动市场，成为就业人口。一些法治不健全的地区会出现童工现象，就会导致未成年人进入劳动市场，成为事实上的就业人口。通常人的分类中的就业人口是指合法的就业人口，毕竟市场经济是法治经济。

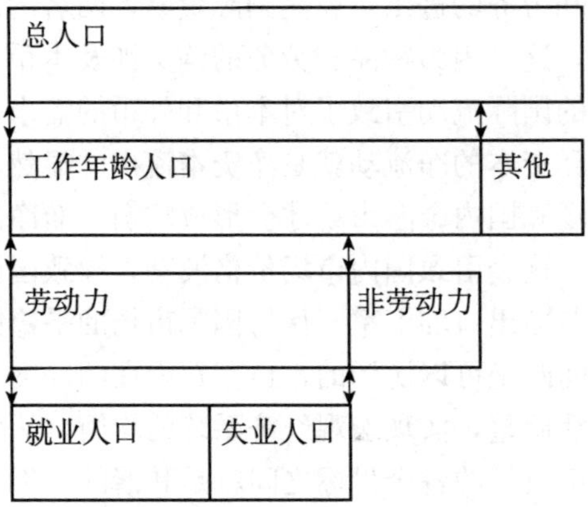

图 23－1　宏观经济中人口的分类

现在给失业人口一个严格的定义。失业人口就是指有劳动能力且有劳动意愿的劳动力，在劳动力市场上经过一段时间的工作寻找，但没有找到有报酬的工作。也就是说，没有劳动能力的人口肯定不构成失业人口；有劳动能力但没有劳动意愿、不参与劳动市场的人口也不构成失业人口；有劳动能力且有劳动意愿、但不参与劳动市场寻找工作机会的人口也不算失业人口。失业率就是劳动力人口中失业人口的占比。

失业率的计算公式是：

$$失业率=\frac{失业人口数量}{劳动力数量}\times100\%$$

还有两个指标可以辅助度量就业和失业的情况。一个是劳动力参与率；另一个是就业-人口比率。

劳动力参与率是劳动力占成年人口数的百分比。即：

劳动力参与率＝劳动力/成年人口数（16～64 岁人口数）×100%

就业-人口比率是就业人口数量占工作年龄人口数量的百分比，即：

就业-人口比率＝就业人口数量/工作年龄人口数量×100%

图 23-2 给出了 2017 年以来全国城镇调查失业率的情形。从图中可以看出，2020 年开始的失业率波动加剧，特别是 31 个大城市的失业率，新冠疫情的影响是一个重要因素。图 23-3 给出了中国劳动力参与率（1978—2022 年）情况，从图中可以看到，改革开放四十余年，我国的劳动力参与率呈现缓慢下降趋势，但这很难说是退出劳动市场的人口在增加，一个更合理的解释是，随着人工智能技术的普及，灵活就业和零工经济的影响逐步上升，而这些新的就业方式并没有体现在现有的统计数据中。

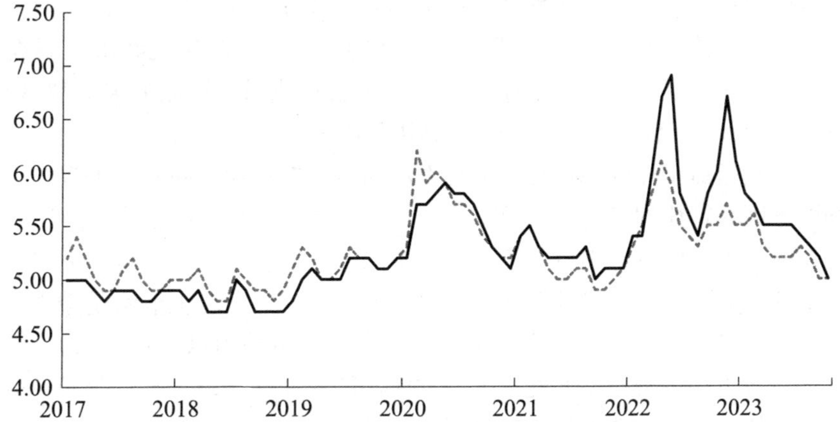

图 23-2　全国城镇调查失业率（2017—2023 年）

资料来源：国家统计局.

二、失业的理论分析

微观经济学中，劳动市场上供求达到均衡，市场出清，不存在失业。如果有失业，一定是出现了某些扰动市场竞争的因素，比如政策干预、垄断等。但在宏观经济学中，情况就不一样了。即便在长期市场中，市场信息是完全的，价格机制能够灵活调整，宏观经济系统达到了充分就业状态，也可能会存在失业人口。也就是说，即便长期内宏观经济处于

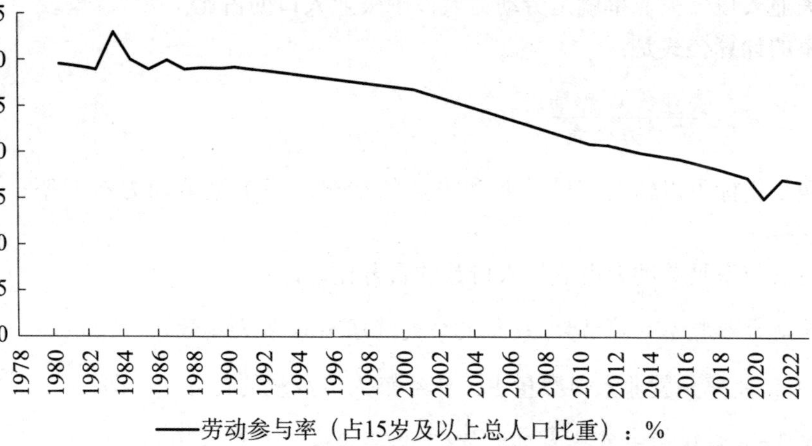

图 23-3　中国劳动力参与率（1978—2022 年）

资料来源：世界银行.

一般均衡状态，失业人口还是会有的。这部分人口称为“自然失业人口”，对应的失业率就是“自然失业率（Natural Rate of Unemployment）”。导致自然失业率出现的原因主要有两个：一是摩擦性失业；二是结构性失业。下面具体讨论自然失业率的问题。

自然失业率最早是由经济学家弗里德曼和菲尔普斯在 20 世纪 60 年代末几乎同时提出来的，按照他们的看法，自然失业率就是指充分就业下的失业率，此时没有货币的影响，宏观经济系统中供求关系相互作用达成实际变量的均衡，此时宏观经济处于充分就业状态，这个时候的失业率就是自然失业率，即一个不会造成通货膨胀的失业率（Non-accelerating Inflation Rate of Unemployment，NAIRU）。

摩擦性失业是指由于经济中正常的劳动力流动引起的失业，在真实世界中，劳动力市场存在多种摩擦因素，比如信息不对称和不完全，劳动合同、最低工资法等制度的约束，垄断组织的存在，人力资本与岗位的匹配，正常的工作转换等，所有这些因素都可能造成劳动力市场上任一时点和时间段都存在一定的失业人口，这部分失业就是摩擦性失业。结构性失业是指经济结构的变动所带来的失业，一方面，劳动力供给和需求在职业、技能、产业、地区分布等方面的分布不匹配；另一方面，产业变迁、结构转型等导致劳动力市场上供求不匹配，比如人工智能的兴起带来了产业升级，缺乏人工智能训练的人口就可能会失去就业岗位，或者被人工智能替代，这些失业就是结构性失业。

按照弗里德曼的说法，自然失业率本质上是由制度因素引起的，由于制度因素短期稳定，很难变化，自然失业并不会因为劳动力市场均衡而消失。货币等名义变量无法影响自然失业，只有长期实际变量会影响自然失业。比如劳动力的技能、教育和培训，就业信息的可得性和传播便利性等会影响职业匹配和搜寻；制度和技术会影响劳动力流动程度，即工作转换和岗位转换的便利程度，包括地理流动性和职业流动性两个方面。显然，交通基础设施、通信技术、户籍制度、劳动法及其他法律规章制度、工会组织等都会影响这两类流动性。还有一个很重要的因素，就是所谓的“滞后”效应，即历史会影响自然失业。原因在于，一旦经济衰退发生，失业人口增加，部分失业人口会因为信念、年龄、技能等原因，在经过一段时间的失业后，无法实现再就业，这部分失业人口在经济复苏后，仍然很难就业，也就是说，过去失业的历史会降低未来就业的概率，提高未来失业的概率。这就导致了短期失业人口逐步积累成长期失业人口，即自然失业人口。

由于自然失业是长期实际变量带来的，因此无法通过短期宏观经济政策加以治理。对经济学家来说，宏观经济政策主要是针对周期性失业而言的。周期性失业指的是经济处于衰退或萧条时期而产生的失业。宏观经济依次经历繁荣—衰退—萧条—复苏四个阶段的周而复始，呈现出某种周期性波动。当经济进入衰退或萧条时，总产出持续下降，失业率相应地持续上升，这部分失业率的变化就是经济周期带来的，因此，称为周期性失业。由于周期性失业是短期经济波动的结果，宏观经济政策通过熨平短期波动，就有可能降低周期性失业人口数量，从而降低这部分失业率。

三、通货膨胀的理论分析

在第十八章中，我们给出了一般物价水平的定义及度量指标和方法；在第二十章中我们又通过货币市场讨论了货币供给量与通货膨胀的关系，并给出了货币数量论的观点，即长期看，通货膨胀是一种货币现象，货币供给量是一般物价水平变化的决定性因素。这里将从理论上探讨通货膨胀的类型和成因。

人们为什么对通货膨胀特别关注？原因在于通货膨胀会对宏观经济产生严重的负面影响，比如皮鞋成本、菜单成本、相对价格的变动、税收扭曲、预期不稳定以及财富再分配等问题。

（1）皮鞋成本（Shoeleather Costs）。由于通货膨胀，人们交易变得更加频繁，这种频繁的资金转移和交易的过程会导致额外的时间、成本和努力，经济学家形象地称之为“皮鞋成本”。

（2）菜单成本（Menu Costs）。由于通货膨胀，企业需要经常调整价格，重新印制和更换产品价格菜单，这就带来额外的成本。频繁更换菜单还会带来企业的声誉损失以及给客户带来预期的不稳定，这些都会带来额外的成本。

（3）相对价格的变动。当通货膨胀比较严重时，由于不同商品价格上涨的幅度可能会有差异，这就会导致商品之间的相对价格频繁变动，从而导致资源分配的不确定性和市场的无序。

（4）税收扭曲。在通货膨胀过程中，企业的各类收益可能会因价格上涨而增加，但这可能不是真实的产出增加带来的，这就导致企业的实际税负增加，进而导致资源配置扭曲。

（5）预期不稳定。通货膨胀会导致家庭和企业出现错觉与不便，即家庭和企业对物价与货币价值会产生误解、困惑，并导致价格计算和价格比较的困难，进而导致对商品价值的错估。

（6）财富再分配。通货膨胀会对财富重新分配。通货膨胀降低现金的实际购买力，并降低固定收入者的实际生活水平，但对那些持有实物资产较少、债务人以及非固定收入的群体有利，因为这些人要么有避险对策，要么是通货膨胀的受益者。因此，通货膨胀实际上导致了财富重新分配，给社会带来不公平。

如果出现恶性通货膨胀，比如通胀率≥50，给经济带来的后果就会更加严重。除了上述问题，货币也将丧失其功能，货币市场将面临崩溃，货币体系变得脆弱和不可信，整个经济将变得无序。

经济学家认为，铸币税是导致通货膨胀的重要因素。也就是说，政府可以通过印刷钞票来增加收入，这种通过发行货币筹集收入的做法称作铸币税。当货币超发时，通货膨胀必然发生，这就好比政府对企业和家庭开征了通货膨胀税，必然会导致严重的资源错配和分配不公。

当然，从宏观经济学的角度看，导致通货膨胀的经济因素不外乎需求和成本两个方面。按照第二十章的讨论结果，通货膨胀就是一般物价水平的持续上涨现象，本质上就是一种货币现象。如果按照冲击的源头划分，主要有成本推动型、需求拉动型、需求和成本共同推动型三大类。

（一）成本推动型通货膨胀

在短期中，当一些涉及成本的不利冲击出现时，比如油价上涨，就会导致企业生产成本增加，进而推动企业产品价格上涨，导致通货膨胀，这种类型的通货膨胀被称为成本推动型通货膨胀。我们可以利用 AD-AS 模型对此进行说明。

如图 23－4 所示，初始状态下，经济的总需求与总供给共同决定了均衡时的产出与价格总水平。当企业的生产成本上升时，产品价格随之更高了，从而在每一个给定的产出水平上价格总水平都会上升，短期总供给曲线将向左移动，假定其他条件不变，经济达成新的均衡，对比初始均衡点，新的均衡下价格水平更高，产出水平更低。

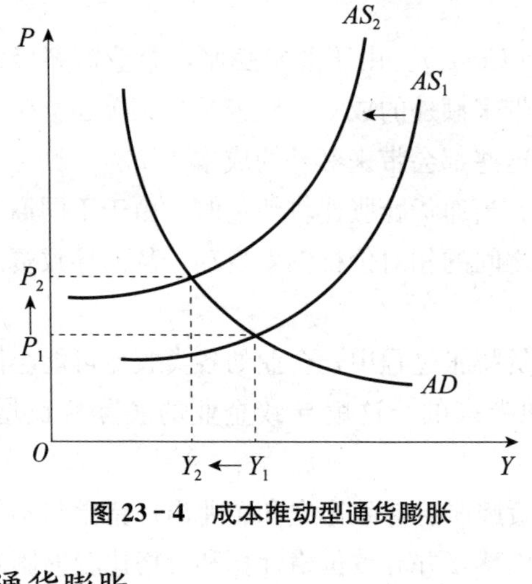

图 23－4　成本推动型通货膨胀

（二）需求拉动型通货膨胀

当总需求出现正向冲击，比如新的健康理念带动健康食品热销，如图 23－5（a）所示，短期中总需求的上升使得 AD 曲线向右移动，假定其他条件不变，经济达成新的均衡，对比初始均衡，新均衡时的价格总水平与产出都将上升。

在长期中，总需求的正向冲击也将导致通货膨胀，如图 23－5（b）所示，此时的长期总供给曲线是一条垂直的线，当总需求上升，AD 曲线向右移动时，和短期情形不同，此时经济处于充分就业水平，总产出水平不变，总需求冲击只会导致价格总水平上升。

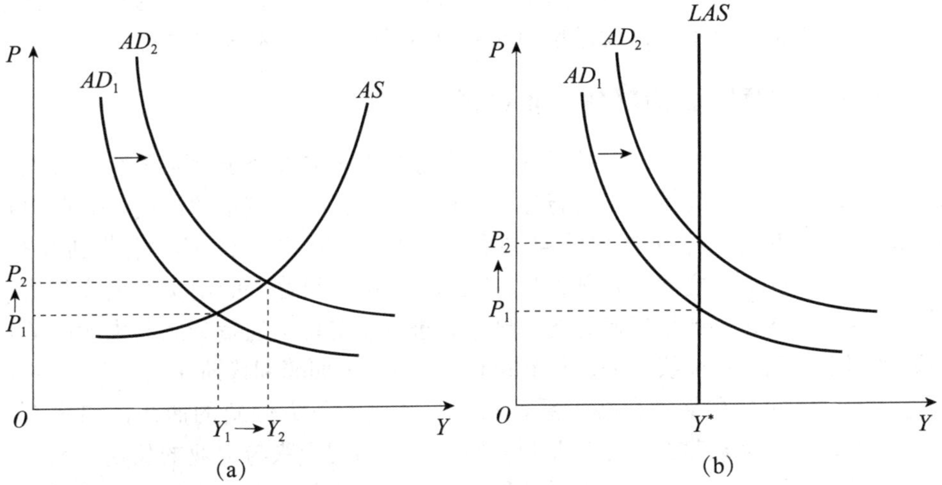

图 23－5　需求拉动型通货膨胀

（三）需求和成本共同推动型通货膨胀

有时候，通货膨胀有可能是多种因素共同造成的，例如总需求冲击和成本冲击同时发生，如图 23－6 所示。图中，经济最初处于长期均衡。假设总需求正向冲击导致总需求曲线由 AD_1 移动到 AD_2，这会导致价格总水平由 P_1 上升到 P_2，产出由 Y^* 上升到 Y_1，这一过程是需求拉动型通货膨胀。当价格总水平上涨后，假定工人要求更高的工资水平，从而企业的生产成本上升，总供给曲线 AS_1 向左移动到 AS_2，导致价格水平进一步上升至 P_3，这一过程是成本推动型通货膨胀。假定其他条件不变，经济最终回到自然产出水平，但通货膨胀最终出现了。

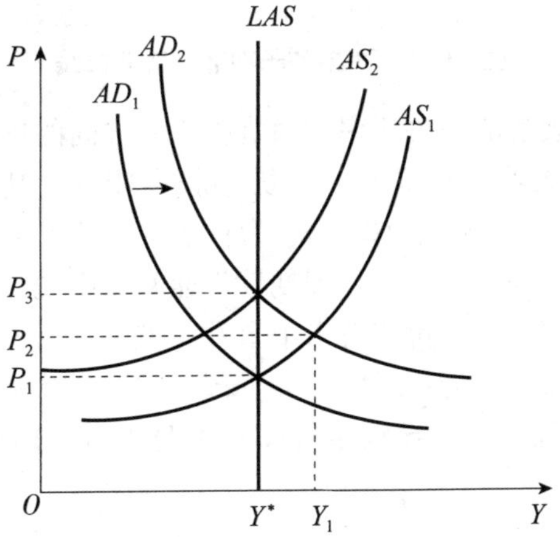

图 23－6　需求和成本共同推动型通货膨胀

除了上述三种主要的通货膨胀类型外，预期也常常起很大的作用。预期就是对未来变化的判断。假如过去通货膨胀持续了一段时期，人们就可能预期通货膨胀会持续到未来，人们会增加货物购买以防范未来的通货膨胀，造成总需求正向冲击；雇员会要求更高的工资，企业会提高产品价格，导致总供给正向冲击，假定其他条件不变，这种预期就会影响行为，进而影响价格总水平。这就是预期导致的通货膨胀的自我实现过程。

四、失业与通货膨胀的权衡：菲利普斯曲线

失业、通货膨胀和产出之间的关系在20世纪中叶逐步被经济学家关注。首先，经济学家奥肯在20世纪60年代提出了奥肯定律（Okun's Law），该定律说明，失业率$U\%$与实际国民收入增长率之间存在某种反向关系。其次，1958年，经济学家菲利普斯发现，失业率和货币工资变动率之间存在某种反向关系。① 在菲利普斯的论文发表2年后，经济学家萨缪尔森和索洛在这些早期研究的基础上，进一步确定了通货膨胀与失业间的负相关关系，并绘制出菲利普斯曲线（The Phillips Curve）。短期菲利普斯曲线表明，在短期内，失业与通货膨胀之间存在某种交替关系，它是一条向右下方倾斜的曲线，如图23－7所示。同一时期，经济学家弗里德曼和菲利普斯找到了通货膨胀与失业的长期关系，由于长期内失业率是自然失业率，宏观经济系统处于充分就业水平，名义变量的变动所带来的影响仅仅影响物价总水平，所以，长期菲利普斯曲线是一条垂直线，如图23－7所示。

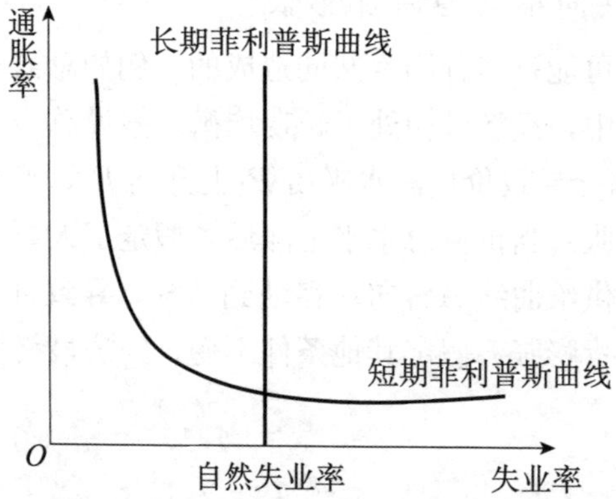

图23－7　短期和长期菲利普斯曲线

短期菲利普斯曲线所表达的是失业率和通货膨胀率之间的反向关系，即当失业率较低时，通货膨胀率较高；当失业率较高时，通货膨胀率较低。其表达式为：$\pi=-\alpha(u-u^*)$，其中π为通货膨胀率，u为失业率，u^*为自然失业率，α为价格对于失业率变动的反应程度。根据这个公式，当$u>u^*$时，周期性失业开始出现，失业率上升，价格总水平下降；当$u<u^*$时，失业率下降，价格总水平上升。进一步引入预期因素，可以得到附加预期的菲利普斯曲线，其表达式为：$\pi=\pi^e-\alpha(u-u^*)$，其中π^e为预期通货膨胀率。该式表明，当通货膨胀预期上升时，会导致通货膨胀本身上升，即通货膨胀有自我实现的机

① PHILLIPS A W. The relation between unemployment and the rate of change of money wage rates in the United Kingdom：1861－1957. Economica，1958，25（100）.

制。长期实际通货膨胀与预期一致，即$\pi=\pi^e$，且宏观经济处于充分就业水平，即$u=u^*$，那么长期菲利普斯曲线就是一条垂直线。

由于人们对失业和通货膨胀都不喜欢，经济学家就用痛苦指数来度量这种不喜欢。痛苦指数=失业率+通货膨胀率。宏观经济政策的目标就是要降低人们的痛苦指数。但短期菲利普斯曲线表明，失业率和通货膨胀率之间存在某种权衡关系，政策很难做到两全其美。经济学家用牺牲率来表达这种政策困境。牺牲率就是指为了降低通货膨胀率一个百分点，所必须放弃的当期实际 GDP 的百分点。显然，宏观经济政策需要充分考虑牺牲率。

第三节　财政政策

宏观经济政策侧重总需求管理，通过财政政策和货币政策来调节宏观经济变量，来达到熨平短期经济波动的目的。其中，财政政策是最直接的总需求管理政策。首先，财政政策中的支出政策就是政府购买，直接形成总需求，弥补有效需求的不足。其次，收入政策通过税收杠杆来调节收入分配，起到自动稳定器的作用。

一、财政政策概述

财政政策指的是政府通过制订财政收支计划（财政预算）来调节总需求，以实现经济政策目标。财政政策是政府干预经济活动的重要手段之一，主要包含财政收入和财政支出两个方面。财政收入主要包括税收、非税收入与政府债务三部分。其中，税收是最主要的财政收入来源。按照现行的财税体制，我国现行税种包括增值税、消费税、企业所得税、个人所得税、资源税、房产税、印花税、城镇土地使用税、关税等在内的 18 个税种。政府通过开征这些税收来获取税收收入。非税收入是指政府通过合法程序获得的除税收以外的一切收入。主要包括行政事业性收费、政府性基金、彩票公益金、国有资源有偿使用收入、国有资产有偿使用收入、国有资本经营收益、罚没收入等。根据财政部发布的《2022 年财政收支情况》，2022 年我国全国税收收入 166 614 亿元，比 2021 年下降 3.5%，扣除留抵退税因素后增长 6.6%；非税收入 37 089 亿元，比 2021 年增长 24.4%。除了税收和非税收入外，政府还通过发行债券等方式来获取收入。我国政府债务包括国债、地方政府债和各种专项债。根据财政部统计，截至 2022 年底，我国政府债务余额合计超 60 万亿元，其中中央政府国债 25.6 万亿元；地方政府债务余额为 35.1 万亿元，其中，一般债务 14.4 万亿元，专项债务 20.7 万亿元。

财政支出是政府参与宏观经济系统、调节经济波动的最直接的方式。在总支出中，财政支出对应政府购买。财政支出通过向社会提供各类公共品，以满足居民的公共服务需求。不同的国家和地区对政府提供公共品的范畴界定不同，财政支出的内容有很大差异。我国财政支出主要包含经济建设支出（基本建设投资等）、文教科卫支出、抚恤和社会福利救济支出、国防支出、行政管理支出、公检法支出等 12 大类。根据财政部的统计，2022 年，全国一般公共预算支出 260 609 亿元，比 2021 年增长 6.1%。

财政收支对宏观经济的影响非常大。一方面，政府通过财政支出来实现政府购买，直接调节总需求，当遭遇经济不景气时，采取扩张性财政政策，通过扩大公共工程支出、公共服务支出等提高总需求水平，并通过乘数效应刺激其他总需求部分；反之，当经济过热时，通过紧缩性财政政策，减少公共支出，政府购买较少导致总需求下降。另一方面，政府通过税收政策来调节宏观经济，主要是通过所得税等实施收入再分配，改善经济的不平等状况；通过税收优惠或者财政补贴来调节资源流动方向，刺激投资需求，调节消费行为和进出口行为。税收作为杠杆可以起到宏观经济稳定器的作用，降低经济波动。在真实世界中，针对宏观经济的复杂情形，通常采取支出政策和收入政策的不同组合来取得更好的调节效果。

（一）通过财政支出改变政府购买水平

调整财政支出的水平与结构可以直接改变政府购买水平，这是最常用的财政政策手段，例如，当经济不景气时，政府可以扩大基础设施投资，比如新增交通基础设施，以创造更多就业岗位，并通过乘数效应带动相关产业链复苏，直接和间接刺激总需求扩张。反之，当经济过热时，政府可以减缓基建投资、精简政府机构、节约政府支出等，降低政府购买，以抑制总需求，并通过乘数效应进一步缓解通货膨胀压力。

可以使用 IS-LM 模型对上述情形进行分析。以增加政府购买为例，这会影响经济的总支出水平，使得总支出曲线向上平移。于是，在每一个给定的利率水平之下，产品市场实现均衡时的国民收入都增加了，故 *IS* 曲线将向右平移，如图 23-8（b）所示。

财政政策会通过两种效应对总需求产生影响。首先，乘数效应会放大扩张性财政政策对总需求的刺激，1 单位的财政支出增加对于总需求的影响将大于 1 单位。但同时也存在另一种反向效应，即挤出效应。挤出效应是指政府购买增加会导致利率上升，从而导致私人投资水平下降，最终降低了总需求。如图 23-8 所示，当政府购买增加导致 *IS* 曲线右移，给定其他条件不变，金融市场上可贷资金市场需求增加，市场均衡利率上升，这将使得投资需求下降，降低总需求。形象的说法便是政府支出的增加“挤出”了私人投资。从图 23-8（b）也可以看出，*IS* 曲线向右移动后，如果市场利率没有上升，国民收入应该为Y_2，但是挤出效应使得均衡的国民收入处于Y_3的水平，且$Y_3<Y_2$。由于挤出效应的存在，单纯增加政府购买对总需求的刺激效果会小于乘数原理所得到的结果。由此可见，财政支出政策调节宏观经济的效力取决于乘数效应和挤出效应的相对大小，前者大于后者，调节效力越大；前者大于后者越多，财政政策越有效。

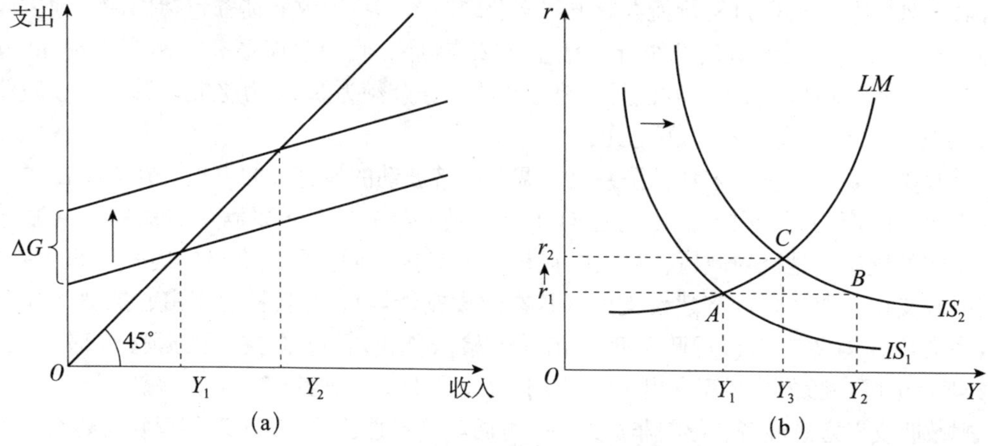

图 23-8　增加政府购买的影响

（二）收入政策和转移支付政策

政府收入政策中，最重要的是税收政策。调整税收政策是政府执行财政政策的另一大手段。例如，改变所得税将对居民可支配收入产生直接影响，进而间接影响消费支出。改变商品税会影响产品的相对价格，也间接地对消费支出产生影响。税收政策也可以调节投资需求，通过税收优惠或者财政补贴，可以直接激励投资需求。因此，政府调整税收政策可以对总需求起到调节作用。在经济衰退时期，政府应精简税种或降低税率，以刺激总需求。反之，当经济过热时，可以提高税率，降低总需求。税收政策的调整对于总需求的影响效果同样受到乘数效应与挤出效应的影响。

改变所得税还能起到宏观经济自动稳定器的作用。这是因为所得税税率通常采取累进制，个人收入水平越高，适用税率越高，纳税越多。当经济繁荣时，居民收入上升很快，居民整体适用的所得税税率就提高了，整体纳税额增加，这就自动放缓了居民可支配收入的增速，进而放缓了居民的消费需求增速，相当于给繁荣的经济踩了刹车。反之，当经济不景气时，居民收入普遍下降，适用的所得税税率下降，纳税额下降，这就放缓了居民可支配收入的减速，相当于放缓了居民消费需求的减速，进而延缓了经济衰退的速度。

广义的政府收入政策还包括非税收入和政府债务。这两类收入同样能够起到调节宏观经济的作用。非税收入的作用机制和税收类似。政府债务的影响比较复杂。当政府通过发行债务来增加政府支出时，可以增加当期的总需求。但政府债务在未来需要偿付，这就导致未来税收负担会增加，从而抑制未来的总需求。从长期看，政府需要在当期和未来之间进行选择。有一种说法叫“李嘉图等价”，意思是对理性预期的参与人而言，公债无非是延迟的税收，因而无论是税收的形式还是举债的形式，对参与人来说都是等价的。

转移支付政策也是财政政策的组成部分，从作用途径上看，其对于总需求的影响与调整和税收政策是一致的，但方向相反。即：增加对家庭部门的转移支付会增加低收入家庭的可支配收入，这就导致消费支出增加；增加对企业部门的转移支付会激励企业的投资需求，两者都会使 *IS* 曲线向右移动，扩张总需求。反之，减少转移支付的金额会降低总需求。转移支付影响总需求的程度同样取决于乘数效应和挤出效应的相对大小。

二、财政政策的效果分析

财政政策的实施效果和产品市场及货币市场的性质有关。从 IS-LM 模型中，我们不难看出，财政政策的效果——一定规模的财政扩张或收缩使国民收入变动的幅度，由 *IS* 曲线与 *LM* 曲线共同决定。*IS* 曲线同等程度的移动，所导致的均衡国民收入变化量会同时受到两条曲线斜率的影响。

（一）*IS* 曲线的斜率对财政政策效果的影响

如图 23－9 所示，（a）和（b）中 *LM* 曲线的斜率相同，初始的均衡国民收入与均衡利率也相同，但（a）中 *IS* 曲线斜率更大，更为陡峭。在同等规模的扩张性财政政策下，两幅图中的 *IS* 曲线都向右平移了相同的距离，但是均衡国民收入的增长幅度却不同，（a）中的国民收入增长幅度更大。因此，*IS* 曲线越陡峭，斜率的绝对值越大，挤出效应越小，财政政策的效果越明显。

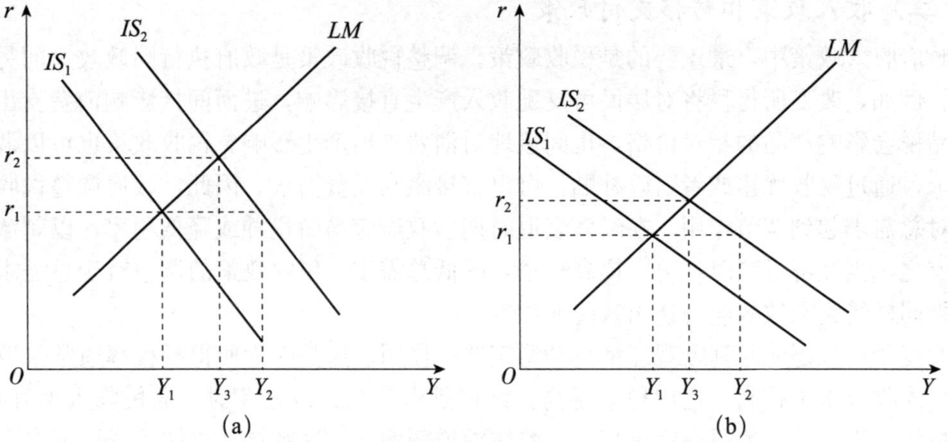

图 23-9 *IS* 曲线斜率对财政政策效果的影响

（二）*LM* 曲线的斜率对财政政策效果的影响

如图 23-10 所示，（a）和（b）中 *IS* 曲线的斜率相同，初始的均衡国民收入与均衡利率也相同，但（a）中 *LM* 曲线斜率更小，更为平缓。在同等规模的扩张性财政政策下，两幅图中的 *IS* 曲线都向右平移了相同的距离，但是均衡国民收入的增长幅度却不同，（a）中的国民收入增长幅度更大。因此，*LM* 曲线越平缓，斜率越小，挤出效应越小，财政政策的效果越明显。*LM* 曲线越陡峭，挤出效应越大，财政政策效果越差。

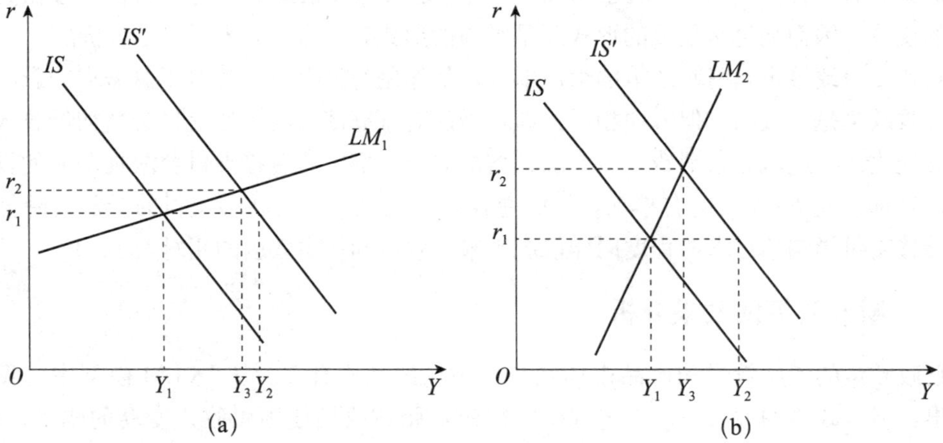

图 23-10 *LM* 曲线斜率对财政政策效果的影响

在现实中，除了乘数效应和挤出效应会影响财政政策的实施效果外，还有许多因素阻碍着财政政策实现其目标效果，主要包括：

（1）政策时滞。从经济冲击发生到财政政策发挥作用之间存在一定的时间间隔，这便是政策时滞。政策时滞的产生来自政府部门对经济冲击的判断、政策的设计、政策的实施程序、政策实施后发挥作用的过程等，这些都需要时间。政策时滞的存在会严重影响政策实施效果。比如，当经济不景气信号出现时，政府决定并实施扩张性财政政策，但等政策到位，此时宏观经济形势可能已经发生反向变化了，这个时候实施扩张性财政政策可能会加剧波动，而不是熨平波动。

（2）理性预期。预期对于经济的影响是不容忽视的，如企业的投资决策受到对未来预期资本回报的影响，家庭的现期消费决策受到对未来收入预期的影响。政策的实施可能改变人们的预期，然而政策制定者却难以知晓政策将如何改变人们的预期，从而无法在制定经济政策时将预期的变化纳入分析之中。如果依旧按照人们原有的预期制定政策，当政策实施后预期发生变化时，政策的效果亦将偏离其初衷。特别是，理性预期的参与人会预判政策的可能结果，从而提前做出应对，这就会导致现有的政策设计无效。

当然，除了这些因素外，政府部门的效率、腐败、懒政，利益集团之间的分歧，不同群体的呼声等，都可能会影响政策实施效果。

专栏 23-1

我国一般公共预算支出情况

图 23-11 描述了我国 1950 年以来的一般公共预算收入和支出占 GDP 的比重。从图中可以看出，多数时间都是采取的稳健型财政政策，财政支出超过财政收入的幅度不大，财政赤字不大。2010—2020 年，由于外部经济环境的负向冲击频繁，且冲击较大，财政支出超出财政预算的幅度增大，但也在可承受范围内。

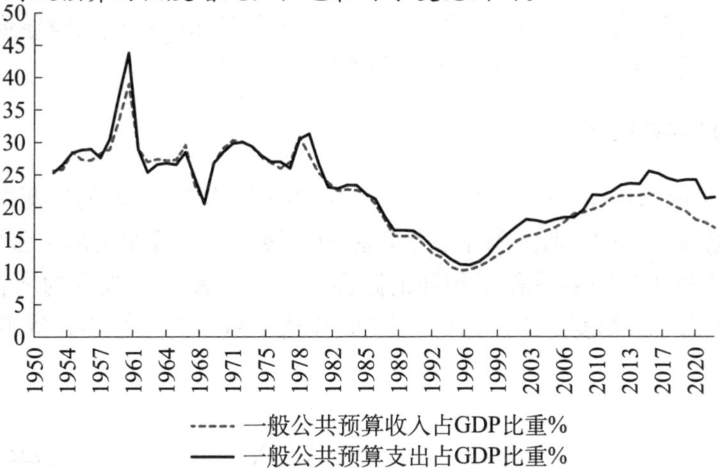

图 23-11　一般公共预算收入和支出占 GDP 的比重

资料来源：财政部．2022 年财政收支情况．

从具体的财政支出看，我国的财政支出逐步体现了民生导向，从过去以经济建设为主导逐步过渡到以民生为主导。以 2022 年为例，2022 年，全国一般公共预算支出 260 609亿元，比 2021 年增长 6.1%。其中，中央一般公共预算本级支出 35 570 亿元，比 2021 年增长 3.9%；地方一般公共预算支出 225 039 亿元，比 2021 年增长 6.4%。

主要支出科目情况如下：

1. 教育支出 39 455 亿元，比 2021 年增长 5.5%。

2. 科学技术支出 10 023 亿元，比 2021 年增长 3.8%。
3. 文化旅游体育与传媒支出 3 905 亿元，比 2021 年下降 2%。
4. 社会保障和就业支出 36 603 亿元，比 2021 年增长 8.1%。
5. 卫生健康支出 22 542 亿元，比 2021 年增长 17.8%。
6. 节能环保支出 5 396 亿元，比 2021 年下降 3.2%。
7. 城乡社区支出 19 415 亿元，比 2021 年下降 0.2%。
8. 农林水支出 22 490 亿元，比 2021 年增长 2.3%。
9. 交通运输支出 12 025 亿元，比 2021 年增长 5.3%。
10. 债务付息支出 11 358 亿元，比 2021 年增长 8.7%。

第四节　货币政策

中央银行通过存款准备金制度、公开市场业务和再贴现政策等货币政策来调节经济中的货币供应量，从而达到调节利率和汇率水平，并最终有效调节总需求的政策目标。第二十章中，我们详细讨论了货币的性质、货币的创造过程、银行体系以及中央银行的货币政策的基本内容。本节将通过 IS-LM 模型进一步分析货币政策的实施效果。

与财政政策相似，货币政策的效果——一定规模的货币扩张或收缩导致均衡国民收入的变化幅度，也受到 *IS* 曲线、*LM* 曲线的斜率影响。

一、*IS* 曲线斜率对货币政策效果的影响

如图 23-12 所示，(a) 和 (b) 中 *LM* 曲线的斜率相同，初始的均衡国民收入与均衡利率也相同，但 (a) 中 *IS* 曲线斜率更小，更为平缓。在同等规模的扩张性货币政策下，两幅图中的 *LM* 曲线都向右平移了相同的距离，但是均衡国民收入的增长幅度却不同，(a) 中的国民收入增长幅度更大。因此，*IS* 曲线越平缓，斜率越小，货币政策的效果越明显。

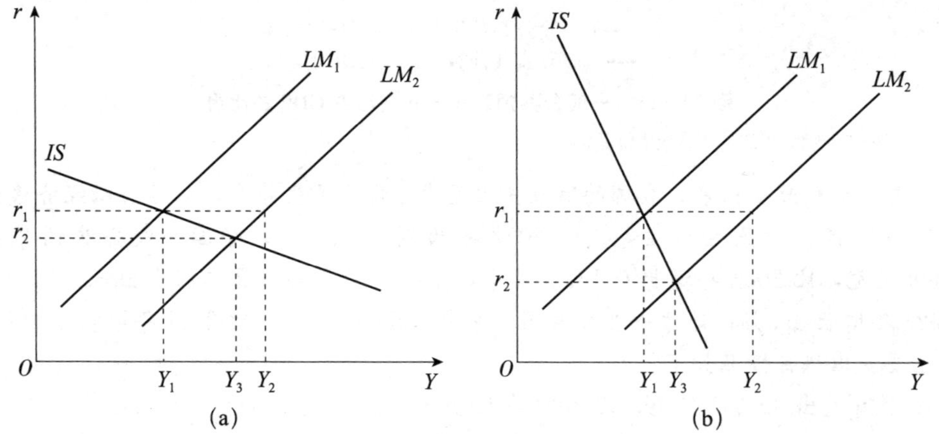

图 23-12　*IS* 曲线斜率对货币政策效果的影响

二、*LM* 曲线斜率对货币政策效果的影响

如图 23－13 所示，（a）和（b）中 *IS* 曲线的斜率相同，初始的均衡国民收入与均衡利率也相同，但（a）中 *LM* 曲线斜率更小，更为平缓。在同等规模的扩张性货币政策下，两幅图中的 *LM* 曲线都向右平移了相同的距离，但是（b）中的国民收入增长幅度更大。因此，*LM* 曲线越陡峭，斜率越大，货币政策的效果越明显。

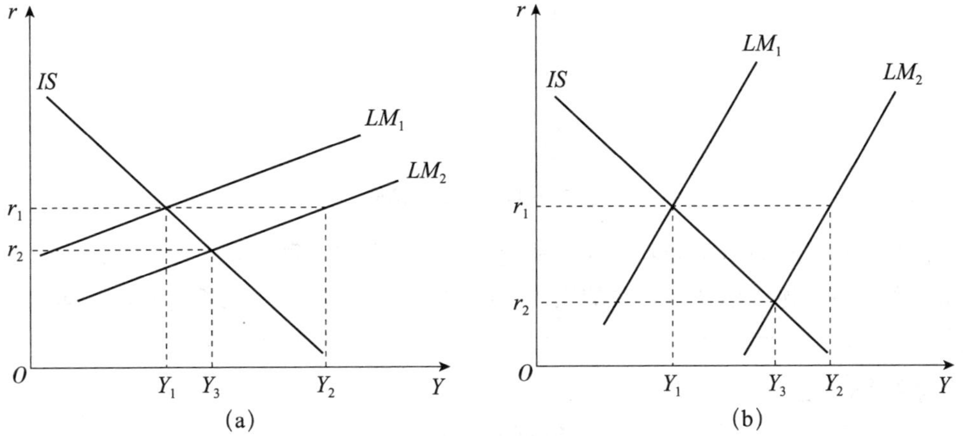

图 23－13　*LM* 曲线斜率对货币政策效果的影响

IS 曲线和 *LM* 曲线的斜率对货币政策实施效果的影响实际上来自两个机制，一是货币市场上利率的反应敏感程度；二是乘数效应和挤出效应的相对大小。如果货币市场上均衡利率水平对货币政策的反应强，政策调节的效果就明显；如果乘数效应远大于挤出效应，也就是说投资需求对利率不敏感，挤出效应低，那么政策对总需求的激励效果就更好。当然，除了两种曲线的斜率外，政策时滞和理性预期同样会影响货币政策效果，其原理和财政政策类似。

货币市场上不同于财政政策的一个因素是流动性陷阱（如图 23－14 所示）。流动性陷阱（Liquidity Trap）又称凯恩斯陷阱或灵活陷阱，来自凯恩斯的流动偏好理论，说的是当利率水平低到一定程度时，人们只愿意持有货币，对货币需求趋于无限大，此时，无论政府如何采取何种扩张性货币政策，都难以改变经济中的利率水平。如果经济处于流动性陷阱之中，那么货币政策将是无效的。当利率接近 0 时，人们普遍预期利率不会再进一步下降，人们的流动性偏好很大，愿意卖出其他金融资产持有货币，货币需求曲线趋近于水平。无论货币供给量增加多少，其降低利率的作用都非常小，故此时无法通过利率的降低来刺激投资需求。

货币政策在实施过程中，还可能面临中央银行的独立性难题。目前在全球各经济体中，部分经济体采取中央银行独立的模式，部分经济体则是设置中央银行归口财政部或者某个综合性经济管理部门。两种模式各有利弊。中央银行独立性强，可以灵活根据宏观经济的实际情况独立采取货币政策，使得货币政策不受其他因素扰动，但缺点是与其他经济部门和经济政策缺乏联动性，很难实现复杂的综合性的宏观经济目标。而中央银行与财政部门统一行动，就可以方便财政政策与货币政策的搭配组合，有利于政策协调和统一设计

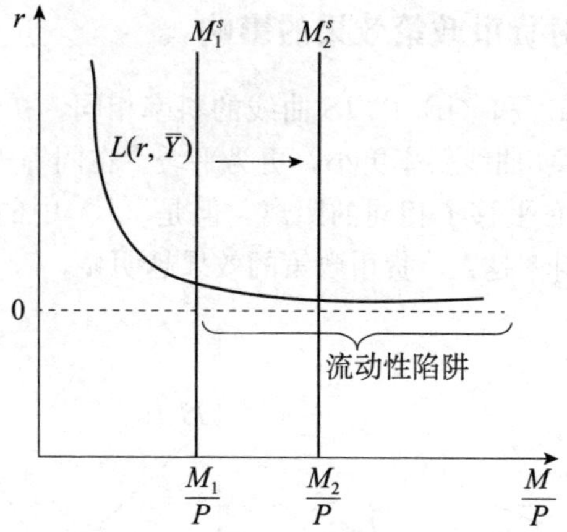

图 23－14 流动性陷阱

实施，但缺点是货币政策会受到其他因素扰动，影响实施效果。真实世界中，不同国家和地区根据各自的情况采取适合自己的模式，最大限度地保障宏观经济政策的实施效果。

专栏 23－2

我国的货币政策

图 23－15 给出了改革开放以来我国的国币政策的实施情况。M0、M1 和 M2 三种口径的货币供给量多数时候都比较平稳，反映了我国一直以来坚持稳健型货币政策的设计理念。在改革开放初期，货币供给量波动较大，因为当时金融市场还在逐步发育过程中，货币政策本身也在转型。2008—2021 年，货币供给量波动较大，主要是为了应对 2008 年美国次贷危机的负向冲击。

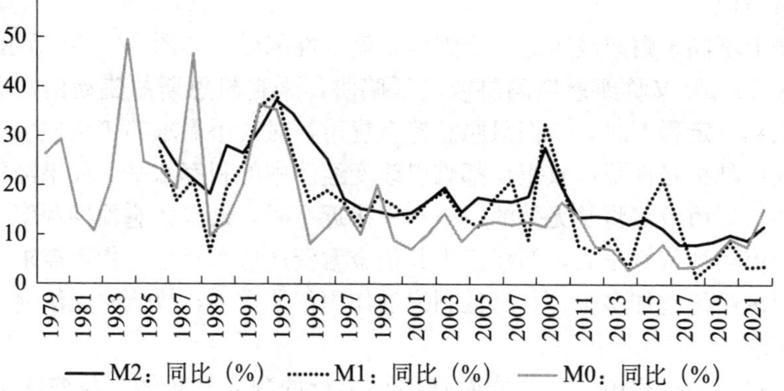

图 23－15 我国的货币政策

就 2022 年我国的货币政策执行情况来说，一是保持货币信贷合理增长。全年 2 次降准释放长期资金超 1 万亿元，上缴央行结存利润 1.13 万亿元，运用再贷款再贴现、中期借贷便利、公开市场操作等多种方式投放流动性等。二是发挥结构性货币政策工具精准导向作用。将普惠小微贷款支持工具的激励资金支持比例由1%提高至2%，推出普惠小微贷款阶段性减息政策；并行实施碳减排支持工具等环保类和创新类专项再贷款。三是巩固实际贷款利率下降成果。持全年公开市场操作和中期借贷便利中标利率均下行20个基点，引导1年期和5年期以上贷款市场报价利率分别下行15个、35个基点，建立存款利率市场化调整机制等。四是深化汇率市场化改革，加强预期管理和流动性管理。五是防范化解金融风险。2022年新增人民币贷款21.31万亿元，同比多增1.36万亿元；年末人民币贷款、广义货币（M2）、社会融资规模存量同比分别增长11.1%、11.8%和9.6%。全年企业贷款加权平均利率为4.17%，同比下降0.34个百分点。2022年末人民币对美元汇率中间价为6.964 6元。

资料来源：中国人民银行．2022年第四季度中国货币政策执行报告．

第五节　财政政策与货币政策的配合

虽然财政政策与货币政策的根本目的是一致的，即促进经济的平稳健康发展，但二者之间也存在着一些区别。

首先，政策工具不同。财政政策的工具是政府的收入与支出水平和结构，而货币政策的政策工具是存款准备金率、公开市场业务和再贴现政策等，很多时候利率与汇率也会成为直接的政策工具。

其次，政策目标不同。财政政策的目标是通过收支政策来调节政府购买水平，改变消费需求、投资需求以及净出口需求的激励，并且还可以调节收入再分配，以达到直接和间接调节总需求的目标。而货币政策是通过调节货币供应量来调节利率水平和汇率水平，以达到调节总需求的目标。两者的终极目标一样，但政策的直接目标不同。

再次，政策的时滞性不同。财政政策能够直接对经济的总需求产生影响，政策的外在时滞较小。而货币政策则是通过调节市场上的利率和汇率水平来对总需求产生影响，这一系列传导机制需要较长的时间。

最后，政策的实施主体不同。财政政策由财税部门实施，直接通过政府层级结构完成，货币政策则由中央银行实施，主要通过金融市场来完成。

财政政策和货币政策的最终目标是一致的，都是调节总需求，但各自的差异性决定了各自的局限性，如果单独使用，可能效果没有那么好。比如扩张性财政政策单独使用，就会面临挤出效应难题，而如果搭配货币政策，就可能弱化这一挤出效应，从而提高政策的实施效果。真实世界中，采取政策组合的模式效果更好。财政政策与货币政策如何配合，需要结合经济形势、宏观经济政策目标加以判断和选择，基本的配合模式主要包括以下四种类型。

一、“双扩张”政策

“双扩张”政策就是扩张性财政政策与扩张性货币政策的组合，这种模式相当于对总需求下一剂猛药，多用于经济萧条或严重衰退时期。处于这一时期，有效需求严重不足，失业率持续高开，人们对未来预期非常悲观，私人投资缺乏激励，导致投资需求严重不足。在这种情况下，宏观经济政策的首要目标就是短期快速拉动总需求，稳定人们的预期，而“双扩张”政策可以做到这一点。如图 23－16 所示，首先，政府实施扩张性财政政策，通过扩大基建投资支出和公共服务支出等，直接增加政府购买，导致总需求短期快速增加；通过降低税负，提供税收优惠政策和财政补贴，刺激消费需求和投资需求，从而导致 *IS* 曲线右移，给定 *LM* 曲线位置不变，新的均衡呈现更高的产出水平和利率水平。考虑到更高的利率水平会通过挤出效应挤出私人投资，此时配合扩张性货币政策，即 *LM* 曲线也右移，降低利率，抵消财政政策的挤出效应，这样就能够确保总需求管理政策的效果达到最优。不过需要注意的是，这种政策组合在短期可以提高经济的总产出水平，但均衡利率水平的变化是不确定的，变化的幅度要取决于货币政策的力度。

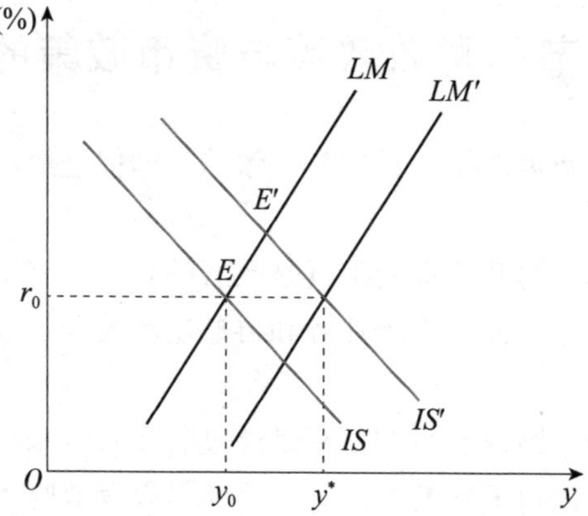

图 23－16　“双扩张”政策组合

二、“双紧缩”政策

“双紧缩”政策就是紧缩性财政政策与紧缩性货币政策的组合。与“双扩张”政策相反，当经济出现严重过热，通货膨胀比较严重时，宏观经济政策的首要目标就是给经济降温，降低通货膨胀率，遏制物价总水平的快速上涨势头，逐步实现稳定物价的目标。针对这种情况，政府实施紧缩性财政政策，削减财政支出，适当增加短期税收，减少总需求。同时，实施紧缩性货币政策，降低货币供应量，提升市场利率，抑制投资需求，从而进一步降低总需求。这种政策组合在短期可以确定降低总产出水平，但对利率的影响不确定，这要看货币政策的实施力度。

三、扩张性财政政策与紧缩性货币政策的组合

有些时候，经济中的通货膨胀率较高，但总产出的增长减缓甚至陷入停滞，这就是所谓的“滞胀”。此时，政府为了遏制通胀，采取紧缩性货币政策，降低货币供应量，提高利率水平，导致投资需求下降；但同时为了防止经济衰退，实施扩张性财政政策，增加财政支出，以抵消因较高的利率带来的投资需求减少，从而避免总需求快速下降。这种政策

组合的实施效果一般来说会导致利率水平的上升，但对总产出水平的影响存在不确定性，这要看财政政策的实施效果和实施力度。

四、紧缩性财政政策与扩张性货币政策

当经济出现一定程度的过热，但通胀还不严重时，扩张性货币政策就有实施的空间。为了防止经济进一步过热，政府实施紧缩性财政政策来抑制总需求。为了避免紧缩性财政政策带来过大的负面冲击，同时采取扩张性货币政策来降低利率，刺激投资需求，抵消因财政紧缩带来的总需求减少。这种政策组合的实施效果一般来说会导致利率水平的下降，但对总产出水平的影响存在不确定性，这要看财政政策的实施效果和实施力度。

在真实世界中，政策组合的模式非常多样化。考虑到宏观经济政策可能长期缺乏效果，特别是经济学家越来越认识到预期的重要性，很多时候政府会采取稳健的政策搭配，比如双稳健政策组合，即稳健的财政政策和稳健的货币政策。或者采取单稳健政策与某种扩张性政策或紧缩性政策的组合。稳健型政策的流行有助于稳定公众预期，客观上有利于降低经济波动。

思考题

1. 为什么短期内通货膨胀率与失业率存在相互交替的关系？
2. 请分析 *IS*、*LM* 曲线的斜率将如何影响财政政策、货币政策的效果，并举例说明。
3. 请简述财政政策在现实执行中可能会遇到哪些困难，导致其可能无法实现预定目标。

在线自测

扫一扫　练一练

参考文献

1.《马克思主义政治经济学概论》编写组．马克思主义政治经济学概论．2 版．北京：人民出版社，2018.

2. 逄锦聚，洪银兴，林岗，等．政治经济学．6 版．北京：高等教育出版社，2018.

3. 徐禾．政治经济学概论．5 版．北京：中国人民大学出版社，2021.

4. 卫兴华，林岗．马克思主义政治经济学原理．4 版．北京：中国人民大学出版社，2016.

5. 塞缪尔·鲍尔斯，理查德·爱德华兹，弗兰克·罗斯福，等．理解资本主义：竞争、统制与变革．北京：中国人民大学出版社，2022.

6. 大卫·哈维．资本的限度．北京：中信出版社，2017.

7. 马克思．资本论：第一卷．纪念版．北京：人民出版社，2018.

8. 马克思．资本论：第二卷．纪念版．北京：人民出版社，2018.

9. 马克思．资本论：第三卷．纪念版．北京：人民出版社，2018.

10. 马克思，恩格斯．马克思恩格斯文集：1～10 卷．北京：人民出版社，2009.

11. 列宁．帝国主义是资本主义的最高阶段．北京：人民出版社，2014.

12. 列宁．国家与革命．北京：人民出版社，2015.

13. 列宁．列宁全集：第 27 卷．北京：人民出版社，2017.

14. 斯大林．苏联社会主义经济问题．北京：人民出版社，1966.

15. 习近平．习近平谈治国理政：第 1 卷．北京：外文出版社，2018.

16. 习近平．习近平谈治国理政：第 2 卷．北京：外文出版社，2017.

17. 习近平．习近平谈治国理政：第 3 卷．北京：外文出版社，2020.

18. 习近平．习近平关于全面建成小康社会论述摘编．北京：中央文献出版社，2016.

19. 习近平．习近平关于社会主义经济建设论述摘编．北京：中央文献出版社，2017.

20. 习近平．决胜全面建成小康社会 夺取新时代中国特色社会主义伟大胜利：在中国共产党第十九次全国代表大会上的报告．北京：人民出版社，2017.

21. 中共中央关于坚持和完善中国特色社会主义制度 推进国家治理体系和治理能力现代化若干重大问题的决定．北京：人民出版社，2019.

22. 中共中央关于制定国民经济和社会发展第十四个五年规划和二〇三五年远景目标的建议．北京：人民出版社，2020.

23. 习近平．高举中国特色社会主义伟大旗帜 为全面建设社会主义现代化国家而团结奋斗：在中国共产党第二十次全国代表大会上的报告．北京：人民出版社，2022.

24. 曼昆．经济学原理：微观经济学分册．梁小民，梁砾，译．7 版．北京：北京大学出版社，2015.

25. 尼科尔森，西迪尔．中级微观经济学：理论与应用．连洪泉，等译．12 版．北京：中国人民大学出版社，2024.

26. 威廉姆森．资本主义经济制度：论企业签约与市场签约．段毅才，王伟，译．北京：商务印书馆，2020.

27. 高鸿业．西方经济学．7 版．北京：中国人民大学出版社，2018.

28. 连洪泉，林勇，黄华林．微观经济学．广州：广东高等教育出版社，2019.

29. 聂辉华．一切皆契约：真实世界中的博弈与决策．上海：上海三联书店，2021.

30. 张五常．经济解释卷一：科学说需求．北京：中信出版社，2010.

31.《西方经济学》编写组．西方经济学．2 版．北京：高等教育出版社，人民出版社，2022.

32. GEORGE A. AKERLOF. The market for "lemons": quality uncertainty and the market mechanism. Quarterly journal of economics，1970，84（3）.

33.《西方经济学》编写组．西方经济学：下册．2 版．北京：高等教育出版社，人民出版社，2019.

34. 高鸿业．宏观经济学原理．3 版．北京：中国人民大学出版社，2019.

35. 高鸿业．西方经济学：宏观部分．7 版．北京：中国人民大学出版社，2018.

36. 达龙・阿西莫格鲁，戴维・莱布森，约翰・A. 李斯特．经济学：宏观部分．北京：中国人民大学出版社，2016.

37. 卡尔・凯斯，雷・费尔，萨伦・奥斯特．宏观经济学原理．12 版．上海：东方出版中心，2022.

38. 余淼杰，于鸿君．宏观经济学原理：中国视角．北京：北京大学出版社，2022.

39. N. 格里高利・曼昆．经济学原理：宏观经济学分册．8 版．北京：北京大学出版社，2020.

40. 谢丹阳．宏观经济学通识课：掌握经济分析的简单逻辑．北京：中信出版集团，2020.

41. 颜色，郭凯明．宏观经济学与中国政策．北京：北京大学出版社，2020.

42. N. 格里高利・曼昆．宏观经济学．10 版．北京：中国人民大学出版社，2020.

43. 斯蒂芬・D. 威廉森．宏观经济学．5 版．北京：中国人民大学出版社，2023.

44. 徐高．宏观经济学二十五讲：中国视角．北京：中国人民大学出版社，2019.

45. 约翰・梅纳德・凯恩斯．就业、利息和货币通论．北京：商务印书馆，2021.

46. 欧文・费雪．利息理论．北京：商务印书馆，2019.

47. 米尔顿・弗里德曼，安娜・J. 施瓦茨．美国货币史：1867—1960. 2 版．北京：北京大学出版社，2021.

48. 安格斯・麦迪森．中国经济的长期表现：公元 960—2030 年．上海：上海人民出版社，2016.

49. 罗伯特・巴罗．现代经济周期理论．北京：商务印书馆，2019.

后记

经全国高等教育自学考试指导委员会同意，全国高等教育自学考试经济管理类专业委员会负责高等教育自学考试《经济学原理（初级）》教材的审定工作。

《经济学原理（初级）》自学考试教材由中国人民大学经济学院周业安教授担任主编；中央财经大学经济学院何召鹏副教授、华南师范大学经济管理学院连洪泉副教授、中国农业大学经济管理学院黄纯纯副教授担任副主编。

参加本教材审稿讨论会并提出修改意见的有中国人民大学谢富胜教授、北京交通大学周耀东教授、中国人民大学范志勇教授。全书由周业安教授统筹修改定稿。

对付出辛勤劳动的编审人员，在此一并表示感谢！

全国高等教育自学考试指导委员会
经济管理类专业委员会
2023 年 12 月

图书在版编目（CIP）数据

经济学原理：初级 / 周业安主编. --北京：中国人民大学出版社，2024.7. --(全国高等教育自学考试指定教材). --ISBN 978-7-300-33091-4

Ⅰ.F0

中国国家版本馆 CIP 数据核字第 2024X9M949 号

全国高等教育自学考试指定教材

经济学原理（初级）

［含：经济学原理（初级）自学考试大纲］

（2024 年版）

全国高等教育自学考试指导委员会　组编

主　编　周业安

副主编　何召鹏　连洪泉　黄纯纯

Jingjixue Yuanli

出版发行	中国人民大学出版社		
社　　址	北京中关村大街 31 号	**邮政编码**	100080
电　　话	010－62511242（总编室）		010－62511770（质管部）
	010－82501766（邮购部）		010－62514148（门市部）
	010－62515195（发行公司）		010－62515275（盗版举报）
网　　址	http：//www.crup.com.cn		
经　　销	新华书店		
印　　刷	北京市鑫霸印务有限公司		
开　　本	787 mm×1092 mm　1/16	**版　　次**	2024 年 7 月第 1 版
印　　张	24.75 插页 1	**印　　次**	2024 年 7 月第 1 次印刷
字　　数	575 000	**定　　价**	69.00 元